어른의
조건

어른의 조건

애매한 감정과 소박한 의문에
분명한 언어로 답하기

이시이 요지로
후지가키 유코

최용우 옮김

들어가며

'어른인 것'과 '어른이 되는 것'이란

—

「어른의 조건 리버럴아츠」(일본어판 원제목—옮긴이)라는 이 책의 제목을 보고 '아, 난 이미 어른이니까 이런 책은 안 읽어도 돼'라고 생각한 사람이 있다면, 이 책은 바로 그런 사람을 위한 것이다. 스스로 완전히 어른이라 믿어 의심치 않는다는 점에서 이미 그 사람은 어른이 아닐 가능성이 크다.

여기서 말하는 '어른'이란 나이와는 전혀 상관이 없다. 생물학적으로 '어른인 것'과 인간으로서 '어른이 되는 것'은 완전 별개이기 때문이다. 그렇다면 도대체 '어른'은 어떤 존재를 의미하는 걸까?

일반적으로 '어른'이라 하면 '인생 경험이 풍부하고, 세상 돌아가는 시스템을 알고, 분별력 있고, 선악 구분이 가능하고, 사회적 상식을 갖추고, 타인과 잘 어울리고, 주변과 타협이 가능한 사람'을 떠올릴 것이다. 따라서 평정심을 갖고 대응할 상황에서 감정을 그대로 분출한다거나, 발언을 조심해야 할 상황에서 무턱대고 의구심을 드러낸다거나 하는 경우, 주변에서 '자네, 좀 **어른이 되게나**'라고 나무라곤 한다. 아무래도 '어른'이란 무모하게 풍파를 일으키지 않고 주변 사람들과 호흡을 맞추면서 모든 사태에 대처하며 항시 넓은 도량으로 좋고 나쁨을 받아넘길 줄 아는 존재라는 것이, 사회적으로 통용되는 불문율인 듯하다.

물론 갑자기 정색하면서 반론을 하면 상대방은 불쾌할 것이고, 무례하게 눈치 없는 질문을 하면 주변 사람들의 빈축을 사기 마련이다. 이러한 행동들은 충분히 어린애 같다는 말을 들어 마땅하다. 시간이 흘러 사람들은 나이를 먹고 명시적·암시적인 사회의 검열을 수없이 거치며 이러한 과정을 통해 감정을 길들이는 요령을 익히게 되고 점차 의문을 의문으로 인지하지 못하게 된다. 그리고 대부분의 경우 이런 상황을 '어른이 되는 것'이라고 착각한다.

그렇지만 자연스럽게 생기는 분노나 초조함을 억제하거나 불신 및 의심이 가는 감정을 봉인하는 행위는 성숙의 정도를 보여주는 증거이기는커녕 오히려 퇴화의 징후가 아닐까 싶다. 인간이 다양한 국면에서 감정적으로 격앙하거나 소박한 의문을 갖는 것은 자연스러운 현상이다. 이에 대해 숨길 필요도 부끄러워할 필요도 없다. 이런 반응을 할 수 있다는 것은 인간으로서 없어서는 안 될 소중한 능력 중 하나이기도 하다. 따라서 통상적인 정의에 역행한다는 점을 인정하면서, 이 책에서는 나이가 들어서도 이러한 능력을 상실하지 않는 것을 '어른이 되는 것'의 첫 번째 조건으로 간주하고자 한다.

이러한 정의에 입각한다면, 다소 역설적이지만, '어른이 되기 위해' 일단 '아이가 될' 필요가 있다. 아이처럼 슬픈 일에 슬퍼하고 이상한 것을 보고 이상하다고 느끼는 것, 파란 하늘을 올려다보면서 이유 없이 울컥한다거나 익숙한 길을 걷다가 갑자기 자신이 왜 지금 여기 있는지 의문이 드는 것. 이런 '아이'가 될 수 없는 사람이라면 아마 '어른'도 될 수 없을 것이다. 따라서 이미 스스로 '어른'이라고 생각하는 사람일수록 '어른이 되기'는 어려울 것 같다.

물론 그렇다고 무조건 '아이가 되는 것'만으로 될 일도 아니다. '어른이 되기' 위한 필수불가결한 조건은 하나 더 있다. 바로 다양한 감정이나 의문을 있는 그대로 드러내지 않고 안에서 음미하고 되새기며 소화시킨 후에 다른 사람과 공유 가능한 형태의 언어로 표현하는 능력이다. 이 조건을 충족하지 않는 한 인간은 어디까지나 아이인 채로 성장하지 못한다.

자신의 내부에 싹을 틔운 애매한 감정이나 소박한 의문에 분명한 언어를 덧대어서 자신을 제외한 타인에게 보여주는 것. 이 과정은 생각보다 훨씬 어렵기 때문에 완전히 실행하려면 그 나름의 소질 및 소양이 필요하다. 즉 이런 작업을 시행할 수 있을 정도로 풍부한 지식과 경험 그리고 이를 기반으로 한 고도의 사고 능력이 있어야 한다. 우리는 종종 이러한 요소를 하나로 묶어 '교양'이라는 단어로 표현한다. 따라서 '어른이 되기' 위해서는 이런 측면에 있어서 교양을 익히는 것 즉 '교양인'이 되는 것이 두 번째 조건이다.

교양인의 조건

—

그렇다면 사람들이 '교양인'이라는 단어를 듣고 떠올리는 인간상은 무엇일까?

'저 사람 교양 있다'라는 말을 할 때 우린 대체로 다양한 분야를 폭넓게 알고 있는 사람, 자신이 하는 일 외에도 관심이 있으며 독서량도 많고 어떤 주제의 대화에서도 막힘이 없을 만큼 풍부한 지식을 갖춘 사람을 떠올릴 것이다. 예를 들어, 정보 산업의 최전선에서 활약하는 기업인이 갑자기 "몽테뉴가 이야기했듯이 인간이란 놀랄 만큼 공허하고 쉽게 변하며 나약한 존재"[1]라는 말을 한다면 솔직히 우리는 '아, 교양이 있는 사람이구나'라는 인상을 받을 것이다.

반대로 자신의 전공 분야에 정통하여 풍부한 지식을 갖고 있으나 그 외의 분야에 대해 완전히 문외한인 인물을 '교양인'이라고 부르는 경우는 없다. 『겐지모노가타리』에 관해서는 걸어다니는 백과사전이라 불리는 국문학자가 만약 무심코 "TPP[2]가 뭡니까?"라는 말을 한다면 세상 돌아가는 것도 모르는 외골수란 소리를 듣는 게 고작일 것이다.

이렇게 보면 '교양인'의 조건으로 가장 먼저 요구되는 것은 다양한 분야를 아우르며 균형적인 지식을 지니는 것이 아닐까 싶다. 하지만 단순히 많은 지식을 가지고 있다고 해서 '교양이 있다'고는 할 수 없다. 예를 들어, TV 퀴즈 방송에는 종종 믿기지 않을 정도로 박학다식한 사람들이 등장하는데 이들은 '만물박사'일 수는 있으나 전부 '교양인'이 될 수는 없다. 지식이 풍부한 것은 '교양인'이기 위한 필요조건일 수는 있으나 결코 충분조건은 될 수 없기 때문이다.

그렇다면 '만물박사'와 '교양인'의 차이는 무엇일까? 이 둘의 결정적인 차이는, 다양한 지식을 단순히 단편적으로 지니고 있느냐 혹은 이들을 상호 연관시켜 일관된 사고의 체계(이를 구체적인 '지식'과 구별하는 의미에서 '지知'3라고 부르겠다)로 통합시킬 능력을 지니고 있느냐에 의해 구분된다. 무언가를 알고 있다는 사실은 그 자체만으로 별다른 의미가 없고 기껏해야 '그런 것까지 잘 알고 계시네요'라는 감탄의 소리를 들을 뿐이다. 하지만 이것이 '지'를 구축하는 요소로서 유기적으로 조합되어 적절한 방식으로 언제든 동원될 수 있는 수준에 이르는 순간, 그 사람은 단순한 '만물박사'가 아닌 '교양인'으로 올라서게 된다.4

그렇다면 이러한 '교양인'은 단편적인 지식을 체계적인 지로 구조화할 수 있는 '축'을 지니고 있을 것이다. 물론 이것이 꼭 학문일 필요는 없고 일할 때 필요한 노하우든 뭐든 상관없다. 어쨌든 '이것이 나를 지탱해주고 있다'라고 할 만한 고유의 기반이 되고 이를 중심으로 다양한 정보를 응집하고 통합시키는 전문성의 '핵'을 갖고 있어야만 한다. 이것이 부재한다면 모처럼 풍부한 지식을 갖추고 있더라도 하나같이 균등한 형태로 병렬되어 있을 뿐 상호 연동이 되지 않는 오합지졸 같은 집합체에 그치고 만다.

정리하면, **교양인은 일단 전문가여야 한다.**

'교양'과 '전문'

—

아니, 그건 좀 아닌 것 같은데, 순서가 바뀌었잖아, 라고 생각하는 분도 꽤 있을 것이다. 애초에 좁은 울타리에서 벗어나 다양한 공부를 하고 높은 곳에서 멀리 조망할 수 있는 시야를 배양하는 것이 '교양'의 본질 아닌가? 특정한 전문성을 익히기 전에 일단 다양한 분야의 지식을 빠짐없이 획득하는 걸 보통 '교양'이라 부르지 않나? 그러니까 '전문가는 일단 교양인이어야 한다'는 것이 옳은 표현이 아닐까?

보통 위와 같이 생각할 것이다. 또한 도쿄대학의 교육 시스템도 이러한 이념하에 구축되었다. 즉 모든 신입생은 입학과 동시에 전공 분야를 정하는 것이 아니라 일단 교양학부에 소속되어서 폭넓은 교양 교육을 받은 이후에 자신의 능력이나 적성에 맞는 진로를 선택하는 시스템이 오래전부터 훌륭한 전통으로 자리 잡아 지금까지 계승되었다. 이 방식은 늦은 전문화late specialization라 불리는데 교수인 우리도 매번 그 의의를 강조했다.

나 역시 학생 시절을 돌이켜보면 진로를 바꿔서 현재의 전공 분야(프랑스문학·프랑스문화)를 결정한 것이 법학부 4학년 때였기 때문에 이 제도의 긍정적인 측면은 충분히 실감했던 바다. 고등학교를 졸업하자마자 자신의 가능성을 하나로 결정짓기란 불가능하다는 것이 그 당시의 솔직한 심정이었고, 지금도 이 부분에 있어서 기본적인 생각은 변함이 없다.

하지만 한편에서는 '아무런 관심도 없는 일반교양을 언제까지 배워야 하는 거야?' '이런 건 얼른 끝내고 빨리 전문적인 공부를 하고 싶다' 라고 생각하는 학생도 적지 않은 게 사실이다. 좋고 나쁨 혹은 옳고 그름을 차치하고서도, 이른 시기에 자신이 갈 길을 정해놓은 사람도 당연히 존재하기 때문에 이런 경우에도 '늦은 전문화'를 강요하는 것이 과연 합리적인가에 대해서는 분명 고민할 여지가 있다.

특정 분야에 높은 관심과 탁월한 능력을 보이는 학생에게는 가능한 한 빠른 시기에 전문 분야에서 공부에 매진할 수 있는 기회를 제공하는 것 즉 이른 전문화early specialization의 길을 열어주는 것도 대학이 수행할 사명 중 하나일 것이다. 모든 사람이 동일한 궤도에서 똑같은 속도로 나아가는 것을 평등이라 한다면 이는 일률공평의 환상에 불과하다. 진정한 평등이란 각자가 자신에게 가장 맞는(그렇기 때문에 서로 같지 않다) 속도로 자신의 의욕과 능력에 맞는 진로를 선택할 **권리를 똑같이 지니고 있는 것**을 의미한다.

하지만 이른 시기에 전공 과정을 이수한 학생이 다른 분야에 대해 제대로 된 교육을 받지 못하고 졸업하게 된다면 분명 상당히 높은 확률로 '교양 없는 외골수'가 될 위험이 있다. 따라서 그렇게 되지 않기 위해서는 필수적으로 일정 단계에서 교양 교육을 받아야 한다. 다만 여기서 말하는 교양 교육은 소위 말하는 '일반교양' 즉 이과 계열 전공자라도 일본 역사에 대해서는 알아야 한다든가 문과 계열 전공자라도 IT 관련 기초 지식이 필요하다는 식의 의도에서 시행되는 교양 교육과는 다른 성격의 것이다.

여기서 필요한 것은 어느 정도 전공 교육을 받은 시점에서 꼭 필요한 교양 교육 즉 각각의 전문성이 확립되는 단계에서 비로소 의미를 갖게 되는 교양 교육을 말한다. 일단 자신의 축이 되는 전공 분야를 광활한 학문적 도면 안에 배치한 다음, 그 밖의 다양한 분야와 관계를 맺으면서 스스로를 상대화해보고, 어떤 과제가 주어졌을 때 다른 분야와 어떤 식으로 연대 협력을 해나갈 것인지 고민하게 만드는 교육. 이것이야말로 이 책에서 말하는 '후기 교양 교육'의 정의라고 할 수 있다. '늦은 전문화'와 대비시킨다면 이는 '늦은 보편화'라 부를 수 있겠다.

생각해보면(아니 생각해볼 것까지도 없이) '교양 교육'과 '전공 교육'은 본래 전후 관계로 볼 수 없을 뿐더러 상하 관계에 있는 것도 아니다. 이 둘은 자동차 바퀴처럼 동시 병행하며 같은 무게감을 가지고 시행되어야만 비로소 그 효과를 완전하게 발휘할 수 있다. 그렇기 때문에 '후기 교양 교육'은 대학교 1, 2학년보다 오히려 3, 4학년을 대상으로 해야 하며, 대학원생이나 사회인까지도 겨냥하여 구상되어야 한다. 자신의 '축'이나 '핵'이 어느 정도 구축된 인간이야말로 다른 분야와 소통을 하면서 자신의 분야에 의문을 갖고 타인을 수용할 것이며, 그 결과 근본부터 다시 세워야 하는 경우도 생기기 때문이다. 이러한 과정을 통해 비로소 우리는 단편적인 '지식'을 구조화하면서 체계적인 '지'를 쌓아나갈 수 있는 것이다. 그렇기 때문에 '교양인은 일단 전문가여야 한다'.[5]

리버럴아츠와 후기 교양 교육

교양 교육을 이야기할 때마다 어김없이 등장하는 것이 '리버럴아츠'라는 개념이다. 보통 이 단어는 막연하게 '일반교양'과 동일한 의미로 사용되는 경우가 많은데 이런 정의만으로는 충분하지 않다.

이 단어를 본래 의미에 입각해 살펴보면, 인간이 노예가 아닌 존재 즉 자유인이기 때문에 필요로 하는 학문을 가리키며 그 근원은 고대 그리스까지 거슬러 올라간다. 고대 로마에서는 artes liberales라는 라틴어로 개념화되었으며, 구체적으로는 문법, 수사학, 논리학, 산술, 기하학, 천문학, 음악 등 '자유 7과목'이 이에 해당한다. 이 단어가 영어로 번역되면서 '리버럴아츠'가 되었는데 여기서 중요한 것은 '리버럴'이라는 형용사에 '사람을 자유롭게 하다' 즉 '해방시키다'라는 동사적 의미가 내포되어 있다는 점이다. 말하자면 본래 리버럴아츠는 인간을 다양한 구속이나 강제로부터 해방시켜 자유롭게 만들기 위한 지식 및 기능을 의미하는 개념이다. 금세 잊히기 쉬운 부분이므로 여기서 다시 한 번 짚고 넘어가도록 하겠다.

현대인은 이미 자유롭기 때문에 특별히 해방될 필요도 없지 않으냐고 생각할 수도 있다. 하지만 평소에 의식하지는 못할지라도 우리는 많건 적건 간에 한계에 둘러싸여 있으며 자유롭지 못한 존재다. 그렇다면 구체적으로 여기서 말하는 한계란 무엇일까?

가장 이해하기 쉬운 예로 '지식의 한계'가 있다. 우리는 각자 일정한 지식을 지니고 있지만 모든 지식을 향유할 수는 없기 때문에 정도의 차이는 있을지언정 모든 사람은 무지한 존재다. 특히 젊은 사람들의 지식 양은 눈에 보일 정도로 시야도 매우 좁고 한정적인 경우가 많다. 따라서 이들이 빠른 시기에 자신의 한계를 자각하고 인문과학·사회과학·자연과학 등 모든 분야에 걸쳐 무한대로 확장되는 학문의 세계를 맛볼 수 있게끔 기회를 제공하는 것이 리버럴아츠 교육의 첫걸음이다. 이러한 측면에서 보면 전통적인 '일반교양 교육'과 거의 유사하다고 할 수 있다.

두 번째로, '경험의 한계'를 들 수 있다. 경험의 양이 반드시 연령에 비례하는 건 아니지만, 상대적으로 젊은 학생이 만나온 사람이나 다녔던 장소가 적기 때문에 자신과 다른 가치관과 정면에서 마주할 기회도 그만큼 적은 것이 일반적이다. 그래서 가족이나 친구 이외의 인간과 접촉하는 기회를 적극적으로 가져야 하며 오래 머물러서 익숙해진 장소를 떠나 (국내외 가릴 것 없이) 타 문화 체험도 해야 한다. 이러한 경험을 통해 이 세상이 놀랄 만큼 넓고 크고 다양하다는 사실을 실감하면서 스스로를 '지금 여기 있는 나'로부터 해방시킬 필요가 있다.

세 번째로, '사고의 한계'다. 기본적으로 지식이나 경험은 계속 노력하다 보면 어느 정도 한계를 넓혀나갈 수 있지만 사고의 경우는 그렇지도 않다. 이는 양적인 노력에 의해 늘어나거나 확대되는 성격의 것이 아니기 때문이다. 이 한계를 넘어서기 위해서는 오로지 책을 읽고 교사나 친구들과 의논을 하고 다른 사람과 논쟁하는 등의 과정을 통해 이른바 '사고의 근육' 자체를 길러내는 수밖에 없다. 아마도 리버럴아츠의 가장 중요한 의의는 이러한 훈련을 통해 학생의 정신을 기성세대의 가치관에서 탈피시키고 이들을 둘러싼 세계와 보다 유연하고 풍요로운 관계를 맺을 수 있게 만든다는 데 있을 것이다.

지금까지 언급한 세 종류의 리버럴아츠는 기본적으로 대학에 갓 입학한 학생들을 대상으로 실시하는 교육 프로그램에도 적용할 수 있으며 실제로 이미 다양한 형식으로 실행되고 있다. 하지만 여기에 또 한 가지 빼놓을 수 없는 다른 종류의 리버럴아츠가 있다. 바로 무의식중에 학생들을 옭아매는 '영역의 한계'로부터의 해방이 그것이다.

이 네 번째 리버럴아츠가 어느 정도 전문성이 쌓인 단계에서만 가능한 '후기 교양 교육'과 중첩된다. 왜냐하면 아직 특정 전문 영역에 '사로잡혀' 있지도 않은 사람을 '해방시킨다'는 것은 논리적으로 말이 안 되기 때문이다. 따라서 교양 교육의 이념을 언급할 때 종종 인용되는 '협소한 전문성에 사로잡히기 전에 일단 폭넓은 지식을'이라는 문구가, 이런 경우에는 '협소한 전문성에 사로잡히기 시작하는 단계에서야말로 이를 상대화할 수 있는 시야를'이라는 표현으로 바뀌어야 한다. 그 결과 이러한 생각을 구체화하여 시도 삼아 개설한 수업이 바로 이 책의 기반이 된 「타 분야 교류·다분야 협력론」이다.

'타 분야 교류·다분야 협력론'의 성립 과정
—

마지막으로 이 수업이 탄생하게 된 경위를 설명하겠다. 나는 2012년 4월부터 2013년 2월까지 도쿄대학 교양 교육 담당 부학장을 역임하면서 기존 교양 교육의 방침에 대해 여러 차례 제언할 기회가 있었다. 그 당시 작성한 파일 내용 중에 '고학년 과정에서 자신의 전공 분야가 지닌 사회적 의의에 대해 사고할 기회를 제공하는 늦은 보편화'의 실행을 위한 하나의 예로서 '다분야 협력론' '타 분야 교류 세미나'라는 구체적인 과목명을 제시했다. 그리고 이 내용이 이번에 개설된 수업의 시초가 되었다.

2013년 2월에 종합문화 연구과장 겸 교양학부장으로 취임한 이후, 후지가키 유코 선생이 같은 해 4월부터 총장 보좌를 담당, 이와 동시에 전 학년 대상 레벨의 워킹 그룹에서 의장을 맡으면서 위의 내용으로 계속 검토를 진행해주었다. 매 회의 때마다 논쟁이 치열했다고 전해 들었는데 그 과정을 통해 작성된 「후기 교양 교육 개설 취지서」(책 마지막에 수록) 역시 노력한 보람이 있게 매우 치밀한 구성과 높은 완성도를 보였다. 그리고 이러한 취지서의 이념을 기반으로 하여 각각의 학부에서 '후기 교양과목'에 걸맞은 수업을 특정 지은 후 모든 학부의 학생에게 수강의 기회를 열어놓게끔 했다.

후지가키 선생은 국제적인 학회 및 첨단과학 심포지엄에서 중심 역할을 수행하는 과학기술사회론의 일인자로서 항상 자연과학 분야에서 방대한 양의 최첨단 정보를 가까이하고 있는 사람이다. 반면에 나는 이과 계열 학문에는 능통하지 못한 문학 연구자로 엄밀히 말하자면 우리 둘 사이에 학문적인 접점은 전혀 없다고도 볼 수 있다. 하지만 여러 기회를 통해 이야기를 나누다 보니, 상호 거리감을 형성하는 전문성의 괴리가 큰 만큼 평상시에 각자의 분야에서만 통용되는 '언어'를 공유하고 비교해보는 작업이 더욱 큰 의의가 있을 것이라는 점에서 의견의 일치를 볼 수 있었다.

또한 후지가키 선생님은 종합문화연구과 교양학부 부속 조직인 '교양 교육 고도화기구' 소속 '과학 기술 인터프리터 양성 부문'의 부문장을 수년간 역임했으며 "이과 계열 학생에게는 자신의 연구 내용의 사회적 의미를 설명할 수 있는 사회적 리터러시를, 문과 계열 학생에게는 현대사회에서 과학 기술이 지닌 의미를 알 수 있는 과학적 리터러시를"[6] 제공하기 위한 수업을 한 경력이 있다. 이렇게 축적된 경험이 이번 수업계획에도 분명 큰 도움이 될 것이라는 기대감도 있었다.

그리하여 문과와 이과를 모두 아우르는 교양학부 고학년 과정에, 실험적 시도의 일환으로 '타 분야 교류·다분야 협력론'이라 명명한 후기 교양 교육 과목을 개설하여 공동으로 담당하게 되었다.

일단 우리는 수업의 주제가 될 만한 문제들에 대해 생각해보았다. 이 책에서 다루는 열 가지 주제는 둘이서 검토를 거듭하여 추려낸 것들이다. 물론 이 밖에도 다양한 아이디어가 나왔지만 문과 학생과 이과 학생이 모두 관심을 가질 만하면서 현대를 살아가는 사람들이 피해갈 수 없을 법한 문제들로 추리다 보니 생각보다 많지 않았다. 전체적으로 균형적인 구성을 갖췄다고 생각한다. 그리고 교사가 일방적으로 논의 주제를 정하지 않고 학생들의 질문에도 귀를 기울이자는 취지에서, 학생들이 직접 제시한 아이디어 중에서 전원의 합의를 통해 결정한 내용을 수업 테마로 삼는 시도도 했다(번외편 참조).

목차에서 알 수 있듯이, 모든 테마는 그렇다 또는 아니다라는 대답이 요구되는(단 쉽게 어느 한쪽이라 대답하기 어려운) '질문'으로 구성되어 있다. 이는 교실에서 논의를 할 때 자신의 입장을 확실히 하여 진행을 수월하게 하려는 의도였는데 실제로는 '그렇기도 아니기도 하다' '예스도 노도 아니다'라는 대답도 얼마든지 가능하다. 이러한 상황을 인식하고 상호 의견을 주고받는 과정을 통해 자신의 입장과 견해를 수정하거나 상대화할 수 있는 계기가 된다면, 이야말로 우리가 바라던 바였다.

따라서 이 수업에서는 교사가 한 분야의 전문가로서 자신이 지닌 지식을 학생에게 '전달'하거나 '제공'하지 않는다. 오히려 아무도 답을 모르는 질문, 이 세상 어디에도 정답이 없을 법한 질문에 대해 전공 분야가 서로 다른 교사와 학생들이 어떤 식으로 커뮤니케이션하고 어떻게 협력해나갈 수 있는가를 함께 궁리하면서 공동으로 '만들어나가는' 수업이다. 정확히 말하자면 이 과목은 '수업'이라기보다 활동적 사고Active Thinking에 의한 '작업'에 가까운 시도로서 구상되었다.

아무래도 모든 학문이 최종적으로 지향할 것은 '존재의 한계'로부터의 해방이자 '자신이라는 한계'로부터의 해방이 아닐까? 다양한 제약이나 구속에서 인간을 해방시키거나 지금껏 몰랐던 자신의 모습을 발견한 데서 오는 기쁨을 느끼게 해주지 않는 학문은 무의미한 것이 아닐까? 우선 대학은 이러한 계기를 가능한 한 다양한 형태로 제공해주는 장소가 되어야 한다. '해방의 기쁨'을 알게 됨으로써 인간은 조금씩 '어른이 되는' 것이며 그것을 가능하게 해주는 것이 '리버럴아츠'의 근본적 의미일 것이라고, 나는 생각한다.

'어른을 위한' 것이 아닌 '어른이 되기 위한' 리버럴아츠를 제공하고자 한 이 책을 아직 어른이 아닌 사람은 물론이고 이미 어른(이라고 믿고 있는)인 사람도 포함해서 가능한 한 많은 이가 읽어주길 희망한다.

이시이 요지로

이 책의 구성 및 활용 방법

이 책은 각 주제별로 (1) 문제 제기 (2) 논점 (3) 논의의 기록 (4) 논의를 돌아보며, 네 부분으로 구성되었다.

(1) '문제 제기'는 소위 논의의 기동 장치로서 각 주제의 취지를 간결하게 기록했고, 두 명이 분담하여 집필했다. 후지가키 교수(이하 후지가키―옮긴이)가 홀수 차, 이시이 교수(이하 이시이―옮긴이)가 짝수 차의 주제를 담당했다.(단, 마지막 장은 학생들이 제시한 문제를 다루었으며 집필은 두 사람이 분담했다. '학문편'은 후지가키, '사회편'은 이시이가 담당했다.) 수업은 모든 학생이 '문제 제기'를 미리 읽고 왔다는 가정하에 진행되었는데, 여기에 논의의 방향성을 규정하거나 구속하려는 의도는 전혀 없었고 어디까지나 참고 자료에 불과하다는 점을 언급하고 지나가도록 하겠다.

(2) '논점'은 문제를 제시한 사람이 수월한 논의 진행을 위해 중심 주제를 더 구체적인 질문으로 분절시켜 제시한 것으로 실제 수업은 이에

따라 진행되었다.

(3) '논의의 기록'은 학생들의 동의하에 녹음된 모든 의견을 조교로 하여금 글로 옮기게 한 후, 그 내용을 기반으로 각각의 주제에서 '문제 제기'를 집필한 교사가 이를 정리해놓은 것이다. 단, '문제 제기'가 없는 번외편은 이시이가, '문제 제기'를 분담 집필한 마지막 수업은 후지가키가 담당했다. 물론 실제 수업을 그대로 재현할 수는 없었지만 최대한 임장감을 그대로 전달하고자 했기 때문에 이 부분을 읽다 보면 대략적인 교실의 분위기를 파악할 수 있을 것이다. 또한 독자의 이해를 돕고자 교사의 판단하에, 당시 발언 내용을 인용하여 글로 옮겨놓은 원고에 추가 수정을 가하기도 했다. 당연히 그 내용에 관해서는 저자 두 명이 온전히 책임질 것이다. 학생이 한 발언에 대해서는 일인칭을 '저'로 통일했다.

(4) '논의를 돌아보며'는 당일 수업을 담당하지 않는 교사가 '논의의 기록'을 바탕으로 전반적인 수업의 흐름을 검토하고 집필한 내용이다. 이처럼 두 명의 교사가 각각 상대방의 수업을 대상화하는 형식으로 구성한 것은, 주제별로 '타 분야 교류·다분야 협력론'을 실천에 옮기고자 하는 취지에 충실한 결과였다.

따라서 독자는 일단 각각의 '문제 제기'를 살펴보고 '논점'을 확인한 후에 '논의의 기록'에 이어 '논의를 돌아보며' 순으로 읽어나가길 바란다. 만약 가능하다면, 현재 자신이 놓인 상황이나 관심 대상, 지금의 입장이나 일, 장래 진로 등과 연관시키면서 본인 나름의 정답을 미리 생각해보고 읽어나간다면 더할 나위 없이 좋겠다. 그리고 자신도 교실 현장에서 토론에 참가한다는 기분으로 '그렇구나, 그 말이 맞네' '아니, 그건 아니지 않나' 등 수시로 참견하고, '왜 그렇게 생각하는 걸까?' '이건 무슨 의미지?' 등 적당히 질문도 해본다면 더욱 흥미로운 시간이 될 것이다. 물론 질문에 직접 대답해줄 수는 없지만 이런 과정을 통해 독자와 우리 사이에는 (가상일지라도) 틀림없이 일종의 커뮤니케이션이 이루어질 것이다.

이처럼 이 책은 단순히 수동적으로 '읽히기'보다는 오히려 능동적으로 '사용될' 것을 상정하여 구성되었다. 물론 이 책 한 권을 어떻게 읽고 어떻게 사용하건 독자의 자유인데, 성가시게 들릴 수도 있으나 굳이 말하자면, 이 책을 방 안에서 읽는 것은 물론이고 예를 들어 고등학교나 대학교 수업에서 토론 형식으로 '액티브 러닝'의 교과서로도 활용할 수 있으리라 본다. 논의 주제가 나열된 순서에는 특별한 의미가 없으므로 어느 장부터 읽기 시작해도 무관하며 수업의 성격에 따라 모두가 관심을 가질 만한 주제만 선정해서 봐도 괜찮다. 또한 우리가 실제로 수업에서 시도했듯이 참가자에게 직접 논의 주제를 생각할 기회를 주는 것도 상당히 의미가 있을 것이다.

마지막으로 '수업을 돌아보며'에서는 학생들이 제출한 리포트를 기반으로 이 수업의 성과 및 과제와 관련하여 참고가 될 만한 부분을 후지가키가 발췌 및 정리했다. 이 책을 다른 강의에서 활용하는 경우 이 부분을 참고하면 유용할 것이다.

무엇보다 이 책을 통해 독자 스스로가 '질문'을 발견하고 그것을 다른 사람과 공유하면서 다른 분야와의 소통을 시도하게 되는 계기가 되

기를 간절히 바라는 바다. [이시이]

참가 학생 및 조교 리스트

A학생: 법학부

B학생: 공학부

C학생: 문학부

D학생: 교양학부 통합자연과학과

E학생: 교양학부 교양학과

F학생: 교양학부 통합자연과학과

G학생: 교양학부 2학년

H학생: 교양학부 2학년

I학생: 대학원 종합문화연구과 지역문화연구전공(조교)

J학생: 대학원 종합문화연구과 광역과학전공(조교)

K학생: 대학원 종합문화연구과 광역과학전공(조교)

〈 제1강 〉

표절은 부정인가?

문제 제기

—

즉흥적으로 표절[1]을 부정이라고 단정 짓기 전에 사고방식을 둘러싼 몇 가지 실험을 해보도록 하자. 일단 자신이 표절을 한 당사자라고 가정해보자. 다른 사람의 글에 쓰인 표현이 자신의 리포트에 매우 유용해 보였다. '아주 조금인데 괜찮겠지, 안 될 것도 없지 않나? 들키지만 않으면 문제 될 게 없는데' 같은 생각이 뇌리를 스쳐 갔을지도 모른다. 다음으로 어떤 사람이 자신의 표현을 무단으로 가져다 썼다고 가정해보자. 자신이 고심하여 한 땀 한 땀 정성 들여 완성한 표현이 있었다. 그런데 친구가 이를 무단으로 표절하여 성적에 A를 받는다거나 동료가 상사로부터 높이 평가받는 일이 생겼다. 이런 경우 어떤 기분이 들까? 이어 상황을 바꿔서, 획기적이라고 모두가 입을 모아 칭찬하던 어떤 과학자의 논문 중에 표절한 내용이 있다는 사실이 드러나서 일반 시민들이 알게 된 경우를 생각해보자. 어떤 기분이 들까? 이렇듯 표절을 하는 쪽과 당하는 쪽 모두에 자신을 투영해보고 발각되었을 때 문제의 심각성이나 영향 등을 다양한 각도에서 바라보면서 이것이 부정인지 아닌지에 대해 생각해보길 바란다.

표절에는 적어도 두 가지 종류가 있다. 영상 표절과 문장 표절이다. 오늘날에는 정보 기술의 발달로 인해 이 두 가지 표절 모두 손쉽게 이루어질 수 있는 환경이다. 학술적 문맥에서 보면, 2014년 봄 『네이처』지에 게재된 STAP세포에 관한 논문에서 영상을 무단으로 가져다 쓴 사실이 발각되었다. 이로 인해 기자회견에 서게 된 논란의 주인공인 이 연구자는 "결과 자체가 바뀌는 게 아니었기 때문에, 과학적 고찰이라는 측면에서 아무런 영향을 미치지 않으리라 생각했다"고 말했다. 이 말을 듣고 어떤 생각이 드는가? 과학에서는 결과는 물론이거니와 과정이 매우 중요하다. 과정을 정확히 기록해야만 뒤이은 논문에서 이를 기반으로 추가 실험을 할 수 있으며 향후 이것은 지식의 축적으로 이어진다. 그리고 과학 연구는 항상 시행착오를 통해 '작동 중'이며, 일류 잡지에 게재된 논문조차 후속 논문에 의해 샅샅이 분해되고 검증되어 다시 쓰이는 과정을 통해 앞으로 나아간다. 영상을 무단으로 사용한 행위가 지탄받는 것은 이렇듯 착실하게 유지되어온 과학계의 흐름을 무시한 불성실한 태도로 간주되었기 때문이다.

이상으로 살펴봤듯이 학술계에서 영상의 표절이란, 연구 과정을 정확히 기술해야 한다는 연구자 공동체 내 연구 수행이 지켜온 성실함과 신뢰에 대한 '부정'임을 알 수 있다. 게다가 발각되었을 때 문제의 심각

제1강

성은 이루 말할 수 없이 크다. 인류 공통의 식견을 축적하는 과정에 대한 모독이 될 수도 있다. 전 세계 사람들은 일본의 학술 수준에 의구심을 품고 불신하게 될 것이다. 게다가 이런 부정 연구가 잇따라 발생하면 이들을 법으로 규제하자는 논의가 생겨난다. 예를 들어 의료 과실의 경우 법의 규제를 받고 있다. 그러나 연구자의 연구 활동을 법으로 규제하는 일은 의료 행위를 법으로 규제하는 것과는 다르다. 자유롭고 책임감 있는 연구를 하는 것은 연구자에게 있어 자율성의 근거다. 그런데 연구자 공동체 외부의 존재가 이런 자율성의 근거에 관여를 하면 어떻게 될까? 이런 측면에서 봤을 때 특히나 학술 연구에 종사하는 사람이라면 연구 활동에 있어서 자율성을 고수하기 위해서라도 절대 표절을 해서는 안 된다는 점을 알 수 있다.

그렇다면 우리에게 좀더 친숙한 문장 표절의 경우를 살펴보자. 논문이나 리포트를 작성할 때 다른 사람의 글을 무단으로 표절하는 경우가 있다. 최근 정보 기술의 발달로 다양한 상황에서 리포트의 표절이 늘고 있다. 리포트를 손으로 직접 써야 했던 시절에는 다른 사람의 문장을 옮겨 적는 일에도 상당한 수고가 들었다. 하지만 오늘날에는 마우스로 범위를 지정하여 '복사'와 '붙여넣기'를 각각 한 번씩 클릭하는 것만으로 가능해졌다. 수고가 줄어든 만큼 사람들 사이에서 표절에 대한 심리적 혹은 윤리적인 장벽까지 낮아진 듯하다.

그렇다면 어째서 리포트를 작성할 때 다른 사람의 문장을 무단으로 가져다 붙이는 일이 부정인 걸까? 우선 학술계에서 부정의 의미에 대해 생각해보자. 학술계에서 무단 표절을 부정행위로 간주하는 까닭은,

오리지널리티는 학술적으로 매우 중요한 의미가 있으며 리포트는 그러한 학술 연구를 위한 준비 작업에 해당하기 때문이다. 그렇다면 학술적 측면에서 오리지널리티란 무엇일까? 기존 지식 체계와 명확히 구별되는 견해를 보여주는 것, 과거 출판된 다른 사람의 업적과 '차이'를 강조하는 것이 바로 학술적 오리지널리티다.

학술 논문은 기존 논문과의 '차이'를 강조하면서 이를 기반으로 작성된다. 새로운 데이터를 보여주고 새로운 결과를 제시하기도 하며 이미 간행된 논문 결과를 근거로 새로운 논의를 전개하기도 한다. 그리고 논문의 생산은 그 차이의 반복으로 이루어진다. 차이를 강조하려면 다른 논문을 정식으로 '인용'하는 방식을 취해야 한다. 그렇다면 학술적으로 인용이란 무엇일까?

1960년대 사회과학자들은 인용을 '선행 연구에 대한 헌사'라고 했다. 반면 실험실 내 과학자들의 행동을 관찰하며 인류학적 기법을 응용하는 식의 선구적인 연구를 했던 연구자들은, 인용이란 단순히 선행 연구에 대한 헌사가 아니라 논문의 주장에 대한 근거 제시 혹은 설득을 위해 필요한 '자원'이라고 했다. 그리고 참가형 관찰 연구를 한 결과, 다른 논문을 인용할 때 그 본래 의도와 다르게 왜곡된 형태로 본인의 논문에 인용하는 경우가 상당히 많다는 사실이 드러났다.[2]

이상으로 살펴본 바에 따르면 인용이란, 다른 논문과의 차이를 강조하고 다른 논문 집단 속에 자신의 논문을 자리매김하는 역할을 하는 '컴퍼스' 즉 나침반과 같다. '인용'은 자신의 논문이 펼치는 주장이 오리지널(즉 선행 연구와 차이가 있다는 점)임을 보여주는 데 필요한 선행 연구들을 '배치'하는 역할을 하고 있는 것이다. 따라서 나침반으로 이용된 논문들은 인용이라는 행위로 인해 그 의미가 변한다. 인용이 됨으로써 선행 연구들의 배치가 바뀔 수 있다.

따라서 기존 논문들은 항상 인용되는 순간 그 의미가 재구성된다. 잘못된 인용이나 왜곡 등 부정적인 인용이 이루어진 경우도 이러한 재구성에 해당되며 나침반의 역할을 한다. 이뿐 아니라 헌사를 위해 인용된 경우에도 긍정적인 의미에서 재구성이 이루어지며 이 역시 나침반으로서의 역할을 한다. 이 말인즉 빈번하게 인용되는 논문은 그만큼 다른 논문에서 나침반 역할을 자주 한다는 말이다. 이와 같은 관점은 피인용 수(다른 논문에 인용된 횟수)에 대한 새로운 해석을 제공한다. 또한 긍정적 혹은 부정적 인용이 축적됨으로써 이후 후속 논문에서 빈번하게 인용되는 논문 집단이 형성된다.

인용이 과거의 논문에 대해 재귀적으로 작동한 결과 이과에서는 과학 지식의 재구성, 문과에서는 텍스트의 재해석이 이루어진다. '빈번하게 인용되는 논문'이란, 부정적이건 긍정적이건 간에 나침반으로 사용되는 논문을 일컫는다. 즉 빈번하게 인용되는 논문은 그만큼 다른 논문에서 선행 연구로 자주 언급되는 논문을 말한다. 말하자면 '자주 인용된 논문=좋은 논문'이라기보다 '자주 인용된 논문=다른 논문에서 자리매김을 위한 나침반으로 사용된 논문'이라고 하는 편이 좋을 것이다.[3]

이처럼 이미 출판된 논문은 매번 인용될 때마다 해당 분야에서 위치가 재구축된다고 해도 과언이 아니다. 인용은 자신의 논문이 내포한 주장이 입각한 지점을 명확히 보여준다. 인용은 '자원'이면서 동시에 그 위치를 보여주는 '나침반'이다. 이를 단적으로 표현한 글을 인용한다.

> 요컨대, 책은 각각 독립한 천체가 아니라 다른 별들과 선으로 연결되어 다양한 별자리를 형성하고 있는 것이다. 이들은 모두 똑같은 별자리가 아니고 사람에 따라 그 선을 연결하는 방식이 제각각이다. 즉 독서란 말하자면 읽을거리라는 광활한 우주에 흩어져 있는 별들을 한데 모아 이들을 서로 연결시켜서 자신만의 천체 지도를 그려내는 일에 다름 아니다.[4]

앞의 인용문에서 책과 읽을거리를 논문 및 자료로 바꾸고, 독서를 논문 작성으로 치환하여 생각해보자.

> 요컨대, 논문은 각각 독립한 천제가 아니라 다른 별들과 선으로 연결되어 다양한 별자리를 형성하고 있는 것이다. 게다가 모두 똑같은 별자리가 아니고 사람에 따라 그 선을 연결하는 방식이 제각각이다. 즉 논문 작성이란 말하자면 논문 및 자료라는 광활한 우주에 흩어져 있는 별들을 한데 모아 이들을 서로 연결시켜서 자신만의 천체 지도를 그려내는 일에 다름 아니다.

이렇게 생각한다면 인용임을 숨기고 다른 사람의 문장을 표절하기보다는 확실하게 '인용'이라는 점을 밝히면서 자신만의 천체 지도(=오리지널리티)를 그려내는 과정이 훨씬 중요하다는 점을 이해할 수 있을 것이다. 리포트의 경우도 동일하다. [후지가키]

논점

1. 이과에서의 표절과 문과에서의 표절은 어떻게 다를까?
2. 자신의 분야에서의 부정행위에 대해 생각해보자.
3. 자신의 분야에서의 인용의 의미에 대해 생각해보자.
4. 연구 윤리 수업은 어떻게 구성되어야 할까?

논의의 기록

—

일반 독자들에게 표절이란 일상적인 업무 리포트나 인터넷상의 글, 영상에 대한 표절을 의미할지도 모른다. 한편 학생에게 있어서 표절이란 대부분의 경우 수업 리포트 표절을 말한다. 이번 수업에서도 그러한 체험을 기반으로 논의가 전개되었다.

일단 참가한 학생들에게 '문제 제기' 내용에 대한 감상을 간단히 물었다. '책을 읽을 때에도 다른 문헌의 재귀적 참조를 하는 경향이 있다는 생각이 들었다' '과정의 엄격함이 자율성을 담보로 한다는 말에서 형사사건의 수법과 유사하다는 느낌을 받았다' '2학년 2학기에 처음으로 리포트를 쓰면서 인용법을 배웠으나 그 의미는 몰랐다. 인용을 함으로써 자신만의 오리지널 천체 지도를 만든다는 사실이 인상 깊었다' '인용됨으로써 논문의 의미가 변한다는 사실이 흥미로웠다' '인용이란 자신의 주장에 근거를 보태주는 행위라고 생각했는데 인용법을 제대로 지킴으로써 학문의 자율성이 유지된다는 사실에 그 중요성을 깨달았다' 등의 의견이 나왔다. 이어서 다음의 네 개 주제로 논의가 이루어졌다.

논점1
이과에서의 표절과 문과에서의 표절은 어떻게 다를까?

우선 두 그룹으로 나누어 그룹별로 토론을 했다. 1그룹은 A학생, D학생, F학생으로 3명이고 2그룹은 B학생, C학생, E학생, G학생으로 4명이다. 그룹별 토론을 마친 후 모든 그룹이 함께 토론을 했다. 1그룹의 경우 이과에서의 표절은 실험 결과처럼 고찰을 전개하기 위한 전제에 해당하는 반면, 문과에서의 표절은 고찰 그 자체인 사고에 해당하는 부분을 훔치는 행위라고 했다.

저희 그룹에서는 일단 이과 계열 리포트와 문과 계열 리포트가 어떻게 다른지에 대한 이야기부터 시작했습니다. 저는 이과 계열 리포트만 써봤기 때문에 법학부 학생과 의견을 주고받으면서 처음으로 문과 계열 리포트를, 특히 법학부 리포트를 어떤 식으로 작성하는지 알게 되었습니다. 그 결과 이과에서의 표절은 고찰에 해당하기보다는 고찰에 이르기까지의 과정, 예를 들어 실험 결과와 같은 고찰에 이르기 전 단계에서 그 전제에 놓인 지식을 훔친다는 의미였던 반면, 문과에서의 표절은 사고방식처럼 사고 그 자체의 일부분을 훔치는 느낌에 가깝다는 것으로 마무리가 되었습니다. [D학생]

이과에서는 데이터의 재현 가능성을 가장 중요시하기 때문에 프로세스의 기술과 그 이후 다른 연구자가 실험을 재현하여 추인하는 과정이 중요한 반면, 고찰이란 측면에서는 프로세스를 기술할 필요가 없다는 점에 주목하여 이 둘의 차이를 설명하고 있다. 후지카키는 이 의견에 대해 그렇다면 '문과에서는 그런 사고의 프로세스를 재현해볼 필요성은 없는가? 재현 가능성은 없는가?'라는 질문을 던졌는데, '이건 깊이 파고들면 끝이 없어' 보였기에 그 이상 논의를 진행시키지 않았다. 문과의 경우 사고 프로세스를 재현하기보다는 논거로서 존재하는 자료의 신빙성 및 이로부터 도출되는 사고의 도출 프로세스에 대한 합리성 여부를 문제시해야 하지 않을까? 실험 프로세스의 재현과 사고 프로세스의 재현은 어떻게 다를까? 조금 더 심층적인 고찰이 필요할 것이다. 그리고 2그룹의 경우, '문장의 표절과 아이디어의 표절은 다른 것 같다' '이공 계열 논문에서는 '결과'의 표절을 문제시하지만 문과 계열의 '결과'는 앞선 연구자들이 연구한 것들의 축적물인 것 같다' 등의 의견을 제시했다.

이러한 의견을 바탕으로 이시이는 논문 도입 부분을 표절한 것이 결론 부분을 표절한 것보다 죄가 가벼운 것이냐는 질문을 던졌다. 그리고 STAP세포에 관한 논문으로 화제가 됐던 한 연구자의 사례를 언급했다. 지금까지 축적된 연구 실적을 기술한 것이기 때문에 그러한 내용을 옮겨 쓴 것은 표절이 아니라고 주장하는 옹호론은 과연 타당한가에 대한 질문이었다.

> A학생_ 거기까지는 생각을 못 했는데…… 어려운 문제네요.
> 후지가키_ 데이터 표절에 비하면 죄가 가볍다는 발상인가요?
> 이시이_ 음, 그러니까 정말로 가벼운 건지가 문제인 것 같아요.

이에 대해 후지가키는 이과에서 결과 부분을 중시하는 건 분명하지만 그 결과는 도면, 표, 데이터, 수치, 수식 등 분야에 따라 서로 다른 형식을 취하며 이러한 차이에 따라 표절이라고 판단하는 기준도 다르다고 지적했다. 이어서 이과와 문과에서 논문 형식이 어떻게 다른지에 관한 주제로 넘어갔다. 예를 들어 이과 논문의 구성은 'introduction' 'method' 'results' 'discussion'의 형식을 취하는 반면 문과 논문에서는 이러한 형식에 국한되지 않는다. 이처럼 작성 방식의 차이가 표절에 대한 판단의 차이로 이어질 수도 있을 것이다.

또한 작성 방식뿐만 아니라 논문의 목적도 다르다는 의견이 있었다. 예를 들어 이시이는 도서관장을 역임할 당시 수납 능력이 한계에 달한 상황에서 소장 도서 중 어떤 책을 처분할지에 대해 논의했던 경험을 말했다. 당시 어떤 이과 교사가 "그럼 잘못된 내용이 적힌 책을 버리면 되겠네요"라고 말한 상황을 언급하면서, "이 세상을 옳은 것과 그렇지 않은 것으로 이분할 수 있다고 믿는 사람이 있다는 사실에 놀랐다"고 했다. 그 발언을 한 이과 교사의 발상에 따르면 모든 것은 옳은 것과 그른 것으로 구분되며 진리는 계속해서 덧씌워지는 셈이다. '옳은 것과 그른 것을 일의적으로 결정할 수는 없는 것' 즉 옳은가 그른가의 문제가 아니라 젊은 사람이 그런 생각을 했다는 사실이 문제다. 혹여 잘못된 내용일지라도 그렇기에 더더욱 그 책은 보존할 만한 가치가 있다는 사고방식도 있을 수 있는 것이다. 또한 애초에 이들 학문이 지향하는 바가 다르다는 문제 제기도 있었다. 후지가키는 이과와 문과 사이에 차이가 있는 건 분명하지만 '새로운 식견을 덧붙이고' '기존 식견과의 차이를 강조'한다는 측면에서는 이과와 문과가 동일하다고 지적했다.

논점1의 의견을 종합해보면 학문에서 분야에 따라 지향하는 바가 다르고 목적에 따라 논문의 작성 방식이 달라지며 작성 방식의 차이로 인해 표절의 의미가 달라진다는 사실이 드러났다. 이때 학문이 지향하는 바가 무엇인가라는 질문 자체에 대한 고찰은 제9강에서 본격적으로 다룬다.

논점2
자신의 분야에서의 부정행위에 대해 생각해보자.

논의의 전개 방식은 논점1과 동일하다. 일단 그룹별 토론을 한 뒤 그 내용을 다 함께 공유했다. 1그룹에서는 사람을 대상으로 실험을 해본 경험이 있는 D학생과 F학생의 문제 제기를 바탕으로 '기대했던 데이터가 나오지 않은 경우 이를 생략'하는 일과 날조 사이의 경계, 즉 이미 벌어진 사실을 제멋대로 활용하는 것과 부정의 관계에 초점을 맞췄다.[5]

또한 심리학에서 말하는 요구 특성 즉 '실험자가 원했던 행동을 피실험자에게 시키게 되는' 경향, 실험자가 바람직하다고 생각하는 방향으로 피실험자를 유도하는 문제가 제기되었다. 이는 '관찰자가 관찰 대상에게 영향을 미치는 것'을 말한다. 이러한 논점에 대해 A학생은 심리학 실험의 요구 특성과 형사사건에서 '함정 수사'의 차이에 대해 이야기했다. 예를 들어 마약 상인에게 '하나 살게요'라며 이쪽에서 나쁜 행위를 요구하면 위법이지만 상대편에서 '마약 사실래요?'라고 권유해온 경우에 자신의 신상을 밝히지 않고 따라가 확실한 증거를 잡을 때까지 그 사람과 관계를 유지하는 것은 용인된다는 것이다. 이는 모든 인간 심리에 관한 진리를 편견 없이 그려내는 것(심리학에서의 진리 해명이라는 목적)과 일부러 인간 행동의 장으로 끼어 들어가서 증거를 잡는 것(형사사건에서의 진실 해명이라는 목적)의 차이에서 비롯되는 듯하다.

2그룹의 경우, 문과에서 말하는 부정은 '자신이 생각했던 아이디어가 이미 선행 연구에 있다는 사실을 알면서 공표'하는 것이고, 이과에서 말하는 부정은 축적형으로, 한 가지 거짓말을 하면 그것이 점차 축적되는 특성이 있다는 의견을 냈다. 또한 '예를 들어 학회에서 새로운 아이디어를 제시한 이후 페이스북에서 '좋아요'를 엄청나게 받았다면 이는 좋은 연구일까?'라는 질문도 있었다. 사람들에게 주목받는 일과 진리의 차이에 대해서는, 문제 제기에서도 언급했듯이 인용 횟수가 많은 논문이 진리라고 한정 지을 수 없으며 인용 횟수가 많은 논문은 다른 논문에서 '나침반' 역할로 이용되는 논문이다.

이어서 이시이는, 문학 연구에서도 '새로운 사고방식의 제시'가 중요하지만 '같은 것이라도 새로운 방식으로 보여주기' 역시 그에 못지않게 의미가 있다면서 '새로운 표현을 하는 것'도 문학 연구 본연의 오리지널리티일 수 있다는 논점을 제기했다.

> 언어라는 것은 공유 가능성에 개방적이면서 동시에 창조성에 대해서도 열려 있어야 하는 이중성을 지니고 있어요. 따라서 공유 가능성을 완전히 부정하면 아무도 이해할 수 없는 언어가 되어버리는 반면에 공유 가능성에만 치우치면 당연한 이야기밖에 못 하게 되죠. 그 중간 어딘가에서 승부를 내야 하는데 다른 사람에게 이해받을 수 있으면서 동시에 매우 신선한 충격을 불러일으킬 만한 표현을 강구하는 것 역시 문학 연구의 바람직한 모습 중 하나일 것 같다는 생각이 드네요. [이시이]

이러한 논점은 문학 연구에 국한되지 않고 일반적으로 연구를 할 때의 올바른 '정보 해석' 방식이라든가 정보 해석의 오리지널리티를 어떻게 평가할지에 대한 의문으로 이어진다.

그렇다면 '새로운 표현'이라는 것을 이과에 적용해보자. 새로운 표현이란 기존의 정보에 새로운 해석을 부여하는 일이다. 이과의 경우 같은 데이터라도 연구자에 따라 충분히 해석이 달라질 수 있다.[6] 같은 데이터를 사용했더라도 다른 해석을 했다면 별개의 논문으로 출판할 수 있다. 그리고 어느 쪽 해석이 타당한지는 이후의 실험 및 실증 연구 결과에 따라 판정된다.[7] 그렇다면 해석은 어디까지 허용되는 걸까? 어디까지가 해석이고 어디서부터가 왜곡인가에 대한 의문도 생긴다.[8] 이처럼 '새로운 표현'의 시비를 둘러싼 문제는 문과뿐만 아니라 이과에도 많은 논점을 내포하고 있다.

논점3
자신의 분야에서 인용의 의미에 대해 생각해보자.

토론의 진행 방식은 논점1, 2와 동일하다. 1그룹의 A학생은 법률 분야에서 인용의 의미에 대해 다음과 같이 소개했다.

사실 법률에서도 한 가지 진리를 발견하는 것을 사명으로 여기기 때문에 이런 부분은 문학과도 다른 것 같습니다. 구체적으로 예를 들자면 고의로 죽였는지 어쩌다 죽은 건지 알 수 없는 애매한 경우에 이것이 살인인지 과실치사인지를 판단하기 위한 타당한 구획선을 추구하면서 이를 통해 정의를 실현하는 것이 법학의 역할 중 하나입니다. 과실치사의 경우 어떤 입장은 과실을 여기까지라고 규정하지만 또 다른 입장에서는 저기까지라고 규정하고 있어요. 이 양쪽 의견 중에서 판례는 이쪽 입장을 취하고 있으므로 이쪽이 타당하다거나, 다른 측면에서 보면 논리적으로 어긋나기 때문에 이쪽으로 보기엔 애매한 측면이 있다거나 하는 식으로 의견을 주고받는 거죠. 이런 식으로 고의라는 말의 의미를 넓게 보는 시각과 좁게 보는 시각 사이에 적절한 절충안을 찾아나가는 프로세스예요. 이렇게 인용이 애초에 출발 지

점에 위치하기 때문에 인용 없이는 시작도 할 수 없는 거죠. [A학생]

요컨대 살인과 과실치사를 구분 짓는 경계선도 과거 판례를 인용함으로써 결정된다는 말이다. 특정 사건을 살인이라 판단하는 입장, 같은 사건을 과실치사라고 판단하는 입장, 이 두 가지 입장을 인용하여 해당 판결에서 판단을 내린다. 즉 법률 분야에서 인용이란 중간 영역에 위치하면서 판단을 내릴 때 필요한 타당성을 제공한다. 반면 이과에서의 인용은 주장의 범위를 좁히는 데 사용되는 것 같다는 논리였다.

2그룹에서는 G학생이 표상문화론에서의 인용(이미지 인용과 텍스트 인용)에 대해 이야기했다. '표상문화론에서는 이미지를 언급할 때 이미지만으로는 알 수 없기 때문에 텍스트가 꼭 있어야 하는데, 예를 들어 동시대인의 그림인 경우 다른 동시대인의 텍스트를 통해 해당 그림이 어떤 입지에 놓여 있는지(를 평가한다.)' 다음으로 C학생은 토마스 아퀴나스[9]가 보여준 인용의 방식을 소개했다.

[토마스는] 다양한 의견을 인용함으로써, 이론異論 즉 토마스의 의견과 다른 의견을 보여줍니다. 그리고 본인은 그러한 이론과 다른 의견을 가지고 있다고 말하는 거죠. 이런 식으로 자신의 의견에 반대하는 사람들의 의견에 반론을 하는 겁니다. 예를 들어 그는 아리스토텔레스의 말을 자주 인용했는데요, 이때 인용한 아리스토텔레스의 글에 전부 반대하는 건 아니었습니다. 인용 글에 대한 해석을 바꿈으로써 이것이 자신의 의견과 상반되는 게 아니라 동일한 의견이라고 말을

해요. 즉 토마스는 인용을 하면서도 인용에 대한 해석의 범위를 넓혀 감으로써 논의를 좀더 풍성하고 다양하게 만든 것 같아요. [C학생]

인용을 통해 이론異論을 소개하고 인용에 대한 해석을 바꿔나감으로 써 사고방식의 다양성을 보여준다는 논점이다.

이상에서 살펴봤듯이 논점3에 대해 토론을 하면서, 학생들은 자기 분야에서의 인용의 의미에 대해 생각해볼 수 있었고(인용을 다른 사람 일처럼 여기지 않고 자신의 문제로 여기는 것) 이와 동시에 이것을 다른 분 야의 동료가 이해할 수 있는 표현으로 어떻게 바꿀지 고민해보는(후기 교양 교육의 두 번째 요소인 '자신이 공부하는 학문을 전공 분야가 완전히 다 른 사람에게 어떻게 전달할 것인가'에 해당) 경험을 할 수 있었다.

논점4
연구 윤리 수업은 어떻게 구성되어야 할까?

토론의 순서는 지금까지와 동일하다. 1그룹은 다음의 두 가지 논점 을 제시했다. 첫 번째는 '표절을 해선 안 된다'뿐만 아니라 그 이유를 숙 지할 필요성과 중요성에 대한 것이었다. '규칙이니까 안 되는 것'이 아니 라 문제 제기의 내용을 이해한 후 어떠어떠한 이유로 인해 안 되는지 납득하는 것이다. 즉 윤리적 측면뿐만 아니라 배경 및 오리지널리티라 는 측면에서 사고하는 일의 중요성을 지적한 내용이었다. 특히 이번 문 제 제기를 통해 표절하는 행위 자체가 허망하게 느껴졌다는 의견도 있었다.

두 번째는 페널티를 부과한다는 입장이다. 표절은 두 가지 경우가 있다. 첫째는 해서는 안 되는 일의 기준을 모르고서 하는 경우로 이때는 규칙을 알려줄 필요가 있다. 둘째는 나쁜 일이라는 걸 알고서 하는 경우로 이때는 '그런 짓을 하면 언젠가 발각될 것이며 페널티를 받게 될 것이다'라는 점을 마치 자동차 운전 학원에 있는 교재가 그러하듯 정확히 명시해둘 필요가 있다.

2그룹에서는 연구 윤리의 학습 방법을 다음과 같이 제시했다.

(1) 글을 통해 전달하는 것(읽기)

(2) 교사를 통해 강의를 듣는 것(듣기)

(3) 이 수업처럼 학생들끼리 토론하는 것(생각하기, 집단으로 토론하기)

(4) 지도 교사와 구체적 사례에 관해 논의하는 것(1대 1로 논의하기)

그리고 각자 자기 힘으로 연구 윤리를 습득해나가는 경우(3, 4)와 가르침을 받는 경우(1, 2)의 차이에 대한 지적도 있었다. 연구 윤리는 머리로 생각하기보다는 신체적 감각으로 습득하게 되는 것 같다는 의견도 있었다.

교사 입장에서는 학생들이 (1)에서 (4)까지 분류했다는 사실 자체가 매우 신선하게 느껴졌다. 이를 통해, 학생들이 논점1에서 논점3에 이르는 과정을 통해 자신이 속한 분야에 입각하여 표절의 의미를 생각해보고 이를 자신의 문제로 간주하며(이는 후기 교양 교육 두 번째 요소인 '자신이 공부하는 학문 및 자신이 지닌 지식이 사회적으로 어떤 의미를 내포하는 가에 해당한다), 이와 동시에 이것을 다른 분야의 동료에게 이해시키기 위해서 어떻게 표현할지에 대해서도 고민했다(앞서 언급한 후기 교양 교육의 두 번째 요소에 해당)는 점을 알 수 있었다. 이뿐 아니라 논점4를 통해 학생들이 '윤리 교육에서 다른 분야 사람들과 어떻게 협력할 수 있을까?'(후기 교양 교육의 세 번째 요소인 '구체적인 문제에 대처할 때 다른 분야 사람들과 어떻게 협력할 수 있는가?'에 해당)에 대한 대답을 직접 실천하여 보여줬다는 사실에 큰 의미가 있다. 어떤 학생은 이날의 수업에 대한 감상으로 '평소에 쓰는 부위와는 다른 머리를 사용한 느낌이다'라고 말했다. 진지한 자세로 문제 제기 및 논점에 대해 고민함으로써 추상적인 개념을 구체적인 문맥에서 파악하고 이를 자신의 문제처럼 생각했음을 엿볼 수 있었다.

마지막으로 이시이는, 오늘날의 표절이 기술에 의해 발생한 것임을 재차 강조했다. 정보 기술이 발달하기 전에는 선배들의 결과물을 따라 하려면, 경문을 베낀 경전을 봐도 알 수 있듯이, 그 나름의 수고가 필요했다. 즉 '한 자씩 한 문장씩 옮겨 적는' 작업처럼 신체를 거쳐야만 복사가 이루어졌다. 반면 오늘날의 표절은 이처럼 신체를 거치지 않더라도 기술 자체가 복사를 가능하게 한다는 것이 문제다. 마지막으로 이시이는 신슈대학 학장의 입학식 연설[10]의 어조를 흉내 내며 "표절을 그만하겠습니까? 아니면 도쿄대 학생을 그만하겠습니까?"라고 말하고 학생들의 웃음을 자아내면서 이 수업을 마무리했다. [후지가키]

논의를 돌아보며

—

첫 번째 수업에서는 '표절은 부정인가?'라는 중심 주제를 네 개의 논점에 따라 살펴보았다.

'표절'이라고 하면 가장 먼저 논문 작성에서의 부정행위를 떠올리는 사람이 많은데 이는 학술적인 것에 국한된 이야기가 아니다. 문장이나 이미지 가릴 것 없이 디지털화된 정보라면 간단히 복사해서 붙여 쓸 수 있게 된 오늘날 우리는 평범한 일상에서도 종종 표절을 하고 있으나, 이에 대해 일일이 '부정인지 아닌지' 자문하는 경우는 거의 없다. 이미 표절이 우리에게 너무나 익숙한 행위가 되어버린 것이다. 다른 데서 가져다 쓴 문장이나 이미지를 자신의 이름으로 외부에 발신하는 단계에 이르렀을 때 비로소 사람들은 그것이 부정인지 아닌지 자문하게 된다.

당연한 말이지만, 출전을 명시하면 정당한 '인용'이지만 명시하지 않으면 '표절'이다. 하지만 인용과 표절의 경계선이 명확하다고는 할 수 없다. 표절의 대상은 실체가 있는 문장이나 이미지에 국한되지 않고 형체가 일정하지 않은 '사고' 및 '아이디어'가 될 수도 있기 때문이다. 이런 측면에서 표절 문제는 상당히 보편적인 양상을 보인다. 따라서 이러한 문제의식을 기반으로 수업을 진행했다.

첫 번째 논점은 '이과에서의 표절과 문과에서의 표절은 어떻게 다를까?'인데 이는 결국 '이과 논문과 문과 논문은 어떻게 다를까?'라는 의문으로 귀결된다.

물론 이과라 해도 수학 논문과 화학 논문의 작성 방식이 다르고 문과라 해도 문학 논문과 사회학 논문에서 작성 방식이 다르기 때문에 대략적인 이분법에 따라 토론하기에는 한계가 있다. 하지만 그러한 부분을 유보하고서라도 다소 뭉뚱그려 정리해보자면, 이과 논문은 '새로운 사실'을 실증하기 위해 쓰는 반면 문과 논문은 '새로운 해석'을 제시하기 위해 쓴다고 구분할 수 있겠다.

따라서 이과의 경우 어떤 사실의 전제가 되는 데이터의 신뢰성과 논증 프로세스에 엄격한 객관성이 요구되는 한편, 문과의 경우에는 어떤 해석을 다른 사람과 공유 가능한 형태로 전달할 수 있는 논리적 정확성과 기술적 설득력이 요구된다. 이과 논문을 언급할 때 자주 언급되는 '재현 가능성'은 일반적인 문과 논문에서는 문제시되지 않는다. '다른 누가 하더라도 똑같은 결과에 도달할 수 있는 것'이 이과 논문의 필요조건이라면, 오히려 문과 논문에서는 '다른 누가 해도 똑같은 결과에 도달할 수 없다'는 것, 즉 (똑같은 대상일지라도) 연구자에 따라 결론이 달라야 하는 것이 필요조건이다.

하지만 후지가키가 지적했듯이, 이과와 문과는 차이점이 있지만 '새로운 지식을 더한다' '과거의 지식과 차이를 강조한다'는 측면에 있어서 분명 이 둘은 같다. 지금껏 입증되지 않은 일을 입증하거나 기존에 언급된바 없는 주장을 하지 않는다면 애초에 논문을 쓰는 의미가 없다. 선행 연구를 바탕으로 자신만의 '새로움' '오리지널리티'를 주장해야 한다는 측면에서 이과도 문과도 다를 게 없는 것이다.

이러한 전제하에 '표절' 문제에 대해 고민한다면 어떤 결과가 나올까? 이과의 경우 결론 자체의 신선함이 절대 조건이기 때문에 그것이 선행 연구를 그대로 베껴 쓴 것이라면 당연히 그 논문의 가치는 제로가 된다. 그렇다면 사용된 데이터 및 도판의 일부에 다른 연구에서 표절한 부분이 섞여 있는 경우는 어떨까? 결론이 새롭거나 옳은 주장이기만 하면 이에 도달하는 과정에 존재하는 약간의 결점은 큰 문제가 안 된다는 주장도 있지만, 어떠한 경우일지라도 다른 사람의 성과를 무단으로 사용하는 행위가 규칙 위반인 것은 명백한 사실이다. 결론 자체에 이렇다 할 영향을 미치지 않는 범위 내에서 부분적인 표절을 어느 정도 허용할 수 있다는 사고방식은 손쉽게 연구 부정행위로 이어질 위험을 안고 있다.

한편 문과에서는 원래 연구자의 사고 과정을 결론 자체보다 중요시하기 때문에 기술한 문장 자체에 명백한 표절이 있으면 분량과 상관없이 학술논문으로서 치명적이다. "문과에서의 표절은 사고방식을 훔친 것과 매한가지 아닌가?"라는 어떤 학생의 의견 역시 이러한 부분을 지적한 것으로 보인다. 따라서 엄밀히 말하자면, 특정 결론을 이끌어내는 데 직접 관여하지 않은 문맥에서라도 다른 사람의 글을 무단으로 인용한 부분이 한 곳이라도 있다면 그 논문의 가치는 제로가 되는 것이다.

그런데 난해한 점은, 본인의 표절 행위를 자각하지 못하는 경우가 많다는 사실이다. 다양한 문헌을 검색하다가 우연히 자신의 생각과 정확히 일치하는 문장을 찾아냈을 때 '이거야말로 내가 말하고자 했던 거야'라며 기억 깊숙한 곳에 각인이 되어버리면, 어느새 그 내용이 다른 사람의 생각이었다는 사실을 잊어버리고 애초에 본인이 구상한 내용이라고 착각하여 기술하는 일이 곧잘 생긴다. 사고라는 것이 언어의 결합에 의해 만들어지는 이상 어디까지가 자신의 말이고 어디서부터가 다른 사람의 말인지에 대해 항상 유념하지 않으면 논문을 쓰는 데 익숙한 연구자조차도(혹은 논문 작성에 익숙한 연구자일수록) 이런 유형의 '사고의 표절'에 빠지기 쉽다.

두 번째 논점은 '자신의 분야에서의 부정행위에 대해 생각해보자'였다. 이 논의를 통해 타 분야 학생들 간에 이루어지는 토론이 갖는 의미가 더욱 빛을 발했다.

'기대했던 데이터가 나오지 않은 경우 이를 생략'하는 것은 이과에서 제기된 문제였는데, 이는 문과에서도 상당히 만연하고 있는 현상인 것 같다. 예를 들어 문학 연구를 하는 경우에 분석 대상인 작품에서 자신의 주장과 부합되는 부분만 발췌하고 논지에 맞지 않는 부분은 굳이 언급하지 않음으로써 문맥상 자연스러워 보이게끔 일관된 스토리를 만들어내는 사례는 결코 드물지 않다. 있지도 않은 데이터를 멋대로 만들어내면 이는 제대로 된 '날조'이지만 수많은 데이터 중에서 입맛에 맞는 것만 선택하여 사용하는 행위는(특히 문과의 경우) 꼭 '부정'이라고 간주하지 않기 때문에 양심의 가책을 느끼지 않아도 된다.

또한 '요구 특성'과 '함정수사'에 관한 언급은 여러 분야 사이를 횡단하는 문제 제기로서 매우 흥미로웠다. '데이터'라고 하면 애초에 어딘가에 존재하는 객관적인 사실처럼 생각하기 마련인데 사실 그 자체에 관찰자 및 분석자가 관여하여 다소의 편견이 더해지거나 방향성이 결정되는 경우도 적지 않다. 경우에 따라서는('날조'라고까지는 할 수 없지만) 본인 입맛에 맞게 '창작'되어 있기도 하다. 이런 일은 이과·문과를 불문하고 사람을 대상으로 한 연구 및 설문조사·인터뷰 내용을 자료로 이용하는 연구 분야(예를 들어 사회학 등)에서 종종 찾아볼 수 있다.

분야에 따라 '부정'의 양상이 다른 건 당연한 일이며 '옳은 것'과의 경계도 애매하여 좀처럼 하나로 규정하기 어려운 실정이지만, 어찌 되었건 일반적으로 문제가 되는 경우는 의도적인 부정행위가 아닌 무의식적으로 저지른 결과론적 부정행위에 있다. 실제로 논문을 집필하는 단계에서뿐만 아니라 주제 설정, 데이터 수집, 관찰 기록, 조사 기록, 도판 작성 등등 연구의 다양한 국면에서 넘어서는 안 될 각 분야의 '기준선'을 제대로 인지하고 익혀둘 필요가 있다.

세 번째로 '자신의 분야에서 인용의 의미에 대해 생각해보자'라는 논점을 다루면서 소개된 사례를 보면, 인용의 기능에 대해 '판단을 위한 타당성을 더해준다' '이미지의 의미를 보충해준다' '자신의 주장과의 차이를 확인하고 토론에 다양성을 더해준다' 등의 의견이 있었다. 각 분야에 따라 인용이 가진 의미는 실로 다양하지만 공통적으로 '다른 사람의 말을 증거로 가져다 사용함으로써 자신의 주장을 보강한다'는 측면이 '인용'이라는 행위의 기본적인 기능이라는 점에 있어서만큼은 큰 차이가 없어 보인다.

전체적으로 이번 주제와 연관된 부분이기도 한데, 인용에서 문제가 되는 것은 '출처의 명시'라는 규칙을 지키지 않은 경우다. 다른 사람의 문장을 자신의 논문에 쓰면서 출처를 명시하지 않는다면 읽는 사람은 당연히 그것이 그 논문의 저자가 쓴 글이라고 착각할 것이므로 명백한 부정행위다. 이런 건 상식이 아니냐고 생각할 수도 있겠지만 실제로 인터넷에 있는 문장을 거의 그대로 자신의 논문의 일부에 삽입하여 박사 학위를 받은 경우도 있었기 때문에 그냥 웃어넘길 수만은 없는 일이다. 인용이 자신의 주장을 보강하기 위해 다른 사람의 말을 이용하는 행위라면 이를 긍정적으로 사용하건 부정적으로 사용하건 간에 최초의 발화자에 대해 경의를 표하는 것이 최소한의 예의다. 이런 경의를 보이지 않고 다른 사람의 글을 마치 자신의 생각처럼 포장해버리는 행위, 즉 '도용' 및 '표절'은 명백한 절도 행위이며 다른 사람의 지적 결과물에 대한 모독이다.

네 번째 논점은 '연구 윤리 수업은 어떻게 구성되어야 할까?'라는 실천적인 주제였으며 토론의 내용 역시 구체적이고 흥미로웠다. 규칙을 배워야 할 입장에 있는 학생들이 의견을 제시한 만큼 어떤 방식으로 학습해야 좀더 편안하게 습득할 수 있을지에 초점이 맞춰졌다는 점이 특히 인상적이었다. 교사 입장에서는 항상 '가르치는 입장'에 치우치기 십상이기 때문에 (1)~(4)의 분류 방식은 상당히 많은 도움이 된다.

물론 모든 학생이 연구자가 되는 건 아니다. 오히려 전체적으로 봤을 때 연구자의 길을 가는 학생은 소수다. 따라서 많은 학생이 좁은 의미에서의 '연구 윤리'는 배울 필요가 없다고 생각할 것 같은데, 이 단어를 조금 더 확대 해석한다면 기업에 취직한 후 사회인으로서의 연구 윤리(혹은 '직업 윤리'라고 해야겠다)는 필요할 것이다. 어떠한 직종이건 간에 다른 사람이 쓴 리포트나 보고서를 무단으로 갖다 쓰는 행위는 허용될 수 없으며 다른 사람의 업적을 무단으로 가로채는 등의 행위는 윤리 위반에 해당한다.

이 말인즉 '표절은 부정인가?'라는 이번 수업의 주제는 학술 및 연구 분야에 한정되지 않고 '업무 표절은 부정인가?'라는 문제로 일반화할 수 있다. 그리고 이러한 의문에 대해 단순히 '당연히 부정이다'라고 대답하는 것이 아닌, '애초에 표절이란 무엇인가?' '자신의 직업에서 표절이란 어떤 행위를 일컫는가?' '어떤 종류의 표절이 허용될까?' '어떻게 하면 표절을 방지할 수 있을까?' 등등 질문을 더욱 세분화시켜서 사고해보는 작업이 중요하다.

마지막으로 "표절을 그만하겠습니까? 아니면 도쿄대 학생을 그만하겠습니까?"라는 말을 했는데 이 말은 원래 신슈대학 학장의 연설로 화제가 된 "스마트폰을 그만하겠습니까? 아니면 신슈대 학생을 그만하겠습니까?"라는 말을 따라 한 것이다. 그런데 이 말 역시 옛날에 TV에서 흘러나오던 "각성제를 그만하겠습니까? 아니면 인간이기를 그만하겠습니까?"라는 일본민간방송연맹의 마약 근절 구호를 표절해 변형한 '패러디적 인용'이 아닌가 싶은데, 과연 눈치챈 이들이 얼마나 있었을까? [이시이]

$$\langle \text{제2강} \rangle$$

글로벌 인재는 정말 필요한가?

문제 제기

—

모든 질문은 '정의'에 대한 물음을 내포하고 있다. '글로벌 인재는 정말 필요한가?'라는 질문에 대답하려면 먼저 '글로벌 인재란 무언인가?'에 대답하지 않으면 안 된다.

이 단어가 종종 눈에 띄기 시작한 것은 최근 몇 년의 일이다. '오늘날 일본의 젊은이들은 내향적이고 해외로 나가려고 하지 않는다' '이로 인해 국제 무대에서 외국인들과 동등한 위치에서 논의할 만한 인간을 육성하기 쉽지 않다' 따라서 '제대로 영어를 구사하면서 세계적으로 활약할 수 있는 인재 육성이 시급하다'라는 목소리가 정·재계를 중심으로 고조되었고, 그러한 역할을 대학에서 해주길 기대하기 시작했다. 이러한 맥락에서 '글로벌 인재'라는 용어가 확산된 것이다.

하지만 우리는 앞서 언급한 이미지(즉, '영어를 제대로 구사하고 세계적

으로 활약할 수 있는 인재'라는 인간상)를 막연하게 떠올릴 뿐 여기서 한 발 더 나아가 개념 규정을 하고자 하는 시도는 미뤄왔다. 다시 논의의 출발점으로 돌아가서 이러한 정의에 대해 면밀히 살펴볼 필요가 있다고 생각한다.

이와 관련하여 참고할 만한 문헌으로, 문부과학성이 2010년 12월 7일에 설립한 '산학 연계에 의한 글로벌 인재 육성 추진회의'의 최종 보고서 「산학관(산업계, 연구교육기관, 국가기관—옮긴이)에 의한 글로벌 인재 육성을 위한 전략」(2011년 4월 28일)이 있다.[1] 이 문서에 나오는 글로벌 인재의 정의는 "세계적인 차원의 경쟁과 공생으로 향하는 현대 사회에서 일본인으로서의 아이덴티티를 유지하면서, 넓은 시야에 입각하여 교양과 전문성을 배양하고 서로 다른 언어, 문화, 가치를 뛰어넘는 관계를 구축하기 위한 커뮤니케이션 능력과 협조성, 새로운 가치를 창조하는 능력, 차세대까지 염두에 둔 사회 공헌 의식 등을 지닌 인간"(위의 보고서 3쪽)이다.

한편 정부의 '신성장 전략 실현회의'가 2011년 5월 19일에 설립한 '글로벌 인재 육성 추진회의'는 2012년 6월 4일에 「심의정리」를 공표했는데[2] 그 내용을 살펴보면, 글로벌 인재에게 요구되는 자질로 '요소 I: 어학 능력·커뮤니케이션 능력 / 요소 II: 주체성·적극성, 도전 정신, 협조성·유연성, 책임감·사명감 / 요소 III: 타 문화에 대한 이해와 일본인으로서의 아이덴티티'(「심의정리」 8쪽)가 있다.

이상의 두 가지 문서에 보이는 정의는 공식적인 견해의 대표 격이라 볼 수 있다. 이 둘에서 공통적으로 보이는 기본적인 사항은 다음과 같다.

(1) 영어 능력에 국한되지 않는 전반적인 어학 능력과 커뮤니케이션 능력의 중요성을 강조한다.

(2) 타 문화에 대한 이해와 더불어 '일본인으로서의 아이덴티티'도 요구한다.

(3) 협조성 및 적극성에 더하여 책임감과 사명감 같은 윤리적인 측면도 강조한다.

이렇게 정리해보니 영어가 유창하고 해외 경험이 풍부하다고 해서 글로벌 인재는 아니라는 점이 명확히 피력되어 있음을 알 수 있다. 따라서 앞서 정의된 내용은 매우 주도면밀하게 만들어져 적절한 균형을 맞춘 것이라 평가할 만하다.

하지만 전혀 문제가 없다는 의미는 아니다. 특히 '일본인으로서의 아이덴티티'라는 표현에는 보다 신중하게 접근할 필요가 있다.

이 개념은 '일본인이란 무엇인가?' 그리고 '아이덴티티란 무엇인가?'라는 보다 근원적인 두 가지 질문을 내포하고 있다. 하지만 앞서 언급한 두 개의 문서에서는 이 부분에 대한 심도 있는 고찰을 찾아볼 수 없다. 예를 들어 첫 번째 보고서에서는 구체적인 방책을 다수 열거하고 있다. 하지만 '일본인으로서의 아이덴티티'가 글로벌 인재에게 필수불가결한 자질이라고 언급하고는 있으나, 애초에 그것이 의미하는 바와 이를 확립하기 위한 구체적인 방식에 관한 언급은 단 한 줄도 없다. 마치 그러한 내용은 굳이 설명할 필요도 없이 모두가 알고 있는 자명한 사실인 듯이 말이다.

하지만 21세기가 되어서도 전 세계 각지에서 일어나는 수많은 대립 및 분쟁을 보면 알 수 있듯이 '아이덴티티'를 꼭 '국가' 단위로 성립하는 일의적이며 고정적인 개념으로는 볼 수 없다. 이는 민족, 종교, 언어, 역사 등 다양한 계기에 의해 형성될 수 있는 다층적 개념이며 시대나 지역에 따라 끊임없이 변하는 일종의 유동적인 공동의 환상이다. 그렇기 때문에 '일본인'이라는 존재의 경계선도 결코 쉽게 결정할 수 없음에도 불구하고, 공적인 언설에서는 종종 이러한 문제가 등한시되고 마치 그것이 단일하고 균질적인 집단인 듯 이야기한다. 그 결과 우리는 국적이 굳이 근거를 따질 필요도 없는 불변의 실체라고 확신하게 되면서 무의식중에 사고 정지 상태에 빠질 수 있다. 이는 위험 징후라고 생각한다.

예를 들어 2014년 노벨물리학상을 수상한 캘리포니아대학의 나카무라 슈지는 미국 국적을 취득한 상태였는데 그를 일본인 수상자라고 부르는 것의 적합성에 관한 논의가 있었다.[3] 2008년에 같은 노벨상을 수상한 연구자 난부 요이치로 역시 같은 경우였다. 그럼에도 불구하고 이들이 글로벌 인재를 대표할 만한 존재임을 부정할 사람은 없기 때문에 이런 경우야말로 국적과는 별개로 '일본인으로서의 아이덴티티를 지니는 것'이 무엇을 의미하는지 본질적인 질문을 던져봐야 한다.[4]

이상의 내용을 숙지한 후 재차 '글로벌 인재는 정말 필요한가?'라는 최초의 질문으로 돌아가보자. 앞서 언급한 「산학관에 의한 글로벌 인재 육성을 위한 전략」에서는 인재의 필요성이 높아지고 있는 이유를 다음과 같이 설명한다.

전 세계적으로 정치·경제를 비롯한 다양한 분야에서 글로벌화의 진행에 가속이 붙으면서 앞으로 나아가고 있다. 인간이 만들어낸 기술 및 시스템에 의해 사람, 물건, 돈이 국가를 초월하여 한층 더 유동적이게 되었다. 이러한 시대를 맞이함에 있어서 지구적 규모로 대상을 파악하고 지구상의 모든 사람과 협력하여, 전 지구적 평화와 행복을 추구하는 행동은 필수불가결하다.

교육은 인간이 사회에서 보다 잘 살아가고 자기실현을 도모하게 해주면서 동시에 사회적으로 그러한 인재가 자신의 힘을 최대한으로 발휘하고 활약할 수 있게 만들어주는 역할을 한다. 그렇기 때문에 시대적 흐름과 함께 변하는 사회에 발맞추어 교육 자체도 진화할 필요가 있다. 현대라는 글로벌 사회에서는 글로벌화가 앞으로 더욱 진전될 것으로 예측하며 이에 따라 일본인도 이러한 글로벌 흐름에 대응할 수 있는 힘을 지닌 글로벌 인재가 되어야 할 것이다(위의 보고서 3쪽).

'글로벌'이라는 단어가 연속으로 네 차례 반복되는 마지막 문장은 일본어 문장으로서 그다지 칭찬할 만하지 않지만 이런 부분은 차치하고, 여기서 언급된 내용은 다방면에서 반복적으로 논의되어온 것이기 때문에 반론의 여지가 없다. 따라서 '글로벌 인재는 필요하다'는 명제의 정당성은 원칙적으로 부정할 수 없다고 생각하지만, 앞서 언급했듯이, 애초에 '글로벌 인재'를 어떻게 정의하느냐에 따라 질문에 대한 대답은 달라질 수밖에 없다. 도대체 어떤 인간을 '정말로 필요하다'고 할 수 있을까? 반대로 어떤 인간이면 '꼭 필요하지는 않다'라고 할 수 있을까?

이런 식으로 질문에 변주를 가하면서 사고에 깊이를 더해가지 않는다면 이 질문 자체가 무의미해질 것이다.

혹은 관점을 살짝 바꿔서, '정말로 모든 일본인이 글로벌 인재가 되어야만 하는가?' '글로벌 인재라고 할 수 없는 사람도 일본 사회에 필요하지 않은가?' 등의 질문도 던져볼 수 있다.

그리고 '글로벌 인재라는 개념 자체가 일본 특유의 것인가? 혹은 다른 국가에도 있는가?'라는 질문도 검토할 만하다. 예를 들어 '한국에서는 어떨까, 중국에서는 어떨까, 인도, 이집트, 프랑스, 브라질, 호주, 미국에서는 어떨까?'라는 식으로 생각해보고 '글로벌' 맥락 안에 일본을 위치시키면서, 이러한 질문 자체를 다른 지역과의 비교를 통해 상대화시키는 관점도 중요하다.

이처럼 한 가지 질문에서 다양한 유형의 질문이 우후죽순 생겨난다. 일단 우리는 모든 전제와 기존 개념은 제쳐두고 최초의 질문에서 파생되어 나올 수 있는 모든 가능성을 상정하면서 눈앞에 보이는 '질문의 연쇄'를 끈기 있게 살피면서 설득력 있는 대답을 구축해나가야 한다. 이와 같은 과정을 스스로 설정하고 실천하는 일은 고도의 '교양'을 단련하는 데 필수적이다.

> **논점**
>
> 1. '글로벌 인재'라는 용어가 적절하다고 생각하는가?
> 2. 이 용어를 인정한다는 전제하에 당신은 '글로벌 인재'라는 개념을 어떻게
>   정의할 것인가?

제2강

3. 논점2의 정의를 기반으로 '글로벌 인재'에 해당한다고 생각하는 인물의 예를 들고, 그 이유를 설명해보자. 시대나 국적 등은 무관하다.
4. 당신은 스스로가 정의한 '글로벌 인재'가 되고 싶은가? 그 이유는 무엇인가?

논의의 기록
—

이번 수업에서는 문제 제기의 내용에 대한 감상은 묻지 않고 미리 배포했던 네 가지 논점에 대한 그룹 토론으로 바로 넘어갔다. 그리고 제1강 수업에서처럼 각자 토론한 내용을 간단히 발표한 후 전원이 토론하는 방식으로 진행했다. 1그룹은 A학생, B학생(중간에 참가), C학생, D학생, 2그룹은 E학생, F학생, G학생, H학생으로 구성되었다.

논점1
'글로벌 인재'라는 용어가 적절하다고 생각하는가?

우선 1그룹에서는 이 용어가 지닌 세 가지 뉘앙스를 제시했다. '이익 단체나 재계에서 요구하는, 영어로 업무가 가능한 인간', '(학문이든 운동이든)세계적으로 인정받는 일본인', 마지막으로 보다 넓은 의미에서 '세계적 수준의 문제에 대응할 수 있는 인물'로 분류할 수 있다. '글로벌'이라는 용어가 어떤 의미로 사용되는지 애매하기 때문에 명확히 정의 내리기 어렵다는 의견도 있었다.

이어서 한 학생은 '글로벌'보다도 '인재'라는 용어에 위화감을 느낀다고 했다.

> 애초에 인재라는 단어를 별로 좋아하지 않아요. '실버 인재 센터'라는 곳이 있는데, 어릴 때부터 그런 간판을 보면서 항상 '사람이 무슨 재료도 아니고'라고 생각했어요. 원래 '사람의 재능'이 맞는 표현이겠죠. (…) 저는 재료의 '材'라는 한자를 좋아하지 않는데, 그것 때문인지 요즘에 많이 접하게 되는 재산의 '財'도 그다지……(웃음). [C학생]

이와 관련해서 2그룹에서도 같은 의견이 나왔다. 각각 따로 토론을 했음에도 뜻밖에 동일한 문제의식이 생성된 것이다.

요컨대 '인재'라는 단어는 어디까지나 인간을 '재료'처럼, 즉 조직에 도움이 되는 일원으로 여기는 표현이며 일종의 '재능(才)'을 갖춘 개인이라는 원래 의미로 평가되고 있지 않다고 했다. 두 그룹에 속한 여러 학생이 공통적으로 말하기를, 인간을 수단으로 이용하려는 존재가 '위에서 내려다보는 시선'이 느껴져서 아무래도 저항감이 생긴다고 했다. 물론 '材'를 '財'로 바꿀지라도 그런 상황의 본질은 변하지 않는다. 어쨌든 이 단어가 무분별하게 사용되고 있는 오늘날, 학생들이 그러한 비열하고 부자연스러운 상황에 민감하게 반응하고 이쪽이 기대했던 건전한 반응을 보여주었다는 점은 참으로 믿음직스럽다.

또한 '인재'라는 단어가 '글로벌'이라는 다이내믹한 움직임을 상정한다는 개념 자체가 애초에 모순이라는 지적도 있었다. 이어서 '글로벌 인재'를 대신할 표현을 둘러싼 논의가 전개되었는데 이에 대해 1그룹은 '인재'가 아닌 '인간'으로 바라본다는 의미에서 '국제인' 정도밖에 떠오르지 않는다고 했다.

한편 2그룹에서는 '글로벌은 닫혀 있는 단어다'라는 도쿄대학 문학부의 쓰루오카 요시오(종교학)의 말을 소개했다. '글로벌'이라 하면 보통 바깥을 향해 나아가는 이미지를 떠올리는데 실제로는 '지구=글로브'를 상정한다는 측면에서 이는 외부적 요소가 생략된 폐쇄적 개념이라는 것이다. 당시 이런 발상의 전환에는 다른 학생들도 감탄했다고 한다.[5]

전체 토론에서 각각 논의의 개요를 보고한 뒤 후지가키는 '글로벌'이라는 단어의 (1) concerning the whole world(전 세계적으로 연관된) / (2) taking account of all possible considerations(모든 상황을 염두에 둔 포괄적인)라는 영영사전[6]의 정의를 소개했다. 그리고 '인터내셔널'과 '글로벌'의 차이에 대한 이해를 돕고자 2014년도 도쿄대 입학식의 내빈이었던 오와다 히사시가 축사에서 언급한 내용("국제화란 국가 간의 관계가 밀접해지는 것을 말하며, 글로벌화는 국가라는 울타리를 뛰어넘어 세계가 일체화되는 것을 의미한다")[7]을 전했다. 즉 '국제화'는 어디까지나 국경을 전제로 하여 이를 뛰어넘는 일을 문제시하는데 글로벌화의 경우에는 애초에 국경이란 존재 자체를 (상징적인 의미에서) 무시하고 모두가 같은 토양 위에 서 있다는 의미다.

여기서 이시이는 '글로벌 인재'라는 용어가 일본 이외의 국가에도 존재하는가라는 질문을 던졌고 교실에서는 언급하지 못했지만, 조교인 I 학생이 프랑스의 사례를 중심으로 꼼꼼하게 조사해주었다. 이에 따르면 프랑스에서는 globalisation(글로벌화)과 mondialisation(세계화)이라는 두 가지 개념을 구별하고 있으며 일본어 표현 '글로벌화'에 대응하는 단어는 오로지 후자로 한정된다. 이러한 현상 자체는 다양한 차원에서 문제시되고 있으나 프랑스어로 '글로벌 인재'라는 표현은 없다.

또한 2015년 3월까지 사전 조사를 담당해준 K학생에 의하면 영어 '글로벌 리더'라는 용어가 '글로벌 인재'와 가까운 개념인데 중국이나 인도, 싱가포르, 프랑스, 브라질 등의 교육청 웹사이트에서는 이 단어가 검색되지 않았다고 한다. 이 같은 사실을 염두에 둔다면, 자꾸만 일본에서 이 단어를 사용하는 배경에는 '폐쇄적인 사회 분위기를 개방하고 싶다'는 정부 관계자 및 기업 관계자들의 염원이 있는 듯한데, 이는 '글로벌화는 닫혀 있는 개념이다'라는 쓰루오카 요시오의 명제와는 정반대로 나아간다는 점에서 흥미롭다고 후지가키는 지적했다.

논점2
이 용어를 인정한다는 전제하에 당신은 '글로벌 인재'라는 개념을 어떻게 정의할 것인가?

1그룹에서는 각자가 제시한 글로벌 인재의 조건을 다음의 다섯 가지 요소로 정리하여 정의했다.

 (1) 전 세계적으로 다양한 사고방식을 지닌 사람이 있다는 사실을 수용할 만한 여유와 관용

(2) 다양한 사람과 외국에서 함께 작업하는 데 있어서 불편함 없는 대화 능력(어학 능력뿐만 아니라 인덕과 같은 부분도 포함)

(3) 세계를 향해 나아가고자 하는 적극적이고 공격적인 마인드

(4) 단순히 일본을 위한다는 생각뿐만 아니라 세계를 위해 모두의 이익을 증대시키려는 자세

(5) 다른 사람과 협력할 때 자신을 지탱하는 확고한 중심축

한편 2그룹에서는 '국제인'이 국가라는 존재를 전제로 '국경을 넘는다'는 발상에 입각하고 있는 한편 '글로벌 인재'는 '수평선 위로 다양한 지역을 건너다닐 수 있다'고 말했다. 그리고 문제 제기에서 언급한 '일본인으로서의 아이덴티티'의 조건으로, 세계로 뻗어 나가며 자신과 다른 아이덴티티를 지닌 사람들과 적절하게 충돌하면서 그러한 차이에 제대로 반응할 수 있는 힘도 포함될 수 있다는 의견을 보였다. 또한 점점 국경 없는 세계를 추구하면서 균질화가 확산되는 한편으로 아이덴티티 회복을 지향하며 국가의 동일성을 강조하고 자국 특유의 문화를 생산하는 상황을 통해, 글로벌한 움직임과 아이덴티티 유지를 위한 움직임 사이에 미묘한 균형 관계가 존재함을 알게 되었다는 의견도 있었다. 이렇듯 학생들은 토론을 통해 점차 깊이 있게 사고하는 모습을 보였다. 앞서 '인재'에 관한 논의와 관련해서 아무래도 글로벌이려면 자주성·자율성이 중요하다는 의견도 추가되었다.

이상의 내용을 바탕으로 이시이는, '일본인으로서의 아이덴티티'의 공식적인 정의에 대해서 실질적인 논의를 하지 않은 채 이를 당연한 전

제처럼 간주하는 상황에 재차 의문을 제기했다. 진정으로 글로벌한 인간으로서 애초에 국적이란 개념 따위는 초월한 입장에 놓여 있을지라도 사람들이 요구하는 '어느 나라 사람'으로서의 아이덴티티에 대해 정의 내리기는 여간 까다로운 일이 아니다. 만약 엄밀하게 정의를 내린다고 해서 '일본인이라면 외국인에게 가부키에 대한 설명 정도는 할 수 있어야 한다'라는 식으로 해결될 일은 아니지만, 현실 사회에서는 애당초 본질적인 부분까지 깊이 있게 논의가 이르지 않는다.

이 문제는 이 정도로 마무리 짓고 2그룹이 제시한 '차이'의 문제, 즉 자신과 다른 존재에 대한 상상력의 필요성을 다시 강조하면서 다음 논점으로 넘어갔다.

논점3
논점2의 정의를 기반으로 '글로벌 인재'에 해당한다고 생각하는 인물의 예를 들고, 그 이유를 설명해보자. 시대·국적 등은 무관하다.

이 논점을 둘러싸고 상당히 흥미로운 답변이 많이 나왔다. 당시 소개된 인물과 그 이유에 대해 다음과 같이 정리했다.

다케미쓰 도루無滿徹

20세기에 전위적인 음악의 등장과 더불어, 퉁소나 거문고 같은 전통 악기를 도입하여 일본다운 음악을 만들었다고 평가받는다는 측면에서 시대적 흐름과 세계적 동향을 파악하고 이에 제대로 적응한 인물

이다. 즉 이미 존재하는 조직에 자신을 끼워 맞추지 않고 스스로 '材'
가 될 수 있었던 인물이다.

존 만지로ジョン萬次郎

그의 생애를 살펴보면, 고치高知 현의 어촌에서 태어나 14세 때 탑승
한 어선이 난파하여 무인도에 표착했고 이후 미국 포경선에 의해 구
출되었는데, 그를 마음에 들어 한 선장이 그를 미국으로 데려가 양자
로 삼고 현지 교육을 시켰다. 그로부터 10년 가까이 흘러 결국 다시
일본으로 돌아온 그는 사쓰마薩摩 번의 시마즈 나리아키라를 만나서
민주주의 시대임을 알렸으며, 개국 후에는 통역으로 미-일의 가교 역
할을 했고 이후 미일수호통상조약 비준을 위한 사절단 중 한 명으로
서 다시 미국으로 돌아간다. 원래 유학을 하려던 것도 아니고 자신의
의지로 미국에 간 것도 아니었지만 이처럼 '상황에 대처한 능력'도 중
요하다고 본다. 운명에 떠밀려 가면서도 그 안에서 자신이 할 수 있는
일을 해나가는 건 누구나 가능할 것처럼 보이지만 좀처럼 없는 능력
이 아닐까?

구로야나기 데쓰코黒柳徹子

세계적으로 활약하고 있을뿐더러 스스로 확고한 기준을 지니고 있
다. 즉 자율성을 제대로 보여주는 인물이다.

고바야시 야스오小林康夫

철학 분야의 연구를 하면서 동시에 다양한 분야에 대한 지적 호기심이 있고 외국인과 활발한 교류를 하면서 해외에서의 체험을 전부 자신의 것으로 만드는 등 다른 분야까지 아우른 지의 체계를 가지고 있다. 즉 내면에 글로벌한 성향을 지니고 있으면서 이를 자신의 철학으로서 발신시켜나가는 인물이다.[8]

손정의孫正義

지극히 단순하게, 영어를 할 수 있고 사업을 성공적으로 이끌고 있으니까.

사카모토 료마坂本龍馬

바쿠한 체제가 무너지고 '일본'에 대한 인식이 생기기 시작한 시기에, 일본을 각각의 번으로 세계를 일본으로 치환해서 본다면 그는 번의 이익을 운운하기보다 일본 전체의 이익 증대를 위해 노력한 인물이었다. 또한 각각의 번이 협동할 때 필수불가결한 '차이에 대한 상상력'을 갖추고 있었으며 해원대海援隊(사카모토를 중심으로 결성한 조직. 근대적인 주식회사와 유사한 조직으로 상사 활동을 했다고 평가됨―옮긴이)에 자신의 기반을 둔 채로 사쓰마 번·죠슈長州 번과 어떻게 재정적인 연결 고리를 만들어나갈지 고민하면서 활약을 펼쳤다. 게다가 시대적 흐름을 제대로 파악하는 감각도 겸비하고 있었다.

이처럼 다양한 인물이 등장했는데 좀더 친근한 존재로는, 자신의 전공 분야 소속 교사들도 각자 학문적 증진을 위해 전 세계적으로 다양한 학회에서 발표를 한다는 의미에서 글로벌 인재라고 생각하며, 배우고 싶은 것이 있어서 해외에서 유학 중인 친구들도 미래의 글로벌 인재라고 생각한다는 의견이 있었다. 또한 자신의 연구 및 하고자 하는 일이 다른 이에게 도움을 준다면 진정한 글로벌 인재가 되었다고 할 수 있다는 생각도 있었다.

의외였던 점은 피카츄의 이름이 등장했다는 사실이다. 이는 글로벌 인재라기보다는 '글로벌 캐릭터'라 해야겠지만 여러 국가에서 문화적 차이에도 아랑곳 않고 똑같은 모습으로 수용되고 있다는 점에서 글로벌하게 느껴진다고 했다. 젊은 학생이기에 가능한 발상일 것이다.[9]

후지가키는 오가타 사다코의 이름을 언급했다. '일본인의 아이덴티티'라는 표현을 배제하고 '글로벌'에 대한 개념을 정의하면, (1) 외부자의 입장에 서서 일본을 메타적 시점으로 파악할 수 있는 것 (2) 이를 통해 '일본인'을 제대로 이해하고 현재 일본이 어떻게 비추어지고 어떤 상황에 놓여 있으며 무엇을 해야 할지에 대해 고민할 수 있는 것 (3) 이와 관련된 내용을 영어 등 일본어 이외의 언어로 공유할 수 있는 것 등 세 가지 조건을 들 수 있는데, 오가타 사다코는 이를 전부 충족시키는 인물이라고 했다. 또한 테니스 선수인 니시코리 게이 역시 스포츠를 통해 이상의 세 가지 조건에 부합할 수 있다는 의미에서 글로벌 인재일 수 있다는 지적도 있었다.

그런데 앞서 논점에 '국적 등은 전혀 무관하다'라고 명시했음에도 불구하고 (피카츄 이외에는) 일본 국적을 가진 인물만 언급되었는데, 이는 '글로벌 인재'라는 표현을 보는 순간 이미 그 중심에 일본이 있다고 전제한다는 인상을 받았기 때문이리라는 점을 확인할 수 있었다.

논점4
당신은 스스로가 정의 내린 '글로벌 인재'가 되고 싶은가? 그 이유는 무엇인가?

우선 2그룹에서는 글로벌 인재가 되는 일이 목적인지 수단인지에 대한 의문을 시작으로, 처음부터 이를 목적으로 삼아 글로벌 인재가 되는 게 아니라 자신이 바라던 이상향을 향해 나아간 결과 자연스럽게 글로벌 인재가 될 수도 있다는 이야기가 나왔다. 또한 자율성을 가지고 타인과의 차이를 인지하며 타인을 수용한다는 측면에서는 '로컬한 글로벌 인재'도 가능할 것 같다는 의견이 있었다.

글로벌 인재란 자율성을 가지고 자신과 다른 부분을 수용해나간다는 의미로 간주되는데요, 이런 측면에서 봤을 때 저는 로컬한 글로벌 인재가 되고 싶습니다. 넓게 세계를 보는 게 아니라 자신과 가까운 사람들을 수용하면서 동시에 자기 자신을 잃지 않는다는 의미에서 말이죠. [H학생]

1그룹에서는, 굳이 글로벌 인재가 되고 싶지 않다는 입장에서 보면,

자신의 자원을 세계라는 큰 울타리에서 사용하기보다는 좀더 가까운 사람들을 위해 사용하고 싶을 수 있으며, 그런 의미에서 로컬하다는 것은 그 자체로 훌륭한 일인 것 같다는 의견을 냈다.

로컬하게 살고 싶어하는 사람들은 얼마든지 있다고 생각해요. 저는 (⋯) 지방에서 태어나 자랐기 때문에 글로벌한 관점에서 매사를 바라보기보다는 지역을 위해 일하는 사람들이 존경할 만하다고 생각하고 그러한 삶의 방식이 멋있다고 봅니다. 내가 이 마을에서 최고이거나 그런 건 아니지만, 이 마을 사람들을 위해서 일한다는 건 굉장히 좋은 일이라고 생각합니다. [C학생]

그리고 로컬한 인재에게 글로벌한 시점이 가미된다면 최강일 것이기 때문에 이런 의미에서 '글로벌한 로컬 인재'도 있을 수 있다는 의견도 있었다. 각각 관점이나 방향성은 다르지만 따로 토론을 하던 두 그룹에서 공통적으로 '글로벌'과 '로컬'이라는 두 가지 개념을 엮어서 생각했다는 점이 매우 흥미로웠다.[10]

결국 '무엇을 하기 위해'라는 시점 없이 '글로벌 인재가 되고 싶은가?'라든가 '되고 싶지 않은가?'에 대해 토론하는 건 큰 의미가 없고, 일단 자신이 어떤 분야에서 이루고 싶은 일이 있고 이를 위해서 필요에 따라 글로벌 인재가 되면 좋고 필요하지 않다면 글로벌 인재가 아니어도 괜찮다는 것으로 마무리하려는 찰나, 한 학생이 이시이가 생각하는 글로벌 인재에 대해 물었다.

이시이는 교실에서 구체적인 이름은 언급하지 않았지만, 세계적으로 수용되는 모든 예술가가 글로벌 인재라고 말할 수 있을 것 같다고 대답했다. 즉 특정 예술가가 세계적인 무대에서 활약을 하고 있는지 여부는 중요하지 않고 작품 자체가(음악, 그림은 원래 모습 그대로, 문학은 번역을 거쳐) 세계적으로 공유됨으로써 개별적인 활동이 보편성을 띠며 뻗어 나가면 그것이 예술에 있어서의 글로벌이므로 어떤 측면에서는 예술가가 (요즘 일컬어지는 의미와는 또 다른 의미에서) 글로벌 인재인 것은 당연하다고도 할 수 있다.

그리고 마지막으로 오늘날 '글로벌 인재'를 특히 강조하는 이유에 관한 논의로 넘어갔다. 관련하여 이시이는 다음과 같은 이야기를 끝으로 강의를 마쳤다. 아무래도 기업에서 요구하는 것은 영어가 가능하고 전 세계 어디를 가도 대등하게 논의할 수 있는 인재에 가까워 보이지만 대학은 꼭 그러한 인재(만)를 육성하는 곳이 아니다. 또한 어학 측면에서 보면 어느 나라에 가도 소통이 가능한 편이 낫기 때문에 일종의 도구로서 영어가 필요한 건 부정할 수 없지만 그것만으로는 부족하고 제3의 언어를 습득해야 한다. 그래야 영어를 상대화할 수 있고 전 세계적인 다양성과 문화적 차이에 대해 더 많이 이해할 수 있기 때문이다. 따라서 도쿄대학을 졸업한 '글로벌 인재'는 그러한 폭넓은 사고를 하는 인간이 되길 바란다[11]는 취지로 이야기를 마무리했다. [이시이]

논의를 돌아보며

—

두 번째 강의의 주제는 '글로벌 인재는 정말 필요한가?'였다. 문제 제기에도 있듯이 모든 질문은 '정의'에 대한 질문을 내포하고 있다. '글로벌 인재는 정말 필요한가?'라는 질문에 대답하려면 우선 '글로벌 인재란 무엇인가?'라는 질문에 답해야 한다. 이것이 첫 번째 논점인 "'글로벌 인재'라는 용어가 적절하다고 생각하는가?"다.

학생들은 '글로벌'이란 무엇인가, '인재'란 무엇인가, '글로벌 인재'란 무엇인가 등에 관해 논의를 전개했다. 그리고 이를 통해 '입장을 묻는 질문의 배후에는 항상 정의에 대한 질문이 숨어 있다'는 사실을 습득해나갔다. 입장을 묻는 질문과 마주했을 때에는 우선 '전제를 묻고' '탈구축을 하는' 과정이 필요하다. 그렇기 때문에 일단 글로벌이나 인재 등의 단어를 철저히 정의하고 이해할 필요가 있는 것이다.

향후 학교를 졸업하고 취업한 이후 수시로 정책 결정자 및 조직과의 거리감을 실감하게 될 대학생들이 인재라는 단어에 위화감을 느끼는 감수성을 지니고 있다는 건 중요한 지점이다. 또한 글로벌 인재라는 용어가 일본이나 한국에서는 쓰이지만 다른 국가에서는 대부분 사용하지 않는다는 조사 결과도 흥미로웠다.[12] 일본에서 이러한 용어가 사용되기 시작한 배경에 '방치해두면 안으로 가둬두려는 일본 사회의 폐쇄성을 외부를 향해 열고자 하는' 산업계 및 정부의 의도가 있음을 간과해서는 안 될 것이다. 이러한 맥락에서 등장하는 글로벌은 외부를 향해 '열려 있는 것'을 지향하는 개념이다. 이와 연관해서 로봇 연구에 관한 흥미로운 지적도 있었다. "일본이라는 나라 안에 문화적 차이가 있다는 사실이 드러나거나 일본의 균질성을 위협하는 행위는 그 자체로 일본 사회의 well-being에 큰 위협이 되기 때문에 일본의 로봇 연구는 로봇을 일본 문화에 익숙하게 훈련시키기를 지향한다"[13]라는 내용이 그것이다. 이는 일본에서 국제화가 진전되지 않는 이유를 역설적으로 보여주는 (즉 균질성의 변화가 자신을 향한 위협이 되는) 것으로서 매우 흥미로운 내용이 아닐 수 없다. 반면에 열려 있는 상황에서는 문화적 차이가 있는 사람을 수용하기 때문에 균질성이 변해도 그것을 위협으로 보지 않는다.

한편 2그룹에서 글로벌을 '지구=글로브'라고 간주하면서 지구 이외의 외부를 갖지 않는 닫혀 있는 개념이라고 주장했는데 이는 앞서 언급한 '열려 있는' 상태를 가리킨다는 주장과 모순된다. 이 경우 '외부'로 상정하고 있는 것이 다르다고 볼 수 있다. 개방성을 가리키는 개념으로서의 글로벌은 모국 이외 혹은 모국 문화 이외의 것을 외부라고 간주한다. 반면 폐쇄성을 가리키는 개념으로서의 글로벌은 지구의 외부를 상정하지 않는다. 경계를 어떻게 설정하느냐에 따라 같은 개념에 대해서도 모순되는 정의를 내릴 수 있다는 사실이 흥미로웠다. 이 장의 5번 주에서도 언급했듯이, "모든 정의는 경계를 정해서 가둬두는 행위"이기 때문에 경계를 정하는 방식에 따라 똑같은 용어라도 다른 정의를 내릴 수 있는 것이다.

논점2는 "이 용어를 인정한다는 전제하에 당신은 '글로벌 인재'라는 개념을 어떻게 정의할 것인가?"였다. 이 질문에 답하려면 일단 '일본인으로서의 아이덴티티'에 대한 정의를 내려야 한다. 이때 일본인으로서의 아이덴티티라는 표현은, '문제 제기'에도 언급했듯이, 근원적인 차원에서 의문이 생긴다. "아이덴티티를 가진다는 것은 차이에 반응할 수 있다는 의미다" "글로벌한concerning the whole world 움직임과 아이덴티티 유지를 위한 움직임 사이에 미묘한 균형 관계가 존재함을 알게 되었다"는 학생의 발언은 이러한 근원적 의문을 기반으로 한 당연한 지적이었다. 또한 '차이에 반응할 수 있는 것' 혹은 '자신과 다른 것에 대한 상상력의 필요성'에 관한 내용은 논점1에서 언급한 '균질성의 변화가 자신을 향한 위협이 되지 않는' '문화적인 차이를 허용한다'는 논점으로도 이어진다.

논점3은 "논점2의 정의를 기반으로 '글로벌 인재'에 해당한다고 생각하는 인물의 예를 들고, 그 이유를 설명해보자. 시대·국적 등은 무관하다"였다. 이때 거론된 인물들을 보면 시대적으로는 바쿠후 말부터 현대에 이르고, 분야별로는 예술가, 철학가, 연예인, 사업가에서 바쿠후 말의 지사에 이르기까지 다양했다. 글로벌 인재로 피카츄가 언급된 것에서는 학생들의 세대를 엿볼 수 있어서 흥미로웠다.14 분명 포켓몬스터는 일본인이 생각하는 것 이상으로 외국 아이들에게 유명하다. 또한 '윤겔라'라는 이름의 몬스터는 일본 내에서만 활동할 때에는 별 문제가 없다가 글로벌 캐릭터가 되면서 유리 겔러15로부터 명예훼손으로 고소를 당했는데 이 사건은 글로벌과 지식 재산의 관계를 생각할 때 주목해야 할 부분이다. 글로벌을 지향하다 보면 자국의 법률적 울타리에서 벗어나 있는 지식재산권을 둘러싼 분쟁이 일어나기 쉽다.

논점4에서는 "당신은 스스로가 정의 내린 '글로벌 인재'가 되고 싶은가? 그 이유는 무엇인가?"에 관해 논의했다. '글로벌 인재는 목적인가, 수단인가?' '스스로 그렇게 되고 싶었던 걸까, 아니면 다른 사람의 요구에 따라 그렇게 되는 걸까?' 등에 관해 논의한 후 글로벌과 로컬의 대치 관계에 관심이 집중되었다. 두 개 그룹 모두에서 자신의 마을·지역을 위해 일을 하면서 "자율성을 가지고 자신과 다른 것들을 수용해나간다"면 '로컬한 글로벌 인재' 혹은 '글로벌한 로컬 인재'도 가능할 것이라는 의견이 나왔다. 이것은 상당히 흥미로운 지적이었다. 경제가 됐건 지식의 유통이 됐건 간에 글로벌화로 인해 멀리 떨어진 지역의 사람들과 물건 및 지식의 교역이 이루어지기 시작하면 개인적 지식이라든가 지역에 국한된 지식은 소홀해지기 쉽다. 이러한 상황에서 교역 및 교류의 표준화를 도모하고자 사용하는 개념이 바로 '어디서나 통용되는 글로벌한' 객관성 혹은 인재다. 이처럼 글로벌이라는 단어는 대체로 '세계표준의' '어디서나 통용되는'이라는 의미를 내포하기 때문에 지역 및 국소에 있어서의 지역적 지식local knowledge과는 대치되는 개념으로 간주되기 마련이다. 그런데 학생들은 토론을 통해 이러한 대치 개념을 초월하여 자유롭게 로컬과 글로벌을 한데 묶어 조화를 이루게 만드는 이상적인 결과를 보여주었다. 이들의 장래가 기대되는 바다.

이시이는 예술가 및 작가에 관한 이야기를 했는데, 예를 들어 특정 언어만 가능한 작가가 모국어로 작품을 써도 그것이 번역되어서 전 세계 사람들에게 읽히고 보편성을 띠는 점 그리고 '모든 예술가'는 보편성을 획득하고 나아갈 때 비로소 그들의 행위에 의미가 부여된다는 점을 지적했다. '한없이 로컬한 상태로 있음으로써 글로벌하게 되는 것' '구체성을 추구해나감으로써 보편성에 다다르는' 예술의 특성은 '한없이 글로벌해지려고 노력하지만 사실은 로컬한 문맥에 의존해버리는 경향이 있는 과학 기술'과 대치시킬 수 있다. 이러한 논점은 제3강, 제4강의 주제와도 연관된다.

또한 이시이가 지적했던 "어학 측면에서는 (…) 일종의 도구로서 영어가 필요한 건 부정할 수 없지만 그것만으로는 부족하고 제3의 언어를 습득해야 한다. 그래야 영어를 상대화할 수 있고 전 세계적인 다양성과 문화적 차이에 대해 더 많이 이해할 수 있기 때문"이라는 내용은 글로벌 인재에 관한 논의에서 매우 중요한 부분이다. 2개 국어를 배워서 세 가지 언어에 통달한다면 우리는 '문화의 삼각측량'이 가능해진다.[16] 일본어와 영어만 알면 자신을 상대화시킬 선은 한 개밖에 그을 수 없다. 이런 경우 일본어를 통해 파악하는 세계관과 영어를 통해 파악하는 세계관을 비교할 수 있다. 반면에 한 가지 외국어를 더 공부하면 선은 3개로 늘어난다. 예를 들어 영어와 불어를 알고 있으면 일본어와 영어, 일본어와 불어 그리고 영어와 불어 사이에 비교의 선을 그을 수 있는 것이다. 이로써 언어와 개념의 관계는 언어에 따라 다르다는 점, 똑같은 인칭대명사라도 불어와 영어와 일본어에서 각각 어휘의 구분 방식이 다르다는 점을 배울 수 있다. 또한 언어라는 것은 본질적으로 문화의 산물로 사람들의 생활과 밀접히 관련되어 있으며 이것이 세계를 분절하면서 독자적인 체계를 형성해왔다는 점, 사용 언어가 다르면 같은 대상일지라도 이를 보는 관점이나 파악하는 방식이 달라진다는 점

그리고 우리가 언어를 통해 세계의 질서를 만들고 구조화하며 인식하고 있다는 점 등을 깨닫게 된다. 이를 통해 전 세계적으로 적어도 언어의 개수와 동일한 만큼 세계를 보는 관점의 유형이 다양하다는 사실을, 즉 상이한 세계관이 존재한다는 사실을 배울 수 있는 것이다.

이상에서 언급한 내용은 논점1, 논점2의 '문화적 차이'의 수용과도 연관된다. 이는 후지가키가 앞서 '글로벌한 것'을 세 가지로 정의한 (1) 외부자의 입장에 서서 일본을 메타적 시점으로 파악할 수 있는 것 (2) 이를 통해 '일본인'을 제대로 이해하고 현재 일본이 어떻게 비추어지고 어떤 상황에 놓여 있으며 무엇을 해야 할지에 대해 고민할 수 있는 것 (3) 이와 관련된 내용을 영어 등 일본어 이외의 언어로 공유할 수 있는 것이라는 내용으로 이어진다. 이렇듯 메타적 시점에서 일본을 살펴보기 위해서는 문화의 삼각측량을 빼놓을 수 없다.[17] 자신이 놓인 상황을 상대화할 수 있어야 비로소 일본인의 공동체 안에 깃들어 있는 '균질성의 변화에 대한 위협'을 알아차리고 문화적 차이의 수용을 위해 스스로를 열어 보일 수 있는 것이다. [후지가키]

<< 제3강 >>

후쿠시마 원자력 발전소 사고는
일본 고유의 문제인가?

문제 제기

—

2011년 3월 11일 동일본 대지진 발생 당시 후쿠시마 제1원자력 발전소 원자로 4기는 지진이 발생한 직후 일어난 대규모 쓰나미로 인해 원자로 냉각 장치 전원이 꺼지고 통제 불능 상태가 되어 폭발했다. 이는 민주주의 국가에서 유례를 찾아볼 수 없는 수준의 원자력 발전소 사고(레벨7)라는 판정을 받으며 세계적으로 큰 반향을 일으켰다. 국회, 정부, 독립검증위원회[1]는 각각 사고 원인을 분석한 보고서를 발표했다. 그리고 사고 이후의 리스크 커뮤니케이션에 있어서 안전하다는 입장에 치우친 정보 공개 상황이 문제시되었으며 일본학술회의 및 문부과학성 과학기술·학술심의회안전안심부회 등에서도 논의가 계속되고 있다.

후쿠시마 원자력 발전소 사고는 일본 고유의 문제인가? 대답은 '아니다'이면서 동시에 '그렇다'이기도 하다. 우선 '아니다'의 입장을 살펴보자.

이번 사고는 고도의 기술력을 지닌 국가 일본에서 일어났으며 이러한 사고는 원자력 발전소가 있는 국가에서라면 얼마든지 일어날 수 있다고 생각하는 입장이다. 또한 원자력 발전소의 안전성에 대해 근본부터 재고해야 한다고 주장한다. 독일은 2022년까지 모든 원자력 발전소를 폐기하기로 결정했는데 이러한 결정은 위의 사고방식을 기반으로 한다. 예를 들어 독일의 '안전한 에너지 공급에 관한 윤리위원회' 보고서(2011년 6월)는 "이번 사고가 하이테크의 대국인 일본에서 일어났다는 사실에 초점을 둬야 한다"고 했다. 그리고 일본 원전 사고로 인해 "대규모 원자력 발전소 사고는 독일에서 일어나지 않을 것이다"라는 확신을 더 이상 가질 수 없게 되었다고 고백하고 있다.[2] 이는 높은 기술력을 지닌 일본이 원자력 발전소의 안전성을 판단하는 데 중요한 기준이 되었음을 시사한다. 이처럼 원자력 발전소를 가진 국가로 하여금 언제든지 원전 폭발 사고가 일어날 수 있다는 인식을 갖게 했으며 이를 일반적인 사고로 간주함으로써 전 세계 사람들과 이번 사고로 얻은 교훈을 공유할 수 있다.

다음으로 '그렇다'의 입장을 살펴보자. 이번 사고를 '메이드 인 재팬의 재해' '일본 고유의 재해'로 간주하는 입장이다. 예를 들어 사고독립검증위원회 보고서를 보면 "이번 조사 중 정부의 원자력 안전 쪽과 연관된 전 고관 및 도쿄전력 전 경영진은 '안전 대책이 불충분하다는 문제의식은 있었다. 하지만 내가 혼자 다른 목소리를 내었던들 아무것도 바뀌지 않았을 것이다'라고 이구동성으로 말했다"[3]는 내용이 있다. 이러한 'no-blame culture', 해야 할 말을 제대로 하지 않는 일본 문화가 재해를 초래했다고 볼 수 있다. 또한 일본에서 독립적인 분야는 세계 최고 수준에 달하는데도 불구하고 이들 사이에 연대가 약하기 때문에 이런 사건이 일어났다는 지적도 있었다. 예를 들어 "쓰나미 커뮤니티가 감지했던 쓰나미 예측의 불확실성이 원자력 커뮤니티에 전달되지 않았다"(2012년 1월, 일본학술회의 심포지엄)라는 지적이 그것이다. 구로카와 기요시 위원장이 국회 사고 조사 보고서에서 언급한 "메이드 인 재팬의 재해"라는 표현4 역시 이러한 관점의 증좌로서 해외에서도 사용되고 있다. 이러한 관점을 '테크노 오리엔탈리즘'이라고 부른다. 테크노 오리엔탈리즘 관점에서 보면 이 사고는 글로벌한 하이테크 국가에서 일어난 사고라기보다는 '일본 고유의 문제'이고 서양 국가에서는 자신들과 관계없는 일로 치부할 수 있다. 그렇다면 테크노 오리엔탈리즘이란 무엇일까?

본래 오리엔탈리즘은 서양인들이 특히 문학, 역사학, 문헌학, 사회지 등 문과 계통 학문에서 중동 및 동아시아 문화를 묘사할 때 무의식적으로 편향된 시각을 지니고 있었음을 보여주기 위해 에드워드 사이드5가 도입한 용어였다. 사이드는 다음과 같이 말한다. 일반적으로 지식을 비정치적으로 바라보는 시각은 "비록 눈에 보이지 않더라도 지식이 생기는 시점, 그 환경에 존재하는 고도로 조직화된 정치적 조건들"6을 숨기는 역할을 하는 경향이 있다. 그리고 이러한 지식들 속에 오리엔트(서양에서 본 동양)에 대한 편향된 시각이 내포되어 있다고 했다.

지금껏 과학 기술은 여타 분야와는 다른 보편적인 것이라고 간주되었기 때문에 오리엔탈리즘에 대한 고찰에서는 배제되었다. 하지만 구로카와의 '메이드 인 재팬의 재해'라는 셀프 오리엔탈리즘적 발언[7]을 접하면서 우리는 도대체 과학 기술의 어디까지가 보편적이고 어디부터가 문화 의존적이며 동양적인 걸까라는 의문을 가질 수밖에 없다. 노벨상이나 자연과학계 국제 잡지의 임팩트 팩터Impact Factor[8]가 상징하듯이 과학 기술 지식은 보편적이며 어떤 문화권의 국가에서도 자연과학에 관한 지식은 보편적으로 축적 가능하다고 본다. 예를 들어 일본의 전자電子와 미국의 전자와 러시아의 전자가 다를 수는 없다. 하지만 과학 기술 지식을 창출하는 활동은 바로 인간에 의해 이루어지며 과학 활동을 받쳐주는 제도, 연구 환경, 관련 법규, 그 바탕에 있는 역사는 국가마다 다르다. 과학 기술 리스크를 관리할 때 필요한 식견이나 시스템은 인류 보편적인 것일까? 아니면 문화 의존적인 것일까?

이와 관련해서 다음과 같은 입장도 있다. 과학은 인류 보편적이지만 기술에는 문화 의존적 요소가 개입되어 있고 리스크 관리에 이르면 문화 의존성이 더욱 강해진다는 단계설이다. 하지만 이때 주의해야 할 점은 일본 고유의 재해라고 단정 짓는 순간 놓칠 수 있는 부분이 존재한다는 사실이다. 원전 폭발 사고에 대해 미국이나 독일, 프랑스에서도 언제든 일어날 수 있는 일이라고 일반화하고 여기서 얻은 교훈을 전 세계 사람들과 공유하려는 노력은 매우 중요하다. 하지만 위의 입장이라면 그러한 노력이 필요 없는 도피로를 만들게 되는 셈이다. 이것이 테크노오리엔탈리즘의 사고방식이다.

이상으로 살펴봤듯이 이번 사고로 인해 국제 사회에는 '후쿠시마를 통해 일반적인 교훈을 얻었는가?'(앞서 '아니다'라고 대답한 경우), '일본 고유의 문제로 귀결시킬 것인가?'('그렇다'라고 대답한 경우)라는 두 가지 입장이 형성됐다. 이처럼 일반화시킬 것이냐, 개별적 문제로 간주할 것이냐(혹은 보편성이냐, 차이냐의 문제9)를 묻는 질문은 항상 문화 연구에서 꼬리표처럼 따라다니는 의문점이면서 동시에 사고 및 재해에 대한 국제 분석을 할 때마다 따라붙는 과제이기도 하다.

예를 들어 네덜란드 출신의 어떤 과학기술사회론 학자는 2005년 8월 말에 허리케인 카트리나가 뉴올리언스를 강타했을 당시 홍수로 인해 1800명 이상의 사망자가 발생했던 사실에 비추어 네덜란드의 해안공학과 미국의 해안공학을 대상으로 비교조사를 했다.10 먼저 미국의 해안공학이 네덜란드의 해안공학에 비해 수준이 낮지 않다는 사실을 확인했다. 다음으로 공학 그 자체가 아닌 두 국가의 공학을 둘러싼 '기술 문화'에 차이가 있음을 보여주었다. 미국에서는 홍수를 100분의 1 확률 이내로 잡으면서(100년에 한 번 있는 대재해 이외에는 토지를 지킬 수 있게 한다) '예측과 보상'이라는 사고방식을 기반으로 하는 반면에, 네덜란드에서는 과거 수해를 입었던 아픈 경험에 입각하여 홍수를 1만 분의 1이라는 확률 이내로 잡으면서 '항시 물을 끊임없이 관리할 것'이라는 사고방식을 지니고 있음을 지적했다. 또한 확률을 100분의 1로 잡은 리스크 산출의 주체를 보면 미국의 경우 해안공학 전문가 집단으로 국한되어 있는 반면 네덜란드에서는 델타플랜법이라는 법률에 근거하여 의회에서 공개적으로 논의되었다. 이처럼 네덜란드의 학자는 국가별로 리스크 산출의 수치, 리스크 산출의 주체 그리고 리스크 관리의 주체가 각각 다르다는 사실을 알아냈다.

자연과학이 개연성을 띠고 재해의 확률을 산출했을 때 그 수치 자체는 세계적으로 통용된다. 하지만 이렇게 산출된 수치에서 허용치로 정하는 수준, 프로세스, 결정 주체는 각국의 기술 문화에 따라 사회에 다르게 적용된다. 앞서 언급한 사례에서는 어떠한 교훈을 얻을 수 있을까? 뉴올리언스에서 얻은 교훈은 리스크의 허용 범위를 해안공학 전문가들에게만 맡기지 않고 의회나 공공토론의 장에 공개해야 한다는 점일까? 그렇다고 한다면 후쿠시마에서 얻은 교훈은 설령 '메이드 인 재팬'의 재해일지라도, 일본 원자력 발전소의 리스크 허용 범위가 어떻게 이루어졌는지 분석하고 모든 나라에서 리스크의 허용 범위를 원자력 전문가에게만 맡기지 않고 의회 및 공공토론의 장에 공개해야 한다는 점이 아닐까? 독일이 후쿠시마 사건에서 얻은 교훈은 훨씬 더 앞을 내다본 것이었다. 이들은 후쿠시마 사례를 통해 '애초에 인류는 원자력 같은 고도의 기술을 안전하게 관리할 수 있는가, 아닌가?'라는 질문을 던진 후 '불가능하다'라는 교훈을 얻은 것이다.

기술 관리에 있어서 일반성과 문화 의존성을 논의하기란 쉽지 않다. 과도한 일반화가 비판을 불러일으키듯 문화 의존성을 강조하여 도피로를 만드는 것 또한 문제다. 우리는 원자력 기술로 대표되는 일본의 과학 기술을 세계적인 것으로 간주할지 아니면 테크노 오리엔탈리즘을 조장하는 것으로 취급할지에 대해 자각할 필요가 있다. [후지가키]

논의의 기록

—

이날의 토론은 네 가지 논점에 입각하여 1그룹(A학생, E학생, G학생)과 2그룹(C학생, D학생, F학생)으로 나누어 이루어졌다.

논점1

당신은 2011년 3월 11일 오후 2시 46분에 무엇을 하고 있었는가? 그리고 무슨 일을 겪었는가?

1그룹에는 2011년 3월에 가나가와神奈川 현 주민이었던 학생(당시 고등학생)과 오이타大分 현 주민이던 학생(당시 중학생)이 있었다. 가나가와 현 지가사키茅ヶ崎 시에 살고 있던 학생은 해안에서 10미터 정도 떨어진 곳에 거주했는데 도후쿠 지역의 쓰나미 피해 이후 그 지역에도 긴장

감이 맴돌았다고 말했다. 한편 오이타에 살고 있던 학생의 경우 별다른 일은 없었고 (지진의 피해가 마치) '텔레비전 속의 세계'에서 벌어진 것 같은 느낌을 받았다고 했다. 2그룹에는 당시 가가와香川 현 주민, 아이치愛知 현 주민, 사이타마埼玉 현 주민(고등학교는 도쿄 도내에 위치)이었던 학생들이 있었다. 고등학교는 도쿄 도내에 있는데 집이 사이타마였던 학생은 그날 집으로 돌아가지 못하고 계획 정전 때문에 고생한 이야기를 했던 반면 그 이외의 학생들에게서는 이렇다 할 특별한 이야기를 들을 수 없었다.

교사 두 명의 경우 지하철이 멈춰서 그날 집에 돌아가지 못하고 연구실에서 하루를 보냈던 경험을 이야기하면서 그 당시 귀가하지 못했던 난민이 수도권 내에 많았다고 회상했다. 지진 때문에 서적과 서류가 전부 바닥에 떨어졌고 연구실 문이 열리지 않았는데 연구실 문에서 컴퓨터가 있는 곳까지 가려고 떨어진 서류를 정리하는 데만 4, 5시간이 걸렸다고 했다.

또한 후지가키는 후쿠시마 현립 의과대학 의사들을 통해 전해 들은 재해 직후의 상황을 바탕으로 후쿠시마 현립 의과대학 응급병동이 사고 발생 이후 매우 힘든 상황에 놓였다는 점, 방사선 피폭에 관해서는 의사들조차 "안전하다는 사실을 논리적으로는 이해할지라도 감정적으로는 불안해"했다는 점을 언급했다.[11]

이상의 내용을 종합해보면 거주하는 지역에 따라 동일본 대지진에 대한 경험의 정도에 큰 차이가 있음을 실감할 수 있다. 대지진과 관련된 경험을 공유하기 위해 논점1을 제시했으나 오히려 거주 지역이 다른 사람들과 경험을 공유하는 일이 매우 어렵다는 점을 다 같이 공유하는 셈이 되었다.

> ## 논점2
> ## 사고 직후 정부의 대응과 보도 그리고 도쿄전력의 대응에 대해 어떻게 생각했는가?

1그룹에서는 애초에 정부나 전문가 측에서도 방사선의 영향이라든가 원자력 발전소의 상황에 관해 일반 시민에게 숨길 정도로 이렇다 할 정보가 없었을 것이라는 의견을 냈다. 또한 3월 11일 지진 발생, 같은 날 쓰나미 발생, 3월 12일 이후 원자력 발전소의 불안정화…… 이렇게 이어지는 세 가지 재해 중에서 보도 내용이 유독 원자력 발전소 쪽으로 치우쳤던 것 같다는 의견도 있었다. 그리고 보도가 '안전'을 강조하는 방향으로 편중되었다는 지적도 나왔다. 이 점에 관해서는 일본학술회의의 여러 분과회에서도 논의가 이루어지고 있다. 예를 들어 2011년 5월 일본학술회의는 "전문가로서 통일된 견해를 낼 것"이라는 성명을 냈다. 여기서 통일된 견해란 unique 혹은 unified로 번역할 수 있다. 통일된 견해란, 행동 방침이 될 만한 하나로 규정된 지식이다. 일본 정부 및 일본의 전문가는 시시각각 변하는 원자력 발전소 사고 관련 안전성에 대한 사실을 하나로 정리, 통일시키는 것에 중점을 둠으로써 'organized 지식'(폭이 넓더라도 편중되지 않은, 안전이라는 측면에만 초점을 맞추지 않은 지식)을 발신할 수 없었다.[12] 행동 지침이 될 만한 유니

크한(통일된) 견해를 제시하는 것이 과학자의 사회적 책임인지 아니면 폭넓은 조언을 제시하고 나머지는 국민의 선택에 맡기는 것이 이들의 책임인지에 관해서는 아직 답을 찾이 못한 질문이 남아 있다.[13]

2그룹에서는 다양한 정보의 혼재라는 측면 외에도, 계획 정전 영역에 속했던 수도권 사람들은 의도치 않게 당사자 의식을 갖게 된 반면 간사이 지역보다 서쪽, 사고 지점과 멀리 떨어진 곳에 살던 사람들에게는 당사자 의식이 결여되어 있었다는 점을 지적했다. 이와 더불어 당시 미디어의 '유대'를 강조하는 '일치단결 분위기'에 위화감을 보이면서 '보도와 거리를 두는 방법'에 관해 이야기했다. 정말로 피해자들에게 '힘내자'라는 말이 도움이 되는지에 대해 염려하는 입장이었다. 재해 이후 보도를 통해 무엇을 할 수 있었는지, 무엇을 했는지에 관해서는 더 많은 검토가 필요할 것으로 보인다.[14]

논점3
이 재해에서 당신의 전공 분야가 할 수 있는 일은 무엇인가?

2그룹에서는 각각의 전공 분야에 따른 대답이 나왔다. 심리학 전공 학생은 피해자의 심리 돌봄 및 트라우마에 접근하는 방식에 대해, 신체 운동을 연구하는 학생은 '피난 생활 중의 건강 상태 및 이코노미클래스 증후군' 케어에 관해 언급했고 문학부 윤리학과 학생은 인문과학을 배우는 의의에 대해 이야기했다. 1그룹의 문학·교육계 학생은 '당시 모든 아티스트가 자신이 할 수 있는 일에 대해 고민했다. 피해를 입은 사람들을 위해 할 수 있는 있을 고민하여 자선 활동을 했다'는 사실을 소개했고 향후 아이들을 지도하는 방식을 고민하는 데 있어서 교육 분야가 공헌할 수 있을 것이라는 의견을 냈다. 비교문화 전공 학생은 '표상문화론에서 재해를 어떻게 바라볼 것인가?' 예를 들어 긴급 지진 속보에 사용되는 알람 소리는 사람들의 공포심을 유발하는 경향이 있으므로 '따라서 소리라는 매체, 목소리나 기계음 등 매체의 차이에 대해 표상문화론적 측면에서 접근한다'는 분석도 나왔다. 법학부 학생(A학생)의 경우 '무엇을 할 수 있나?'에도 다음과 같이 여러 단계가 있다고 말했다.

① 지금, 현재 괴로워하고 있는 사람들을 도와준다.
② 돈을 벌어서 부흥에 도움을 준다.
③ 또다시 지진이 일어났을 때를 위한 대비책을 고민한다.
④ 원자력 발전소 행정에 관한 과학적 지식을 모은다.

이로써 당시 무엇을 할 수 있었고 지금 무엇이 가능하며 앞으로 무엇을 할 수 있느냐에 따라 내용이 달라지는 것을 알 수 있다.

이시이는 '무엇을 할 수 있나?'를 적어도 다음의 세 가지로 분류할 수 있다고 했다.

(1) 사전에 해뒀어야 할 일, 이렇게 했었더라면 좀더 피해를 줄일 수 있었다는 사고방식(예: 호안 공사, 면진免震 구조 등)

(2) 사고 및 재해가 일어났던 당시에 무엇을 할 수 있었는가라는 사고 방식(예: 도망치는 방향 제시, 정확한 정보의 신속한 제공 등)

(3) 사건 이후 무엇을 했는가, 무엇을 할 수 있는가를 생각하는 관점 (예: 피해자 지원, 예술을 통한 위로 등)

그리고 재해에 관한 논의는 다양한 분야를 망라하기 때문에 그야말로 모든 분야에서 각각 할 수 있는 일이 있을 것이라는 의견이 있었다. 앞서 이시이가 사전, 당일, 사후라고 분류한 것은 A학생이 제시한 ①에서 ④의 내용에 대응하는 듯 보이지만 사실 바라보는 시점이 다르다는 점이 흥미로웠다.

또한 도쿄전력에만 그 책임을 추궁하고 있는 현상에 대해 시비를 가리는 논의가 이어졌다. 이와 관련해서는 1그룹에 속한 A학생이 다음과 같이 의견을 정리했다. '먼저 도쿄전력이 추궁을 당하고 다음으로 공관이 희생양이 되었는데 계속해서 그 대상이 바뀌어갔다. 이는 자신들이 상황을 모면하고 편해지려고 계속 새로운 대상을 만들어낸 게 아닐까 싶다. 이런 측면에서 필요 이상으로 집중적인 비난이 일었던 게 아닐까? 이럴 게 아니라 각자의 책임을 정확하게 명시할 필요가 있을 것 같다.'

제3강

논점4

이 원자력 발전소 사고는 일본 고유의 문제라고 생각하는가? 아니면 다른 나라에서도 얼마든지 일어날 수 있다고 생각하는가?

우선 1그룹에서는 "이런 사고는 어떤 국가에서도 일어날 수 있는 일이면서 동시에 일본 고유의 문제이기도 하다"는 절충적인 의견을 내놨다. 예를 들어 원자력 발전소 재가동 여부에 대해서도, 재가동에 찬성하는 사람은 고용 창출을 염두에 두고 있는 반면 재가동에 반대하는 사람은 안전을 염려하거나 물리적으로 먼 지역에 있는 사람들이라고 했다. 즉 이렇게 지역에 따른 격차가 위의 질문에 어떠한 영향을 미치느냐에 대해 문제 제기를 한 것이다. 지역마다 원자력 발전소를 둘러싼 입장이 다른 상황을 살펴보면, 일단 1970년대 이전에 유치가 결정되어 집중적으로 많은 발전소가 건설된 지역과 그 이외의 지역 사이에 분열이 생겼다. 그리고 일본 국내에 있는 이러한 지역 간 분열, 원자력 발전소에 대한 민주적 통제의 결여, 안전 인가 프로세스에 대한 공공연한 조사의 결여 등의 문제가 이번 원자력 발전소 사고로 인해 만천하에 드러나게 되었으며, 저선량 피폭에 의한 건강 문제를 계기로 이러한 분열 현상이 가속화되었다.[15]

한편 한 학생으로부터 '다른 나라에서도 있을 수 있는 일'이라고 주장하는 편이 일본에 이로울 것 같은데, 그렇다면 '일본 고유의 일'로 간주했을 때 일본의 이익은 무엇이냐는 질문이 나왔다.

제가 개인적으로 궁금했던 건, 이 사고를 일본 고유의 문제로 봤을 때 일본에 어떤 이익이 있느냐입니다. 다른 나라에서도 일어날 만한 일이라고 하면 다른 나라에서도 자신의 일처럼 생각하면서 이와 같은 사고를 미연에 방지하려는 방향으로 가겠지만요. [F학생]

이에 대해, '일본인이 이 사고를 일본 역사의 일환으로 본다면 일본 고유의 일로 간주하는 것에 따른 이익이 있다'는 입장이 있는 반면 해외 사람들이 이 사건을 통해 얻는 이익은 그들이 주장하는 내용에 따라 달라진다(예를 들어 원자력 발전소 반대파라면 이 사건이 다른 나라에서도 일어날 수 있다고 주장하는 편이 이득일 것이고, 자국의 원자력 발전소를 고수하려는 입장이라면 일본 고유의 사건이라고 보는 편이 유리하다. 논점4는 이러한 정치적 판단에 좌우되는 내용이다)는 의견도 있었다.

이것을 일본 고유의 문제로 간주하면 일본인은 일본인으로서 안 좋은 부분을 찾아낼 수 있는데, 앞서 언급한 도쿄와 지방으로 구분된 현실에서도 보이듯이, 일본 고유의 문제점과 전 세계 공통의 문제점으로 구분 짓는 과정이 중요하다고 생각합니다. [F학생]

즉 일본인이 생각하는 이익과 외국인이 생각하는 이익이 분리되어 있다는 사고방식이다. 이에 따라 논점4의 질문에 대한 대답이 달라지는 것이다. 이 의견은 이번 수업의 문제 제기에 대한 매우 흥미로운 반응이었다.

한편 1그룹의 G학생은 독특한 가설을 제시했다. 일본이나 미국, 프랑스에서 사용하는 '기술'과 '결과'는 동일하지만 이들이 사용하는 '프로세스'가 다르다는 것이다. 즉 같은 기술을 갖고 있을지라도 어디에 있느냐에 따라 기술이 다른 작용을 한다는 의미다. 예를 들어, 원자력 발전소도 지진이 많은 국가인 일본에서는 다른 작용을 한다는 입장이다.

단순하게 생각하면 먼저 기술이 있고 그 결과 발전發電이 생기죠. 이들 사이에는 기술을 어떻게 사용할지를 둘러싼 프로세스가 숨어 있다고 생각해요. 기술과 결과와 프로세스를 나란히 놓고 봤을 때 기술과 결과는 보편성에 가까운 체계에 속해 있어서 이러한 기술을 사용하면 발전으로 이어진다는 보편성을 띠게 되죠. 그런데 이것을 어떻게 사용할지에 관한 프로세스에는 생각하는 입장의 '사고'와 의사意思가 바라보는 '지향'이 깃들어 있어요. 이런 부분이 문화에 의해 형성된다고 간주했을 때 이러한 프로세스가 차이의 체계라는 생각이 들었습니다. [G학생]

그리고 G학생은 프로세스에 관한 한 가지 예를 들었다.

구체적으로 말하자면 가장 이해하기 쉬운 것이 지리적 요건입니다. 독일인이 원자력 발전소를 운용하는 경우와 일본인이 원자력 발전소를 운용하는 경우 이들의 지리적인 조건은 확연하게 다릅니다. 일단 일본에서 지진이 더 많이 일어나죠. 여기에 차이의 체계가 존재합니다. 또한 역사적 맥락에서 '마을 부흥 계획' 같은 걸 예로 들 수 있는데 원자력 발전소를 주축으로 특정 지역의 부흥을 유도하는 일본 방식과, 실제로 어떨지 잘 모르겠지만, 원자력 발전소와 생활을 따로 떼어 마을 부흥과는 전혀 연관이 없는 방식을 취하는 독일의 경우처럼 각 나라의 역사적 맥락, 경제적 맥락 같은 것이 프로세스에 포함된다고 생각합니다.16 [G학생]

하지만 다른 나라에서는 이런 프로세스를 알 수 없다. '일본은 그렇게 기술이 발달했는데 어째서 그런 사고가 일어난 걸까'라고 말하는 외국인은 '동일한 기술이 일본에서 어떤 위치에 놓여 있는지'에 대해 알 수가 없다. 그 안의 프로세스가 보이지 않는 것이다. 이 주장은 앞서 제2강에서 글로벌과 로컬(보편과 개별)에 관해 언급한 내용과도 연관이 있다. 즉 글로벌하고 보편적인 시점에서는 '기술'과 '결과'밖에 보이지 않는다. 글로벌한 시점에서는 구체적 맥락을 파악하기가 어려운 것이다. 반면 '어떤 방식으로 존재하는 걸까'라는 맥락에서 바라보는 것이 G학생이 정의 내린 '프로세스'이자 로컬을 기반으로 한 개별적 사고방식이다.17

이러한 사고방식을 바탕으로 다음과 같이 정리할 수 있다. (1) 교훈적 측면으로는 글로벌하고 보편적인 입장에 서서 일본에서 발생한 원전 폭발 사고를 일반화해 다른 나라에서도 일어날 수 있는 일임을 상기시키고 (2) 구체적 대책으로는 역사적 맥락을 파악하여 고유의 대책을 강구할 수 있다. 이러한 시점 역시 학생들이 '문제 제기'에 따라 스스로 사고를 발전시킨 결과 얻어낸 독창적인 대답이라 할 수 있다. 이어서 1그룹에서는, 이 사건을 두고 일본 고유의 문제냐 일반화가 가능한 문제냐에 관해 논의하는 것은 공시적인 측면에서 바라본 질문이며, 이를 역사적인 관점에서 살펴봐도 좋을 것 같다는 의견을 덧붙였다. 이 또한 흥미로운 논점이다.[18]

마지막으로 이시이는 요시모토 다카아키의 이론을 소개했다. '자동차와 비행기와 원자력 발전소는 어떻게 다를까, 자동차가 사람을 죽일 수 있다고 해서 자동차를 없애는 게 불가능하다면 이와 똑같은 논리를 원자력에 적용할 수 있지 않을까? 그 이유는 과학 기술이 불가역적이기 때문이다' 등의 내용이었다. 이와 관련해서 사회심리학자 폴 슬로빅은 "사람들의 위험 인지적 측면에서 보면, 비행기와 자동차는 어느 정도 '제어 가능'하면서 '이미 알고 있는' 위험인 반면 원자력 발전소에서 발생하는 사고는 '제어 불가능'하면서 '미지'의 위험이기 때문에 사람들의 공포심이 크다"[19]는 점을 지적하면서, 그렇기 때문에 다른 기술들과 비교했을 때 사람들이 원자력 발전소 사고에 대해 더 큰 공포심을 갖는 현상을 단순히 비합리적인 상황으로 치부할 수 없다는 논리를 폈다. [후지가키]

논의를 돌아보며

—

2011년 3월 11일 오후 2시 46분. 이 순간을 기점으로 일본이 그 전과 후로 명확히 구분 지어질 줄은 어느 누구도 예상하지 못했을 것이다. 과학이 아무리 발전했어도 느닷없는 천재지변의 공격에 사람들의 생활은 너무나도 쉽게 파괴된다. 지극히 자연스러운 자연 현상이 이따금씩 인간 사회에 엄청난 재앙을 일으킨다는 사실에 원칙적으로 우리가 개입할 여지는 없다. 하지만 여기서 파생되는 여러 상황에 우리는 좋고 싫음을 떠나 적극적으로 관여하지 않을 수 없다.

하나의 예로 후쿠시마 원전 사고는 동일본 대지진이 일어나지 않았다면 표면화되지 않았을 본질적인 논쟁을 여러 방면에서 환기해주었다. 물론 대지진 자체는 일본 이외의 지역에서도 일어날 수 있지만 이로 인해 발생한 원자력 발전소 사고, 특히 그 이후 대처하는 과정에서 벌어진 정보 관리 및 책임 소재를 둘러싼 혼란 상태를 접했을 때 우린 어디서 어디까지를 '일본'이라는 나라의 특성으로 봐야 하는가에 대해 고민하게 된다. '후쿠시마 원자력 발전소 사고는 일본 고유의 문제인가?'라는 논의 주제는 이러한 문제의식에서 비롯된 것이다.

논점1 "당신은 2011년 3월 11일 오후 2시 46분에 무엇을 하고 있었는가? 그리고 무슨 일을 겪었는가?"는 일단 대지진이 일어난 당시를 회상하며 각자의 개인적인 체험을 공유하자는 취지였기 때문에 논의라기보다는 서로 상대방의 기본적인 배경을 확인하는 식으로 전개되었다. 수업 당시를 기준으로 사고는 4년도 더 전에 발생한 사건이기 때문에 학생들은 아직 중고등학생이었고 사는 곳도 제각각이었다. 두 명의 교사를 포함해서 간토 지역에 살던 5명과 아이치·가가와·오이타에 거주하던 3명이 겪은 상황은 확연히 달랐는데, 만약 1995년 1월 17일 발생한 한신·아와지 대지진의 경우였다면 이들의 상황은 정반대가 되었을 것이다. 그 당시 학생들은 갓 태어났거나 태어나기 전이었는데 조교 한 명이 당시 5세였고 간사이에 거주했기 때문에 결과적으로 두 번의 지진을 전부 경험했다고 했다. 어찌 되었건 '논의의 기록'에서 언급한 다음의 내용에 모든 것이 집약되어 있다. "대지진과 관련된 경험을 공유하기 위해 논점1을 제시했으나 오히려 거주 지역이 다른 사람들과 경험을 공유하는 일이 매우 어렵다는 점을 다 같이 공유하는 셈이 되었다."

이어서 논점2의 "사고 직후 정부의 대응과 보도 그리고 도쿄전력의 대응에 대해 어떻게 생각했는가?"에서는 그 당시 실시간으로 느꼈던 점과 여러 지식이나 정보를 접하고 난 이후에 든 생각이 미묘하게 혼재되어 있는 점이 흥미로웠다. 당시 아직 중고등학생이었던 학생들은 아무래도 원자력 발전소의 안전성에 관한 정보가 뒤죽박죽인 상황이 인상에 남았던 모양이다. 한쪽에서는 방사선 누출에 대해 계속 불안감을 조성하고 다른 한쪽에서는 유독 안전성만 강조하는 전문가의 이야기가 연일 미디어에서 흘러나왔다. 당시 과학적 지식이 없던 일반 시민은 도대체 어느 쪽을 믿어야 좋을지 모르겠는 상황이었다. 이는 과학자의 사회적 사명과 책임을 동시에 묻는 상황이 너무나 갑작스럽게 발생했기 때문에 빚어진 혼란이었다.

하지만 수년의 시간이 지나고 보면 정부와 미디어, 과학자들이 '행동 지침이 될 만한 통일된 견해'를 제시하지 못한 상황에서 그러한 혼란을 초래한 것도 일부 어쩔 수 없는 결과였던 것 같다. 정보를 제공하는 입장에서는 부정확한 수치나 해석을 섣불리 내놓아서 혼란을 증대시키지 않기 위해 어느 정도 필터링을 거쳐 과학적으로 확인된 사실만 공표해야 했을 것이다. 한편 원자력 발전소나 방사선에 대해 무지한 대부분의 일반 시민 입장에서는 자신이 어떤 행동을 취하기 위해서라도 되도록 정확한 사실을 한시라도 빨리 알고 싶은 것이 자연스러운 감정이므로 이 둘 사이에는 아무래도 괴리가 발생할 수밖에 없다.

발신자가 수많은 정보를 어떻게 정리하고 취사 선택하여 공개해야 할지에 대한 문제는 바로 답하기 어려운 부분이 있다. 확실하지 않은 유언비어가 범람하여 사회적으로 쓸데없는 혼란이 초래될 위험성을 간과해서는 안 되겠지만, 한편으로 우리가 모르는 곳에서 정부가 정보를 통제하면서 일부 전문가들의 판단에 따라 사람들의 행동을 일정 방향으로 유도하려는 상황에 우리는 민감해져야 한다. 이 문제는 제8강 '국민은 모든 것을 알 권리가 있는가?'에서 재차 다룰 것이다.

그리고 학생들이 당시 사회적인 '일치단결 분위기'에 위화감을 느꼈다는 사실에도 의의가 있다. 조금 이야기가 달라지는데, 예를 들어 2015년 1월에 파리에서 발생한 『샤를리 에브도』 편집부 습격 사건[20] 이후의 전개 양상("내가 샤를리다"라는 문구가 순식간에 여론을 석권했다)을 보면, 어떠한 문제건 간에 특정 주장에 대해 어떤 누구도 이의를 제기할 수 없는 상황이 사회 전체를 압도했을 때의 위험성을 엿볼 수 있다. 그리고 이러한 운동이 고조될수록 선의에 대한 동조 압력이 가해지면서 사람들의 사고를 정지시키고 희생자에 대한 진심 어린 조의는 제쳐놓고 독주할 위험이 있다. 이런 의미에서 "힘내자는 말은 정말로 피해자들에게 도움이 될 것인가?"라고 스스로 의문을 제시한 젊은 학생들의 건전한 감성은 정말 소중한 것이 아닐 수 없다.

논점3 "이 재해에서 당신의 전공 분야가 할 수 있는 일은 무엇인가?"
는 '타 문화 교류·다분야 협력론'이라는 이 수업의 취지와 직결되는 질
문이었는데 학생들의 대답은 기대했던 대로 다양했다. 아마 많은 일본
인이 그 당시 '한 명의 인간으로서 내가 할 수 있는 일이 무엇일까?'라
는 생각을 했을 터인데, 이것을 '특정 전공 분야를 공부하는 한 명의 학
생으로서 내가 할 수 있는 일이 무엇인가?'라는 질문으로 한정 짓는다
면 어떤 대답들이 나올지 궁금했다. 피해자에 대한 심리 돌봄, 건강상
의 배려, 아이들 교육같이 눈에 잘 보이는 공헌도 언급되었지만, 꼭 이
런 형태가 아니더라도 자신이 배우고 있는 것들이 구체적인 국면에서
어떤 식으로 사회에 환원될 수 있는지 고민해볼 필요성에 대해서는 모
두가 공감할 수 있었다.

어쨌건 이 논의를 통해, 어떤 전공 분야도 (그것이 '전공'인 이상) 사회
와의 접점은 한정적일 수밖에 없으며 각자가 할 수 있는 일에도 한계가
있는 게 당연하고 어차피 단독으로는 무력하다는 사실을 확인할 수 있
었다. 거꾸로 말하자면 그렇기 때문에 자신의 전공 분야가 사회 시스템
안에서 어떻게 자리매김하는지를 상대화하고 다른 분야와 어떻게 연대
를 하면서 미래에 힘을 발휘할 수 있을지 예측하는 일이 중요한 것이다.
수업에서는 각자의 분야에서 가능한 일에 대해 의견을 주고받는 데 그
쳤지만 상호 의견을 조합하여 구체적인 협력 형태로까지 전개할 수 있
다면 일종의 재해 부흥 프로젝트의 구축도 가능할 것이다.

논점4 "이 원자력 발전소 사고는 일본 고유의 문제라고 생각하는가?
아니면 다른 나라에서도 얼마든지 일어날 수 있다고 생각하는가?"는

이번 수업의 중심 주제였는데, 이 질문을 '이익'이라는 관점에서 바라보는 입장이 특히 인상 깊었다. '일본 고유의 문제인가 아닌가'에 대해 있는 그대로 바라보지 않고 '일본 고유의 문제라고 생각할 때 (혹은 다른 나라에서도 일어날 수 있는 문제라고 생각할 때) **어떤 이익이 있는가?**'라고 묻는 자세는 일종의 실용주의라 할 수 있다. 그런데 이는 모든 문제를 현실적인 맥락에서 떼어놓고 추상적으로 바라보는 본질주의에 마주 놓이는 순간 의도치 않게 이와 대립 명제를 이룰 수 있다. 후자의 경향에 빠지기 쉬운 학자인 내게 이들의 의견은 신선하게 여겨졌다.

'이익'이라는 개념을 도입하면 누구에게 '이익'이냐에 따라 대답이 달라진다. 즉 어떤 질문일지라도 입장을 고려하지 않고는 판단할 수 없다는 말이다. 더구나 원자력 발전소처럼 정치, 경제와 밀접하게 연관된 문제의 경우에는, 당연히 정부, 산업계, 지역 주민, 지역 밖 국민 등에 따라 태도를 결정하는 근거와 프로세스가 달라진다. 여기서 더 확대해 생각하면, 일본 외에 원자력 발전소를 지닌 국가와 그렇지 않은 국가 사이에도 '후쿠시마'를 바라보는 관점이 달라진다. 이처럼 구체적인 스테이크홀더stakeholder와 연관 지어서 질문 자체를 상대화시킴으로써 다면적인 대답의 가능성을 추구하는 것은 상당히 효과적인 사고방식이다.

기술 자체의 보편성과 이용 프로세스의 문화적 개별성에 관한 의견 그리고 제시된 질문 자체를 공시적인 시점에서 통시적(역사적)인 시점으로 발전시키려는 시도 역시 이러한 사고방식의 실천을 보여주는 일례라고 할 수 있다. 글로벌과 로컬, 보편과 개별 등을 다루는 문제 유형은 지금까지 수업에서도 여러 번 등장했지만 이번에는 학생들이 이러한 문제에 더욱 깊이 있게 파고들었다는 느낌을 받았다.

마지막으로 내가 교실에서 언급했던 요시모토 다카아키에 관해 부가설명을 하자면, 그는 동일본 대지진이 일어나고 얼마 지나지 않아 진행한 신문 및 주간지 인터뷰에서 탈원전론에 대해 "원자력 발전을 중단하는 일은 있을 수 없다" "이미 발달한 과학을 후퇴시키는 건 말이 안 된다"라고 말하며21 "인류가 축적해온 과학의 성과를 단 한 번의 사고로 포기할 수 있느냐?" "자동차만 봐도 사고로 죽는 사람이 많지만 그렇다고 해서 자동차를 없애자는 말은 없지 않느냐"라고 주장했다.22 하지만 이런 의견에 대해 평론가인 이노자키 마사토시는 요시모토의 솔직한 말투와 수미일관성에 대해 최대한의 예의를 표하면서도, "원리적인 수준에서 원전은 인간이 통제할 수 없는 어려운 시스템이라는 사실에는 눈을 감고, 이를 온갖 다른 과학 기술과 동일시하면서 일반론으로 치부해버리려는 궤변에 가까운 폭론을 늘어놓았다"라고 예리한 지적을 했다.23 이는 '논의의 기록' 마지막 부분에서 후지가키가 인용한 슬로빅의 사례와도 연관되기에 소개해둔다. [이시이]

〈 제4강 〉

예술 작품에 객관적 가치가 존재하는가?

문제 제기

—

눈앞에 그림 한 점이 있다고 생각해보자. 이 그림의 가치는 어떻게 매겨질까? 애초에 회화 작품의 가치를 정하는 일이 가능할까?

'가치'가 아닌 '가격'이라면 이른바 시장 원리, 수요와 공급의 원리에 따라 결정될 수 있다. 회화 작품의 원본은 한 점뿐이기 때문에 이에 대한 사회적 수요가 크면 클수록 가격은 치솟는다. 예를 들어 옛날 일본에서 고흐의 「해바라기」가 약 58억 엔에 팔렸다고 한다.[1] 또한 2011년 카타르 왕실이 구입한 세잔의 「카드놀이하는 사람들」은 약 268억 엔에 거래되었고 이 가격은 현재로서 세계 최고 기록이라고 한다. 이 밖에도 피카소, 뭉크 등의 작품이 100억 엔 이상의 가격으로 매매되는 경우도 적지 않다.

이렇게 저명한 화가의 대표작이라면 상식을 뛰어넘는 가격으로 거래

돼도 마땅하다고 생각하기 마련이다. 하지만 이러한 그림에 정말로 그만큼의 '가치'가 있는지를 묻는다면 제대로 대답하지 못할 사람도 많을 것이다. 어떤 그림이 100억 엔에 거래되었다는 사실과 그 그림에 100억 엔의 가치가 있다는 사실은 동일하지 않기 때문이다.

분명 같은 해바라기 그림인데도 무명 화가의 작품은 몇만 엔 정도에 살 수 있고 고흐의 작품은 수십억 엔에 달한다. 그러나 이것은 결코 고흐의 그림이 무명 화가의 그림보다 10만 배 뛰어나고 10만 배의 감동을 준다는 걸 의미하지는 않는다. 회화가 주는 감동은 정량화할 수 없기 때문에 이를 수치로 바꾸는 건 불가능하다. 따라서 고흐의 작품이 그것이 그려진 시점에 이미 수십억 엔에 달하는 객관적 가치를 지니고 있었다고는 생각할 수 없다.

실제로 고흐 생전에 그의 작품은 1점밖에 팔리지 않았다[2]는 일화는 유명하며 그 가격도 당시 통화로 400프랑, 단순하게 환산은 불가능하지만 현재 일본 통화로 기껏해야 수십만 엔 정도였다. 살롱에 출품할 때마다 낙선을 거듭한 세잔이나 집요하게 혹평만 받았던 뭉크의 경우도 사정은 크게 다르지 않았다.

그렇다면 어딘가에서 그들의 작품에 높은 가치를 부여한 사회적 메커니즘이 작동했다는 말이다. 피에르 부르디외[3]의 논의를 한번 살펴보자. 그는 『예술의 규칙』(1992)에서 다음과 같이 언급했다.

예술 작품 가치의 생산자는 예술가가 아니고, 마치 신앙의 영역과도 같은 생산의 장이다. 그것이 예술가의 창조적 역량에 대한 신앙을 만

들어내고 예술 작품을 무조건적 숭배 대상으로 만들면서 그 가치를 생산해내는 것이다.4

앞뒤 문맥을 모른 채 읽으면 살짝 이해하기 어려울 수도 있지만, "신앙의 영역과도 같은 생산의 장"이란 요컨대 작품을 만드는 존재가 속한 인간관계나 사회 제도 전반을 말한다. 부르디외에 따르면 예술가는 자신의 의지와 능력만 가지고 독자적으로 가치를 창출하는 것이 아니다. 오히려 그가 속한 '생산의 장'에 존재하는 다양한 역학 작용으로 인해 그 결과 모두가 특정 예술가를 '창조적인 힘'을 타고난 특수한 존재로 인식(객관적인 근거가 없기 때문에 부르디외는 이를 '신앙'이라 부른다)하게 되면서 그 작품이 일종의 '숭배 대상'(무조건적 숭배 대상)으로서 가치를 부여받는다는 의미다.

회화를 예로 들자면, 여기서 '생산의 장'은 화가 이외에 미술 평론가, 저널리즘, 회화 애호가, 화상畵商, 미술관, 일반 관중 등으로 구성된다. 예를 들어 고흐는 생전에 완벽히 무명이었으나 사후에 일부 미술 평론가가 그의 작품을 재평가함으로써 회화 애호가들이 이를 손에 넣고 싶다는 욕구를 가지게 된다. 이렇게 수요가 늘어나자 화상들은 고흐 작품의 가격을 올렸으며 유복한 개인 및 권위 있는 미술관이 그의 작품을 고가에 사들였다. 그 결과 일반인들 사이에 고흐가 이 정도의 평가를 받을 만한 위대한 예술가라는 공통된 이해(신앙)가 자리를 잡게 된다. 이렇듯 일단 명성이 확고해지면 앞서 언급한 가치 창조의 사이클에 가속이 붙으면서 마침내 그의 그림은 세계적으로 유명한 화가의 귀중

한 작품(무조건적 숭배 대상)으로 인지되는 것이다. 자칫 수만 엔에 거래되었을 수도 있는 작품이 수십억 엔에 매매되는 그야말로 마술과도 같은 현상이 벌어지게 된다.

그렇다면 문학의 경우는 어떨까? 출판물을 통해 얼마든지 복사할 수 있는 문학 작품에는 회화 작품처럼 '물건으로서의 유일성'이 존재하지 않기 때문에 가격을 결정하는 메커니즘이 완전히 다르다. 예를 들어 단테의 『신곡』은 오래전부터 가치 있는 작품으로 다루어졌는데 간행되고 있는 서적 자체의 가격은 일반 책들과 크게 다르지 않다. 즉 문학 작품에서 가치와 가격의 대응 관계는 거의 성립하지 않기 때문에 회화의 경우보다 순수한 측면에서 '가치'에 관한 문제가 부각될 수 있다.

문학에서 '생산의 장'을 구성하는 것은 작가, 출판사, 편집자, 비평가, 저널리즘, 독자 등이다. 어떤 작품이 편집자의 눈에 들어서 출판된 후 신문 및 잡지에서 비평가의 호평을 받고 때에 따라 수상도 하여 부가가치가 높아져 세상에 나온다면, 그 작가는 가치 있는 존재로 인정받고 명성을 얻어 작품의 안정적인 공급자가 되어 그 지위를 구축해나갈 것이다.

물론 회화의 경우도 그렇듯이, 작가가 살아 있는 중에 이러한 상황이 전개되리라는 보장은 없다. 『적과 흑』(1830)의 저자인 스탕달이 "나는 1880년에 유명해질 것이다. 1930년에는 모두가 이해해줄 것이다"라는 말을 남기고 세상을 떠났다는 유명한 일화가 있다. 그의 작품은 생전에 거의 주목받지 못했으나 자신의 예언대로 사후에 인정을 받았고 오늘날에는 문학사에서 입지를 확고히 하고 있다. 반대로 생전에는 높이 평가받던 작가가 시간이 흐르면서 사람들의 기억 너머로 잊혀버리는 경우도 있다.

이러한 일련의 과정을 거쳐서 우리는 오늘날 '작가 피라미드'라 할 만한 것을 공유하고 있다. 세계 차원에서 셰익스피어, 괴테, 도스토옙스키 등이 그 정점을 점하고 있으며 일본에서는 나쓰메 소세키나 모리 오가이 등이 상위에 위치할 것이다. 그리고 이들의 작품은 종종 '불멸의 고전' '영원한 명작' 등의 표현과 함께 신성시되면서 불변의 가치를 지닌 존재로 계승되어간다.

그렇다면 이들 작가의 작품에는 과연 '객관적 가치'가 내재되어 있는 걸까? '주관적'이라는 단어가 '사람에 따라 다르다'는 것을 의미한다면 '객관적'이라는 단어는 이와 대조적으로 '누구에게든 동일한' 것을 의미한다는 말인데, 그렇다면 괴테의 『파우스트』 및 도스토옙스키의 『카라마조프가의 형제들』은 누구에게나 똑같은 가치가 있다고 할 수 있을까? 독자 중에는 이런 작품을 지루하게만 느끼고 뒤마 페르의 『삼총사』가 훨씬 가치 있는 작품이라고 생각하는 사람도 적지 않을 것이다.

회화나 음악의 경우도 마찬가지다. '누가 봐도 아름다운 그림'이나 '누가 들어도 감동적인 음악' 같은 건 존재하지 않는다. 레오나르도 다 빈치의 「모나리자」가 명화이고 베토벤의 「교향곡 제9번」이 명곡이라는 말을 듣고 나면 이것을 마치 만인이 인정하는 보편적인 진리인마냥 생각하게 되는데, 이들 역시 '생산의 장'에서 사회적으로 형성된 일종의 신화이자 부르디외가 언급한 '신앙'에 불과하다. 이 모든 작품이 만인이 공유할 수 있는 객관적 가치를 내재하고 있을 리 만무하다.

따라서 우리는 무릇 '객관성'이란 무엇인가라는 질문과 마주하지 않을 수 없다. 미국의 과학사학자인 시어도어 M. 포터는 『수치와 객관성』(1995)에서 "대다수의 경우 객관성은 엄밀하게 정의되어 있지 않음에도 불구하고 칭찬을 할 때에도, 비난을 할 때에도 등장한다"고 했다.5 즉 '객관성'이란 언제 어디서든 동일성을 유지하는 불변의 존재가 아니라 눈앞의 상황에 적용시켜 어떤 식으로든 규정될 수 있는 애매함을 지니고 있기 때문에 경우에 따라 '칭찬에도 비난에도' 들어맞는 정치성을 가진다. 역설적으로 말하자면, 무릇 '누구에게나 똑같은' 객관적 정의를 부여할 수 없는 경우에야말로 '객관성'의 본질이 있다는 것이다.

이 문제를 깊이 파고들면 끝이 없는데 이 이상의 논쟁은 문제 제기의 범위를 벗어나므로 이쯤 해두겠다. 어쨌건 부르디외는 사회학자의 입장에서 예술 작품의 가치 창조 메커니즘을 분석하는 '작품 과학'을 주창하고 포터는 과학사학자 입장에서 각 나라의 신뢰성이 어떤 모습으로 존재하는지에 대해 비교 분석하여 '객관성의 문화 연구'6라는 영역을 개척했다. 이렇듯 역방향으로 전개되는 듯 보였던 이 둘의 연구는 우연히도 문과·이과라는 틀을 깬 지점에서 만나게 되었다. '예술 작품에 객관적 가치가 존재하는가?'라는 질문이야말로 바로 이들 연구의 교차점에 위치하고 있었던 것이다. [이시이]

논점

1. 당신이 감동받았던 예술 작품(문학, 음악, 미술, 연극, 영화, 그 외 장르 불문)을 구체적으로 소개하고, 감동받은 이유를 다른 사람이 이해할 수 있

게 설명해보자.

2. 많은 사람이 그 가치를 인정하고 있음에도 불구하고 본인은 그 가치를 모르겠는 예술 작품에 대해 소개하고, 그 이유를 다른 사람이 이해할 수 있게 설명해보자.

3. '예술은 주관적인 영역에 속하기 때문에 모든 작품에는 객관적인 가치가 없다'라는 입장과 '그럼에도 불구하고 모든 사람이 보편적 가치를 인정하는 예술 작품은 존재한다'라는 입장 중 당신은 어느 쪽을 지지하는가? 그 이유는 무엇인가?

4. 예술 작품뿐만 아니라 일반적으로 '객관적 가치'라는 것이 존재한다고 생각하는가? 부르디외와 포터의 논의를 바탕으로 생각해보자.

논의의 기록

—

"예술 작품에 객관적 가치가 존재하는가?"라는 중심 주제와 관련된 네 가지 논점을 준비했다. 이 중 두 개의 논점은 학생들의 개인적인 경험을 듣는 게 목적이었기 때문에 이번 수업에서는 그룹을 나누지 않고 처음부터 다 함께 논의하는 형태로 수업을 진행했다.

논점1

당신이 감동받았던 예술 작품(문학, 음악, 미술, 연극, 영화, 그 외 장르 불문)을 구체적으로 소개하고, 감동받은 이유를 다른 사람이 이해할 수 있게 설명해보자.

A학생은 빅토르 위고의 소설 『레미제라블』을 초등학생 때 요약판으로 읽고 눈물을 흘린 경험을 이야기했다. 이 작품을 영화나 뮤지컬로도 보았는데 전부 엄청나게 감동적이었다고 한다. 하지만 결국 이 소설을 처음부터 끝까지 제대로 읽은 적은 없고 다른 학생들 중에도 이 책을 완독했다는 사람은 없었다. 외국의 유명한 문학 작품을 요약판으로 읽는 습관은 아마 우리의 어린 시절부터 변하지 않는 보편적 현상에 가까울 것이다.

D학생은 영화로 개봉한 「크레용 신짱, 어른 제국의 역습」을 말했다. 처음엔 엉뚱하다고 생각했는데 이야기를 듣고 나니 납득할 만한 이유였다.

제가 왜 이 만화 영화에 감동을 했는지 생각해봤습니다. 신노스케는 노하라 일가의 일원인데 이 집안의 기둥인 히로시라는 아빠가 가족을 사랑하는 마음으로 적과 맞서는 장면이 있습니다. 이때 저는 울컥했습니다(웃음). 가족을 사랑하는 그의 마음이 그대로 전해져서 감동적이었던 거죠. 이렇게 생각해보니 저에게 있어서 감동이란 그것이 자신의 경험이나 감각과 통하는지 여부가 중요하다는 사실을 깨달았습니다. [D학생]

「크레용 신짱」의 TV판 애니메이션의 경우 저질스러운 내용으로 저속한 방송의 대표 격으로 불렸고 '아이들에게 보여주고 싶지 않은 방송'으로 손에 꼽혔으며, 종종 이 세상 모든 어머니로부터 비난의 표적이 되었다. 극장판의 9번째 시리즈인 이 작품은 '20세기박博(해당 작품에 등장하는 가공의 테마파크— 옮긴이)'이라는 배경에 과거와 미래의 상극을 주제로 했는데 어른들도 볼만한 작품으로 높은 평가를 받았다. 하지만 이러한 사실과 무관하게 자신의 감각적 반응의 일환으로 등장인물의 '가족애'를 느끼고 순수하게 감동을 받았다는 학생의 말은 예술 감상의 원초적 의미에 대해 생각하게 만들었다.

F학생은 자신이 쓴 하이쿠(5·7·5의 3구 17음으로 된 일본의 단형시— 옮긴이)를 소개했는데 이는 다른 학생들과 결이 다른 대답이었다. 고등학생 때 하이쿠 모임에 가입한 F학생은 '추운 봄 날씨, 양손으로 껴안은, 종이 봉지여春寒し 前に抱える 紙袋'라는 하이쿠 어구를 써서 발표했는데 이때 처음으로 다른 사람들로부터 좋은 평가를 받았다고 한다. 계절을 표현한 '추운 봄 날씨'라는 단어가 종이 봉지를 양손으로 껴안는다는 묘사와 딱 맞아떨어지면서 은근한 따뜻함을 전하는 동시에 아직 쌀쌀한 날씨에 몸이 움츠러드는 느낌까지 훌륭하게 표현했다는 칭찬을 받았다고 했다. 스스로도 생각지 못한 부분을 다른 사람이 파악해서 평가해주었다는 사실이 감동이었다고 한다. 이 대답은 논점1과 직접적인 연관은 없었지만 직접 작품을 만든 사람의 경험담이었기 때문에 흥미로웠다.

연극을 좋아한다는 E학생은 대학교 1학년 수업에서 읽은 『리어왕』을 언급했다. 내용이 재미있었을뿐더러 셰익스피어라는 인물이 위대해 보였다고 한다. 거대한 시대적 흐름에 입각하여 그 안에서 대립하는 가치관을 지닌 사람들 사이의 다툼을 다루고 있다는 점에서 감명을 받았다고 말했다.

등장인물은 크게 두 유형으로, 지난 중세적 사고에 사로잡힌 사람들과 새로운 르네상스 시대를 살면서 가문 및 혈통을 중시하는 상황에서 탈피하고 싶어하는 사람들이 있어요. 셰익스피어가 이미 시대가 변하고 있다는 거대한 움직임을 포착하면서 이들 사이의 다툼을 묘사했다는 사실을 알게 된 순간 '와, 소름'이라고 느꼈어요. 지금 돌이켜보면 당연한 말을 하고 있지만, 처음 읽고 나서 곰곰이 생각해보면서 이야기의 배후에 엄청난 암시가 내포되어 있다는 사실을 깨닫자마자 온몸의 털이 쭈뼛 서는 느낌을 받았습니다. 이런 걸 감동이라고 하나 싶었죠. [E학생]

C학생은 조각 작품인 고류지廣隆寺의 미륵보살반가사유상을 언급했다. 일본의 국보 조각상 제1호로 유명한데 매우 가냘프게 보이는 형상의 이 석가모니불이 입멸한 뒤 56억7000만 년 후 이 세상에 다시 태어났다는 엄청난 스케일의 역사를 지니고 있고, 유구한 시간 속에서 사람들을 구제하겠다는 강한 의지를 보여주는 미소(archaic smile)의 깊이가 감동적이라고 했다. 다만 너무 보란 듯이 장식용으로 보물관에 놓여 있는 모습은 안타까웠으며 그런 점에서는 고류지의 관세음보살 쪽이 놓여 있는 장소까지 포함해 완벽하다고 말했다. 이에 "그러한 지식이 없는 채로 그 불상을 봐도 감동했을 것 같은지" 묻자 "아무래도 불상이라는 건 (…) 그 존재의 자비를 이해하고 나서 봐야 자신의 마음을

울리는 무언가를 느낄 것 같습니다"라는 대답이 돌아왔다.

G학생은 "다른 사람이 이해할 수 있게 설명해보자"라는 부분이 어렵다고 말하면서 프랑스 문학 수업에서 읽었던 장 자크 루소의 『고독한 산책자의 몽상』을 언급했다. "만년의 고독한 체념과 생피에르 섬에 펼쳐진 자연의 아름다움에 자신의 망상을 덧입히는 듯한 아름다운 문장이 끊임없이 이어지는 느낌에 감동받았습니다." 이시이는, 문체의 아름다움에 감동한 것은 이 작품이 종종 '산문시'의 원류로 간주된다는 점에서 충분히 그럴 수 있다고 덧붙였으며 어떻게 나온 통계인지는 모르지만 자살한 사람들 옆에 이 책이 놓여 있는 경우가 가장 많다는 일설을 소개했다.

H학생은 어릴 적 영국에 있을 때 따라갔던 미술관에서 우연히 발견한 그림을 보고 감동했던 일화를 말했다.

이건 유명하지 않은 작품일 것 같은데요, 파란 하늘 아래 초원에서 적토마가 소리 높여 울고 있는 그림이었습니다. 당시 꽤 어렸던 저는 이 그림이 매우 크고 박력 있게 느껴졌고 실제로 말이 무언가와 대치할 때 소리 높여 우는 소리 그리고 초원을 가로지르는 바람이 느껴지는 듯했어요. '인간은 이런 것을 그릴 수 있구나'라는 생각을 하면서 감동받았던 기억이 깊게 남아 있어요. [H학생]

그게 무슨 그림이었는지 아직 모르냐고 묻자 "찾아서 알아내면 어릴 적 봤던 그 풍경이 사라져버릴 것 같다는 두려움에 굳이 찾아보지 않았어요"라는 대답이 돌아왔다. 아무런 지식 없이 작품과 마주했을 때 오는 감동 그리고 C학생이 불상에 대해 말했듯이 어느 정도 지식이 있어야 느낄 수 있는 감동, 이렇게 두 종류의 감동이 등장했다는 사실이 상당히 흥미를 북돋웠다.

이상으로 학생 전원의 경험담을 듣고 나서 모처럼 조교 두 명에게도 감동적이었던 예술 작품에 대해 물어보았다. J학생은 오가와 요코의 『인질의 낭독회』라는 소설을 소개했는데 이 책의 내용부터 그 매력에 이르기까지 매우 듣기 좋으면서 이해하기 쉽게 설명해주었다. 그리고 I학생은 보스턴 미술관과 도쿄예술대학 미술관이 합작한 전람회('더블 임팩트전')에서 본 가와나베 교사이[7]의 「지옥태부地獄太夫」라는 일본 회화를 언급하며 광기와 골계가 공존하는 작품이 자아내는 분위기를 그럴듯하게 이야기해주었다.

후지가키는 로마의 보르게세 미술관에 있는 잔 베르니니[8]의 『플루토와 프로세르피나』를 소개했다. C학생이 불교 조각상을 소개한 데 이어 서양 조각상이 등장한 것이다. 이 작품의 매력을 알고 싶다면 「성희롱과 에로티시즘의 경계에 관하여」[9]라는 글을 참조해주길 바란다. 마지막으로 질문을 받은 이시이는 아르튀르 랭보[10]의 『지옥에서 보낸 한철』과 오에 겐자부로의 『새싹 뽑기, 어린 짐승 쏘기』, 오딜롱 르동[11]의 회화 작품을 언급했는데, 전자의 두 작품은 예전에 본인의 책에서 언급한 바 있으므로[12] 자세한 설명은 생략하겠다.

이상으로 살펴보면 간단히 예술 작품이라고 해도 그 장르는 문학, 영화, 회화, 조각 등 다양하며 문학 내에서도 소설뿐 아니라 하이쿠, 희곡,

수필, 시 등 다양한 형식의 것들이 있다. 그리고 학생들이(조교 및 교사도 포함하여) '명작에 감동했다'는 식의 정형화된 경험이 아닌 실로 각양각색의 예술적 체험을 해왔음을 엿볼 수 있는 시간이었다.

논점2
많은 사람이 그 가치를 인정하고 있음에도 불구하고 본인은 그 가치를 모르겠는 예술 작품에 대해 소개하고, 그 이유를 다른 사람이 이해할 수 있게 설명해보자.

A학생은 종종 우수 도서로 추천되는 어떤 현역 작가의 작품을 언급했다. 언쟁을 피하고자 구체적인 부분은 생략하고 내용을 요약하자면 스토리가 한정된 패턴에 얽매여서 등장인물의 설정도 도식적이며 억지 감동을 주려는 것 같다는 게 이유였다.

D학생의 경우도 구체적인 작품명은 생략하겠지만 '자신의 감각과 연관시킬 수 없는 작품에서는 그 가치를 찾아낼 수 없다'고 말했다. 예를 들어 어떤 유명한 그림을 보고 아름답다고 느낄 수는 있지만 자신에게 감각적으로 와닿는 부분이 없으면 표면적으로 스쳐 지나갈 뿐 마음 깊은 곳을 울리는 느낌이 없다는 것이다. 이에 대해 이시이는, 무명 화가가 그린 무명 작품과 다르게 「모나리자」처럼 유명한 작품을 볼 때에는 세계적인 명작이라는 선입관 때문에 순수한 감동을 느끼는 데 어려움이 따른다고 말했다. 이는 논점1에서 H학생이 언급했던 무명의 회화 작품과 마주했을 때 감동을 받았던 경험과 표리일체 관계에 있다고 볼

수 있다.

F학생의 '아이돌'이라는 대답에는 허를 찔리는 느낌이었다. 팬은 많은데 노래가 전부 똑같아 보여서 공감할 수 없다고 한다. 애초에 아이돌의 노래를 '예술'의 범주에 넣을 수 있는지에 대해서는 논쟁의 여지가 있겠지만 일단 이 부분은 논외로 하고, 모든 사람이 열광하는 대상에 자신만이 그 가치를 알아볼 수 없어 위화감을 느낀다는 측면에서는 앞선 두 학생의 경우와 다를 게 없다.

E학생은 『찰리와 초콜릿 공장』 등으로 유명한 로알드 달13의 작품을 소개했다.

> 아이들을 주인공으로 내세워서 어른들의 사회를 풍자하고 아이들의 시점에서 반역을 꾀하는 듯한 반골 정신을 표현하기도 하는데요, 특히 『찰리와 초콜릿 공장』에서는 부잣집 아이들이 말도 안 되는 비참한 꼴이 되거나 풍선이 되어 날아가는 등의 장면도 나와요. 그런데 그런 가운데 등장하는 부잣집 아이나 학력이 낮은 어른 혹은 아이의 마음을 알아주지 않는 어른에 대한 묘사가 너무 단편적이고 구도 역시 너무 단순해서 살짝 거슬리더라고요. 그저 어린아이들이 한데 모여 반역을 일으키는 것으로 흥미를 유발하려는 내용 구도라는 생각이 들었어요. [E학생]

그리고 영화로 만들어진 작품에서 '아이가 등장하면 귀엽다, 아이가 나오면 오락성이 보장된다는 식의 인식'에 반발심이 생긴다고 말했다.

C학생은 "방금 갑자기 떠올랐다"고 말문을 열면서 수년 전 엄청난 인기를 모았던 애니메이션 영화를 언급했다. 이 역시 영업 방해가 되지 않게끔 구체적인 제목은 언급하지 않겠지만 조교인 I학생도 이 의견에 전적으로 동의했으며 대략적인 내용을 이해하기 쉽게 이야기해주었다. 이후 조사해보니 인터넷 세대가 공감할 수 있는 내용의 작품으로, 젊은 세대의 호응은 상당히 좋다고 한다. 구세대 교사로서 시대적 추이를 통감하게 된 사례였다.

G학생은 보통 '가치'라고 하면 긍정적인 가치를 생각하는데 거꾸로 어떤 대상을 싫어하는 부정적인 의미의 가치도 있는 것 같다는 본질적인 의문을 제시하면서 다음과 같이 말했다.

> 문학이나 회화의 경우, 보고 읽는 행위를 해야 하므로 어느 정도 능동적이어야 (…) 그 가치를 얻을 수 있는데 음악의 경우 귀로 듣는 것이어서 어느 정도 수동성을 지니고 있는 청각 특유의 것이라고 생각합니다. 능동성이 작동하는 경우에는 자신이 보거나 읽는 행위를 통해 거기서 일말의 가치를 도출해내려 하지 않을까요? 반대로 음악의 경우 저는 무조음악에는 도저히 익숙해지지가 않더라고요. 요즘 음악에 많은데요, 선율이 거의 없는 그런 음악이에요. 작곡가 다케미쓰 도루도 연관이 있겠네요. 이건 청각의 수동성이란 측면에서 아무것도 느껴지지 않아요. 싫고 좋고의 느낌도 없는 것 같아요. [G학생]

이런 관점에서 보면 '가치가 없다'는 것은 긍정도 부정도 아니며 그렇기 때문에 아무것도 느낄 수 없는 경우를 말한다.

H학생은 현대 예술 작품들 중에 의미를 알 수 없는 것이 많다고 했다. "아무리 생각해도 이게 뭘 표현하려는 건지 알 수 없고 그저 기묘한 형태로 물체를 장식해놓은 것 같다는 생각만 들어서 저로서는 가치를 찾을 수가 없더라고요"라고 했는데, 많은 사람이 공감하리라 생각한다. 그러자 이시이는 "예술 작품의 경우 그 의미를 이해해야 한다고 생각합니까?"라고 질문한 후, 현대 예술은 '무엇인가를 표상하지 않으면 안 된다'라는 편견의 허를 찌른다는 측면에서 보거나, 해석을 통해 '의미'에 도달함으로써 안심하는 것이 아니라 이와는 다른 방식으로 받아들여지기를 의도했을 수 있다는 측면에 대해 이야기했다.

조교인 J학생은 앞서 G학생의 말에 이어서 '가치가 없는' 작품은 자신에게 변화를 초래하지 않기 때문에 기억에도 남지 않는다고 했고, I학생은 보수적인 가치관에 갇혀 있는 작품에서는 가치를 찾아볼 수 없다고 했다. 그리고 후지가키는 피카소의 큐비즘 시대 작품을 좋아하지 않으며 오히려 초기의 작품이 훨씬 좋다고 했는데, 이는 H학생의 의견과도 통하는 부분이 있었다. 이에 대해 이시이는 "그(피카소)는 자신이 이미 너무 완벽한 기술을 지니고 있기 때문에 이를 파괴하는 일에 자신의 일생을 바쳤던 게 아닐까"라고 했는데, 20세기 이후의 회화나 음악, 소설 등 다양한 장르에서 기존의 '미' 개념을 일부러 파괴하는 등의 시도가 이루어진 것은 분명한 사실이다.

결과적으로 애초에 논점1, 2에서 고전적인 '명작'이라 불리는 것이 대거 등장하리라는 예측은 완전히 어긋났으며 오히려 비교적 새로운 작품에 대한 언급이 많았다. '많은 사람이 가치를 인정하고 있는 예술 작품'이라고 할 때 학생들이 떠올리는 대상이 이미 교사들의 생각과 상당히 다르다는 사실을 알게 된 대단히 시사적인 시간이었다.

논점3

'예술은 주관적인 영역에 속하기 때문에 모든 작품에는 객관적인 가치가 없다'라는 입장과 '그럼에도 불구하고 모든 사람이 보편적 가치를 인정하는 예술 작품은 존재한다'라는 입장 중 당신은 어느 쪽을 지지하는가? 그 이유는 무엇인가?

이 질문에서 어느 쪽을 지지하는지 거수를 한 결과 정확히 4대 4로 나뉘었다. 전자는 F학생, H학생, 조교 2명, 후자는 A학생, C학생, D학생, E학생이었고 G학생은 입장을 보류했다. 이어서 양쪽 입장의 주장을 주고받는 시간을 가졌다.

전자의 그룹에서는 설령 명작이라 불리는 대상이라도 이에 가치를 느끼지 못하는 사람도 있기 때문에 모든 사람이 그 가치를 인정할 만한 작품은 있을 수 없다고 하면서 자신의 경험에 비추어 보더라도 예술 체험은 개인적인 것으로서, '객관적'이라고 할 수 없다고 말했다. 또한 어떤 작품이 높은 평가를 얻어가는 과정에도 우연적인 요소가 상당히 많고 초기의 평가가 우연히 많은 사람에게 영향을 미치면서 확산되는 것에 불과하기 때문에 이것을 객관적인 평가라고 볼 수 없다는 의견도 있었다. 더욱이 예술 작품은 개인적 경험과 긴밀하게 연결되어 기억 깊숙한 곳에 각인되어야 비로소 의미를 갖기 때문에 예를 들어, 같은 책을 읽은 사람들이 이에 관해 이야기를 나누면 마치 객관적으로 책 한 권이 존재하고 그 가치를 공유하고 있다는 환상에 빠질 수 있는데, 실제로는 다른 책에 관해 이야기하고 있는 상황이 펼쳐진다는 흥미로운 지적도 있었다.

모두가 어떤 책 한 권에 관해 이야기하고 있는 듯이 보이고, 그 책 자체도 물질적으로 존재하는 것처럼 보일 수 있겠지만, 사실은 전혀 다른 책에 관해서 이야기하고 있는 상황이 펼쳐지게 되는 겁니다. 그런 상황에서 대화가 이루어지고 있는 거죠. '그 부분이 좋았어요'라든가 '역시 그건 재미가 없더라고요'라면서 전혀 다른 것을 바라보며 함께 이야기할 수 있다는 사실은 참 재미있으면서도 신기해요. 이런 식으로 환상에 가까운 객관적인 가치라는 게 생겨나는 게 아닐까 싶어요. 아무래도 예술은 그 사람의 추억 속에 존재하는 거니까요. 그렇기 때문에 저는 주관적인 영역에 속한다고 생각해요. [I학생]

이에 대해 이시이는 동일한 사람이 똑같은 책을 읽어도 상황에 따라 느끼는 것들이 달라지기 때문에 "결국 예술 작품 그 자체는 객체로서 일정 장소에 존재하지만, 그것을 수용하는 입장에서 그 작품은 결코 동일한 하나의 특정한 존재가 아니"라고 했다. 이를 구체적으로 살펴보면 '작품'이란 서적이나 영화 필름 같은 객체가 아니라 수용자와 만나는 과정을 통해 처음으로 성립하며 모든 예술 작품이 주관적인 영역에 속한다는 의미다. 곧바로 반대 입장의 그룹에서 이에 대한 반론을 들어보았다.

일단 인간이 태어나는 순간부터 공유하는 생명이나 육체 등의 요소는 만인의 보편적 가치이기 때문에 이를 거쳐 탄생한 예술 작품과 만나게 되면 긍정적이건 부정적이건 간에 마음이 동할 수밖에 없다. 또한 '많은 사람이 그 가치를 인정하는' 작품이 실제로 있다는 것 자체가 객관적 가치의 존재를 보여준다는 의견이었다. 음악의 경우 모차르트의 작품은 화음이 진행되면서 생물학적으로 기분 좋게 끝나는데, 이는 베토벤의 작품에서 볼 수 없는 특징이라는 의견도 있었다. 이것은 '인간의 근원, 생물로서의 인간을 향해 호소하는 것으로서 모든 사람에게 공통적으로 통하는 가치가 있다'라는 입장이며 무용의 경우도 같은 맥락에서 볼 수 있다고 했다. 또한 예술 작품은 보편적 가치를 내포하고 있지만 모든 사람이 그것의 전체적인 모습을 볼 수 있는 게 아니라 어떤 순간에 그것의 일부가 눈앞에 떠오르는 것이기 때문에 이때 일종의 신비로운 체험을 필요로 한다는 의견도 있었다.

이에 대해 G학생은 두 가지 입장을 어떻게 극복할 것이냐의 문제를 제기했다. 문학 작품이나 회화 작품의 경우 아무래도 수용하는 측의 능동적인 참가가 요구되기 때문에 이 경우 객관적인 가치는 작품 내부의 순수한 존재라기보다는 주관적인 가치의 총체로서 존재한다고 볼수도 있다. 또 음악의 경우에는 일단 작곡가의 작품에 대해 연주자가 능동적으로 참여한다는 제1의 능동성이 있고 다음으로 연주자의 연주를 청중이 능동적으로 듣는다는 제2의 능동성이 작용하기 때문에 문학이나 회화와는 다르게 2단계에 걸쳐 이루어진다. 하지만 주관성의 계기가 있다는 점에서 기본적으로 동일하며 주관성의 총체로서 객관성이 성립한다는 점 역시 동일하다. 즉 이러한 측면에서 객관적·보편적 가치가 존재한다고 보는 입장이었다. 이렇게 논쟁이 무르익어갈 즈음 다음 논점으로 넘어갔다.

논점4
예술 작품뿐만 아니라 일반적으로 '객관적 가치'라는 것이 존재한다고 생각하는가? 부르디외와 포터의 논의를 바탕으로 생각해보자.

『예술의 규칙』을 번역한 이시이는 문제 제기의 내용과 관련하여 부르디외를 언급했다. 부르디외는 '예술 작품의 가치는 객관적인 사실로서 내재되어 있는 것이 아니라 수용하는 측에서 작품을 평가하려고 생산한 언설이 축적되어 형성되는 것'이라는 기본 입장을 취했다고 한다. 그리고 『수치와 객관성』을 번역한 후지가키는 객관성이란 개인의 자의성을 배제하고 몰개인성을 추구한 결과 생긴 것이라는 포터의 주장을 간략하게 소개했다. 그리고 예술과 과학을 대비시키면서 '예술에서는 철저하게 개별을 추구함으로써 보편에 이르고자 하지만 과학은 철저히 개별을 배제함으로써 보편에 이르고자 한다'는 도식을 제시했다.

이때 한 학생은 예를 들어 굶주림을 해소하려는 것은 인간의 본능이므로 이에 부응한다는 건 절대적인 정의로 인정할 수 있지 않은가 하는, '객관적인 가치' 일반에 관한 문제 제기를 했다. 누구든 가족애에는 감동한다는 것과 동일한 사고방식인 듯하다. 그렇다면 누구에게나 듣기 좋은 음악이라는 게 존재할까? 인간의 인지특성적 측면에서 봐도 모든 사람이 똑같이 감동하는 멜로디나 리듬 패턴이 있다는 입장과 지역이나 민족에 따라 다르다는 문화상대주의적 입장이 있기 때문에 이는 좀처럼 결정하기 어려운 문제일 것이다.

이렇듯 어느덧 논의는 예술이라는 분야를 벗어나서 만인이 인정하는 '객관적 가치'의 존재 여부를 묻는 일반적인 의문으로 흘러갔다. 여기서부터 논의가 다소 추상적인 방향으로 나아가는 듯했는데 원래 논점을 설정하는 시점부터 추상적이었기 때문에 피할 수 없는 상황이었다.

이 중에서도 G학생의 "작품 자체에 가치가 있다기보다는 일종의 요소가 존재하는 게 아닐까"라는 의견은 주목할 만했다. 여기서 '요소'라는 것은 아직 가치로 승화되지 않은 단계의 특징을 가리키며 "그것이 자신의 가치관이라는 부분의 기준에 부합하는 순간 가치로 승화된다"는 것이다. 즉 작품을 대할 때 원래부터 가치가 존재한다는 실재론적 입장과 어디까지나 가치는 수용하는 측에 의해 생겨나는 것이라는 유명론의 입장이 있다고 간주하는 경우, 작품에 깃들어 있는 것은 '요소'이며 그것이 수용자의 가치관과 일치하면 비로소 '가치'가 될 수 있다는 것이 G학생의 의견이었다. 이것은 주관주의와 객관주의의 통합을 도모했다는 측면에서 상당히 의미가 있다.

이에 대해 조교인 I학생은, 처음에는 말로 표현하지 못한 주관적인 감동이 점차 자신의 내부로 녹아들어가는 과정을 '수육受肉'이라는 단

어로 정의했다. 그리고 이 과정을 통해 경험이 객관화되어 점차 표현이
가능한 말로 바뀌는 것이 중요하며 "주관적이기만 했던 것을 객관화시
키면서 언어로 표현할 수 있게 변화시켜가는 과정 자체가 예술에서의
가치를 형성하는 것 같다"는 의견을 냈다. 여기서 '수육' 개념이 중요한
데, 이시이는 "더욱 많은 인간에게 보다 의미 깊은 수육의 계기를 부여
할 수 있는 요소를 많이 내포한 작품일수록 그 가치가 높다고도 말할
수 있다"고 말하며 수업을 마쳤다.

논의를 돌아보며
—

제4강 '예술 작품에 객관적인 가치가 존재하는가?'라는 질문은, 가치
란 무엇이고 객관성이란 무엇인가라는 질문을 내포하고 있다. 원래 가
치라는 것은 주관적 영역에 속한다고 간주된다.14 그렇기 때문에 더더
욱 객관적 가치에 대해 확인하고 넘어갈 필요가 있다. 즉 제4강의 질문
에는 주관/객관(혹은 개인적/보편적)의 축과 가치에 대한 질문이 혼재되
어 있다고 볼 수 있다.

논점1과 2는 논점3을 구체적으로 살펴보기에 앞서 질문을 '자신의
것으로 만들기' 위한 준비 단계였으므로 여기서는 논점3부터 살펴보도
록 하겠다. 논점3에서는 '예술은 주관적인 영역에 속하기 때문에 모든
작품에는 객관적인 가치가 없다'라는 입장과 '그럼에도 불구하고 모든
사람이 보편적 가치를 인정하는 예술 작품은 존재한다'라는 입장 중
지지하는 쪽을 골라서 그 이유를 이야기했다. 이 질문에도 주관/객관

이라는 축과 가치라는 축이 전부 내포되어 있음을 알 수 있다. 여기에 대답하려면 적어도 아래 두 가지 질문에 답할 수 있어야 한다.

① 예술 작품의 가치를 생각할 때 이들의 가치는 애초에 '작품'에 속하는 걸까, 아니면 평가하는 측인 '개인'에 속하는 걸까?
② 가치 판단에 있어서 객관성이란 무엇인가?

우선 질문①에 대해 생각해보자. ①의 질문에 대해서는 다음의 두 입장이 있다.

A: 작품이라는 객체에 가치가 존재한다.
B: 작품이 아니라 평가하는 주체에 의해 가치가 정해진다.

이는 '논의의 기록' 마지막 부분에 언급했던 "작품을 대할 때 원래부터 가치가 존재한다는 실재론적 입장과 어디까지나 가치는 수용하는 측에 의해 생겨나는 것이라는 유명론의 입장이 있다"라는 표현이 그대로 A와 B의 분류에 딱 들어맞는다. 그리고 A입장에서는 그대로 객체로서 작품의 가치=객관적 가치라는 것이 성립한다. 그리고 B의 경우에는 주관/객관이라는 축에서 주관 쪽으로 치우치게 된다.

이에 대해 '예술 작품의 가치는 객관적인 사실로서 내재되어 있는 것이 아니라 수용하는 측에서 작품을 평가하려고 생산한 언설이 축적되어 형성되는 것'이라는 부르디외의 주장은, 질문①에 대해 A도 B도 아닌 C라는 입장, 즉 작품과 수용자의 상호작용 결과 창출된 가치를 일 컫는다.

C: 작품과 주체의 상호작용에 의해 가치가 생성된다.

여기서 '문제 제기'에 있는 부르디외의 해설로 돌아가서 "예술 작품 가치의 생산자는 예술가가 아니고, 마치 신앙의 영역과도 같은 생산의 장이다"라는 부분을 구체적으로 살펴보면 다음과 같다.

문학에서 '생산의 장'을 구성하는 것은 작가, 출판사, 편집자, 비평가, 저널리즘, 독자 등이다. 어떤 작품이 편집자의 눈에 들어서 출판된 후 신문 및 잡지에서 비평가의 호평을 받고 때에 따라 수상도 하여 부가 가치가 높아져 세상에 나온다면, 그 작가는 가치 있는 존재로 인정받 고 명성을 얻어 작품의 안정적인 공급자가 되어 그 지위를 구축해나 갈 것이다(문제 제기 내용).[15]

이처럼 작품의 가치를 결정하는 것은 작품과 평가하는 주체가 만들 어낸 '생산의 장'에서 이루어지는 양자의 상호작용인 셈이다.
다음으로 질문②를 살펴보자. 질문②에 대해서는 다음의 두 입장이 있다.

X: 어디까지나 가치판단은 주관에 의해 이루어지기 때문에 객관성은

존재하지 않는다.

Y: 설령 가치판단이 주관에 의해 이루어질지라도 그 집합체로서의 간주관성間主觀性[16] 안에 객관성이 존재한다.

이렇게 본다면 애초에 논점3의 '예술은 주관적인 영역에 속하기 때문에 모든 작품에는 객관적인 가치가 없다'라는 입장은 ①B ②X의 입장(예술 작품의 가치는 주체에 의해 판단되고 객관적 가치는 존재하지 않는다)으로 볼 수 있다. 한편 '그럼에도 불구하고 모든 사람이 보편적 가치를 인정하는 예술 작품은 존재한다'는 입장은 그 이외의 조합(①A 혹은 ①B ②Y)에 적용할 수 있다. 앞서 언급했듯이 A라는 입장에 서면 곧장 객체로서 작품의 가치가 곧 객관적 가치라는 도식이 성립한다. 하지만 수업에서 이루어진 논의에서는 ①에 대해 B 또는 C의 형태로 논의가 전개되었다.

'논의의 기록'에 나오는 이시이의 말을 살펴보자.

동일한 사람이 똑같은 책을 읽어도 상황에 따라 느끼는 것들이 달라지기 때문에, (이시이는) "결국 예술 작품 그 자체는 객체로서 일정 장소에 존재하지만 그것을 수용하는 입장에서 그 작품은 결코 동일한 하나의 특정한 존재가 아니"라고 했다. 이를 구체적으로 살펴보면 '작품'이란 서적이나 영화 필름 같은 객체가 아니라 수용자와 만나는 과정을 통해 처음으로 성립하며 모든 예술 작품이 주관적인 영역에 속한다(고 말했다).

이 주장에서 마지막 부분의 "모든 예술 작품이 주관적인 영역에 속한다"는 표현을 전면 수용한다면 ①B ②X(예술 작품의 가치는 주체에 의해 판단되고 객관적인 가치는 존재하지 않는다)라는 형태의 논의가 성립할 수 있다. 하지만 '수용자와의 만남'이라는 부분을 작품과 수용자 사이의 상호작용으로 본다면 ①C ②X(작품과 주체의 상호작용에 의해 가치가 생성된다. 하지만 객관성은 존재하지 않는다)로도 볼 수 있다.

또한 "문학 작품이나 회화 작품의 경우 아무래도 수용하는 측의 능동적인 참가가 요구되기 때문에, 이 경우 객관적 가치는 작품 내부의 순수한 존재라기보다는 주관적 가치의 총체로서 존재한다고 볼 수도 있다"라면서 "주관성의 총체로서 객관성이 성립된다"는 G학생의 주장은 객관성을 주관성의 총체로 간주한다. 이는 '주관성의 간주관적인 공동성이 어떤 대상에 투영되는 순간 객관적 세계라는 표상이 생긴다'라는 간주관성 사고방식에 해당한다. 따라서 이 주장은 ①C ②Y(작품과 주체의 상호작용에 의해 가치가 생성되고 주관의 집합체로서의 간주관성 안에 객관성이 존재한다)라고 할 수 있다.

또한 I학생의 "주관적이기만 했던 것을 객관화시키면서 언어로 표현할 수 있게 변화시켜가는 과정 자체가 예술에서의 가치를 형성하는 것 같다"라는 주장도 ①C ②Y로 볼 수 있겠다. 뿐만 아니라 이 주장은 '언어화를 통해 공유를 가능케 하는 것'에 의해 간주관성이 생성된다고 보고 있다. 논의가 막바지에 이르러 이시이가 "더욱 많은 인간에게 보다 의미 깊은 수육의 계기를 부여할 수 있는 요소를 많이 내포한 작품일수록 그 가치가 높다고도 말할 수 있다"라고 한 코멘트는 확실히 ①

C ②Y라 할 수 있겠다.

　마지막으로 부르디외와 포터의 대립 관계를 살펴보자. 부르디외의 언설을 소개한 부분만 보면 그는 ①C ②Y의 입장을 취하고 있음을 알 수 있다. 반면 포터는 객관성을 개인의 자의성을 배제하고 몰개인성을 추구한 결과 나타난 것으로 보았다. '개인의 주관'은 자의성을 포함하므로 주관성의 간주관적인 공동성이 대상에 투영되었을 때 발생하는 객관적 세계를 인정하지 않는 입장이었다. 그는 20세기 초반 미국 보험계리사가 놓여 있던 상황과 19세기 중반 영국의 보험계리사 및 동시대 프랑스의 철도 기술자가 놓여 있던 상황을 역사적 사실에 입각하여 상세하게 비교했다. 그 결과 영국의 문화적 상황에서는 신사여야 했고 프랑스에서는 에콜폴리테크니크 공업대학 출신인 엘리트의 판단과 자유 재량이라는 측면에 중점이 놓여 있던 반면, 이러한 것들을 신용하지 않던 미국 문화에서는 그 누가 해도 같은 결과를 도출해낼 수 있는 계산 절차를 중시했다고 한다. 즉 개인의 주관을 철저히 배제한 형태로 객관성을 만들어낸 것이다. 이는 질문②에 대해 X도 아니고 Y도 아닌 Z의 입장을 보여준 셈이다.

　　Z: 누가 하더라도 같은 결과를 도출해낼 수 있는 판단 절차를 통해 객관성을 얻을 수 있다.

　이렇게 보면 부르디외는 ①C ②Y였던 반면 포터는 ①C ②Z였음을 알 수 있다. Z라는 입장에서는 '누가 해도 같은 결과를 도출해낼 수 있는 절차에 의해 예술의 가치를 평가해야만 할 것이다. 하지만 이는 예술의 평가와는 다른 것이다. 왜냐하면 예술은 개인의 감성을 기반으로 성립하며 감성은 앞서 언급한 절차로 환원될 수 없기 때문이다. "예술에서는 철저하게 개별을 추구함으로써 보편에 이르고자 하지만 과학은 철저히 개별을 배제함으로써 보편에 이르고자 한다"라는 후지가키의 주장은 객관성의 성립 프로세스에 있어서 Y와 Z의 차이를 개별/보편이라는 축을 이용하여 다르게 표현한 것이다. 개별individual과 보편universal이라는 축, 주관subjectivity과 객관objectivity이라는 축은 종종 평행선상에서 다루어진다. 그리고 우리는 이 두 개의 축이 어느 지점에서 동일하고 또 어떻게 다른가에 의문을 갖게 된다. 이 질문에 대한 대답은 독자들에게 남겨두겠다. [후지가키]

〈 제5강 〉

대리모 출산은 허용되는가?

문제 제기

오늘날은 생식의학이 발달하여 인류는 체외수정뿐만 아니라 대리모 출산도 가능한 기술을 얻게 되었다. 대리모 출산이란 '아이를 갖고 싶은 여성(의뢰 여성)이 생식의학 기술을 통해 임신하는 것 혹은 이런 기술을 통해 다른 여성이 임신에서 출산까지 대신해줄 것을 의뢰하여 태어난 아이를 전달받는 것'을 말한다.[1] 이때 임신 및 출산을 의뢰받은 여성을 대리모라고 부른다. 대리모 출산에는 'surrogate mother'와 'host mother' 두 가지 유형이 있는데 일반적으로 첫째는 '남편의 정자를 인공수정 기술을 통해 제3자의 자궁에 주입하여 대리모의 난자가 수정되도록 하여 부인 대신 제3자가 아이를 임신하고 출산하는 것'이며, 둘째는 '아내의 난자를 (…) 추출하여 남편의 정자와 수정시킨 후 얻은 부부의 배아를 제3자(대리모)의 자궁에 이식하여 임신을 하게 함으로써 제3자가 부인 대신 임신 및 출산하는 것'이다.[2] 일본에서는 2003년 연예인 무카이 아키가 네바다 주에 사는 여성(대리모)에게 의뢰하여 아이를 가진 후 친자로 호적에 등록하려고 소송을 하여 화제가 되었다. 일본에서는 민법상 분만을 한 여성, 즉 대리모를 친모로 인정하는 경향이 있다. 결국 2007년 대법원에서는 무카이의 친자 등록 소송을 기각했으며 아이는 국제 입양 절차를 거쳐 양육하게 되었다.

대리모 출산을 둘러싸고는 대리모 출산을 금지하는 국가(스위스, 독일, 프랑스), 조건에 따라 인정하는 국가(영국, 호주, 한국), 주마다 규제가 다른 국가(미국) 등 국가별 상황도 제각각이다. 일본에서는 '학자의 국회'라 불리는 일본학술회의에서 2006년 12월에 법무부장관과 후생노동성장관의 이름으로 심의 의뢰를 받아 '생식보조의학의 향방방식 검토위원회'가 설립되었고 2008년 4월에 보고서를 발표했다. '대리모 출산을 인정해야 한다'는 입장은 아이를 가질 수 없는 여성이나 커플에게도 과학의 진보에 따른 생식의학의 혜택을 받을 권리가 있으므로 대리모 계약을 허용하고 관련 조건들을 검토해야 한다고 했다. 반면 '금지해야 한다'는 입장에서는 제3자인 대리모에게 출산 시의 위험을 감수시키면서까지 자신의 아이를 가지려는 것은 이기적이므로 국가는 법률에 의거하여 이를 금지해야 한다고 했다.

학술회의 위원회에 참가한 전문가들도 각각의 학문 분야에 따라 이 문제를 대하는 시각 및 근거가 다 달랐으며 다양한 대답이 나왔다. 아이를 원하는 측의 권리와 대리모(계약을 맺는 대리모의 대부분이 인도 등 발전도상국의 여성으로 빈곤 등의 이유로 금전적 대가를 위해 자신의 건강을 매매 대상으로 삼기도 한다. 이는 신체 갈취에 해당한다)의 건강적 측면, 태어난 아이의 권리 중 어느 것을 우선할지도 쉽지 않은 문제다.

학문 분야에 따른 시점의 차이는 다음과 같다. 의학적 측면에서는 임신 및 출산처럼 신체에 부담이 큰 사항을 타인에게 의뢰하는 건 위험하다고 지적했다. 임신부 사망률, 임신 중 위험성, 분만 후 장애 위험성 등이 그것이다. 게다가 대리모가 유전적 모친 대신 임신을 하고 유지하는 과정이 모체에 위험을 미치는지 여부라든가 대리 출산이 태아에 끼치는 영향(임신 중인 모체에서 태아로 물질이 이행할 때, 그 물질의 직접적 작용 및 DNA 배열의 변화가 없는 유전자 정보의 변화 즉 후생유전학 변이가 출생 후 아이의 건강 상태에 미치는 영향)에 대한 연구도 아직 진행 중에 있다. 또한 대리모 출산에는 일반적인 의사-의료 대상자(대리모) 관계에 의뢰자라는 제3자가 추가되기 때문에 대리모에게 최선인 의료 행위가 꼭 의뢰자가 희망하는 의료 행위와 일치하지 않을 수 있으며, 의뢰자가 희망하는 의료 행위를 대리모가 승인하지 않는 일도 일어날 수 있다. 대리모 출산으로 태어난 아이가 장애를 가지고 있는 경우에는 문제가 더욱 복잡해진다.

다음으로 생리학적 입장에서 본 문제는 다음과 같다. 포유류인 인간으로서 배우자를 체외에서 수정시키는 일 자체가 벌써 자연의 생식 행동에서 일탈했다는 것이다.(물론 여기서 말하는 '자연'이 무엇인지에 관해서도 논의할 여지가 있다.) 따라서 대리모 출산은 임신에서 출산에 이르는 위험성을 타인에게 넘기고 자신은 방관자가 된다는 측면에서 생식 활동이라는 타고난 생물적 행위에서 크게 벗어나 있다. 또 임신 중에 일어나는 호르몬 분비 등의 내분비계적인 변화는 출산 후 보육 과정을 위한 준비 단계라고 할 수 있기 때문에 이렇듯 임신과 보육을 분리시키는 행위 또한 생식 활동으로부터의 일탈이다.

이어서 법학계의 입장에서 본 문제점은 다음과 같다. (1) 자주 규제(학회 등의)로 할 것인가, 행정 지침 및 가이드라인으로 할 것인가, 법률로 규정할 것인가? (2) 형법상 형벌을 어떻게 할 것인가?(대리모가 위험을 무릅씀으로써 이익을 얻고자 하는 상업주의적 알선 행위는 형벌의 대상으로 삼아야 한다 등의 문제) (3) 민법상 친자 관계를 어떻게 할 것인가?(아이의 법적 지위, 친자인가 양자인가, 분만자=모친이라는 규칙을 어떻게 할 것인가에 관한 문제)

이어서 이 문제를 더 어렵게 만들고 있는 각종 인권 문제를 살펴보자. 의뢰 측은 부모가 되기를 결정할 권리, 아이를 가질 권리를 가지고 있으며 아이를 갖고 싶어하는 사람의 자율성(자기결정권)을 주장할 수 있다. 한편 대리모 출산에 있어서는 "'의뢰하는 여성은 임신 및 출산에 따른 위험부담이 없다' 그렇기 때문에 '대리모 출산의 법적 제약은 여성의 자기결정권에 대한 위헌이라고 할 수 없다'"[3]고 주장할 수 있다. "자유란 타인을 해치지 않는 한 모든 행위를 할 수 있는 자유를 의미한다"(프랑스 인권선언 제4조)고 하듯이, 대리모 출산을 하면 타인을 해칠 위험성이 있기 때문에 아이를 원하는 측의 인권만으로는 성립될 수 없다는 것이다. 그리고 아이를 가질 권리는 태어날 아이의 권리와도 대립하게 된다. 아이의 권리는 아이의 복지와 연관된다. 학술회의 보고서에서는 아이의 복지와 관련해서 다음의 세 가지 문제를 제시했다. (1) 대가를 동반하는 대리 출산의 경우 자신의 질병을 숨기고 대리모를 하려는 경우도 있을 수 있기 때문에 이렇듯 높은 위험이 따르는 태내 환경은 아이의 복지를 위협한다. (2) 출생 경위 및 그 사실을 숨기려는 행위는 아이에게 영향을 미친다. (3) 현실적 문제로서 아이를 주지 않으려는 경우나 받지 않으려는 경우가 생길 수 있다. 특히 아이에게 장애가 있는 경우 아이를 받지 않으려고 할 가능성이 크다. 이 문제는 아이의 복지를 고려할 때 가장 우려해야 할 부분이다.

마지막으로 생식에 대한 권리를 살펴보자. 인권에는 3세대가 있다. 제1세대는 근대 시민혁명기의 인권(모든 인간은 태어나면서 자유롭고 평등함)으로 미국 독립선언(1776)과 프랑스 인권선언(1789)에서 찾아볼 수 있다. 제1세대의 인권은 성차별 및 인종차별을 내포하고 있었다.4 이 내용을 개량한 제2세대 인권은 제2차 세계대전 후의 프랑스, 독일, 이탈리아의 헌법 등에서 확립된 현대적 인권이다. 이는 성차별이나 인종차별이 없는 자유권과 사회권을 추구하는 내용이다. 그리고 자유권 및 사회권에 이어서 등장한 제3세대의 인권에는 평화권(평화적인 환경에서 살 권리), 환경권, 프라이버시권 등이 포함되었다. 생식에 대한 권리는 바로 이 제3세대 인권에 해당하며 아이를 낳을지 낳지 않을지에 대한 결정권, 낳을지 낳지 않을지의 결정을 실현할 권리 등의 내용에 해당한다. 여기서 아이를 낳을지 낳지 않을지의 결정을 실현할 권리가 제3자(대리모)의 건강 및 인권 그리고 아이의 인권에 저촉될 가능성이 있다는 점은 앞서 언급한 바와 같다. [후지가키]

1. 대리모 출산을 허용해야 한다고 생각하는가? 그렇게 생각하는 근거는 무엇인가?

2. 대리모 혹은 의뢰자가 되고 싶은가? 그렇게 생각하는 근거는 무엇인가?

3. 아래 역할 중 한 가지를 선택하여 연기하면서 각자의 주장을 해보자.

   - 의뢰자(아이를 원하는 사람)

   - 대리모

   - 담당의(주치의)

   - 아이의 인권 옹호자

   - 대리모 알선업자

   - 정부 관료(법무부장관 및 후생노동성장관)

논의의 기록

—

이날의 수업은 일단 두 가지 질문에 대해 생각해본 후 이어서 역할 연기를 했다.

논점1
대리모 출산을 허용해야 한다고 생각하는가? 그렇게 생각하는 근거는 무엇인가?

이 질문에 4명이 '그렇다' 즉 허용하자고 대답했고, 2명이 '아니다' 즉 허용할 수 없다고 답했다. 허용할 수 없다고 대답한 학생은 그 이유로 '출산을 성스러운 영역의 것으로 생각하므로 이와 같은 의례적 행위에 노동이 개입하는 것은 도저히 받아들일 수 없다' '아이를 가질 권리를 주장한다면 양자를 들이는 방법도 있다. 유전자 지상주의(즉 자신의 유전자를 가진 아이를 존중하는 것)는 좋지 않다' '새로운 기술에는 항상 불확실성이 따르며 별로 좋지 않은 일이 일어날 가능성이 있다' 등을 언급했다.

> 저는 출산이 신성한 것, 의례적인 행위라고 생각합니다. 무슨 말인가 하면 '아이가 생겼다'라고 하잖아요? 이 말은 어떤 것을 생산한 것이 아니라 무언가 좀더 성스러운 존재를 인간이 느낀 것이라고 생각해요. 순산 기원 같은 것도 하잖아요. 이렇게 의례적인 것임에도 불구하고 대리 출산은 일종의 노동처럼 보여요. '나는 할 수 없으니까 다른 사람한테 돈을 지불하고 요청하자'라는 건 그야말로 상대방에게 노동을 부탁하는 모양새가 되잖아요. 저는 임신과 출산이라는 행위와 노동이라는 행위가 동일시되는 것에 위화감을 느낍니다. 따라서 '아니다'를 선택했습니다. 또 한 가지 이유가 있는데요, 아이를 가질 권리라고 했습니다만 이때는 다른 방법도 있다고 생각합니다. 예를 들어 양자를 들일 수도 있고요. 유전자라는 게 부모와 자식을 이어주는 유일한 인연일까 하는 의문도 들었습니다. [C학생]

한편 허용해야 한다고 대답한 학생의 이유로는, '아이를 원하는 '개별'적 바람과 이를 제어 및 규제하는 '보편' 사이를 어떻게 절충시키느냐의 문제라고 생각한다' '알선자는 신체의 상품화를 도모한다는 점에서 비판받아 마땅하지만 그러한 권력 관계를 걷어내고 보았을 때 전면적으로 부정할 만한 이유는 없는 것 같다' '가족을 만들 권리와 대리모 출산으로 인해 생길 차별 문제나 미풍양속 위반의 문제를 저울질해봤을 때, 대리모 출산을 금지할 이유는 없는 것 같다' '출산에는 위험이 따르지만 사전에 그 위험성을 알고 있다면 괜찮다고 생각한다. 그런 위험 가능성만으로 금지하는 건 이유가 될 수 없다' '아이를 원하는데 갖지 못하는 사람의 입장을 생각하면 금지할 수 없다' 등이 있었다.

논점2
대리모 혹은 의뢰자가 되고 싶은가? 그렇게 생각하는 근거는 무엇인가?

이 질문에 '그렇다'고 답한 학생은 1명, '아니다'가 5명이었다. '그렇다'라고 답한 사람은 "앞으로 결혼하여 배우자와의 사이에 아이가 생기지 않으면 할 것 같다"라고 했다. '아니다'라고 답한 학생들은 '아이를 낳는 행위는 인간이라는 동물의 행위이고 노동으로서 대가를 얻는 것이 아니므로' '아이의 미래나 아이의 정체성을 생각하면 의뢰하고 싶지 않다' '권리로서 허용될지라도 개인적으로 위험성이 크다' '유전자를 남기지 않고 양자를 두면 된다' '그렇게까지 해서 아이를 갖고 싶지는 않다' 등의 입장이었다.

앞서 첫 번째 논점에서 질문은 대리모 출산이 '원리적으로 허용된다고 생각하는가'였고 두 번째 질문은 '자신의 문제라면 어떻게 하겠는가'였다. 첫 번째 질문에서는 위험성을 허용하고 원리적으로 금지할 수 없다는 입장이었으나 자신의 문제로 간주했을 때에는 그런 위험을 허용하지 않는 경향이 보였다. 또한 두 가지 질문을 동시에 생각해보면, 원리적으로 허용되며 자신도 이용하고 싶다는 사람(1명)과 원리적으로 허용될 수 있지만 자신은 이용하고 싶지 않다는 사람(3명)과 원리적으로도 허용될 수 없고 자신도 이용하고 싶지 않다는 사람(2명)으로 나뉘었다.

논점3
역할 연기 첫 번째

역할 연기는 자신과 다른 입장을 '연기함'으로써 다양한 입장을 오가며 배우는 실습에 가깝다. 첫 번째 라운드에서는 여섯 가지 역할(대리 출산 의뢰자, 대리모, 담당 의사, 아이의 인권 옹호자, 대리모 알선업자, 정부 관료=법무부장관 및 후생노동성장관)을 연기했다. 학생이 담당할 역할은 교사가 결정했다. 즉 자신이 원하지 않는 역할을 연기해야 하는 학생도 생긴다는 말이다. 자신의 역할을 옹호하기 위한 연설의 '입론'을 생각할 시간을 5분 준 후, 3분 동안 말하도록 했다.

먼저 의뢰자 역할을 한 학생은 '자신과 배우자의 유전자를 가지고 있는 아이의 소중함'에 대해 주장하면서 유전자야말로 장래 그 아이의 정체성의 객관적 증거가 될 수 있다고 했다. 그리고 대리모와 '계약'을 체결하는 식으로 정당하게 의뢰하고 싶다고 말했다.

저는 결혼한 지 벌써 5년이 지났는데 아이가 생기지 않아서 불임 치료도 받아봤으나 소식이 없어요. 하지만 전 절대 아이를 포기할 수 없어요. 대리모를 구하기보다 양자를 들이면 어떻겠냐는 의견도 있을 것 같네요. 하지만 저와 배우자의 피를 일부 물려받았다는 사실이 아이와 부모 사이에서 눈에 보이지 않는 연결 고리가 될 거라 생각하고, 이런 사실은 아이의 정체성 형성으로 이어질 것이라 봐요. 그렇기 때문에 아이가 우리 아이라는 정체성을 가지고 성장하는 데 있어서, 양자보다 대리모의 경우가 아이도 훨씬 납득하기 쉬울 거라고 생각합니다. 이때 대리모가 위험에 처할 가능성이 있다는 의견도 있었던 것 같은데요, 대리모를 부탁한 분께는 이에 대한 이해를 기반으로 한 계약서를 작성하고 동의를 받았습니다. 게다가 만에 하나의 경우도 고려하여 필요한 보험에도 가입해놨기 때문에 대리모를 해주시는 분의 건강 상태를 최우선으로 생각하여 출산을 진행할 겁니다. 그래서 대리모의 건강 상태를 수시로 확인하고 주치의의 의견도 반영하면서 대리모 출산을 하려고 합니다. [C학생]

참고로 이 의뢰자 역할을 한 C학생은 조금 전 논점1에서 출산을 성스러운 영역이라고 생각하여 대리모 출산에 반대하는 주장을 펼쳤던 학생과 동일인이다. C학생이 자신의 생각과 다른 역할을 당당하게 연기하면서 실제 의견과 정반대의 의견을 피력하고 있음을 알 수 있다.

이어서 대리모 역할을 한 학생은, 위험이 따른다고 할지라도 아이를 원하는 의뢰인의 입장을 고려했을 때 본인의 역할이 얼마나 중요한지를 언급하면서 담당 의사의 도움이 있다면 제대로 자신의 역할을 마무리할 수 있다는 논지로 논리정연하게 대리모의 입장을 정당화했다.

> 저는 아이를 정말 좋아합니다. 의뢰인이 아이를 원하는 그 마음도 충분히 이해할 수 있습니다. 양자가 아니라 자신들의 유전자를 이어받은, 자신들과 같은 피가 흐르는 아이를 원하는 기분도 알겠습니다. 그래서 전 의사 선생님께 위험성에 대한 설명을 제대로 들었고 이에 대해 충분히 이해했습니다. 제 몸은 아이를 낳을 수 있는 상태이니 아이를 원하는 의뢰인에게 도움이 될 수 있다면 협력하지 않을 이유는 없다고 생각합니다. 담당 의사도 무사히 아이를 낳을 수 있도록 최선을 다하겠다 했고, 의뢰인 분들도 저의 건강 상태에 매우 신경 써주시기 때문에 의뢰인이 아이와 행복한 가정을 꾸리는 모습을 보기 위해서라도 저는 대리모를 하고자 합니다. [D학생]

담당 의사 역할의 학생은, 의사로서 그러한 서비스를 환자로부터 요청받는다면 당연히 이에 응해야 한다고 주장했다. 아이의 인권 옹호자 역할의 학생은, 출산한 대리모의 아이인지 혹은 의뢰인의 아이인지를 둘러싸고 논쟁이 벌어진다면 '아이를 원했던 사람, 즉 의뢰인이 존재하지 않으면 대리모도 존재하지 않으며 그 사람들이 낳고 싶다고 생각하지 않았으면 성립되지 않았을 것'이라는 부분을 확인해야 하며, 대리모 계약을 일종의 약속으로서 꼭 지켜야 할 의무라고 강조했다. 알선업자 역할의 학생은 대리모 출산이 금지되면 생기는 불이익, 즉 어떤 불임 치료를 해도 임신이 되지 않는 경우 마지막 보루로서 대리모 출산의 중요성을 지적했으며 대리모가 자신의 몸에 일어날 일들을 충분히 숙지한 후 제대로 계약을 체결한다면 알선할 필요성이 있다고 주장했다. 마지막으로 정부 고위관료 역할의 학생은, 생식 투어리즘의 문제를 언급하면서 법에 따른 규제가 일정 부분 필요하다고 주장했다. 이에 대해 후지가키는 25년 전 출산을 했던 경험에 비추어 출산 후 모체에 생기는 변화는 출산 전에 이성적으로 예상했던 범위를 훨씬 뛰어넘는 것이라고 했다. 또한 생리적인 변화는 이성에 의한 '계약'과 별개의 것이며 그렇기 때문에 계약을 체결한 대리모가 출산 후의 생리적인 변화로 인해 계약 파기를 요구하고 아기를 본인이 키우겠다고 주장할 가능성이 있다고 했다. 그리고 과연 이러한 주장에 대해 일률적으로 '비합리적'이라는 일방적 평가를 내릴 수 있는가라는 문제를 제기했다.

논점3
역할 연기 두 번째

이어서 제2라운드에서는 자신의 역할은 고수하면서 다른 역할을 담당했던 사람들에게 '반론' 및 '비판' 의견을 제시하도록 했다. 5분간 생각할 시간을 주었고 발표 시간은 3분이었다. 우선 의뢰자 역할을 한 학생은, 대리모 의뢰를 하는 일은 '다른 사람에게 피해를 주지 않는다는 원칙에 어긋나지 않는다' '공공복지에 반하지 않는 한 아이를 원하는 권리는 침해되지 않아야 한다' '아이를 낳지 못하는 사람의 권리를 지켜줘야 한다' '대리모의 계약 파기는 법적인 수단으로 해결해야 한다' 등 의뢰인을 향한 비판에 재비판을 가했다. 다음으로 대리모 역할의 학생은, '설령 모체에 변화가 생길지라도 그에 대해 충분히 이해한 후 낳는다면 문제될 게 없다' '의뢰인이 지닌 권리를 부정할 수 없다' '아이를 갖지 못하는 사람이 지닌 권리는 보증되어야 한다'라고 주장했다. 의사 역할의 학생은, '대리모가 출산 후 받은 관리를 케이스 별로 판단한다면 비판을 피할 수 있다' '양자와 비교해서 눈에 보이는 연결 고리는 유전자다'라고 주장했다. 아이의 인권 옹호자 역할의 학생은, '대리모가 계약을 파기하고 아이의 친권을 주장하는 경우 아이의 인권적 측면에 입각하여 합리적으로 판단해야 한다' '설명을 하여 납득시킬 수밖에 없다' '대리모라는 점을 밝혀서 제2의 모친을 만드는 방법도 있다. 모친이 두 명인 경우는 양자일 때에도 해당된다. 이런 경우 어느 쪽을 자신의 엄마로 할지는 아이가 성인이 된 이후 결정할 수도 있다' '애초에 낳고 싶다고 생각한 사람(의뢰인)이 없었으면 태어나지 않았을 것이므로 낳은 사람의 권리는 주장할 수 없다' 등의 논리를 전개했다. 또한 알선업자 역할의 학생은 '대리모를 금지하는 것이 약자(발전도상국의 대리모 지원자)에 대한 억압이 되는 건 아닐까?' '약자에게서 일을 빼앗는 것이 정말 약자의 권리를 보호하는 일일까? 일을 빼앗는 것이야말로 갈취가 아닌가?'라는 의견을 제시했다.

[대리모를] 금지하는 행위 속에, 큰 악이 약자를 궁지에 몰아넣어서 생각대로 조정하고 싶어하는 이데올로기가 있다고 느꼈습니다. 약자를 보호하는 건 정부라는 의견도 있었는데요, 가령 인도의 경우처럼 대리모를 해서 생계를 유지하는 사람한테서 대리모라는 수단을 빼앗는 것이 정말로 약자를 보호하는 일인가에 대해서도 생각해봐야 합니다. 이건 쓸데없는 압박이 될 수도 있습니다. 그리고 목숨을 걸고 하는 일은 이 밖에도 많은데 대리모의 경우만 특별하게 보는 것에 조금 의문이 듭니다. 저도 표현이 좀 과격한 것 같기는 하네요. [A학생]

정부 고위관료 역할의 학생은, 의사가 짊어지고 가야 할 책임감의 무게, 약자에 대한 정의, 그리고 대리모를 인정하지 않는 것이 새로운 약자를 만들 수 있다는 시점이 필요하다고 주장했다.

논점3
역할 연기 세 번째

이번 제3라운드에서는 자신과 다른 역할을 한 사람의 입장에 서서 자신의 역할을 비판하도록 했다. 준비 시간은 5분, 발표 시간은 3분이었다. 먼저 의뢰인 역할의 학생은, '장애를 가진 아이가 태어난 경우, 자신의 유전자를 가지고 있기는 하지만 다른 사람이 낳은 아이를 의뢰인은 자신의 아이로 받아들일 수 있을까'라는 문제와 '대리모가 사산하는 경우의 심리 돌봄' 등이 필요하다고 주장했다. 대리모 역할의 학생은, 이미 대리모 입장에 심하게 감정 이입이 되어버려서 다른 입장에서 생각하는 게 힘들다고 말하면서, '여성 신체의 상품화' '개인 간의 계약을 벗어난 영역으로 이야기가 전개될 위험성' '알선업자의 비즈니스에 어떻게 대항할 수 있는가' 등의 문제점을 언급했다.

대리모의 입장에 감정 몰입을 너무 심하게 해서 꽤 힘들었습니다(웃음). 정부 역할을 한 분이 군이 금지할 필요가 있느냐고 말씀하셨는데요, 만약 대리모 출산이 이런 식으로 계속 확산한다면 그거야말로 여성 신체의 기계화, 상품화로 이어져서 문제가 될 것이며 이는 점차 의뢰인과 대리모라는 개인 간의 문제로 치부할 수 없게 될 것이라고 생각합니다. 그리고 이번엔 알선업자가 매우 좋은 분이라 운이 좋았지만 만약 조금이라도 비열하거나 그야말로 악질 알선업자라서 이를 비즈니스로만 보고 자신이 벌어들일 돈에만 집착하는 경우에는 아이를 원하는 의뢰인의 마음을 존중해서 하는 행동까지 이용해 먹으려고 할 가능성도 있어요. 정말 다양한 문제점을 내포하고 있다고 생각합니다. 단순히 그렇게 하고 싶은 마음이 들었으니까 괜찮다는 식으로 넘어갈 수 있는 문제도 아니기 때문에 금지해야 한다고 생각합니다. [D학생]

의사 역할의 학생은, "의사란 대리모 출산이라는 커다란 흐름 속 하나의 변수에 불과하다"고 말했다. 아이의 인권 옹호자 역할의 학생은 이번에 대리모 역할을 하면서, '제2의 모친이라는 것은 받아들이기 어럼다' '내 몸으로 낳기 때문에 절대적인 경험에 차이가 있다' '아무리 유전자가 다른 사람 것일지라도 내 배 아파서 낳았으니 내 아이다' '계약을 했더라도 친권을 주장하겠다'고 주장하며, 아이의 인권 옹호자 입장 (즉 제1, 제2라운드에서 자신이 주장한 입장)을 비판했다.

대리모입니다. 저는 대리모 출산을 부탁받고 제 몸으로 의뢰인의 아이를 낳았습니다. 아무래도 제2의 모친이라는 말을 받아들일 수 없는 이유는 분명하게 내 아이라는 느낌이 있기 때문입니다. 대리모는 오늘날 법률상 한정적으로 용인된다고 하지만 원칙적으로 금지하고 있습니다. 이러한 사실은 아무래도 육체, 즉 자신의 몸을 써서 아이를 낳는 행위가 내포한 중요한 의미를 시사하고 있다고 생각합니다. 어느 순간부터 엄마가 되느냐를 결정하는 문제로도 이어질 것 같은데요. 의뢰자는 배 아파서 아이를 낳아본 적이 없다 보니, 이런 이야기를 하는 게 실례라는 건 알고 있습니다만, 바로 여기에 절대적인 경험의 차이가 있고 이건 메워질 수 없는 부분인 것 같습니다. 그래서 이 아이가 내 아이라고 생각하는 감각을 이해하지 못할 거라 생각합니다. 그리고 이런 경험을 하게 된 지금, 아무리 유전자가 다른 사람의 것이라도 내 아이라는 느낌이 강하기 때문에 이미 계약에 관한 설명을 들었다고 해도 이건 경험해보지 않고는 알 수 없는 부분이었다는 점에서 저는 제 친권을 주장하고 싶습니다. [E학생]

이어서 E학생은 정부 고위관료 역할도 하면서 아이의 인권 옹호자 역할을 비판했다.

　　이렇게 복잡한 관계성이 존재하는 시점에서 보면 정부가 가장 염려하
는 부분은 전체적인 관리가 불가능해지는 것이라고 생각합니다. 이를
용인하면 다양한 문제가 발생할 것이고 전체적인 관리가 불가능해질
수 있는데 정부로서는 그러한 위험을 피하고 싶다는 생각을 충분히
할 수 있는 것 같습니다. [E학생]

　이어서 이번에 알선업자 역할을 한 학생은, '원래 약자를 더 쥐어짜
서 어찌하는가' '대리모가 해를 끼치는 대상은 다름 아닌 자기 자신이
다' '여기에 정부가 제약을 더하는 것은 성매매를 규제하는 것과 동일
하다' '대리모 출산을 금지하면 애당초 대리모를 이용할 생각이 없던
사람도 '대리모만 이용할 수 있었으면 유전자를 남길 수 있는 건데'라
는 생각에 일종의 사회적 압력을 느끼게 된다'라고 주장하면서 정부 고
위관료 역할(이 역시 제1, 제2라운드에서의 본인 역할)을 비판했다. 또한 대
립 구도로는 추진자(의뢰자와 대리모) 대 규제자(정부)라는 설정뿐만 아
니라 대리모, 의뢰인, 아이의 권리 옹호자라는 대립 구도도 있을 수 있
고, 법률로 규제할지 혹은 의사의 가이드라인을 통해 규제할지를 두고
도 대립의 축이 생길 수 있다고 주장했다. 정부 고위관료 역할의 학생
은 '법은 '보편', 개인의 욕망은 '개별'에 해당한다. 후자에게는 당사자의
절실함이 있다' '애매하게 용인하기 때문에 문제가 되는 거다. 선진국이
금지한 것이 발전도상국에 대한 갈취라면 선진국은 이를 용인하면 될

일이다'라고 주장하면서 앞서 자신이 연기했던 정부 고위관료 역할을 비판했다. 그리고 아이를 가질 권리라고 할 때의 '아이'의 이미지와 실제로 태어난 '아이' 사이에 차이가 있다는 의견도 있었다.

아이를 가질 권리라는 말에서 '아이'가 의미하는 것에 대해 고민해볼 여지가 있다고 생각합니다. 즉 자신이 머릿속에서 떠올리는 아이랑 출산한 사람이 머릿속에서 떠올리는 '아이를 가질 권리'에서의 '아이'가 정말 같은 것일지 재고할 필요가 있지 않을까요? 상상만으로 '아이를 원한다'고 말할 때의 아이가 어떤 존재인가에도 의문이 들어서 이 부분에 대해 문제 제기를 하고자합니다. [G학생]

이상으로 일련의 역할 연기를 마친 후 후지가키는 이러한 논의 방식이 실제로 영국 웰컴 트러스트5의 생명윤리 교육에서 활용되었던 사례를 소개했다.6 그리고 이번 역할 연기를 한 소감을 물었다. 의뢰자 역할을 했던 학생은 '어떤 사람의 입장이 되어보는 일은 당사자의식을 갖는다는 측면에서도 의의가 있었'으며 '윤리 문제를 학습하는 데 있어서 의의가 있다'고 말했다.

당사자의식을 가지고서 이렇게 연극적 상황하에 윤리 문제를 생각하다 보니 다각적인 시점이 생기는 것 같습니다. 저 역시 이번에 연기를 하면서 기존의 편파적인 시점이 아닌 또 다른 시점을 발견할 수 있었습니다. 이런 의미에서 정말 좋았고요, 앞으로도 꼭 다양한 상황에서

해보고 싶다고 생각했습니다. 중고등학교 수업이나 도덕 수업에서도 활용할 수 있을 것 같습니다. [C학생]

이렇듯 역할 연기는 '자신 내부의 다원성을 깨닫는' 측면을 지닌다.[7] 대리모 역할의 학생은 '원래 감정 이입을 잘 못하는 성격이라 힘들었다' '다른 사람의 입장에 서서 생각하는 게 어려웠다' '대리모의 마음을 느껴보는 계기가 되었다' '자신과 다른 입장을 이해하는 데 도움이 됐다' 등의 의견을 냈다. 또한 의사 역할의 학생은 "저는 이렇다 할 벅찬 감정은 느끼지 못했다"고 하면서 다음과 같이 말했다.

이번에 역할 연기를 해보니 의견 대립의 각을 세울 것이냐 혹은 타협을 도모하여 해결책을 강구할 것이냐에 따라 제시하는 의견이 달라질 수 있다는 생각이 들었습니다. [B학생]

즉 시나리오에 따라 역할 연기의 효과가 달라질 수 있다는 지적이었다. 아이 인권 옹호자 역할의 학생은 '아이의 입장이 될 수가 없다'며 '자신이 대리모를 통해 태어난 아이라고 상정한 질문이었다고 보면 될 것 같다'고 했다. 감정이라는 소프트한 측면과 권리 및 합리성이라는 하드한 측면을 결합시키는 일은 머리로는 상상이 가능하지만 자신의 솔직한 감정을 그대로 표출시킬 수 없다는 의견도 있었다.

알선업자 역할의 학생은 '업자이니만큼 감정적인 부분을 배제해야 했기 때문에 나로서는 연기하기 쉬운 역할이었다' '재미있었다'라고 하면서 다음과 같이 말했다.

> 마지막으로 다 같이 잠정적인 결론을 내봤으면 더 재미있었을 것 같
> 아요. [A학생]

앞서 의사 역할의 학생도 지적했듯이 각자 다른 역할을 맡은 이들이
타협점을 지향하는 시나리오냐 혹은 논쟁을 하면서 각자 입장을 주장
하다가 끝내는 시나리오냐에 따라 다른 전개 양상이 나타날 것이다. 또
한 자신이 맡은 역할의 입장을 스스로 생각하는 경우(이 수업의 방식)와
이미 준비되어 있는 시나리오에 따라 연극을 하는 경우에도 서로 다른
효과가 나올 수 있다. 정부 고위관료 역할의 학생은 '메타적 역할이라
서 감정이입이 어려웠다' '보편과 개별 사이에서 줄다리기를 하며 생각
할 수 있었기 때문에 고통스럽지는 않았다'고 말했다. 그리고 의사 역할
의 학생이 언급했던 시나리오에 관한 지적도 했다.

마지막으로 이시이는 논의 정리를 위해 다음과 같은 표를 제시했다.
여기서 아이를 원하는 남성이나 여성의 '유전자'를 계승하는지 여부에
주목하면 다음 표와 같이 구분선을 넣을 수 있으며 이 밖에도 윤리적
문제, 정치적 문제, 의료적 문제 등 다양한 문제가 집약되어 있음을 지
적했다.

	정자	난자	자궁
일반적인 출산	본인	본인	본인
host mother 유형	본인	본인	제3자
surrogate mother 유형	본인	제3자	제3자
정자 차용	제3자	본인	본인
양자	제3자	제3자	제3자

이어서 조교 I학생은 다음과 같이 소감을 말했다.

자신의 입장과 다른 사람 혹은 사회 전체의 생각을 함께 고려해야 했는데요, 이들을 어떻게 연결시킬 수 있느냐 여부는 상상력의 문제인 것도 같아요. 사회적 가치관은 이래야 하고 과학은 저래야 한다는 식으로 상상하는 힘 역시 개인에서 비롯되는 것이기 때문에 그런 의미에서 이번 역할 연기 수업을 통해 상상력을 발휘할 수 있었던 건 정말 소중한 경험이었다고 생각합니다. [I학생]

이상으로 살펴본 결과 다른 사람의 입장을 상상하는 힘을 단련하고 자신 내부의 다원성을 깨닫는 데 있어서 역할 연기는 어느 정도 효과가 있음을 알 수 있었다. [후지가키]

논의를 돌아보며
—

역할 연기 방식을 처음 도입해서 그런지 이번 수업은 그 어느 때보다 교실 분위기가 활기찼던 것 같다.

남녀 간에 성행위를 한 결과 정자와 난자가 결합하고 여성이 임신을 하여 출산에 이르는 것은 일반적인 생명 탄생의 과정이다. 하지만 이 세상에는 여러 사정으로 인해 아이를 원하는데도 이런 일반적인 과정을 경험할 수 없는 커플이 존재한다. 눈물을 머금고 아이 갖기를 포기하는 남녀도 적지 않지만 그럼에도 불구하고 자신들의 아이를 가지려는 의지가 강한 사람도 많다. 여기서 대리모 출산의 문제가 부상하게 되는 것이다.

가장 먼저 알아둘 것은 대리모 출산은 생명 탄생을 둘러싼 특수한 케이스 중 하나에 불과하다는 점이다. 따라서 이 문제를 다루려면 일단 일반적인 임신 및 출산이라는 패턴을 벗어나서 다양한 유형에 따라 분류해놓을 필요가 있다. '논의의 기록' 마지막에 넣은 표는 교실에서 학생들의 논의를 들으면서 내가 혼자 내용을 정리하려고 만든 것이었다.

문제 제기에도 있듯이 '대리모 출산'에도 두 가지 유형이 있다. 'surrogate mother'를 직역하면 바로 '대리모'인데 이는 남편의 정자를 부인[8]이 아닌 여성의 자궁에 주입, 임신시켜서 그 여성이 출산하는 것으로 아이에게 전해지는 유전자는 남편과 대리모의 것이고 부인의 유전자는 없다. 반면 'host mother'의 경우 부인의 난자를 추출하여 남편의 정자와 수정시킨 후 다른 여성의 자궁에 이식해서 그 여성이 출산을 하는 것으로 남편과 부인의 유전자를 전부 이어받는다. 이 경우 대리모는 '출산'이라는 행위만 대행하기 때문에 유전자 계승이라는 관점에서 보면 surrogate mother보다는 일반적인 출산에 가깝다. 수업 중 논의에서는 둘 중 어떤 유형의 '대리모'를 상정하는지 모호한 부분이 있었는데 전반적으로 host mother 유형을 전제로 이야기가 전개되는 듯했다.

앞서 소개한 표에서는 'host mother 유형'과 'surrogate mother 유형' 사이에 선을 그었는데 이는 '아이'에 대한 정의와 연관되어 있다. 남편과 부인 양쪽의 유전자를 계승한 아이만 '아이'라 부르는 입장이라면 같은 대리모 출산일지라도 이 양쪽은 명확히 구별될 것이며, host mother는 오히려 일반적인 출산으로 간주될 수 있다.

한편 불임의 원인은 남녀 모두에게 있을 수 있는데, 여성에게 원인이 있어서 surrogate mother 유형의 대리모 출산을 하는 경우가 있는가 하면 남편에게 원인이 있어서 제3자의 정자를 사용하여 부인이 임신 및 출산을 하는 경우도 물론 있을 수 있다. 즉 제3자에 의한 난자 제공과 정자 제공은 표리관계에 있는데 양쪽 다 절반의 유전자만 이어받는다는 측면에서 이 둘은 매우 유사하다.[9] 그리고 정자와 난자가 모두 제3자의 것인 경우에는 유전적으로 봤을 때 '다른 사람의 아이'인데, 이것이 소위 말하는 '양자'에 해당한다.

이상의 내용을 기반으로 논점1의 "대리모 출산을 허용해야 한다고 생각하는가? 그렇게 생각하는 근거는 무엇인가?"라는 질문에 '아니다'라고 대답한 어떤 학생이 출산을 '성스러운 것'이라고 언급했다는 사실은 주목할 만하다. '저출생' 논의가 대표하듯이 걸핏하면 국가의 노동인구나 연금 문제처럼 경제적인 측면에서 다루어지기 십상인 출산을 '인간이 성스러운 어떤 존재를 느끼는 의례'의 일환으로 보는 시점이 신선하게 다가왔으며, '아이가 생겼다'라는 표현이 보여주는 생명 탄생의 신비로움을 다시금 상기시켜주었다. 이런 관점에서 보면 자연스러운 임신 및 출산 이외의 방법으로 아이를 만드는 일은 원칙적으로 허용될 수 없을 것이다.

이 밖에 '아니다'라고 대답한 한 학생은 유전자 지상주의에 대한 비판도 했다. 이러한 입장은 host mother 유형의 대리모 출산을 상정하고 있으며 자신들의 유전자만 물려줄 수 있다면 제3자에게 출산으로 인한 위험도 떠맡길 수 있다는 생각에 대한 저항으로 보인다. 한편 '그렇다'고 답한 학생들은 공통적으로 아이와 더불어 가족을 형성할 권리는 존중되어야 마땅하며 대리모 출산으로 그러한 권리를 행사할 수 있다면 일정한 조건하에 이를 허용해야 한다는 생각이었다.

논점2의 "대리모 혹은 의뢰자가 되고 싶은가? 그렇게 생각하는 근거는 무엇인가?"에서는 개인 차원에서 본인이 당사자라고 간주했을 때 대리모 출산에 대한 생각을 물어본 것이었는데, 사실 이 질문에는 한 가지 모순이 있었다. 대리모 출산을 인정하는 입장이더라도 여성에게 있어서 '대리모가 되는' 일과 '의뢰인이 되는' 일은 별개의 것이기 때문에 '의뢰인은 되고 싶지만 대리모는 되고 싶지 않다'거나 혹은 반대로 '대리모는 할 수 있지만 의뢰인은 되고 싶지 않다'는 대답도 있을 수 있는 것이다. 또한 '대리모가 되는' 일은 여성에게만 가능하므로 남성은 '의뢰인이 되고 싶은가?'라는 질문에만 대답할 수 있었다.

이러한 부분을 감안하여 전체적인 의견의 분포를 보니, '그렇다'는 1명뿐이고 나머지는 전부 '아니다'라고 했는데 이는 논점1의 원칙론에 입각한 질문에 대한 대답 양상과는 일치하지 않았다. 즉 원리적 측면에서의 찬반 의견과 개인적 측면에서의 찬반 의견 사이에 차이가 드러났는데 이러한 결과는 어떤 의미에서 이미 예상했던 바였다. 또한 '아니다'라고 답한 이유도 제각각이었다.

역할 연기를 하면서 학생들의 매우 진지한 '배우 연기'가 빛을 발했다. 실제로 해보면 알 수 있는데 자신의 입장과 딱 들어맞지 않는 역할을 하면서 그런 역할의 의견을 대변하는 일에는 상당한 상상력과 사고력이 요구된다. 이번에는 여섯 개의 역할(대리모 출산 의뢰인, 대리모, 담당의사, 아이의 인권 옹호자, 알선업자, 정부 고위관료)을 설정했는데 '논의의 기록'을 보면 알 수 있듯이 학생들은 각자가 맡은 '역할'을 멋지게 '수행'했다.

이때 부상한 문제 중 하나가 비록 대리모(이 경우는 host mother)가 정식 계약에 의거하여 유전적으로는 '다른 사람의 아이'를 낳는 경우에도, 출산 과정을 거치면서 원리원칙과 다른 차원에서 이를 자신의 아이로 느끼게 될 가능성도 있다는 점이다. 이는 속된 표현으로 '배 아파서 낳은' 경험의 중대함과 연관된 문제이며 대리모 역할의 E학생이 "자신의 몸을 통해 아이를 낳는 일의 중대함" "아무리 유전자가 다른 사람의 것이라도 내 아이라는 느낌이 강하기 때문에"라고 언급한 부분에서도 엿볼 수 있다.

host mother 유형이 그러한 느낌을 받는다고 한다면 surrogate mother의 경우에는 문제가 더 심각할 것이다. 아무리 법률상 계약을 체결했더라도 일정 부분 의학적인 위험을 무릅쓰고 자신의 난자까지 사용하여 임신한 여성이 자신이 낳은 아이를 '내 자식'으로 느끼는 것은 지극히 당연한 일이기도 하다. 그렇다면 양쪽의 공통된 이해를 바탕으로 사전에 그러한 부분을 확인하고 제대로 문서화해놓지 않는다면 나중에 의뢰자와 친권을 둘러싼 분쟁을 겪지 않으리라는 보장은 없다. 이는 "'아이를 가질 권리'라고 할 때의 (추상화된) 아이의 이미지와 실제로 태어난 (구체적인) 아이 사이에는 차이가 있지 않을까' '둘 다 똑같이 '아이'라는 단어로 표현하지만 사실은 별개의 것이 아닐까'라고 의문을 제기했던 G학생의 의견과도 연관되며 나아가서 '부모란 무엇인가?' '아이란 무엇인가?'라는 근원적인 주제로도 이어지는 문제다.

여하튼 대리모 출산 문제는 의학, 생물학, 법학, 윤리학, 경제학 등 매우 다양한 분야에 걸쳐 있으며 그런 만큼 '타 분야 교류' '다분야 협력'의 소재로서 매우 적절한 주제다. 일반적으로 대리모 출산 문제는 주변에서 찾아보기 힘든 특수한 경우라고 생각하기 쉽지만 그 누가 됐건 자신에게 일어날 가능성이 제로라고는 할 수 없으며 비록 그 당사자가 아닐지라도 직업에 따라 어떤 형태로든 그 일에 관여해야 하는 상황이 생길 수도 있다. 앞으로 의사나 변호사가 된다면 수업에서 연기한 것과 같은 역할의 실제 상황에 처할 가능성도 있다. 그런 상황이 온다면 부디 이번 수업을 떠올리면서 적절한 '역할 연기'를 해주기 바란다.

아직 결혼도 하지 않고 아이를 가진 경험도 없는 학생들이 무한한 상상력과 사고력을 발휘하며 논의에 참여해준 이번 수업은 교사 입장에서도 매우 시사적이었다. [이시이]

〈 제6강 〉

굶주린 아이 앞에서 문학이 유용한가?

문제 제기

—

이 문제는 장폴 사르트르[1]에게서 유래했다. 그는 1964년 4월 자서전
『말』간행 당시 『르몽드』잡지사와 한 인터뷰에서 자신의 대표작이자
한 시대를 풍미했던 『구토』(1938)를 회고하며 다음과 같이 말했다.

> 저에게는 현실 감각이 부족했습니다. 그 이후로 저는 변했습니다. 현
> 실에 대해 조금씩 배워나갔습니다. 저는 굶어 죽어가는 아이들과 마
> 주하게 되었습니다. 죽어가는 아이들 앞에서 『구토』는 아무런 힘이
> 되지 않았습니다.[2]

이러한 사르트르의 말에 입각하여 이번 강의의 질문에 세 가지 대
답을 가정해보자. 첫 번째 대답은 '문학은 현실에서 굶어 죽는 아이들

을 도울 수 없으므로 쓸모가 없다'라는 것으로 사르트르의 말을 그대로 갖다 붙인 대답이다. 당연한 말이지만 『구토』뿐만 아니라 세계적인 명작으로 알려진 모든 작품은—『햄릿』이건 『전쟁과 평화』건 간에—굶주림에 고통스러워하는 아이들에게(포식하는 어른에게도) 그저 먹을 수 없는 활자의 집합체에 불과하다. 이러한 입장을 철저히 파헤쳐보면 결국 매우 단순한 문학 무용론으로 이어진다.

두 번째 대답은 '아무리 훌륭한 문학도 굶주리는 아이를 구할 수 없다는 건 분명하지만 어떤 작품이 사람들의 사고나 감정에 영향을 미쳐서 그것이 돌고 돌아 굶주린 아이를 돕는 상황으로 이어질 수 있으므로 이런 점에서 문학은 유용하다'는 것이다. 즉 문학에는 직접적이고 현실적인 유용성은 없지만 경우에 따라 간접적인 유용성이 있을 수 있다는 가능성에 희망을 건다는 의미에서 희망 관측적인 문학 유용론이라 할 수 있다.

세 번째 대답은 '굶주린 아이를 앞에 두고 문학은 아무런 도움도 안 되지만 그걸로 괜찮다. 문학은 누군가에게 도움을 주려고 있는 게 아니라 순수하게 무상의 작업으로 존재하는 것이다'라는 입장이다. 이 경우에는 두 번째 대답처럼 문학의 유용성을 주장하는 게 아니라 오히려 현실적으로 무용하다는 걸 인정하고 이렇게 철저히 무용하다는 사실 자체에서 문학의 존재 의의를 찾아내려는 것으로, 역설적인 문학 옹호론으로 볼 수 있다.

이어서 순서대로 이상의 세 가지 대답을 검토해보자.

일단 첫 번째 대답에 대해 문학은 과연 굶주린 아이를 구하려고(구하는 것만을 목적으로) 존재하는 걸까라고 반문해볼 수 있다. 문학은 사람들의 마음을 달래거나 영혼을 고양시키고 의식을 계몽하는 등 다양한 역할을 한다. 즉 문학에는 문학 나름의 존재 의의가 있으며 '굶주린 아이 앞에서'라는 조건을 다는 것 자체가 잘못된 것이다. 문학은 좀 더 다양한 가능성을 향해 열려 있으며 굶어 죽는 아이를 구하지 못한다는 이유로 그 존재 자체를 부정할 수는 없다. 오늘날까지 문학이 소멸하지 않았다는 사실이야말로 문학의 필요성을 뒷받침해주는 탁월한 증거가 된다고 반론할 수 있을 것이다.

그렇다면 두 번째 대답은 어떨까? 여기서는 유용성 추구 그 자체를 인정하지만 그것이 즉각적이며 직접적인 형태를 띨 필요는 없고 우회적인 경로를 거쳐도 상관없다는 입장으로, 얼핏 가장 타당하고 설득력 있는 대답처럼 보인다. 하지만 그런 우회적인 경로가 굶주린 아이의 구제로 이어지리라는 보장은 어디에도 없으며 실제로 그런 꿈같은 이야기를 진지하게 신뢰하는 작가나 독자도 거의 없을 것이라 생각한다. 결국 이런 유형의 주장은 문학의 근거를 정당화하기 위해 무리하게 만들어진 구실에 불과한 건 아닐까라는 의문을 갖게 만든다.

이어서 세 번째 대답을 보자. 이 경우 '문학은 어딘가에 도움이 되어야 한다'는 전제 자체를 무시하고 문학의 내재적인 가치를 옹호하는 입장이므로 그런 의미에서는 매우 확실한 목표를 보여준다. 하지만 인간의 모든 행위는 어떤 식으로든 사회적 사명을 수행해야 한다는 윤리관을 가진 사람 입장에서는, 이러한 주장을 뻔뻔하기 그지없고 제멋대로 자기 정당화를 하는 데 불과하다고 생각할 것이다. 사르트르는 앞서 인용한 글의 뒷부분에 이어서 "따라서 작가는 대다수의 입장, 굶주리고 있는 20억 명의 입장에 서야 해요. 정말 만인에게 호소하고 만인에게 자신의 글이 읽히길 바란다면 말이죠. 그렇게 하지 않으면 작가는 특권 계급에게 봉사하고 특권 계급과 똑같이 갈취하는 입장에 서게 되는 겁니다"라고 했는데, 이런 입장이라면 문학을 무상의 행위로 보고 이를 옹호하는 사람들은 '굶주리는 20억 명'과 적대 관계에 있는 갈취자인 셈이므로 벌을 받아 마땅하다.

이처럼 세 가지 대답에는 각각 설득력 있는 부분과 반론의 여지가 있는 부분이 미묘하게 혼재되어 있는데 기본적으로 작가 중에는 세 번째 대답을 지지하는 경우가 많은 듯하다. 예를 들어 앞서 인용한 사르트르의 인터뷰 기사가 나오고 1개월쯤 뒤인 1964년 5월 28일, 누보로망(반소설)의 대표적 작가인 클로드 시몽3은 잡지 『렉스프레스』에 「사르트르는 도대체 누구를 위하여 쓰는가?」라는 제목으로 글을 발표하면서 문학의 역할은 정치 및 그 외 다른 모든 것으로부터 독립된 자율적인 것이라 주장했다. 그리고 같은 잡지에 기고한, 시몽보다 20살 가까이 어렸던 신인 작가 이브 베르제4 역시 강한 어조로 사르트르를 비판하면서 문학과 현실은 별개라는 논리를 전개했다.5 이러한 의견들은 안일하게 문학을 현실적 목적에 부합시키려는 사고방식에 작가들이 반격을 가한 것이었다.

일본 작가인 오에 겐자부로가 20대였던 시절에 이러한 논쟁 경위에 입각하여 「굶어 죽는 아이 앞에서 문학은 유효한가?」라는 제목의 글을 썼는데, 이 글의 끝에 "햇볕이 내리쬐는 시각, 히로시마 원폭 병원 앞의

한 광장에서 모기만 한 목소리로 핵무기 폐지를 외치던 환자 대표가 겨울이 끝날 무렵 허무하게도 절망 속에 백혈병으로 죽었다는 기사를 접하고 나니 이에 동요되어 혼란에 빠지게 되었다"라는 문장이 있다.[6] 굶어 죽는 아이의 경우가 그러했듯 백혈병으로 죽어가는 피폭자를 앞에 두고서 문학은 스스로의 무력함을 회피하면서 자율적인 가치를 주장하고 무상의 행위라며 자기 정당화를 해도 괜찮은 걸까? 오에 겐자부로는 "문학은 무엇을 위해 존재하는가? 어째서 글을 쓰는 건가? 등의 질문에 대답하려는 시도 자체가 작가에게는 위험하고 수지가 맞지 않는 모험이다"[7]라고 솔직하게 고백했다. 문학과 현실 세계의 관계는 이토록 어렵고도 미묘하다.

한편 독자 중에 자신은 문학에 전혀 관심이 없을뿐더러 문학자도 아니므로 이런 질문에 대해 고민할 이유가 전혀 없다는 사람도 적지 않을 것이다. 하지만 '문학' 대신에 자신이 소속되어 활동하는 영역이나 학문 분야라고 가정한다면 이것이 어디까지든 확대가 가능한 질문임을 바로 알 수 있다. '굶주린 아이 앞에서 음악은 도움이 되는가?' '굶주린 아이 앞에서 철학은 도움이 되는가?' '굶주린 아이 앞에서 물리학은 도움이 되는가?' 등의 질문을 본인의 상황에 적용한다면 당신은 어떻게 대답할 것인가?

문학을 포함하여 예술 전반에 관해 사르트르보다 1세기도 더 전에 공개된 글이 있다. 테오필 고티에[8]의 소설 『모팽 양孃』(1835)의 서문이 바로 그것이다. 여기서 그는 "인간의 생존에 필수적이며 현실적으로 유익한 것은 무엇인가? 하루에 두 번 먹을 빵이 들어간 스프와 한 점의 고기, 있는 그대로 엄밀한 의미에서 배를 채우는 데 필요한 건 이것뿐이다'라고 말한다. 그리고 "음악은 어디에 쓰이는 거지? 회화는 어디에 도움이 되는 거지? (…) 진정 아름다운 것은 어디에도 도움이 되지 않는 존재에 국한된다. 유익한 것은 전부 추하다"라고 갈파했다.[9]

예술은 굶주림을 충족시키는 데 전혀 도움이 되지 않지만 현실적으로 무익하기 때문에 아름다운 것이며 어떤 다른 목적을 지닌 유익한 존재는 그 자체만으로 추한 것이 되어버린다는 주장이다. 이는 종종 '예술을 위한 예술'이라고 표현되기 때문에 앞서 언급한 세 번째 대답을 앞서간 것이라고 볼 수 있다.

당연한 말이지만 눈앞에서 죽어가는 아이를 구하지 못하는 것은 문학뿐만이 아니라 음악이나 회화도 무력하기로는 별반 다를 게 없으며, 철학이나 수학, 법률학, 물리학 역시 그런 의미에서는 똑같다. 직접적으로 도움이 되는 것은 결국 고티에가 언급한 '하루에 두 번 빵을 곁들인 스프와 한 점의 고기' 즉 식량, 이를 공급하는 데 필요한 교통수단이나 경제 시스템 그리고 굶주린 아이의 건강을 회복시켜줄 의료 기술 정도가 아닐까? 적어도 이러한 상황에서 문학·예술은 완전히 무익하고 대부분의 학문도 무용지물에 가깝다.

이렇게 생각을 좁혀나가면 결국 학문 불필요론에 도달할지도 모르겠다. 특히 최근 들어서 인문과학 계통 학문에 대한 비난이 거세졌으며 대학에서 인문계 학부는 쓸모가 없다는 식의 논의까지 종종 눈에 띄고 있다. 이러한 흐름 속에서 '도움이 되지 않는 학문'은 스스로의 존재 이유를 주장할 수 있을까?

이처럼 사르트르의 질문은 문학뿐만 아니라 모든 학문, 더 나아가 인간의 모든 영위에 대해 제기할 만한 보편적인 질문인 듯하다. [이시이]

논점

1. 당신은 문제 제기에 나온 세 가지 대답 중 어느 쪽을 지지하는가? 그 이유는? (자신만의 네 번째 대답을 해도 괜찮음)

2. 당신의 전공(으로 하고 싶은) 분야는 직접적이든 간접적이든 굶주린 아이를 구하는 데 도움이 된다고 생각하는가? 그 이유는?

3. '도움이 되지 않는' 학문에는 존재 의의가 없다고 생각하는가? 만약 존재 의의가 있다고 한다면 이를 다른 사람에게 어떻게 설득하겠는가?

논의의 기록

—

논점1
당신은 문제 제기에 나온 세 가지 대답 중 어느 쪽을 지지하는가? 그 이유는? (자신만의 네 번째 대답을 해도 괜찮음)

문제 제기에 나온 세 가지 대답을 간단히 요약하면 다음과 같다.

(1) 문학은 현실에 도움이 되지 않는다.

(2) 직접적으로는 도움이 되지 않지만 간접적으로 돌고 돌아서 도움

이 될 가능성이 있다.

(3) 애초에 아무런 도움이 되지 않아도 괜찮다.

이상의 내용에 대해 학생들이 어느 쪽을 지지하는지 거수를 해보니, (1)번이 1명, (2)번이 3명, (3)번이 2명, 그 외 1명으로 분포되었다.

(1)을 지지하는 학생의 의견은 어디까지나 '굶주린 아이를 앞에 두고'라는 전제가 있다면 실제로 공복을 채워줄 수 없기 때문에 도움이 되지 않는 건 사실이지만, 그렇다고 해서 모든 이에게 도움이 되지 않는다는 의미는 아니다. 즉 문학이 무용하다는 의미가 아니라는 말을 덧붙였다.

(2)를 지지하는 학생은, '구하는' 행위가 단순히 허기진 배를 채워주는 것뿐만 아니라 행복하게 살 수 있는 상태를 조성함으로써 비로소 실현이 가능한 것이라면 당연히 문학은 도움이 될 수 있다고 했다. '도움이 된다'는 것은 농업이나 경제 시스템이 책임지고 있는 '직접 무언가를 먹이는' 역할이 동심원상으로 확장되어가는 형태를 갖추는데, 여기서 문학은 우연히 그 외측에 위치하고 있을 뿐이므로 이것을 '도움이 된다/되지 않는다'로 구분할 수 없다고 했다. 또한 문학은 굶주림을 직접적으로 해결할 수는 없어도 굶주리지 않는 사람들이 문학을 접하면서 마음의 풍족함을 느끼고 그런 풍족함 속에서 무언가를 실행에 옮기고자 하는 기력이 생겨난다면 그것 역시 일종의 도움으로 이어질 것이라고 말했다.

한편 조금 다른 관점도 있었다.

인간을 특징짓는 것이 뭘까 고민하다가 저는 '자유'라는 생각이 들었습니다. (…) 문학이나 음악이 없는 세계를 상상했을 때 창조적인 활동이 없는 것은 자유를 상실한 것과 별반 다를 게 없다고 생각해서요, 그런 건 인간이 인간답지 못한 게 아닐까 하고요. 문학은 인간을 인간답게 만들어주는 것인데 인간이 더 이상 인간이 아니게 되는 순간이 온다면 굶주린 아이를 앞에 두고도 공감할 수 있는가 하면 저는 불가능할 것이라고 생각합니다. 즉 문학이나 음악과 같은 지적, 창조적 영위가 굶주린 아이에 대한 '공감'을 길러주는 게 아닐까 생각합니다. [C학생]

이는 문학(혹은 음악)과 같은 창조 행위는 자유에 의해 '인간을 인간답게 만들어주는 존재'이며 이것이 굶주린 아이를 향한 사람들의 '공감'을 일으킨다는 의미에서 도움이 된다는 주장이다.

(3)을 지지한 학생은, '사람은 빵만으로 살아갈 수 없다'고 하듯이 굶주린 아이에게 빵을 준다 한들 그것이 문제의 본질적 해결이 될 수 없다고 했다. 물론 문학의 의의가 감동만 준다는 식의 정동적 측면에만 머물러서는 안 되며 오히려 교육을 통해 글을 읽을 수 있는 수준이 된다면 '도움이 된다'는 측면에서는 의미가 클 것이라는 의견이었다. 이는 빈곤 지역 아이들을 구제한다는 관점에서 매우 현실적인 대답이라고 생각한다.

그리고 문명의 발달은 기술의 발전이 있어야 비로소 가능하다고 주장한 한 학생은, 도움이 되는 것에 대한 정의를 물질적인 풍요로움으로 한정시켰으며 문학은 어디서도 도움이 되지 않는다는 의견을 냈다. 이 학생의 의견은 오히려 ⑴에 가깝다고 볼 수 있겠다.

이 밖에 제4의 대답으로는 애초에 굶주린 아이에게 먹을 게 필요한 건 자명한 사실이기 때문에 여기에 문학을 언급하는 건 차원이 다른 이야기이므로 ⑴의 대답은 있을 수 없다고 하면서 ⑵와 ⑶을 절충하여 '문학은 존재로서는 무상이지만 가능성이 열려 있다' 그리고 그런 가능성을 열려면 이를 수용하는 측의 능동적인 참여가 필요하다고 말했다. 즉 문학이란 존재는 그 자체로 현실에 대해 직접적인 도움을 주지 않아도 괜찮지만 수용자의 태도에 따라 어떤 형태로든 도움이 될 가능성이 열려 있다는 입장이었다.

여기서 이시이는 처음부터 질문의 정당성 자체에 대해 고민해보는 일도 중요하다고 하면서, 앞서 인용한 사르트르의 말은 원래 그의 작품 『구토』에 대해 누군가가 했던 이야기였다는 점에 주의를 촉구했다. 그리고 이 작가를 전공으로 배운 조교 I학생을 통해 작품 내용에 대한 설명을 들었다.[10]

이어서 논의는 문학에서 예술 전반에 대한 이야기로 흘러갔으며 회화나 음악은 사람을 구할 수 있는지 혹은 도움이 되는지에 관한 의문을 두고 다양한 의견이 오갔다. 기본적으로 회화도 음악도 굶주린 아이를 구할 수는 없으며 거꾸로 말하면 예술이 없어도 사람은 죽지 않기 때문에 그런 의미에서는 도움이 되지 않을 수도 있지만, 아무래도 인간이 인간답게 살아가기 위해서 예술은 없어서는 안 되는 것, 혹은 적어도 있는 게 낫고, 있으면 좋겠다는 등의 의견이 많았다.

저는 문학이랄까 예술이 없는 세계를 모르기 때문에 말하기 힘든 부분이긴 한데요, 제 생활에서 예술이 완전히 사라진다면 저는 살아갈 수 없을 것 같습니다. 그건 신체적인 굶주림이라기보다 마음이 굶주린다는 의미에서 풍족한 인생을 보낼 수 없기 때문입니다. [H학생]

그리고 수용자 측뿐만 아니라 표현하는 측에서도 예술을 하지 않고서 살 수 없는 사람도 있기 때문에 그런 의미에서 존재 의의가 있다는 견해도 있었다. 또한 강력한 예술 옹호론 입장에서는 '우리는 어쩌다 보니 과학 기술만 도움이 되고 인문 계통 학문이나 문화예술은 도움이 되지 않는다고 간주하는 사회에서 살고 있을 뿐이며, 실제로 이 세상에 이러한 예술적 영향을 받지 않은 존재는 없지 않을까?' '예술이 없는 문화는 존재하지 않을 것이다'라고 주장했다. 그리고 예술은 예술을 위해서만 존재하면 된다는 입장에 선 학생은 중요한 건 예술을 사용하는 측의 문제이기 때문에 간접적으로 도움이 되길 바란다는 의견을 냈다.

논점2

당신의 전공(으로 하고 싶은) 분야는 직접적이든 간접적이든 굶주린 아이를 구하는 데 도움이 된다고 생각하는가? 그 이유는?

논점2에서는 논점1에서 제시한 '문학' 대신 자신의 전공 분야를 대입시킴으로써 수강생들은 각자의 전공을 기반으로 이야기를 전개했다.

비교문학을 전공하는 E학생은, 비교라는 방법론은 문학에 국한되지 않고 모든 분야에 응용이 가능한데 특히 자문화의 상대화나 다른 문화에 대한 이해를 기본으로 하므로 이는 사고의 틀로서 상당히 유효할 것이며, 만약 전 세계 사람이 이런 사고방식을 지닌다면 전쟁은 없어질 것이라고 말했다.

> 모든 인류가 진심으로 다른 문화를 이해하고자 노력하고 자신의 문화를 상대화시키는 과정을 경험할 수 있다면 전쟁은 없어질 거라고 생각해요. 말하자면 이런 거죠. 다른 문화나 다른 사람을 이해하는 일은 단순해 보일 수 있는데, 만약에 이런 이해가 없으면 어떤 일이 벌어질지 생각해보세요. 인간의 유대를 생각하는 데 기본적이지만 필수불가결한 부분이랄까요. 일종의 사고 틀로서 분명 도움이 되리라고 저는 생각합니다. [E학생]

표상문화론에 관심이 있는 G학생은, 이 분야의 연구 대상이 '굶주린 아이'처럼 특수한 상황에 놓여 있지 않고 '평범한 어른'처럼 일반적인 존재인 경우가 많기 때문에 이런 측면에서는 현실적으로 '도움이 되지 않을' 수도 있지만, 그래도 제기된 질문 자체를 부정하거나 전도시킬 만한 역할은 할 수 있을 것이라고 했다.

미술사에 관심이 있다는 H학생은, 기본적으로 미술 자체는 '예술을 위한 예술'이라는 사고방식에서 보면 도움이 되지 않지만 미술 연구로 인해 일종의 풍요로움(예를 들어 감동)을 이끌어낼 수 있고 그것이 사회 전반으로 확산한다면 '도움이 될 수 있다'고 말했다.

윤리학을 전공하는 C학생은, 오늘날에는 여러 현상을 다원적으로 바라봐야 하므로 과거의 여러 사고방식을 해석하고 숙고하는 일은 의미가 있다고 언급하면서, 예술이 도움이 되는지 여부를 묻는 논의에 있어서 그것이 파멸의 방향으로 흘러갈 위험성을 지적했다. 한 예로 합창을 언급했는데 이것이 사기를 고양시키는 수단이 된다면 충분히 전쟁에도 이용될 수 있다는 것이다. 의외로 수업 참가자 중에는 합창에 참여했던 사람이 많았는데 이야기의 주제가 바그너와 나치의 관계로 이어지면서 논의는 후끈 달아올랐다.

> 작년에 『니벨룽겐의 노래』를 표상문화론에서 다룬 수업이 있었습니다. 강인한 게르만 민족이라는 이미지 형성이 히틀러 같은 인물에게 이용되면서 어떻게 변천했는가에 대한 내용이었는데, 예술을 수용하는 방식에 초점을 맞추는 것 역시 표상문화론에서 가능하다고 생각했습니다. [G학생]

한편 우주공학을 전공하는 B학생은 자신의 학문은 굶주린 아이를 구하는 데 간접적으로 도움이 된다고 말했다.

결론부터 말씀드리면 제 분야는 굶주린 아이를 구하는 데 간접적인 도움이 된다고 생각합니다. 왜냐하면 제가 하는 일에는 명확한 단계가 있어서 연구 개발을 한 후 그것이 실용화되고 그 실용화된 기술이 민간으로 이전되는 과정을 거치기 때문입니다. (…) 지금은 우주 공간에 도움이 되는 엔진 개발을 하고 있습니다만 향후 기술이 이전되면 민간에도 도움이 될 것이기 때문에 결국 굶주린 아이를 구하는 데 도움이 될 것입니다. [B학생]

이에 대해 이시이는 개발된 과학 기술이 거꾸로 굶주린 아이들을 죽이는 방향으로 사용될 가능성에 대해 반문했는데, 이 질문이 계기가 되어 논의는 '기술이 사회로 이전되는 단계의 감시자 역할을 과학자 자신이 해야 할지 혹은 인문사회학 계통 연구자가 해야 할지'에 관한 이야기로 이어졌다. 관련하여 후지가키는 다음과 같은 의견을 냈다. 과학기술사회론이라는 학문은 과학 기술 정책에도 적용되므로 이런 측면에서 사회에 직접적으로 도움이 되는 회로를 가지고 있으며, 간접적인 회로에서는 사물을 보는 기존 관점과 다른 관점을 제공하기 때문에 인식론적인 차원에서 도움이 된다는 의견이었다.

임상심리학을 전공하고 싶다는 D학생은, 굶주린 아이를 구하는 방법은 직접적인 도움밖에 없다고 생각하므로 그런 의미에서 자신의 분야는 도움이 되지 않는다고 말했다.

저는 직감에 따라 드리는 말씀이지만, 굶주린 아이에게 간접적으로 도움이 된다는 것 자체를 이해할 수 없기 때문에 다소 극단적으로 말하자면 직접적인 도움밖에 없다고 생각합니다. 물론 제가 하고 있는 학문도 간접적으로는 도움이 된다고 할 수 있지만 그건 억지라는 생각이 들어서, 저는 분명히 말해서 도움이 되지 않는다고 봅니다. [D학생]

또 법학 전공인 A학생은 '도움이 된다'는 것 자체의 직접성, 간접성에 대해 객관적으로 결정할 수 없다고 지적했다.

한 가지 상정할 수 있는 것은, 만약 워킹 푸어 가정에서 제때 식사도 못 하고 죽어가고 있는 아이가 있다면 헌법에서는 생존권을 인정하여 사회 보장을 제공하겠죠. 이것으로 아이를 구할 수 있느냐 하면 솔직히 이런 조치가 아이를 직접적으로 구했다고 해야 할지 간접적으로 구했다고 해야 할지, 저도 잘 모르겠습니다. 왜냐하면 분명 돈을 제공하고 밥을 줘서 직접 구한 것처럼 보일 수 있겠지만, 단순히 굶주리고 있는 아이를 향해 "사회 보장을 받을 수 있단다"라고 말한다고 배가 불러오는 건 아니니까요. [A학생]

이어서 A학생은 하나의 예로 헌법은 분명 잠재적으로 도움이 되는 측면이 있지만 개별 정책들이 도움이 되는지에 대해서는 의문이라고 말했다.

이처럼 다양한 답변이 나왔는데 모두가 각자의 전공 분야에 입각하여 진지하게 자신의 학문을 상대화하려고 노력하는 모습을 엿볼 수 있었다.

논점3

'도움이 되지 않는' 학문에는 존재 의의가 없다고 생각하는가? 만약 존재 의의가 있다고 한다면 이를 다른 사람에게 어떻게 설득하겠는가?

먼저 이시이는 다음과 같은 문제를 제기했다. 오늘날 인문사회 계통의 학문에 대한 거센 비판이 화두에 오르고 있는데 도움이 되는 학문/도움이 되지 않는 학문이란 게 정말로 존재하는지, 만약 일반적으로 도움이 되지 않는다고 일컬어지는 학문에 존재 의의가 있다고 옹호하고 싶다면 어떠한 이유를 들 수 있는지 이야기해보자는 내용이었다.

이 질문에 대해 A학생은, 에도시대에 이루어진 한자 부수에 대한 연구는 당장 도움이 되진 않았지만 현재 컴퓨터를 사용할 때 도움이 되고 있다는 사실을 예로 들면서 어떤 학문이라도 존재 의의는 있다고 말했다. 하지만 그중에도 결국 아무런 도움이 되지 않는 학문이 있을 수 있는데 이런 학문에도 존재 의의는 있다고 할 수 있는가? 애초에 '도움이 된다'는 것의 대상은 무엇일까? 100년 후에 딱 한 사람이라도 관심을 가지는 사람이 생긴다면 그것만으로 그 학문에도 의미가 있다고 할 수 있을까?

　결과적으로 도움이 되지 않으면 그것은 가치가 없는 걸까요? 처음엔
　가치를 잘 몰랐다가 5년, 10년 후에 사회에 도움이 되면 이 학문에는
　가치가 있었다고 생각하는 건가요? 혹은 계속 그런 시대가 오지 않
　더라도 모든 학문에는 가치가 있다고 생각하는 건가요? A학생은 어
　떤 입장인가요? [이시이]

　이 질문에 대해 다른 학생은, 애초에 '도움이 된다/되지 않는다'라는
이분법은 각양각색의 사람들이 각자 다른 환경에서 이에 국한된 어휘
를 사용함으로써 성립되는 것 같다는 예리한 지적을 했다.

　도움이 된다/되지 않는다는 이분법에서는 도움이 되는 학문이 우세
　한 입장이기 때문에 도움이 되지 않는 존재를 대상화할 뿐이고, 결국
　전부 자신들이 아는 어휘만 가지고 이야기하는 데 불과한 것 같아요.
　도움이 된다고 생각하는 사람들은 그런 도움이 되는 세계에서 도움
　이 되지 않는 대상을 규탄하고, 거꾸로 도움이 되지 않는다고 간주되
　는 학문은 도움이 되지 않는다는 말 속에 갇혀 있게 되는 거죠. 이분
　법은 그 자체로 상대방을 한정적인 어휘의 울타리 속에 가둬놓고 논
　쟁을 시키는 것에 불과하다는 생각이 들었습니다. [G학생]

　여기서 후지가키는 아스펜 연구소[11]의 '과학 기술과 인간 세미나'에

참가했던 경험을 이야기했다. 이 세미나는 기업의 간부급이 20명 정도 모여서 2박 3일 동안 고전을 읽는 과정으로 '인간' '민주주의' '과학 기술과 사회' 등 세 가지 섹션으로 구성되어, 칸트, 플라톤, 모노 등 텍스트[12]에서 발췌한 내용을 사전에 읽어 와서 각자 발표하는 형식이라고 한다.

일단 텍스트를 읽은 후 다른 사람의 이야기를 듣습니다. 다른 사람의 이야기를 듣지 못하게 된 사람이 많기 때문에 이런 것도 일종의 훈련 인 거죠. 다른 사람의 이야기에 귀를 기울이게 되면서 이번에는 자기 자신을 들여다볼 수 있게 돼요. 이런 식으로 텍스트와의 대화, 다른 사람과의 대화, 자신과의 대화를 하게 되는 셈이죠. 주최자의 말에 따 르면 대기업에는 '인간은 곧 자신'이라 생각해서 스스로를 상대화할 기회가 없는 사람이 많은데 이러한 대화를 통해 인격 함양도 가능하 다고 합니다. 그리고 이런 과정이 리더십 연수와도 연관된다고 해요. 이건 어떤 의미에서 보면 기업인을 위한 교양 연수인 셈이죠. (…) 저 에게 가장 인상 깊었던 부분은 세미나 주최 측에서 '이런 과정에서는 학계의 역할이 매우 크다'고 한 말이었어요. 항상 눈앞의 솔루션만 쫓 기 바빴던 사고방식에 대해 학문적 측면에서 상대화하는 관점을 제 공해준다는 거였죠. 이거야말로 학계의 역할이자 책임이라고 하더군 요. [후지가키]

이렇듯 세미나에서 기업인은 학계의 중요성을 강조했다. 평소에 접할 기회가 없는 텍스트를 읽음으로써 본인 스스로를 상대화하는 관점을 갖게 되기 때문에 이런 측면에서 인문사회과학 계통의 학문은 그 존재 의의가 크다는 것이었다. 이러한 이야기를 기업인의 입을 통해 듣게 되었다는 사실 자체가 후지가키에게는 매우 인상 깊은 경험으로 남았다고 한다. 이는 서로 틀에 박힌 어휘 속에 갇혀 이야기하는 사람들이 이런 식으로 대화의 물꼬를 여는 것만으로도 어쩌면 상황이 변할 수도 있다는 말이다.

여기서부터 논의는 대학으로 옮겨 와서 학부의 통폐합 문제가 정말 부상한다면 어떻게 하면 좋을지, 예산 문제로 어떤 학부를 폐지해야 하는 경우에는 어떻게 할지, 특히 문학 계통의 학부는…… 등의 현실적 이야기로 이어졌다. 그 내용은 다음과 같다. 분명 유용성, 필요성이라는 관점에서 보면 일종의 서열은 세워질 수 있을 것이다, 실제로 이노베이션을 우선시하는 사상이 세계를 석권하고 있다는 점은 부정할 수 없다, 하지만 역시 문학이나 예술을 만들어내는 '장'은 필요하다, 등등이었다.

하지만 애초에 학문에 따라 각각의 성과가 사회에 환원되는 시간적 주기가 다르기 때문에 일률적으로 볼 수 없다는 의견도 있었다.

시간 단위, 하루 단위로 굶주린 아이를 구해야 한다면 영양학이나 농학 지식이 최우선이라고 생각해요. 일 년 단위, 수년에서 수십 년 후에 도움이 된다고 하면 기술, 수백 년 후라고 하면 과학, 더 이후라면 수학, 이보다 더 이후라면 문학이나 철학이겠죠. 그런 스케일의 차이를 이야기하는 게 아닐까요? 몇 년 후의 미래를 상정하고 있는지, 혹은 언제 도움이 될지에 대해 먼저 생각하지 않으면 이런 질문에 대답하기는 힘들 것 같습니다. [B학생]

분명 '도움이 된다'는 표현 하나에서도 시간 단위를 어떻게 설정하느냐에 따라 그 의미는 확연히 달라진다. 요즘 논의를 보면 툭하면 단기적인 유용성만 강조되기 일쑤인데 문학이나 예술 혹은 인문사회과학 전반에서 그러한 유용성을 추구하는 것은 근본적으로 잘못되었다. 끝으로 한 학생이 다음과 같은 훌륭한 멘트를 남겼다. "'도움이 된다' '도움이 안 된다'라는 말 자체도 각자가 틀에 박힌 어휘 속에 서로 다른 의미를 부여하고 있는 것이므로 그것이 서로 다른 분야 간의 대화를 통해 해소될 수 있다면 이 수업에도 의미가 있을 것입니다."

논의를 돌아보며

—

이번 논의는 (1) 사르트르가 한 질문의 음미 (2) '도움이 되다'라는 말의 음미 (3) 사회 속 각 집단이 각각의 어휘에 갇혀 있는 상황의 의미, 이렇게 세 가지로 집약할 수 있을 것이다. 각각에 대해 살펴보자.

사르트르의 질문에는, 1) 눈앞에 '굶주린 아이'가 있는 상황에서 매사의 우선순위를 결정하는 것 2) 일상생활을 유지하는 데 있어서 필요한 것, 이렇게 두 가지 측면이 혼재되어 있다는 점이 특징적이다. 1)은 한정적인 자원(예를 들어 국가 예산, UN의 예산 등)을 이용하여 수많은 과제를 해결해야 할 때 과제의 우선순위를 정한다는 발상으로 이어진다. 한편 2)는 그러한 자원 배분에 대한 생각과는 독립적으로 인간이 일상 생활을 유지하는 데 있어서 필수불가결한 존재에 관한 질문으로 이어진다. 1)과 2)는 애초에 독립적인데 사르트르의 질문은 얼핏 이들의 독립성을 상쇄하는 힘을 지니고 있다.

이날 논의에서 등장한 '사람은 예술 없이 살 수 있는가, 아닌가?'라는 질문은 앞의 분류에 따르면 2)에 해당한다. 이러한 질문은 감성의 세탁 없이 살 수 있는지 여부를 묻는 질문과 통한다. 한 학생의 말처럼 "예술이 사라진다면 마음이 굶주린다는 의미에서 풍족한 생활을 보낼 수 없을" 것이다. 이러한 입장은 1)의 우선순위 논의와는 별개의 것이다. 이와 동시에 또 다른 학생의 '인간이 더 이상 인간이 아니게 되는 순간 굶주린 아이를 앞에 두고도 공감할 수 있을까?' '문학이나 음악에 대한 지적, 창조적 영위가 굶주린 아이에 대한 '공감'을 길러주는 게 아닐까?'라는 지적은 어떻게든 질문 1)과 2)를 연결하려는 시도처럼 보였다.

이 점에 관해 한 학생(G학생)도 기말 리포트에서 언급하길 '굶주린 아이를 앞에 두고' '도움이 되는지' 여부를 적용할 수 있는 분야는 다양한데, 이 질문에 전혀 동요되지 않는 것은 오로지 '음식'에 불과하며 이처럼 '음식' 이외의 것으로부터 '도움이 될' 가능성을 박탈해버리는 '도움이 되다/되지 않다'라는 식의 논의에는 비약과 자의성이 있다고 했다.

이렇듯 사르트르의 질문은 여러 문제점을 내포하고 있기는 하지만 다른 문학자들의 반응을 이끌어냈다는 점은 분명한 사실이다. 문학이 굶주린 아이 앞에서는 유용하지 않더라도 문학에도 '제대로 된 존재

가치가 있다'는 사실을 문학자가 제대로 설명해야 할 책임이 있음을 일깨워준 유효한 질문이었다고 생각한다.

이처럼 사르트르의 질문은 '음식' 이외의 것이 '도움이 될' 가능성을 박탈해버리는 힘을 지니고 있는데, 그렇다면 애초에 '도움이 된다'는 것은 무엇을 의미할까? 이는 제9강에서도 다루겠지만 도움이 되는지 여부를 알려면 직접적·간접적인 회로를 통해 살펴봐야 한다. 농업의 수확량 증대를 목표로 삼는 기술 개발은 직접적으로 굶주림을 해결하는 데 도움이 된다. 한편 우주공학의 연구 개발이 민간으로 이전되어 국부에 도움이 된다면 발전도상국 지원을 위한 자원도 많아질 것이므로 굶주림 해결에 도움이 된다는 간접적인 회로도 있다. 이런 회로를 둘러싼 논의는 한 학생이 마지막에 지적한 시간적 주기에 관한 이야기와 연관이 된다. '시간 단위로 굶주린 아이를 구해야 한다면 영양학이나 농학' '일 년 단위, 수년에서 수십 년 후를 본다면 기술' '수백 년 뒤라면 수학, 문학, 철학'이라는 사고방식이다.

또한 지식이 무언가 새로운 것(식량이나 기술)을 만드는 데 도움이 되는 것 외에 '사고방식의 전개'에 도움이 되는 경우도 있을 것이다. 예를 들어 '논의의 기록'에서도 언급했던 과학기술사회론에 있어서 '인식의 전환'은 다음과 같다. 과학기술사회론에서 사회 구성주의적 사고방식은 이미 확립된 지식 및 기술, 현재 당연시되는 사항들이 어떻게 지금의 위치에 이르렀는지를 되묻는다.[13] 그리고 과학 지식이나 기술이 만들어진 배경 조건 안에 숨어 있는 규범, 사회적 선택, 사회적 상황 등을 분석하여 이를 밝혀낸다. 이러한 사고방식은 눈앞에 있는 기술이 애초에 그러한 형태였던 것이 아니라 사람들에게 선택된 결과 지금의 형태가 되었다는 사실을 밝혀냄으로써 일련의 역사적 프로세스와 정치성을 보여준다. 이뿐 아니라 예를 들어, 빈곤을 초래하는 남북문제의 배경에 있는 기술 발전의 역사를 밝혀냄으로써 우리 현실에 대한 '인식'을 새롭게 한다. 이런 식으로 도움이 되는 경우도 있다는 말이다. 또 한 가지, 문학에는 '도움이 된다'는 유형과는 별개로 독립된 '문화의 토양'이라는 측면이 있는데 이에 관해서는 제9강에서 심도 있게 다루기 때문에 여기서는 언급하지 않겠다.

이어서 한 학생의 "'도움이 된다/되지 않는다'라는 이분법은 각양각색의 사람이 각자 다른 환경에서 이에 국한된 어휘를 사용함으로써 성립되는 것 같다"라는 의견을 살펴보자. '도움이 된다고 생각하는 사람들은 그런 도움이 되는 세계에서 도움이 되지 않는 대상을 규탄하고, 거꾸로 도움이 되지 않는다고 간주되는 학문은 도움이 되지 않는다는 말 속에 갇혀 있게 된다'는 내용이었다. 이 경우 '논의의 기록'에서 언급했던 아스펜 연구소 세미나에서의 체험이 참고가 되므로 다시 한 번 살펴보도록 하자.

기업 간부급과 함께 고전을 읽는 이 세미나는 본래 미국에서 시작된 것이었다. 이 장의 주 12번에서 소개한 것과 같은 고전 텍스트를 다 함께 읽어나가는 형식이다. 어떤 문장에서 무엇을 느꼈는지, 무엇이 자신의 마음에 와닿았는지 대화를 통해 공유하고 이를 통해 자신과 마주할 기회를 갖는다. 우리는 고전을 접할 때 종종 '올바르게 읽는 방법은 무엇인가?'에 집착하기 마련인데, '올바르게 읽는 것'과는 별개로 현대를 살아가는 우리가 그런 텍스트에 나오는 문장과 있는 모습 그대로 마주하면서 무엇을 느꼈는지, 어떤 영감을 받았는지에 대해 서로 의견을 공유하는 것이다.14 텍스트와 마주함으로써 자신의 내부 문제(상사·부하와의 관계, 조직 운영의 방식, 국가의 모습, 아이와의 관계)를 드러내고 분석할 계기를 얻게 된다. 마음에 와닿는다는 것은 관련된 핵심적 요소가 자신의 안에 있다는 말이다. 이처럼 텍스트와의 대화를 통해 평소 **해법**만 추구해오던 기업인의 사고를 **해방**시킨다. 사고를 해방시킨다는 의미에서 이는 '리버럴아츠'라고 볼 수 있다. 다른 이의 이야기에 귀를 기울이고 자신과 심도 있는 대화를 하게 되면 스스로를 메타 레벨에서 재고할 수 있는 계기를 얻게 되며 이것이 인격의 함양으로 이어진다는 것이다. 이런 측면에서 이 과정은 리더십 연수에 해당된다.

이때 고전 텍스트를 접함으로써 "평소 해법만 추구해오던 기업인의 사고를 해방시킨다"는 말에 주목해보자. 이는 앞서 언급한 '도움이 된다고 생각하는 사람들은 그런 도움이 되는 세계에서 도움이 되지 않는 대상을 규탄하는' 태도와 대치된다. 그리고 '해방'에 도달하기까지 세미나의 사회자 및 'resource person'(책임자, 자료 제공자 ―옮긴이) 역할의 학자가 중요한 역할을 한다. 사회자는 '올바르게 읽는 방법'을 강요하지 않고 참가자의 말에 귀를 기울여 대화를 끌어내면서 발화자가 텍스트에 자신의 문제를 반영하고 분석할 수 있게 해준다. 그리고 여기 참가한 학자는 대화를 유도하면서 이들의 사고를 다음 단계로 이끌어나가기 위해 텍스트와 관련된 지식을 제공한다. 사회자가 갑자기 지명을 하면 '언제 어느 때라도 자신의 지식을 총동원하여 다른 사람에게 단시간에 정확하게 설명을 해줄 것' 즉 '교양'을 가지고 대응하지 않으면 안 된다. 평소 '눈앞의 해법'에만 몰두하던 사고방식에 학문적 측면에서 상대화라는 시점을 제공하기 위해 학계에서 그 역할에 대한 책임을 져야 하는 것이다. 이것은 '도움이 되는' '이노베이션으로 직결되는' 지식과는 또 다른 학문적 존재 의의로서 이런 이야기를 기업인의 입을 통해 직접 듣고 나니 눈이 번쩍 뜨이는 기분이었다.

좀더 분석을 해보자. 이때 학자는 기업인이 텍스트에 대해 보인 반응이나 질문에 대해 '언제 어느 때라도 자신의 지식을 총동원하여 다른 사람에게 단시간에 정확하게 설명을 해줄 것'이 어떤 것인지 몸소 보여준다. 즉 학문 안에 갇혀 있는 어휘를 기업인에게 '열어 보이는 것'이다. 이와 동시에 기업인은 텍스트를 읽고 느낀 점을 자유롭게 언어로 표현한다. 즉 텍스트에 대한 자신의 감상을 표현하기 위해 기업의 일상생활 속에 갇혀 있는 어휘를 세미나 참가자를 향해 '열어 보이는 것'이다. 이런 의미에서 이 세미나는 '서로 갇혀 있는 어휘 속에서 이야기하던 사람들이 대화를 위해 회로를 여는' 작업을 실천하는 시간이었다.

여기서 다시 한 번 사르트르의 질문으로 돌아가보자. 그의 질문은 음식 앞에서 모든 것은 도움이 될 가능성을 박탈당한다는 식으로 다양한 기준에 혼동을 야기했지만 문학자로 하여금 설명할 책임을 느끼게 하면서 많은 문학자의 대답을 끄집어냈다. 그리고 결과적으로 이들의 대답은 '문학 안에 갇혀 있는 어휘 안에서만 이야기하던 사람이 다른 영역에 속한 사람을 향해 대화를 위한 회로를 열었다'고 볼 수 있다.

[후지가키]

〈 제7강 〉

진리는 하나인가?

문제 제기

—

'진리는 하나인가?'라는 질문에 답하려면 일단 '진리란 무엇인가?'에 대해 생각해야 한다. 일본어사전 『고지엔廣辭苑』을 보면 참된 것, 참된 도리라고 적혀 있다. 그리고 철학 용어로는 다음과 같이 사용된다. 1) 의미론적으로는 명제가 보여주는 상황이 그대로 성립되는 때를 일컫는다. 2) 진리 인식에는 대략 세 가지 입장이 있다. 관념과 실재가 합치하여 진리가 성립한다고 보는 대응설, 어떤 관념이 정합적인 관념 체계 내부에서 딱 들어맞을 때 진리가 성립한다고 보는 정합설, 가설이 사실에 의해 검증될 때 진리가 성립한다고 생각하는 실용주의가 그것이다. 현실에서의 진리 인식은 이러한 세 가지 설에 의해 성립한다. 그리고 3) 윤리적, 종교적으로 올바른 삶의 방식을 진리로 보는 경우도 있다. 일상생활에서는 이러한 대응설과 정합설 그리고 실용주의와 윤리적인 의미가 서로 혼재되어 사용되고 있다.

그렇다면 이번 수업의 질문을 사회적으로 구체적인 상황과 연관 지어 생각하기 위해 여기서는 진리를 어떤 사회적인 결정을 내리기 위한 근거로 간주하겠다. 분쟁을 해결하는 사회적 수단으로서의 재판은 판단을 내리기 위해 근거를 요구하지만 그 근거가 하나로 정리되지 않는 경우도 많다. 또한 사회적으로 어떤 의사 결정을 내릴 때 '과학적인 대답'을 근거로 삼는 경우가 많은데 과연 과학적인 대답은 하나일까?[1] 이러한 사항들을 순서대로 구체적으로 생각해보자.

첫 번째 사례는 분쟁을 해결하는 상황에서 진리의 의미다. 과학 기술의 불확실성을 엿볼 수 있는 경우로 '몬쥬' 소송[2]을 예로 들어보자. 노심 붕괴 사고의 위험성을 두고 '발생 빈도가 낮다면서 해석 기준을 애매하게 두고 사고가 발생할 리 없다고 한 안전 심사는 잘못된 것'이라는 주민 측 주장에 대해 국가는 '노심 붕괴 사고는 기술적으로 일어날 수 없다'고 주장했고 2003년 나고야 고등법원 판결에서는 '기술적으로 일어날 수 없다는 평가에 의문이 남는다'고 했다. 여기서 발생 빈도를 둘러싼 진리에 차이가 있음을 알 수 있다. 이 소송에 대해 조금 더 깊이 살펴보면 공학적 판단(예: 어느 정도 수준의 사고 가능성을 상정할지에 대한 공학적 판단)과 법학적 판단(예: 어느 정도 수준의 사고 가능성을 상정할지에 대한 법률상의 판단) 사이에 격차가 있음을 엿볼 수 있다.[3] 이처럼 분쟁을 해결하는 상황에서 진리(판단 기준)는 하나가 될 수 없고 적어도 두 가지(공학적 판단과 법학적 판단)가 존재하는 것이다.

다른 예를 들어보자. 미나마타병을 둘러싼 원인 파악 과정을 보면,

환자의 증상을 근거로 그 원인을 분석했던 임상의학자가 주장한 진리와 공장 폐수 전문가가 주장한 진리 사이에는 분명한 차이가 있었다. 전자의 경우 '금속 중독' 관련 문헌에 게재된 증상을 나타낸 도표와 실제 환자의 증상을 비교한 후 환자의 증상은 유기수은 중독으로 판단하는 게 가장 적합하다고 주장했다. 한편 후자는 질소수은 공장의 아세트알데히드 생산 공정에 사용되는 것은 무기수은이므로 이 생산 공정에서 유기수은이 생성된다는 메커니즘을 입증하지 못하는 한 공장 폐수를 원인으로 볼 수 없다고 주장했다. 이 사례를 통해 우리는 의학자와 공학자의 진리(판단 기준)가 다르다는 점을 알 수 있다. 이렇듯 여러 사례를 통해 우리는 소위 전문가일지라도 각각의 전공 분야에 따라 서로 다른 진리를 가지고 있음을 알 수 있다.

이어서 '과학은 하나인가?'라는 질문에 대해 생각해보자. 이 질문은 과학기술사회론에서 오랜 시간 논의되어온 것이다. 이때 과학은 하나고 그 분야에 계층성이 있다[4]는 입장과 분야에 따라 지식의 타당성을 판단하는 기준이 다르고[5] 이에 따라 적절하다고 간주되는 방법론이 달라진다는 입장으로 나뉜다. 예를 들어 심장내과의와 분자생물학자의 경우, 동일한 문제를 대할 때 취하는 방법론이 다르다.[6] 그리고 분야에 따라 실증 연구라는 것의 내용도 달라서 고에너지물리학자와 분자생물학자의 경우에 각각 '실증'의 의미가 달라지는[7] 등 다양한 경우가 있다.

결국 과학은 하나가 아니라 분야마다 지식의 타당성을 판단하는 기준이 다르다고 생각하는 편이 나을 듯하다. 여기서 분야마다 다른 진리(판단 기준)에 대해 타당성 경계validation-boundary라는 개념[8]을 적용하여 생각해보자. 타당성 경계란 전문가 집단 단위인 전문지 공동체가 동료 평가 시스템에 의거하여 만든 논문 게재 승낙 여부의 경계를 가리키며 이는 해당 분야에서 지知의 선택 기준이 된다. 과학과 사회의 접점에서 어떤 문제가 생겼을 때 각 집단은 각자의 선택 기준에 따라 그 책임을 생각한다. 예를 들어 어떤 건축물이 지진으로 붕괴했다고 간주해보자. 이때 공학자가 지닌 지의 선택 기준(타당성 경계)과 법학자가 지닌 타당성 경계와 일반인이 지닌 타당성 경계가 달라지면 책임을 둘러싼 논쟁이 벌어진다. 공학자의 타당성 경계에서 봤을 때 그러한 붕괴는 '공학적으로는 예측할 수 없었던' 일이다. 하지만 법률의 타당성 경계라는 측면에서는 그러한 상황에서의 '예측 가능성' '직책의 범위' '결과 회피 가능성'에 대한 법적 책임의 추궁 여부에 초점을 맞춘다. 그리고 시민이 지닌 타당성 경계는 이러한 것들과는 별개로 지역 주민의 입장에서 '과학 기술자는 이런 상황에 대한 책임까지 져야 한다'는 주장을 할 것이다. 이 개념을 사용하면 사례1('몬쥬'의 경우)은 법학자와 공학자의 타당성 경계의 차이, 사례2(미나마타병의 경우)는 의학자와 공학자의 타당성 경계의 차이로 볼 수 있다.

타당성 경계는, 재판의 경우가 아니더라도 전문가 위원회, 심의회 그리고 사회적 의사 결정을 내려야 하는 다양한 상황에 있어서 전문 분야마다 서로 다른 진리를 가지고 있다는 사실을 보여준다. 과학사학자 포터는 이를 "마땅히 믿을 만한 유형의 지식reasonably credible forms of knowledge"이라 불렀으며 분야마다 다르고 모두가 합의하지 않는다는 점을 지적했다.[9] 학제 연구를 할 때에는 분야가 다른 연구자들이 공동 작업을 해야 하는데 분야마다 타당성 경계가 다르고 진리도 다르다는 사실을 공유하지 않는다면 공동 연구를 진행할 수 없다는 것이다.

이상으로 살펴본 바에 따르면 '진리는 하나인가?'에 대한 대답은 '아니다'이며 진리는 여러 개라고 보는 게 나을 듯싶다. 물론 분쟁을 해결하거나 어떤 입장에 서려면 이러한 다수의 진리 중에서 어느 한 가지를 선택하여 적용해야 할 것이다. 그럼에도 불구하고 다수의 타당성 경계에 대한 인식 혹은 '여러 분야(혹은 현장)를 알고 다양한 입장을 왕복하는 일'에는 의의가 있다. 현장마다 지식과 근거가 다르다는 사실을 실감하고 다수의 입장을 오가는 과정 속에서 자신의 입장과 다른 사람들의 입장을 상대화하고 주의하게 됨으로써 그다음 선택에 더욱 신중해질 것이기 때문이다. [후지가키]

논점

1. 자신의 분야의 '진리'가 다른 분야의 진리와 대립하는 경우를 상상하고 이를 다른 사람이 이해할 수 있는 형태로 이야기해보자.

2. 1에서 다른 '다른 분야의 진리'에 입각하여 '자신의 분야의 진리'를 비판하면 어떤 주장이 가능할지 다른 사람이 이해할 수 있는 형태로 설명해보자.

3. 2에서 다룬 비판을 거꾸로 '자신의 분야의 진리'에 입각하여 재비판하면 어떤 주장이 가능할지 다른 사람이 이해할 수 있는 형태로 설명해보자.

4. 논점1~3에 걸쳐 서로 다른 입장을 오가면서 느낀 점을 정리하여 설명해보자.

논의의 기록

—

이날은 시험 주간이어서 출석한 학생은 2명(A학생과 C학생)뿐이었고 여기에 조교 2명과 교사 2명까지 총 6명이 논의를 했다. 뜻밖에도 종교, 과학, 법률, 문학 등 네 가지 분야에서 진리의 차이에 대해 '문화의 삼각 측량'이 아닌 '분야의 사각 측량'이라는 측면에서 논의가 전개되어 굉장히 흥미로운 시간이었다.

일단 큰 제목인 '진리는 하나인가?'에 대한 대답을 들어보았다. C학생은 "진리는 존재하지만 우리 인간은 그것에 도달할 수 없기 때문에 표층적으로는 그렇다"고 대답했다. A학생은 "어떤 일이 생겼을 때 흑백논리로 판단을 내릴 수 있다는 것은 진리를 하나로 보는 입장이다. 하지만 실제로는 쌍방의 관점이 다르기 때문에 이 둘을 적절히 희석하면서 타당한 지점을 찾아나갈 수밖에 없다. 같은 사건이라도 누가 판결을 내리고 누가 당사자고 어느 시대이냐에 따라 달라지는 상황 의존적 측면이 있다"고 대답했다. 이후 네 가지 논점에 대한 논의가 이루어졌다.

논점1
자신의 분야의 '진리'가 다른 분야의 진리와 대립하는 경우를 상상하고 이를 다른 사람이 이해할 수 있는 형태로 이야기해보자.

먼저 C학생은 과학적 진리와 전통적·문화적 혹은 종교적 진리라는 것은 전부 진리로서 존중받아야 하는데도, 과학자들은 과학적 진리가 전통적·문화적·종교적 진리보다 상위에 있다거나 아예 과학적 진리 외에는 진리로 인정하지 않는 경향이 있다고 지적했다. 또한 종교적 진리와 철학적 진리의 통합에 의한 '이중진리설'을 소개했다.[10]

다음으로 A학생은 법학적 진리와 의학적 진리가 대립했던 예로 여호와의 증인 수혈 거부 사건[11]을 소개했다. 신자였던 환자는 '수혈을 받아서는 안 된다'는 교의를 기반으로 만에 하나 수술 중 수혈이 필요한 상황이 와도 해서는 안 된다고 의사 표시를 했다. 하지만 의사는 '수혈할 가능성이 높다'는 점에 대해 사전에 충분히 설명하지 않은 채 수술에 임했고 수술 중에 수혈을 했다. 이에 환자가 '종교적 인격권을 유린당했다'는 이유로 병원 측을 고소하여 손해배상 명령이 떨어졌던 사건이다. 이때 의사가 판단하기에 '생명을 지키는 것이 최우선'이었지만 환자의 경우 '종교적 인격권을 지키는 것이 최우선'이었기 때문에 이들 사이에 대립이 발생한 것이다. 하지만 만약 수혈을 하지 않아 환자가 사망했다면 오히려 가족으로부터 소송을 당했을 가능성도 있으므로 결국 '불충분한 설명이 인격권을 유린'한 셈이다. 즉 의사의 설명 의무 이행의 필요성이 강조된 사건이었다. 또한 A학생은 법률에서 '모든 주장의 근원에 있는 정당성은 권리를 담보로 한다'는 점을 언급하면서 본인도 지금껏 권리에 기반하여 모든 이야기를 풀어왔으나 이 수업에서 다뤘던 대리모 사례, 사르트르의 사례 등을 통해 권리에 의거하지 않는 사고방식도 있다는 사실을 깨달았다고 했다. 즉 권리를 최우선으로 간주하지 않더라도 충분히 반론이 가능하다는 사실을 알게 된 것이다.

이어서 조교 J학생은 최첨단에 서 있는 과학 지식은 끊임없이 만들어지고 '작동 중'이기 때문에 이런 과정에서 논쟁이 일면 대립이 생기기 쉬우며 지식이 축적되는 과정에서는 같은 분야 내에서도 진리의 대립이 있을 수 있다고 했다. 그리고 조교 I학생은 문학 연구에 있어서 진리는 다른 다양한 분야의 진리와 대립하는 것 같다고 말했다. 예를 들어 문학 연구에서 정신분석을 응용하는 경우를 보면 일단 정신분석 자체는 19세기 말 빈의 지적, 역사적 배경 속에서 생겨난 것이며, 문학 연구자들은 저작물을 연구함으로써 이러한 역사적 진실을 알 수 있다고 가정한다는 것이다. 이는 시대에 따라 변하는 역사적 진실에 있어서 그러한 변화를 증언하는 존재가 작가라고 보는 시각이었다.

이에 대해 후지가키는 정신분석에는 프로이트가 독해를 위해 격자로 사용한 이론(오이디푸스 콤플렉스 등)과 정신분석 기법(자유 연상을 비롯하여 전이, 철저한 조작[12]을 거쳐 관해remission, 寬解에 이르는 프로세스)이 있는데, 후자의 경우 이론과는 독립적으로 심리 요법으로 이용할 수 있으며 일부 정신과 의사가 이를 이용하고 있다고 소개했다.[13]

여기까지 들은 이시이는 "문학에서 진리는 하나인가라는 질문이라면 이것만으로도 책 한 권은 쓸 수 있다"고 말한 후 '지금까지 논의를 통해 진리라는 단어와 진실이라는 단어가 등장했는데 문학 연구에서 이 둘의 차이는 무엇인가?'라는 질문을 던졌다. 그리고 '진실이 하나라는 말은 가능하겠지만 진리가 하나라고는 말할 수 없다'는 입장을 표명했다. 이 말인즉 어떤 작가의 원고나 다른 증거를 가지고 실증 연구를 하면 '진실'에 도달할 수 있을지도 모른다. 하지만 어떤 작품을 어떻게 읽어야 할지 고민하는 상황에서는 그 작품이 내포하고 있을지 모를 '진리'에 도달할 수 있는지 여부를 문제로 삼을 수는 없다는 입장이다.

이 작품에서 작가가 말하고자 하는 바는 이거다, 라는 식으로 글을 써놓으면 마치 그 작품을 읽은 듯한 착각에 빠져요. 이걸로 진리에 도달했다고 생각하는 거죠. 이러한 관점에 따르면 어떤 작품을 이렇게 읽고 작가의 의도가 이러이러하다는 점을 알게 되면서 동시에 독해가 끝나는 거예요. 저는 결코 이런 걸 '읽었다'고 생각하지 않습니다. 즉 작가의 의도를 우리가 최종적으로 도달해야 할 유일한 진리라고 생각하지 않아요. 작품에서 무엇을 깨닫는가가 중요하고 그건 독자에 따라 천차만별일 수밖에 없어요. 그래서 독자의 숫자만큼 작품을 이해하는 방식이 존재하는 거예요. 그러한 독서 방식 하나하나를 진리라고 한다면 진리는 절대 하나가 될 수 없는 거죠. (…) 종종 과학자는 진리를 탐구하는 것이 학문의 목적이라고 합니다만, 진리를 탐구한다는 것은 진리가 어딘가에 존재한다는 전제가 없으면 불가능한 행위예요. 아직 발견되지 않았지만 객관적으로 진리라는 것이 어딘가에 존재하고 모든 과학자는 이를 탐구하고 있다는 거죠. 이것이 자연과학자들의 기본적인 자세라고 생각해요. 하지만 문학 연구자들은 그렇지 않아요. [이시이]

여기서 우리는, 문학 연구에서의 진리는 곧 작품을 이해하는 방식이라는 부분에 주목할 필요가 있다. 우리가 도달해야 할 진리는 작가의 의도가 아니라 독자의 숫자만큼 이해하는 방식이 곧 진리라는 사고방식이다. 이는 제4강에서 예술의 가치가 작품 안에 객체로서 존재하는 게 아니라 평가하는 개인에게 있다는 의견과 상응한다. 이것은 과학자가 탐구하는 진리와 분명하게 다르다. 자연과학에서의 진리는 곧 자연을 이해하는 방식이라고 치환할 수는 있겠지만 과학자들은 독자의 숫자만큼 진리가 있다는 것보다 가능한 한 많은 독자와 공유할 수 있는 진리를 추구한다.

이후 논의는 '자연과학자에게 진리와 진실은 어떻게 다른가' '역사학 혹은 다른 분야에서는 진리와 진실이 어떻게 다른가'에 관한 이야기로 이어졌다. 자연과학자에게 사실은 fact고 진리는 truth다. 진실이라는 표현은 거의 사용하지 않는다.[14]

후지가키_ 자연과학자에게 사실은 fact고 진리는 truth죠. 그래서 완전히 다른 개념인 거예요. 그러니까 fact를 쌓아나가면서 거기에 어떤 이론을 적용하면 truth가 되는 겁니다.

이시이_ 그런데 그 truth라는 건 10년 후, 100년 후에라도 잘못된 것으로 증명될 가능성이 있는 건데요. 그러니까 지동설도 언제 어떻게 말이 바뀔지 모르는 거겠죠? 그렇다고 하면 최종적인 truth는 어떻게 알 수 있나요?

후지가키_ 과학자가 항상 최종적인 truth라고 생각하는 건 아니고요. 연구를 하는 지금 이 시점에서 가장 truth에 가까운 것은 이거, 라는 식의 연구 태도로 임합니다.

이시이_ 그 말인즉 상대적인 태도인 거네요. 현재의 다양한 현상을 모순 없이 설명할 수 있는 건 이거니까, 이게 가장 truth에 가까운 것이다, 라는 일종의 신앙 같은 건가요(웃음).

후지가키_ 그런 표현 방식도 가능하겠네요.

이시이_ 결국 번복되지 않을 진실이 있는지 여부는 증명이 불가능한 거네요.

후지가키_ 오히려 충분히 번복될 수 있다고 생각해요. 즉 다른 fact가 나와서 자신이 생각하던 구상에 변화가 생기는 상황에 과학자들은 개방적이에요.

이시이_ 물론 그렇겠네요. 그래서 항상 반론 가능성을 열어두고 있는 거고요.

후지가키_ 네, 반증 가능성을 말이죠.

이시이_ 그래서 그렇게 fact를 쌓아가며 가장 truth에 가깝다고 생각한 것을 주장하는 건데, 그 truth도 또 다른 fact가 나오면 번복될지 모르죠. 즉 더 이상 truth가 아닌 상태가 될 가능성은 항상 있는 거네요. 그래서 한정된 fact에 의해, 즉 주어진 fact를 통해 이것이 truth라고 반복하는 것이 자연과학자로군요.

후지가키_ 그렇습니다. 그거면 된 거예요. 종교와의 차이는 여기에 있습니다. 종교는 번복될 수 없죠. 종교의 truth는 이후에 어떠한 fact가 나와도 번복되지 않아요. 반면 과학의 truth는 새로운 fact에 의해 언제든지 다시 수정될 수 있습니다.[15]

이어서 '역사적 사실이란 무엇인가, 역사적 진실과 무엇이 다른가, 자연과학에서의 사실과 역사에서의 사실은 어떻게 다른가'에 대한 논의가 이루어졌다. 또한 "정신분석은 잘못되었다는 사실이 입증되었다"라는 어떤 이공계 대학 교수의 말에 의문을 제시한 이시이에게 후지가키는 "잘못된 것을 입증한다는 말은 거의 쓰지 않아요. 오히려 이쪽 주장이 더 설득력이 높다는 식으로 이론의 포함성을 두고 경쟁16을 하죠"라고 덧붙였다.

논점2

1에서 다른 '다른 분야의 진리'에 입각하여 '자신의 분야의 진리'를 비판하면 어떤 주장이 가능할지 다른 사람이 이해할 수 있는 형태로 설명해보자.

C학생은 종교적 진리는 재현이 불가능하며 객관적인 절차나 확실한 증거에 근거하여 도출된 것이 아니라고 말했다. A학생은 만약 법률과 과학의 접점, 예를 들어 '여호와의 증인' 사건의 경우 법원이 판단하기보다 의사가 판단하는 편이 나을 것 같다는 입장을 보였다. 그리고 법률과 종교와의 접점에서는 '권리' 개념으로 정당성을 담보하는 방식을 의심할 필요가 있다고 말했다. 예를 들어 출산을 신성한 것으로 간주하는 사고방식(제5강의 논의 참고)의 경우, 이에 대해 법률적으로는 '권리를 통해 증명'할 필요가 있는데 결국 법률가 입장에서 이는 별거 아닌 주장이 되어버리는 것이다. 하지만 이 역시 법원이라는 법률이 지배

한 공간에 국한된 이야기이기 때문에 우선 법원이라는 패러다임 자체를 의심해볼 여지가 있음을 알 수 있었다.

그리고 원자력 발전소 재가동을 둘러싼 재판에 대해 구체적으로 살펴보면 하급 법원을 '사실심'이라 부르며, 대법원은 이 사실심이 한 사실 인정에 대해 대전제가 되는 법적 판단을 내린다는 것을 알 수 있다. 또한 법원에서 나오는 증거 하나하나는 '사실'이고 이런 증거를 통해 확인된 일종의 인정을 '진실'이라 하지만, 이를 기반으로 내린 법적 판단에 대해 그것을 '진리'라고 말하지 않는다는 점이 분명해졌다. 또한 지금까지의 논의를 통해 '사실' '진실' '진리' 세 개념 중에는 분야에 따라 거의 사용되지 않는 것도 있고 같은 단어라도 사용하는 상황이 다르다는 사실을 알 수 있었다. 상당히 흥미로운 발견이었다.

또한 조교인 J학생은 '문제 제기'의 내용에 질문을 던지면서 "자연과학은 자연과학 안에서 존재하는 한 계속 진리인 채로 있을 수 있는데 사회와 접하면서 이러한 진리는 판단 기준으로 사용되게 된다"고 말했다. 또한 "fact를 축적해가는 과정에서 가장 설명력이 높은 것이 진리이며 이는 연구의 진전과 더불어 그 내용이 바뀔 수도 있는데 그럼에도 불구하고 이것을 판단 기준으로 사용하면서 수정이 불가능한 진리마냥 취급해버리는" 경향이 있다면서 그 위험성을 지적했다. 이와 같은 의견은 자연과학 연구의 '현장'에 존재하는 진리와 그것이 사회에서 이용될 때의 진리 사이에 존재하는 간극을 보여주었다.

논점3

2에서 다룬 비판을 거꾸로 '자신의 분야의 진리'에 입각하여 재비판하면 어떤 주장이 가능할지 다른 사람이 이해할 수 있는 형태로 설명해 보자.

먼저 C학생은 다음의 의견을 제시했다. '과학적 진리라는 것 또한 지금 이 시대 속 어떤 체계에 속하는 진리에 불과하다. 즉 진리라 불리는 것도 개연성이 높은 가설에 불과한 것이다. 그러한 가설은 진리가 아니다. 이러한 맥락에서 전통적, 문화적, 종교적 진리도 진리라고 말할 수 없을 것 같다'라는 내용이었다. 물론 당장 어떤 facts를 가장 잘 설명할 수 있는 것을 truth라 부른다는 측면에서 본다면 이를 진리라고 할 수 없다는 입장도 있을 수 있다. A학생은 '분명 법원이라는 패러다임을 의심해볼 여지는 있으나 그럼에도 불구하고 법원은 한때 인간이 자력 구제나 점술에 의해 결정하는 식의 불합리한 결과를 창출했던 역사를 반성한다는 의미로 만들어낸 제도이기 때문에 이 제도는 절대적으로 필요하다'는 점과 '주요 쟁점이 종교적 판단과 연관되어 있는 경우 법원에서는 판단을 내릴 수 없다는 판결도 나올 수 있다. 법원은 법원의 규범에 따라 제도로서의 법원이 작동할 수 있는 범위 내에서 판단을 한다. 그 이외의 사항은 다루지 않는다' '법원에서 다룰 수 있는 권리에 입각하지 않는 이론에 대해서는 법원에서 다루지 않는다'는 의견을 제시했다.

다음으로 조교 J학생은 과학에서의 귀납적 추론과 연역적 추론에 대해 소개하면서, 연역적 추론은 '정리定理'에서 시작하는 반면 귀납적 추론은 앞서 논의했던 facts의 축적에 의한 truth가 문제시된다고 말했다. 그리고 작동 중인 과학적 진리가 판단 기준으로 사용되는 점(논점2 참조)에 대한 재비판이 어렵다고 지적했다. 조교 I학생은 "일부러 이과와 문과를 한데 모아놓고 다시금 이과 계통·문과 계통의 방법론에 대해 고민할 때 진정한 차이점이 드러난다"면서 자신이 발견한 사실에 대한 감상을 말했다. 이어 롤랑 바르트의 '진실다움'에 관한 이야기를 하면서[17] 무엇에 의해 진실처럼 보이는가를 묻는 현실 효과에 관한 이론을 소개했으며, 문학에서 진실다움과 연극에서 진실다움의 예시를 언급했다. 이와 관련해서는 '진실'과 '진실다움'의 차이 그리고 '진실다움'이라는 말은 있지만 '진리다움'이라고는 말하지 않는다는 점, 진실에는 정도의 차이가 존재하는 것 같다는 등의 논의가 전개되었다. 그러자 A학생은 "재판에서 합리적인 의심을 넘어 진실로 보이는 수준에 달하게 됐을 때 진실은 진실로 인정받아요. 이야말로 진실다움을 판단하고 있는 현장이 아닐까요?"라고 말했다. '재판관이 자유로운 심증에 따라 어떤 의심을 넘어 진실다움을 인정'할 때 법률에서는 진실다움이라는 표현을 사용한다는 것이다.

여기서 이시이는 '자신의 분야에서 진리의 예시를 말로 표현해달라'는 요청을 했다. 그러자 C학생은 "불교에서 진리는 언어화가 불가능해요. 언어화가 불가능하기 때문에 불경이나 설법을 이용해 이에 가까워지려고 노력할 뿐이죠. 최종적으로 진리는 체득해야 하는 것이고 언어로 표현할 수 없어요"라고 했다. 또한 '공空이라는 사상이 있는데 이건 진리가 아닌가?'라는 질문에 대해서는 '공은 진리가 아니다. 진리라고 말하는 순간 공은 파괴된다. 공은 없다는 의미이므로 공을 진리라고 하면 바로 파괴되어버린다'는 설명이 이어졌다. 이에 대해 후지가키는 '불교에서의 언어화는 그 밖 영역에서의 언어화와는 방향성이 다른 것 같다'는 의견을 냈다. 예를 들어 철학에서의 언어화와 불교에서의 언어화는 분명히 방향성이 다르다. '공'의 예시에서처럼 불교에서의 개념은 철학적인 언어화에 의해 파괴되는 성질이 있다. 후지가키는 이러한 사실을 프랑스 사람과 좌선을 하면서 느꼈다고 한다. 후지가키는 프랑스와 일본의 첨단과학 심포지엄[18]에서 40여 명의 프랑스인과 40여 명의 일본인이 교토 에칸도永觀堂 부근의 절 고운지光雲寺 좌선도장에서 좌선을 했다고 한다. 승려의 말에 따라 책상다리를 하고 두 손을 모아 시선을 앞사람의 둔부 근처에 고정하고 호흡을 가다듬으면서 좌선하는 것이다. 이를 두 번의 섹션에 걸쳐 반복한 후 하시는 말씀을 듣는다. 그 내용은 영어로 통역되어 프랑스인에게 전달된다. 그러나 프랑스인은 그 내용을 철학적으로 이해하고 싶어한다. 개념을 '명확히 하는' 방향성이 다르기 때문에 나중에 질문을 받을 때 힘들어했다. 철학적으로 다듬어가는 방향성과 불교의 '그렇게 말하는 순간 파괴되어버리는' 사고의 방향성이 완전히 달랐던 것이다.

논점4
논점1~3에 걸쳐 서로 다른 입장을 오가면서 느낀 점을 정리하여 설명해보자.

우선 C학생은 '특정 체계 안에만 있겠다면 그 안의 진리에 대해서만 다루면 되겠지만 과학과 종교 혹은 과학과 윤리가 대립하는 오늘날에는 하나의 체계에 갇혀 있는 것이 불가능하다'면서 '대화를 할 때는 상대의 체계를 어디까지 이해하느냐가 중요하며 하나의 체계에는 그 체계만의 진리가 있다는 사실을 각 체계의 사람들이 이해할 필요가 있다'는 사실을, 논점1~3의 논의를 통해 알게 되었다고 했다. 이어서 A학생은 재판을 할 때 흑백이론의 잣대를 사용하는 제도에 대해 재고해봄으로써 이를 상대화할 수 있었다고 했다. '과학기술사회론의 경우 과학으로도 정답을 내기 힘든 과제에 대해서는 사회적 합의를 형성해야 할 때가 있는데 이런 경우와, 진리에 도달할 수는 없지만 사회적 요청으로 인해 재판으로 흑백을 가려야 하는 경우가 유사하다'는 의견도 있었다.

그리고 후지가키는 앞서 제5강에서 역할을 바꿈(역할 연기)으로써 자신의 입장을 상대화하는 경험을 했듯이 이번 강의에서는 이를 학문 분야에 대입시켰다고 했다. 이 방식의 효과는 A학생과 C학생의 의견에서 엿볼 수 있었다. 조교인 J학생은 '입장을 오가는 일이 과학기술사회론'[19]인만큼 항상 해온 작업이지만 여전히 어려웠다고 말했다. 조교인 I학생은 "이 수업에 참여하기 시작하면서 나 자신의 방법론에 대해 다시 돌아보게 되었"으며 "학문 분야에 따라 진실 혹은 진리다운 것을 형성하는 프로세스가 다르다는 점을 깨달았다"고 말했다.

마지막으로 이시이는 '자연과학과 문학 연구는 설명할 수 있는 능력을 두고 경쟁한다는 측면에서 동일하다'는 의견을 말했다. 문학의 경우 '어떤 식으로 해석해야 더 설득력이 있을까'를 둘러싸고 경쟁한다는 것이다. 확실히 어떻게 해야 더 설득력 있는 해석을 할 수 있을까를 두고 경쟁한다는 측면에서 문학 연구와 과학 연구에는 동질성이 있다고 말할 수 있겠다.

> 한마디 더 한다면, 문학은 어떻게 읽는 것이 가장 재미있을까에 달려 있어요. 결국 어딘가 숨어 있는 존재에 도달하는 게 아니라, 이렇게 해석하고 이렇게 읽으면 이렇게나 재미있다, 라는 식으로요. 이런 게 인간에게는 상당히 좋은 영향을 미치기 때문에 지금까지도 문학 연구라는 작업이 이어져오고 있는 거죠. 이런 의미에서 보면 우리는 해석의 '강도'를 두고 경쟁하는 거지 '정당성'을 두고 경쟁하는 게 아니네요. 올바른 것이 아니라 어떻게 읽는 것이 자극적인가가 문제죠. 저는 이거야말로 문학 연구의 세계라고 생각하기 때문에 모든 것은 해석이라고 말한 니체의 사상에 매우 깊이 공감하는 바입니다. [이시이]

여기서 '해석의 강도를 두고 경쟁'하는 것과 '정당성을 두고 경쟁'하는 것의 차이에 대한 내용이 등장하는데, 이러한 차이에 대해 과학론에서는 많은 연구 결과를 가지고 있다.[20]

후지가키_ 어떻게 해석하면 더 제대로 많이 설명할 수 있을까에 대한 연구는 과학에서도 이루어지고 있지만, 어떻게 해석하면 재미있을까에 대해서는 아직이네요.

이시이_ 과학에서도 시도해보면 좋을 거예요.

후지가키_ 재미있어 보이긴 하는데요(웃음), 가능한 한 많은 fact를 포함하는 형태로 설명의 가능성을 둘러싼 경쟁이 이루어지거든요.

이시이_ 문학도 그래요.

후지가키_ 그런가요(웃음).

이시이_ 문학도 물론 fact에 따라 이루어지죠. 그런데 한순간에 휙 튕겨 나가기 십상이죠.

후지가키_ 튕겨 나가는군요. 그런데 과학에서는 별안간 튕겨 나가면 큰일 나요.

이시이_ 문학은 튕겨 나가도 상관없어요. 좀 무책임하죠?

후지가키_ 좋겠어요. 부러운데요(웃음).

ㅣ학생_ 그런데 그래도 되는 건가요(웃음). 듣고 있으면 아무래도 너무 무책임한 것 같은데요.

이시이_ 분명 무책임한 이야기를 하고 있는 거예요. 어려운 이야기일 순 있는데요, 한 번쯤 아주 제대로 무책임해보면 어떨까 싶어요. 책임을 다하려고 생각하는 한 튕겨 나가기는 힘들거든요.

　여기서 언급한 학문의 책임에 관해서는 제9강에서 재차 다루도록 하겠다. [후지가키]

논의를 돌아보며

—

강의 첫날 학생들에게 미리 준비해 간 열 가지 주제를 보여주면서 가장 관심이 가는 주제를 물어봤을 당시, 이번 강의였던 '진리는 하나일까?'를 뽑은 사람이 가장 많았던 것으로 기억한다. 그랬던 만큼 이번 수업이 일정으로 인해 출석자가 적었다는 점은 매우 아쉬웠지만 '논의의 기록'을 보면 알 수 있듯이 논의 내용은 상당히 밀도 있고 흥미로웠다.

무엇보다 이번에는 학생, 조교, 교사가 각각 2명씩 참여한 상황이어서 '수업'이라기보다 전원이 번갈아가며 이야기를 나누는 자유 발화에 가까웠다. 물론 교사의 발언 기회도 많아졌기 때문에 나 역시 상당히 열성적으로 꽤 많이 떠든 것 같은데, 관련 내용은 '논의의 기록'에 상당 부분 등장하므로 여기서 되풀이하지 않겠다. 그 대신 다소 자유로운 형식의 코멘트를 통해 내 임무를 수행하고자 한다.

제2강 '글로벌 인재는 정말 필요한가?'에서도 언급했듯이, '모든 질문이 정의에 관한 질문을 내포'하고 있는 거라면 '진리는 하나인가?'라는 질문의 경우에도 우선 '진리는 무엇인가?'라는 질문에 답할 수 있어야 한다. 하지만 조금만 생각해보면 알 수 있듯이 이 질문은 매우 추상적이며 대답 자체가 불가능에 가깝다고 볼 수 있다. 따라서 논점1~논점3에서는 '자신의 분야의 진리' '다른 분야의 진리'처럼 한정적인 방식으로 문제 제기를 했다. 모든 분야에 공통적인 보편적 진리라는 건 상정하기 힘들기 때문에 일단 분야마다 다른 진리를 살펴봐야 하는 것이다. 이번 참가자 구성에 의해 '과학적 진리' '법학적 진리' '문학적 진리' '종교적 진리' 네 가지 유형을 살펴볼 수 있었다.

이 중에서 가장 기술하기 쉬운 것은 '과학적 진리'일 것이다. 하나의 가설을 세우고 실험을 한 결과 얻은 데이터를 수집하고 해석함으로써 그 가설을 증명하는 일. 종종 예상하지 못했던 발견을 하는 경우도 있겠지만 기본적으로 자연과학은 이런 사이클을 거쳐 진리에 도달하는 것을 목적으로 삼았으며 실제로 이를 달성해왔다. 지금까지 축적되어 온 무수히 많은 진리는 모순적인 명제와 양립할 수 없기 때문에[21] 이런 측면에서 '진리는 하나다'. 그리고 진리는 하나이기 때문에 더욱더 과학자들은 '진리 탐구'를 연구 목표로서 설정할 수 있는 것이다.

그렇다면 '법학적 진리'는 어떨까? 가령 일정 조건하에서 판결 형태로 내려진 판단을 법학적 진리라고 한다면 이를 '하나다'라고 말할 수는 없을 것이다. 애초에 국가나 공동체에 따라 전부 법체계가 다르기 때문에 똑같은 행위에 대해서도 전부 다른 판단이 내려질 수 있으며[22] 동일한 법체계 속에서도 해당 안건을 담당하는 재판관이 누구냐에 따라 판단이 갈린다. 그리고 시대적 배경이나 사회 정세에 따라서도 법학적 진리는 분명 다양한 형태로 변할 것이다. "같은 사건이라도 누가 판결을 내리고 누가 당사자고 어느 시대이냐에 따라 달라지는 상황 의존적 측면이 있다"고 했던 A학생의 말에서도 그러한 사실을 엿볼 수 있다. 여기서 문제는 판단에 대한 '옳고 그름'을 가리는 게 아니라 특정 상황에서 '어느 정도의 타당성을 가지고 있느냐'에 달려 있다. 즉 법률적 측면에서는 타당성의 정도에 따라 다양한 해결책이 존재한다는 의미에서

'진리는 하나가 아니다'.

한편 이러한 측면은 '문학적 진리'[23]에서 더욱 부각된다. 교실에서도 언급했던 내용이지만, 우리는 어떤 작품을 읽을 때 그것이 내포한 진리는 다름 아닌 '저자의 의도'이며 여기에 도달하는 것이야말로 그 작품을 이해하는 일이라고 생각하곤 한다. 만약 정말로 그렇다면 저자의 의도가 밝혀지고 그것이 독자에게 전달되는 순간 작품 그 자체는 자신의 사명을 다한 셈이다. 작품이 내포한 진리가 밝혀지고 언어화되면서 작품 자체는 더 이상 쓸모가 없어지는 것이다. 이러한 사고방식에 따르면 작가의 의도와 문학적 진리는 하나이며 작품은 이것으로 환원이 가능해진다.

그런데 사람들은 왜 그토록 어렵게 자신의 시간과 노력을 쏟으며 소설과 시, 평론을 읽는 걸까? 이것은 '읽다'라는 행위의 목적이 저자의 의도 파악으로 환원될 수 없음을 의미하며 그 자체가 다른 무엇으로도 대체할 수 없는 경험으로서 고유의 가치를 지니기 때문이다. 그렇기 때문에 본질적으로 문학 작품은 요약이 불가능하다. 이것은 음악 작품이나 회화 작품을 요약할 수 없는 것과 마찬가지다. 「교향곡 제5번(운명)」을 5분으로 줄여놓거나 「모나리자」 작품의 4면을 5센티미터씩 잘라놓은 상황에서 설마 베토벤의 음악을 들었다거나 레오나르도 다빈치의 회화를 보았다고 주장할 사람은 없을 것이다.

따라서 문학적 진리라고 부를 만한 것이 있다고 한다면 그것은 작품에 처음부터 내재해 있던 것이 아니라 독자들이 '읽는다'는 경험을 통해 각자 만들어내는 것이라고 보는 게 맞다. 즉 '논의의 기록'에도 언급했듯이 문학 연구에서 진리란 '작품을 이해하는 방식'에 가깝다. 그리고 작품을 이해하는 방식은 순수하게 개인적이기 때문에 당연히 여기서 생겨난 진리의 모습 또한 독자에 따라 제각각이다. 문학적 진리는 하나가 아니라 독자의 숫자만큼 존재한다는 말이다. 물론 이 중에도 타당한 경우와 그렇지 않은 경우가 있다는 측면에서는 법학적 진리와 동일하지만 문학에서는 의거해야 할 기준(법학에서 법체계에 해당하는 것)이 거의 없기 때문에 진리의 숫자는 무한대로 확산될 수 있다.[24]

마지막으로 '종교적 진리'의 경우에는 애초에 '진리'라는 단어가 다른 차원의 것이다. 과학은 물론이고 법학이나 문학에서도 이 단어는 어느 정도 객관적인 타당성을 상정하고 있다. 하지만 C학생이 말했듯이 종교에서 진리는 '객관적인 절차, 확실한 증거를 기반으로 도출된 것이 아니기' 때문에 '객관성'이나 '타당성'이라는 개념의 범주에도 속하지 않는다. 즉 종교적 진리는 그것을 믿는 사람이 진리라고 믿으면 그것만으로 '진리'가 될 수 있으며 그 외의 근거는 아무것도 필요 없고 실증될 필요도 없으며 다른 사람의 승인을 받을 필요도 없는 것이다. 물론 모든 종교에 경전이 존재하므로 종교가 의거하는 기준이 명백하다고 말할 수도 있겠지만 사실 경전에 적힌 내용은 진리의 판단 근거라기보다는 그 자체가 선험적으로 '진리'로서 존재한다. 따라서 후지가키도 지적했듯이 과학적 진리는 항상 반증 가능성을 향해 열려 있고 "새로운 fact에 의해 얼마든지 수정 가능"한 반면 "종교의 truth는 나중에 어떤 fact가 나온다 한들 변하지 않는다".

이상의 내용을 기반으로 수업을 돌이켜보았을 때 가장 인상 깊었던 부분은 '사실' '진실' '진리' 세 단어를 둘러싼 논의였다. 일본에서 '진실'이라는 단어는 일반적으로 자연과학에서 사용하지 않는 걸 당연시하는데, 이 역시 신선한 발견이었다. 더 나아가서 같은 인문과학에 속하는 학문일지라도 역사학의 경우 '역사적 사실'이나 '역사적 진실'이란 표현은 종종 사용되지만 '역사적 진리'라는 표현은 많이 쓰지 않는 반면, 철학에서는 '철학적 진리'라는 표현이 일반적이고 '철학적 진실'이라는 표현은 거의 쓰지 않으며 '철학적 사실'이란 말은 전혀 찾아볼 수 없다는 점을 알게 되었다. 이번 주제에서는 살짝 벗어나지만, 이 밖에 다양한 분야에서 이들 단어가 어떤 식으로 사용되는지 비교 검토를 해보면 흥미로울 것 같다는 생각이 들었다.

또한 수업 막바지에 언급되었던 '어떻게 해야 더 설득력 있는 해석을 할 수 있을까를 두고 경쟁한다'라는 관점 즉 '해석의 강도'라는 개념을 통해 자연과학과 문학 연구에서 동일한 형태를 엿볼 수 있었다는 결론 역시 매우 시사적이었다. 종교는 별개로 하고 학문 전반에 있어서(물론 법학도 포함해서) 유일하고 절대적인 진리가 존재하지 않는다고 한다면 모든 것은 ('가설'이라는 형태이든 '해석'이라는 형태이든 간에) 임시적 진리에 가까운 '진리일 가능성'에 속할 뿐이며, 그런 의미에서 본질적인 차이는 없을지도 모른다. 하지만 텍스트라는 대상에 속박되어 해석의 전면적인 자유를 허용하는 문학 연구의 경우 '어느 순간에 휙 튕겨 나가는' 것을 허용하며 그런 '무책임함'이야말로 매력의 원천이라는 점을 여기서 재차 언급해두도록 하겠다. 이런 의미에서 "사실이란 건 없고 존재하는 것은 단지 **해석**뿐이다"[25]라는 니체의 말은 매

우 시사적이다. [이시이]

국민은 모든 것을 알 권리가 있는가?

문제 제기

—

2013년 11월 26일에 중의원, 12월 6일에 참의원 본회의에서 가결되어 같은 해 12월 13일에 공포된 특정비밀보호법은 오랜만에 '알 권리'라는 개념을 둘러싼 여론의 이분화를 초래했다. 참고로 일본어사전 『다이지린大辭林』에 의하면 '알 권리'란 "국민이 공적인 여러 정보에 대해 공개 및 제공을 요구할 권리. 그리고 국민이 국정 관련 정보를 수집하는 활동이 국가 권력에 의해 방해받지 않을 권리"를 말한다.

이와 관련해서 가장 먼저 1972년 매스컴을 떠들썩하게 한 '니시야마 기자 사건'이 떠올랐다. 1971년에 미일 간 오키나와 반환 협정이 체결되었을 당시 표면상 교섭에서는 토지 원상 복귀 비용으로 400만 달러(당시 환율로 약 12억 엔)를 미국 측이 토지 소유권자에게 지불하기로 되어 있었는데, 사실은 일본 정부에서 부담하기로 한다는 밀약이 존재했던 것으로 의심이 가는 외무성 극비 전문電文을 『마이니치 신문』 기자인 니시야마 다키치가 외무성 여성 사무관으로부터 입수하여 일본사회당 의원에게 전달한 사건이었다. 그 내용의 복사본을 증거로 국회에서 추궁을 받은 자민당 정부는 해당 문서가 진짜라고 인정은 했으나 밀약의 존재 자체는 부정했으며 오히려 니시야마 기자가 정보를 입수할 때 여성 사무관과의 육체적 관계를 이용했다는 사실을 폭로하며 반격을 가했다. 이윽고 이 둘은 국가공무원의 묵비 의무 위반으로 체포·기소되었고 여론의 관심 역시 남녀 관계를 둘러싼 사회면 기삿거리 수준으로 변해버렸다. 결국 이 사건을 추궁하던 매스컴도 허탈함을 느낄 수밖에 없었고 어느새 국민의 '알 권리' 문제를 둘러싼 논의는 어영부영 되어버린 것이 그 전말이다.[1]

당시 총리였던 사토 에이사쿠는 1972년 4월 8일 참의원 예산위원회에서 '국가의 비밀은 존재하며 기밀보호법 제정은 꼭 필요하다'는 지론을 펼쳤다. 그로부터 40년 가까이 지난 2010년 11월에 해상보안청 직원이 중국 어선과 보안청 순찰함이 충돌하는 영상을 인터넷에 올린 것이 계기가 되어, 민주당 정권하에서 특정비밀보호법안에 대한 구체적인 검토가 시행되었다. 그리고 다음 해 8월 8일 「비밀보안을 위한 법제의 내용에 관한 유식자회의」에서 보고서를 공표했다.[2] 이후 2012년 말 자민당이 정권에 복귀한 이후로 법안 성립을 위한 구체적인 움직임에 박차가 가해졌으며 앞서 언급했듯 2013년 말 충분한 논의가 이루어지지 않은 채 이 법안은 중참 양원(일본 국회의원을 구성하는 중의원과 참의원 모두를 지칭—옮긴이)을 통과하게 된다.

이 법안을 둘러싸고 다양한 의견이 있었다. 찬성 의견도 적지 않았으나 소위 '지식인' 혹은 '문화인'이라 불리는 사람들 사이에는 압도적으로 반대론이 우위였다고 생각한다. 그 대표적인 예로는 노벨상 수상자 마스카와 도시히데와 시라카와 히데키를 비롯한 31명의 학자가 결성한 '특정비밀보호법안에 반대하는 학자 모임'의 성명문을 들 수 있다. 법안 성립 직후인 2013년 12월 7일 발표된 항의 성명 내용의 일부를 발췌해 보도록 하자.

특정비밀보호법안은 헌법에서 규정한 기본적 인권과 평화주의를 위협하는 입법이며 일본의 민주주의를 전후 최대의 위기에 빠뜨리게 되었습니다. (…) 특정비밀보호법은 지정된 '특정 비밀'의 범위가 정부 재량에 따라 끝없이 확대될 위험성이 있으며, 지정된 비밀 정보를 제공한 사람과 취득한 사람 모두에게 과도한 중형을 내리도록 규정하고 있습니다. 이 법률에 의해 시민의 알 권리는 크게 제한을 받고 국회의 국정조사권도 제약을 받게 될 것이며 취재 및 보도의 자유, 표현 및 출판의 자유, 학문의 자유 등 기본적인 인권을 크게 침해받을 위험이 있습니다. (…) 무슨 일이 있어도 특정비밀보호법을 성립시키려는 여당의 정치 세력은 사상의 자유와 보도의 자유를 빼앗고 전쟁으로 치달았던 전전의 정부를 방불케 합니다.[3]

이 성명은 3000명이 넘는 사람의 찬동을 이끌어내면서 반대론의 기반이 되었다. 이 밖에도 법률학자 및 역사학자, 변호사 단체, 신문 등 다양한 단체와 뜻이 있는 집단에서 비판적 입장의 성명을 발표했다.

앞서 발췌문에서 "전쟁으로 치달았던 전전의 정부"를 언급했는데 이 외에도 엄격한 언론 통제 아래 놓여 있던 전시 일본의 암흑시대로 되돌아가는 것을 우려하며 그러한 위기의식을 표명한 논조가 꽤 있었다. 그 전형적인 예로 작가인 세토우치 자쿠초가 2014년 1월 10일 『아사히 신문』 인터뷰에서 언급한 내용을 들 수 있다.

> 표면상 여느 때와 다름없는 생활을 하고 있는 가운데 군화의 발자국 소리가 점점 커졌던 것이 전전이었습니다. 그 어둡고 두려웠던 시대로 다시 돌아가고 있는 듯한 느낌입니다. 총리가 집단적 자위권 행사 용인에 의욕을 보이고 자민당의 개헌 초안에서는 자위대를 '국방군'으로 할 생각입니다. 일본은 전쟁을 할 수 있는 국가를 향해 꾸준히 나아가고 있습니다. 전쟁이 까마득히 오래전 이야기라 그런지 지금 정치가들은 전쟁의 끔찍함을 제대로 알지 못합니다.[4]

여기서 언급한 '집단적 자위권 행사 용인'이 이로부터 반년도 채 지나기 전에 각의閣議에서 결정되었던 일이 아직도 기억에 생생하다.[5] 이에 일반 시민 사이에도 '군화의 발자국 소리가 점점 커진다'는 표현이 확산되어 신문 투고란에서도 종종 찾아볼 수 있었다. 이후 사회적으로 '특정비밀보호법안은 희대의 악법이다' '특정 비밀의 범위는 권력의 사정에 따라 얼마든지 자의적으로 확대할 수 있다' '이런 법안이 시행된다면 내일이라도 당장 일반 시민은 아무런 이유도 없이 체포될 수 있다' 등의 주장이 확산하면서 양식이 있는 사람이라면 당연히 법안 폐지를 주장해야 한다는 분위기가 조성되었다.

하지만 이런 때야말로 감정적·정서적인 분위기에 휩쓸리지 않고 상황을 냉정하게 바라볼 필요가 있다. 일단 가장 먼저 검증해야 할 것은 사토 에이사쿠가 말했듯이 '국가의 비밀은 있다'는 게 맞는지 여부다. 왜냐하면, '그런 건 존재하지 않는다, 아니 존재해서는 안 되므로 입법 행위 자체가 애초에 무효다'라는 입장을 취할 것인지 혹은 '유출되면 국가의 존립에 위협이 되는 비밀은 분명 존재하나 이것을 정의하는 방식이나 보호하는 방법에 문제가 있기 때문에 법률을 제정할 필요성은 인정하지만 이번 법안에는 반대다'라는 입장을 취할 것인지에 따라 논의의 전개 방식이 완전히 달라지기 때문이다.

전자의 경우 국민은 모든 것을 알 권리가 있기 때문에 이를 제한하는 입법은 전부 악법이라는 논리다. 하지만 일반적인 회사를 예로 들어도 알 수 있듯이 비밀이 없는 조직은 존재하지 않는다고 보는 게 오히려 상식적이다. 아마 회사의 존망이 걸린 기밀 정보까지 일반 사원에게 공개할 필요가 없다는 말에는 많은 사람이 공감할 것이다. 그런데 국가의 존망이 걸린 기밀 정보까지 모든 국민에게 공개할 필요가 없다는 말에는 어째서 이렇게까지 강한 반발이 일어나는 걸까? 도대체 회사와 국가는 어떻게 다른 걸까?

물론 이 둘 사이의 차이점은 다양하지만 이번 문제에 초점을 맞추어 봤을 때 의외로 본질적인 차이는 없어 보인다. 이런 입장이라면 '국가의 비밀은 있다'는 사토 에이사쿠의 주장에는 부정할 여지가 없으며 전자의 입장은 그 유효성을 잃게 된다. 따라서 국민은 정말로 모든 것을 알 권리가 있는지 없는지에 대해 명확히 짚고 넘어갈 필요가 있다. 이렇듯 전제가 되는 사항들을 이해하지 못한 채 단순히 '천하의 악법'이라는 라벨을 붙여놓고 나 몰라라 하는 행위는 굳이 말하자면 일종의 사고 정지에 가깝다. 이런 식으로, 자칫 오해를 살 위험이 있는 표현이지만, 모두가 합창하듯 무조건적 법안 폐지를 주장하는 집단적 목소리가 고조되면 오히려 이런 상황 자체가 일사불란한 '군화의 발자국 소리'처럼 느껴지는 아이러니한 결과를 초래하게 될지도 모른다.

한편 후자의 경우, '국가의 비밀'이 분명 존재한다는 전제하에 국민의 '알 권리'는 한정적인 것이며 이를 제한하는 방식에 대해서는 신중하게 제도를 설계할 필요가 있다고 주장한다. 애초에 '국민nation'과 '국가station'는 상대적인 것이 아니며 전자의 신탁을 받아야 비로소 후자가 성립하기 때문에 어떤 것을 '국가의 비밀'로 할 것인지, 누가 그것을 정할 것인지, 그것은 언제까지 유지될 것인지, 누설한 자는 어떤 처벌을 받을 것인지 등의 사항에 관해서도 '부탁하는 자와 부탁받는 자'라는 불가분의 관계에 있는 국민=국가의 문제라는 관점에서 살펴봐야 한다. 그럼에도 불구하고 이 둘을 '지배하는 자와 지배받는 자' '전장으로 내보내는 자와 전장으로 내몰린 자'라는 이항 대립 도식으로 단순하게 간주해버린다면 이는 상호 양보할 여지가 없는 무의미한 대결이 될 뿐이다.

'알 권리' 그 자체는 헌법에 의해 직접적으로 보장되지는 않지만 21조 1항의 '집회, 결사 및 언론, 출판 그 밖에 일체의 표현의 자유'에 포함되어 있다고 간주하는 입장이 일반적이다. 즉 '국민은 모든 것을 알 권리가 있는가?'라는 질문은 헌법이 보장하는 기본적인 '자유'에 관한 문제이기도 하다. 정보의 유통과 관리가 더욱 어려워지는 현대를 살아가는 우리에게 있어서 다양한 관점에서 이러한 문제를 고찰하는 일은 필수적이라고 생각한다. [이시이]

논점

1. 당신이 저널리스트라고 가정했을 때, 문제 제기에서 소개한 밀약의 존재를 우연히 (수단은 차치하고) 알게 되었다면 어떻게 할 것인가?
2. 당신이 그 당시 총리였다고 가정했을 때, 이러한 밀약의 존재를 국회에서 추궁당한다면 어떻게 할 것인가?
3. 특정비밀보호법이 성립한 현재 당신이 정부의 일원이라고 가정했을 때, 어떠한 내용을 특정 비밀로 지정해야 한다고 생각하는가? 가능한 한 구체적으로 생각해보자.
4. 한 명의 국민이라는 입장에서, 어떤 내용을 특정 비밀로 간주해서는 안 된다고 생각하는가? 가능한 한 구체적으로 생각해보자.

논의의 기록

—

이번에는 네 가지 논점을 설정하여 처음 두 가지에 관해서는 먼저 그룹 토론을 하고 이어서 전체 토론을 하는 방식으로 진행했다. 1그룹은 A학생, B학생, E학생이고 2그룹은 C학생, D학생, G학생으로 구성했다. 논점3과 논점4에 관해서는 처음부터 전원이 토론을 했다.

논점1
당신이 저널리스트라고 가정했을 때, 문제 제기에서 소개한 밀약의 존재를 우연히 (수단은 차치하고) 알게 되었다면 어떻게 할 것인가?

그룹1의 경우, 본인이 저널리스트라면 일단 알게 된 모든 사실을 공개한 후 판단은 국민에게 맡기겠다는 의견과 일단 정부를 대상으로 정보의 진위를 확인하겠다는 의견이 있었다. 나머지 한 명은 이 논점의 취지를 잘 이해하지 못했는데 이에 대해 외교상의 기밀 정보를 그대로 공개할 수 없다는 점을 문제 삼은 것 같다는 설명이 있었다. 어찌 되었건 오키나와 반환 협정의 그늘 속에서 이루어진 밀약의 존재를 공개하는 것이 국민의 공익에 부합하는지 여부와 그러한 판단은 누가 내려야 하는가(정치가인가, 저널리스트인가, 국민인가)에 대한 문제의식은 모두가 공유할 수 있었다.

한편 니시야마 기자가 정보를 제공한 일본사회당이 오랫동안 자유민주당에 대항하는 제1야당이었다는 사실을 모르는 젊은 세대가 많다는 사실이 드러나면서 생각지도 않게 교사와 학생 간의 세대 차이를 실감하게 되었다.

2그룹에서는 일단 저널리스트를 크게 '이기적인 저널리스트'와 '좋은 저널리스트'로 구분했다. '이기적인 저널리스트'라면 적극적인 특종 보도를 통해 명예를 획득하려 하고 회사에 불이익이 될 경우에는 보도를 자제하려 할 것이며 정부의 약점이 될 정보를 쥐고 있다가 나중에 다른 정보 입수에 활용하려고 할 수 있다. 반면에 '좋은 저널리스트'라면 정부가 어째서 밀약을 시행했는지 여부를 충분히 검증한 후 역사나 비밀로 할 일이 아니라고 생각되는 경우에는 정보를 공개하는 게 옳다는 입장이었다. 그리고 정보를 공개하는 측과 제한하는 측의 균형을 생각한다면 저널리스트는 당연히 전자의 입장이기 때문에 정보에 대해 자의적인 판단을 할 것이 아니라 어쨌건 입수한 내용은 가능한 한 공개해야 한다는 의견도 있었다. 이는 1그룹 의견과도 일맥상통하는 부분이다. 또한 만약 자신이 저널리스트라면 국민이 모르는 곳에서 일어난 일을 알고 나서도 이를 숨기는 건 자신의 자존심상 허용할 수 없다는 의견도 있었다.

결국 두 그룹의 논의는 정보의 은폐를 정당화하는 '국익'이란 무엇인가에 대한 주제로 수렴되었다.

국익에 대한 문제는 국민의 이익이냐 혹은 국가의 이익이냐로 구분됩니다. 이 경우, '어째서 밀약을 체결했는가' '정말로 국민을 지키기 위한 밀약이었는가'가 문제시될 것 같아요. 이 경우엔 국가를 위한 밀약이었을 것 같아요. 이 문제에 있어서만큼은요. [C학생]

이는 '국가의 이익'과 '국민의 이익'을 구분한 후 이 사건의 밀약은 후자가 아닌 전자를 위한 조치라고 보는 의견이었다. 그렇다면 '국가와

'국민'은 어떻게 구별되는 것인가? 이에 대해 교사는 국가를 진두지휘하는 것은 그 당시의 정권이고 정권은 국민의 부탁으로 의해 성립된 것이기 때문에 만약 정권 측에서 "정권의 이익이 되지 않는 것은 국민의 이익이 되지 않는다는 판단하에 밀약을 체결했다고 한다면 어떻게 하겠는가?"라고 반문했다. 그러자 한 학생이 '현 정권에서 다음 정권에 대한 판단 재료가 될 정보를 독점해버리면 정당한 심판을 내릴 수 없기 때문에 결국엔 국민 주권을 수호할 수 없게 되는 것'이라는 명쾌한 대답을 들려줬다.

그리고 정보 입수를 위한 수단의 정당성에 관해 묻자 자유경제 사회에서 계약적 측면을 고려했을 때 미풍양속을 해칠 만한 수단을 통해 얻은 정보는 배제되어도 좋을 것 같다는 의견이 나왔다.

논점2
당신이 당시 총리였다고 가정했을 때, 이러한 밀약의 존재를 국회에서 추궁당한다면 어떻게 할 것인가?

이번 논점에서는 입장을 바꿔서 자신이 정권 측에 있다면 어떻게 대처할 것인지 알아보았다.

2그룹에서는 공개와 제한의 줄다리기를 통해 공개 여부를 판단해야 하며 밀약으로 인해 비밀을 유지해야 할 상황이라면 총리로서는 그 존재를 부정할 수밖에 없을 것이라는 쪽으로 공통된 의견을 보였다. 단적으로 말하면 일단 거짓말을 한 이상 끝까지 들키지 말아야 한다는 말이다. 결국 정권을 위해서건 국민을 위해서건 간에 계속 비밀을 고수해 나간다면 앞으로도 그 이유에 대해 설명할 필요가 없을 것이므로 국민은 알 수 없게 된다. 하지만 이번 안건의 경우 정보 공개를 둘러싼 논쟁 자체가 국회라는 영역에서 가시화되었기 때문에 이러한 과정을 지켜보면서 다음 선거에 어떻게 반영할지 여부는 국민의 판단에 달려 있는 것이다.

한편 1그룹의 경우 자신은 정치에 대해 잘 모르지만 본인이라면 끝까지 거짓말로 일관하지 못할 것 같다는 의견이 있는 반면, 시간이 흐르면 흐를수록 규탄이 심해질 것이므로 일단 내뱉은 거짓말은 끝까지 밀어붙여야 한다는 의견도 있었다. 그리고 정권은 국민의 요청으로 성립된 것이고 정보의 비밀 역시 외무성의 재량에 맡겨야 한다는 논리에 따른다면 밀약의 존재가 확인되더라도 그 일 자체를 정당화할 수 있다는 지적도 있었다. 이 말인즉 밀약에 대한 판단을 전문가에게 맡긴다는 말이다. 또한 일정 기간이 경과한 후 모든 정보를 공개해야 한다는 규정이 있다면 그건 그거대로 괜찮을 것 같다는 의견도 있었다.

저널리스트로서 뒷거래를 해선 안 된다는 순수한 정의감에 따라 이러한 정보를 사회당에 흘렸는지도 모르겠다. 하지만 이것이 자민당 정권에 타격을 줄 만한 정치적 수단으로 사용될 것이라는 점은 자명한 사실이기 때문에 이 경우 오키나와 반환 문제와는 또 다른 차원의 이야기가 전개되리라는 예측이 가능할 것이다. 한편 정부 입장에서는 이 밀약의 존재가 드러나면 미국과의 신뢰 관계가 깨져서 교섭이 결렬될 수 있기 때문에 다소 거짓말을 해서라도 다른 입장을 차단하고 오키나와 반환의 실현을 우선시해야 한다는 판단도 충분히 내릴 만했다. 이것이야말로 국익에 걸맞은 일이라는 입장에서 보면 밀약의 존재를 폭로하여 오키나와 반환을 어렵게 만든 저널리스트와 사회당의 행동은 그야말로 국익에 반하는 행동에 다름 아니다.

결국 이 문제는 사노 에이사쿠가 말했듯이 '국가 비밀'의 존재를 전제로 했을 때, 그것은 도대체 어떤 것일까(혹은 어떤 것이어야 할까) 그리고 그것은 누가 정해야 하는가, 이런 경우 일부 소수(대부분의 경우 그 당시의 위정자)의 자의로 인해 비밀이 끝없이 증식될 위험을 어떻게 제한할 것인가의 문제로 귀결되며, 그로부터 40년 이상 지난 오늘날의 특정비밀보호법 문제로 이어지고 있음을 알 수 있다.

> **논점3**
> 특정비밀보호법이 성립한 현재 당신이 정부의 일원이라고 가정했을 때, 어떠한 내용을 특정 비밀로 지정해야 한다고 생각하는가? 가능한 한 구체적으로 생각해보자.

> **논점4**
> 한 명의 국민이라는 입장에서, 어떤 내용을 특정 비밀로 간주해서는 안 된다고 생각하는가? 가능한 한 구체적으로 생각해보자.

여기서부터는 처음부터 전원이 토론 형식으로 진행했으며 논점3,

4는 표리 관계에 있기 때문에 따로 구분하지 않고 자유롭게 의견을 제시하도록 했다.

우선 특정 비밀로 지정해야 하는 사례 중 하나로 테러 조직이 인질을 잡고 일본 정부에 요구를 했던 경우가 있었다. 인명에 관계된 문제인 만큼 물밑 교섭이 어떤 식으로 이루어지고 있는지를 일일이 공개할 수는 없다. 이는 안타까운 실제 사례6가 있었던 만큼 누구나 납득할 수 있을 것이다.

다음으로 원자력 발전소 사고와 관련된 정보를 둘러싼 논쟁을 예로 들었다. 먼저 정부 입장에서는 어느 지역에서 높은 수치의 방사선량이 검출되었는지에 대해 상세한 부분까지 공개하면 국민이 패닉에 빠질 가능성이 있기 때문에 당장 건강상의 피해가 없다면 적당히 정보를 제한하자는 판단을 내릴 수 있다. 한편 해당 지역의 주민 입장에서는 당연히 모든 정보를 공개해주지 않으면 불안할 수밖에 없다. 그야말로 논점3과 논점4가 표리일체에 놓인 상황이라고 할 수 있다.

사건 당시 신문 보도 등 매체에서도 '몇 시버트' 같은 수치를 언급하기도 했는데 일반 시민들은 이런 숫자를 봐도 그 위험성의 정도를 판단하기가 어렵다. 그렇다면 역시나 전문가의 판단이 없으면 의미가 없는 걸까? 후지가키의 전공 분야와도 연관된 문제여서 그의 의견을 물어보니 일본학술회의에서도 이 점에 관한 논의가 분분하다는 답변이 돌아왔다.

일본학술회의는 동일본 대지진 직후의 정보 공개 방식에 대해 비판적·반성적으로 바라보고 있고요, 지금도 다양한 분과회에서 이와 관련된 논의가 진행 중이에요.7 예를 들어 SPEEDI8의 정보를 좀더 공개해야 했다든가, 어떤 지역에 어느 정도의 방사선량이 있었는지 바로 확인할 수 있게 조치를 취했어야 하는 게 아니었을까 등등 (…) 전문가들의 의견도 제각각이에요. 수치 그 자체를 보여주면 된다는 유형의 전문가와 그것을 해석한 형태로 공개해야 한다는 사람, 해석에도 차이가 있기 때문에 그런 해석의 차이까지 포함해서 공개해야 한다는 사람, 해석에 차이가 있는 이상 공개해서는 안 된다는 사람 등 의견이 분분한 가운데 논의가 이어지고 있어요. 아직 결정된 건 없는 상황입니다. [후지가키]

이뿐 아니라 정부에서 정보 통괄 조직을 설립하여 모든 정보를 집중적으로 관리해야 한다는 입장과 정부 조직 이외에 전문가가 자신의 판단에 의거하여 정보를 제공하는 조직이 공존해야 한다는 입장으로 나뉘는 등 이런 측면에서도 의견 일치를 보지 못한다고 한다. 이 이야기를 듣고 나니 새삼 정보 관리의 어려움을 실감할 수 있었다.

이어서 G7에서 일본 총리가 중국이 남중국해를 매립하고 있다는 도발적인 발언을 한 문제9가 거론되면서 이처럼 민감한 외교 문제는 오히려 보도하지 않는 편이 낫다는 의견이 있었다. 하지만 총리가 발언한 내용이니만큼 당연히 보도가 되어야 하고 총리 자신도 그러한 상황을 전제로 발언했을 것이므로 이는 특정 비밀을 운운할 문제와는 성격이 다르다고 생각한다.

그리고 위안부 문제도 등장했는데 이는 관련 정보를 보도하느냐 마느냐의 문제이기 전에 이미 정치적 차원에서 어려운 요소를 내포하기 때문에 어떤 방향이 됐건 보도 방식에 따라 여론이 크게 동요된다는 측면이 있다.10

여기서 이시이는 특정비밀보호법안을 둘러싼 사회적 움직임에 대한 다소 도발적인 문제 제기를 했다.

'문제 제기'에도 나오지만 학자들은 하나같이 반대를 했어요. 이런 상황이라면 전쟁으로 치달을 수 있다고 생각한 거죠. 지식인이면 당연히 그쪽 입장에 설 것이라는 분위기가 상당히 만연했었는데요, 저는 조금 다른 입장입니다. 그런 분위기에 휩쓸려서 제대로 생각도 하지 않고 단순히 말도 안 되는 악법이라고 한목소리를 내는 상황이 확대되는 것 역시 전체주의적인 성향을 띠고 있다고 생각했습니다. 모두가 하나같이 똑같은 말을 한다는 건 무서운 일이거든요. 조금 민감한 내용이기는 해요. 문제 제기의 내용 역시 이런 의미에서 적은 건데요, 아무래도 사람들의 이해를 얻기는 쉽지 않은 것 같아요. 친구에게 이 말을 했다가, '넌 특정비밀보호법에 찬성이냐'라면서 비난을 받았어요(웃음). 그런 게 아니에요. 전혀 그렇지 않습니다. [이시이]

또한 다시금 '국가에게 지켜야 할 비밀이 있다고 생각하는가'라는 질문을 했는데, 외교 및 군사 관계 측면에서 공개할 수 없는 정보가 많을 것이라는 점에서 모두 같은 입장에 있는 듯했다.

알 권리는 국민의 주권을 지키기 위한 기둥 역할이지만 국민이 접근할 수 있다는 건 다른 나라 국민도 접근할 수 있다는 거죠. 자국 내에서 처리될 일이라면 국민에게 알 권리는 있어야 마땅한 것이지만, 모두가 아는 것 즉 다른 국가도 알게 된다면 명백하게 외교상의 타격을 받게 됩니다. 따라서 자국만의 문제가 아닌 다른 국가가 연관되는 순간 비밀이 생길 수밖에 없다는 점에 대해서는 모두가 공감하고 있을 겁니다. [I학생]

그렇다면 이 비밀을 비밀이라고 특정 짓는 사람은 누가 되어야 하는가? 최초로 기밀 정보가 유입되는 지점은 대부분 총리 주변이라고 할 수 있는데 이때 극소수의 인간이 정보를 선별해도 괜찮은 걸까? 아니면 제3의 기관이 있어서 이러한 상황을 제대로 감시할 수 있도록 해야 할까? 이와 같은 의문은 국가적 차원에서뿐만 아니라 회사나 대학처럼 이른바 '조직'이라는 이름에 부합하는 영역이라면 보편적으로 다 들어맞는다고 볼 수 있을 것이다.

여기서 학생 한 명이 어떠한 것을 비밀로 하지 않길 바라느냐는 논점4와 관련해서 '긴급성'에 관한 문제를 언급했다.

긴급성이 있는 것은 국민의 논의에 맡겨서 판단할 수 없기 때문에 상대적으로 비밀로 치부될 가능성이 높지요. 다만 '긴급성이 있으므로 비밀로 할 수 있다'는 상황이 잇달아 생기면서 여기에 급격하게 가속이 붙었던 것이 전전의 일본이었다고 생각해요. 이런 측면에서 보면 앞으로도 계속 긴급 사태가 발생할 가능성이 있는 행위, 그 계기가 될 만한 행위는 비밀로 다루어서는 안 된다는 사실을 직감적으로 알 수 있습니다. 특히나 긴급 사태가 많이 발생하는 것이 군사 영역이죠. 예를 들어 미군의 배치라든가. 그 시작 지점이 어디인지는 알 수 없지만 그래도 직감적으로 어딘가가 기점이 되어 긴급 사태로 이어질 법한 사안은 비밀로 하지 말아줬으면 합니다. [A학생]

이 의견에 대해 후지가키는, 상황에 따라 비밀을 보유하는 존재가 조금씩 다르다고 지적했으며 군민 양용dual-use의 과학 기술에 관한 사례를 소개했다. 포유류 사이에서 공기 감염이 되는 조류인플루엔자 바이러스 유전자를 네덜란드 연구자와 일본 연구자가 발견하여 『네이처』와 『사이언스』 등의 잡지에 발표를 하려 했으나, 바이오 테러에 이용당할 위험이 있다는 이유로 미국의 바이오 시큐리티 위원회로부터 '대기' 지시가 떨어졌었다. 이는 민생과 군사 양쪽에 걸쳐 있는 듯 보이는 정보를 공개할 것인지, 숨길 것인지, 누가 그것을 판단할 것인지를 고민해야 할 문제다. 이것은 일반적인 학술 연구의 범주를 초월해서 외교 및 방위 영역과도 깊이 연관된 내용이니만큼 매우 복잡한 상황이다. 이처럼 최첨단 과학 기술 영역에서는 모든 문제가 정치 및 경제, 외교 및 방위 영역까지 복합적으로 엮여 확대될 수 있기 때문에 '비밀'을 보유한 자를 일의적으로 한정 짓기 어렵다.

여기서 좀더 구체적인 상황 연출을 위해 만약 정부 측에서 '내일 미사일이 날아온다'는 정보를 입수했다면 이 내용을 곧바로 공표해야 할지 아니면 국민이 패닉에 빠지지 않도록 공표하지 않고 요격한 후에 공표해야 할지에 대한 문제 제기를 해보았다. 그러자 '나중에 공표를 듣고 나면 불신감만 커지기 때문에 만약 본인이라면 설령 패닉에 빠질지라도 알고 싶을 것'이라는 의견과 '공표한다면 하루 만에 주식이 대폭락을 해서 경제적으로도 엄청난 혼란을 야기할 것이기 때문에 결과적으로 요격에 성공했다면 공표하지 않기를 잘한 게 아닌가'라는 답변이 있었다. 물론 이런 경우에도 실제로 미사일이 떨어질 가능성이 높은 지역의 주민들 입장과 국가 전체의 질서 유지를 첫 번째로 생각하는 정부 당국의 판단 사이에 온도 차가 있을 것이다.

그리고 논의는 다시금 정보 공개 문제로 돌아왔다. 국민 중에도 모든 것을 공개하길 바라며 모든 정보를 알고 난 후 스스로 판단하고 싶다는 사람과 모든 것을 공개하지 않기를 바라며 처음부터 전문가를 거쳐 확실해진 정보만 공개하길 바라는 사람 두 부류가 존재한다(후지가키). 그렇다면 도대체 정부 혹은 학자는 어느 쪽 요청에 부응해야 할까? 일반인은 다양한 정보를 제공받아도 전문가가 아닌 이상 그 정보의 진위를 판단할 길이 없기 때문에 결국 갈피를 찾지 못하고 방황하게 될 것이며 자칫 근거 없는 유언비어에 동요될 위험이 있다. 하지만 전문가를 통한 정보만 제공받는다면 무언가 중요한 사실을 숨기고 있는 건 아닐까라는 불신감에 그건 그것대로 미덥지 않을 것이며, 전문가에 따라 의견이 다를 수도 있기 때문에 어떤 전문가의 말을 믿어야 할지 혼란에 빠질 수도 있다.(원자력 발전소 사고 이후 방사선량에 관한 정보가 바로 이런 경우였다.)

B학생은, 정보를 접한 측의 인간이 그 정보를 기반으로 실제 행동에 옮길 수 있는가 여부를 기준으로 삼으면 어떻겠냐는 제언을 했다. 만약 국민이 그 어떤 행동도 할 수 없는 상황에서 쓸데없이 혼란만 가중시킨다면 차라리 공개하지 않는 편이 나을 수도 있지만, 피해를 예측함으로써 주민이 신속하고 확실하게 피난할 수 있다고 한다면 정보를 공개하는 편이 낫다는 것이다. 후지가키의 말을 빌리자면 '국민의 과학적 리터러시(literacy, 데이터 활용 능력—옮긴이)'가 높을수록 전부 공개하는 편이 낫지만 반대로 리터러시가 낮다면 차라리 비밀에 부치는 편이 낫다. 즉 국민의 과학적 리터러시를 어느 정도 수준으로 가늠하느냐에 따라 정보 공개의 척도도 달라질 수밖에 없는 것이다.

B학생_ 만약 국민 중에 몇 시버트라는 수치를 해석할 수 있는 사람이 있다면 이에 대해 어떻게 생각하시나요?

후지가키_ 만약 있다면 전부 공개해도 괜찮겠지. 실제로 그렇게 말하는 이과 교사도 있었어요. 전부 공개해달라고.

B학생_ 국민의 일원으로서 제가 어떤 정보에 의거해 판단을 내리고 있는가 했을 때, 거르고 걸러져서 마지막에 남은 잔여물 찌꺼기 같은 것을 보고 판단을 내리는 경우가 많다는 생각이 들었습니다. 위에서 말한 내용을 근거로 스스로 판단하여 행동했다고 단언할 수는 없는 것 같아요. 예를 들어 인터넷에 떠돌아다니는 정보라든가 세간에 떠돌아다니는 소문 같은 거요. 어쩌면 저희는 그런 수준에서밖에 움직이지 못하는 건 아닐까요?

이와 관련해서, A학생이 고마쓰 사쿄의 『일본침몰』을 언급했다. 총리 대신이 산 정상에 올라 아소阿蘇산이 분화한다면서 "지금부터 분화한다고 하니 어서 도망가십시오"라고 말하는데, 거의 도망가는 사람이 없다. 방사선량 문제에 있어서도 다를 게 없다. 말해봤자 소용없다고 말하는 사람의 입장을 이해 못 할 것도 아니라는 말이다. 또한 조교 I학생은 어떤 사태가 닥쳤을 때 우리가 어떤 행동을 취할지 즉 냉정하게 판단하여 행동에 옮길지 혹은 패닉에 빠지게 될지 미리 상상하는 데에 SF작품이 매우 도움이 된다고 말했다.

마지막으로 한마디씩 할 시간을 주었다. '해석이 가능한 여지가 있는 정보가 아니라면 정말로 확실한 내용을 아는 건 무리다' '무엇을 비밀로 할지 결정할 사람을 선정하는 건 매우 어려운 일이다' '아무리 생각해도 국민에게 추궁을 받는 입장이기 때문에 절대 정치가는 되고 싶지 않다' 등의 감상을 들을 수 있었다. 그리고 역사 속에는 아직까지 우리가 알지 못하는 비밀이 있을 것이며 어쩌면 그러한 사실을 몰랐기 때문에 오히려 지금 행복할 수 있는지도 모른다는 의견도 있었다.

이번에 밀약 관련 내용으로 니시야마 기자의 사건을 언급했습니다만, 일본 역사를 더 거슬러 올라가본다면 끝까지 외부에 들키지 않고 극비리에 마무리된 밀약은 분명히 존재할 겁니다. 이 사건은 어쩌다 우연히 알게 된 것이고 빙산의 일각이라고 생각합니다. 그렇게 존재를 숨겨온 것들을 만약 우리가 알았다면 어떻게 되었을까 생각해보면…… 내용을 알 수 없기 때문에 뭐라 말하기는 어렵지만, 뭐, 왠지 모르게 공개되지 않아서 행복했던 경우가 더 많았을 것 같다는 생각이 들더라고요. 그래서 비밀을 비밀로 부치는 일의 합리성에 대해서도 납득할 만한 부분이 있었습니다. [E학생]

그리고 비밀로 하는 일의 좋고 나쁨을 가리기보다는 비밀로 해선 안 되는 것이 무엇인가에 초점을 맞춰야 하기 때문에 특정비밀보호법에 대해 선악을 가리려는 논의는 위험하다는 의견도 있었다. 끝으로 국민의 가장 중요한 관심사는 결국 자신들의 생명이 위협받는가 여부에 있기 때문에 이를 위해 비밀이 필요하다면 그건 그것대로 개의치 않겠지만, 만약 비밀리에 이루어진 일이 생명을 위협한다면 정보 공개를 해야 한다는 것으로 의견을 정리하며 수업을 마무리했다. [이시이]

논의를 돌아보며
—

이번 강의에서는 네 가지 논점을 다루면서, '저널리스트' '당시 총리' '정부의 일원' '국민의 일원'이라는 네 가지 역할을 오갔다는 점에 주목할 만하다. 제5강에서는 각각 역할을 정해서 역할 연기를 했으나 이번 강의에서는 논점마다 다 함께 특정 역할을 해보는 형식으로 논의를 전개했다.

이번 강의는 국가 기밀에 관한 비교적 무거운 주제였다. 문제 제기에서 언급한 '국가의 비밀은 존재하는가?'라는 질문에 대해서는 일단 존재한다는 가정하에 이를 정의하는 방식이나 보호하는 방법에 문제가 있다는 관점에서 살펴보도록 하자. 이런 입장을 취할지라도 심사숙고해야 할 사항은 많다.

첫 번째로 국가의 비밀과 '국민의 알 권리' 사이 어느 지점에 경계선을 둘 것이냐의 문제다. 예를 들어 2010년 9월에 센카쿠尖閣만에서 중국 어선이 충돌한 사건에서 다음과 같은 문제가 발생했다. 9월 7일 센카쿠열도 부근에서 조업 중이던 중국 어선을 향해 해상보안청 소속 배가 위법이라는 이유로 단속 과정에서 선장을 구속하자 중국 측에서 선장의 석방을 요구해 왔다. 당시 국민들은 중국 어선을 단속할 때 어떤 일이 벌어졌는가에 관한 상세한 내용은 알지 못했다. 같은 해 11월 4일 유튜브를 통해 단속 당시의 영상이 유출되면서 사실 중국 어선 측이 해상보안청 배를 향해 돌진하여 충돌을 일으켰다는 사실이 모든 국민에게 알려지게 되었다. 또한 일부 국회의원은 이 영상을 보았음에도 국민에게 알리지 않았다는 사실도 드러났다. 이 영상을 유출한 해상보안관에게는 국가 기밀 정보를 누출한 죄를 물었는데 국민들은 그를 동정하는 목소리를 냈다. 이때 논쟁거리로 떠오른 것이 기밀 정보란 무엇인가, 국민의 알 권리란 무엇인가 그리고 이 둘 사이 어디를 경계로 정할 것인가에 대한 내용이었다. 이처럼 국가의 비밀은 명백하게 존재한다. 그래서 국민의 알 권리와의 사이에 어떻게 경계를 두느냐가 문제시되는 것이다.

두 번째로 정보 공개 방식을 둘러싼 문제다. 예를 들어 제3강에서도 다룬 내용이지만, 2011년 3월 11일 동일본 대지진에 의한 원자력 발전소 사고 발생 직후 몇 가지 과제가 생겼다. 일본학술회의에서는 사고 후 방사선이 인체에 미치는 영향에 대하여 '전문가로서 통일된 견해를 제시하시오'라는 성명을 발표했다. 통일된 견해란 행동 지침이 될 만한 하나로 규정할 수 있는 지식을 말한다. 이에 대해 후쿠시마에 사는 한 시민은 "정부는 혼란을 일으키고 싶지 않다고 말하지만 이미 사고가 일어났다는 것 자체가 혼란이다. 그리고 한 가지 정답을 내고 싶다고 하는데 다양한 정보가 있는 게 당연한 것이고 그런 상황은 전부 이해가 간다. 전문가는 통일된 한 가지 정보를 제시하고 싶다고 말하지만 우린 그런 정보를 원하지 않는다. 전부 알려주길 바란다. 그렇게 해준다면 우리가 알아서 의사 결정을 내리겠다"라고 말했다. 이 경우 '행동 지침이 될 만한 유일한(통일된) 정보만 공개할 것이냐' 아니면 '모든 것을 공개한 후 국민으로 하여금 선택하게 할 것이냐'의 두 가지 서로 다른 태도가 대치된다.[11]

'논의의 기록'에도 언급했지만, 이 밖에도 일본학술회의에서는 SPEEDI에 의한 정보 공개는 어때야 했는가, 격차가 큰 정보들을 어떻게 공개할 것인가, 전문가들 사이에 의견이 나뉠 때 어떤 방식으로 공개할 것인가 등에 관해 사고 후 본격적으로 논의를 전개했다.[12]

세 번째로, 불확실성을 내포한 과학 기술의 공개 여부를 둘러싼 문제와 외교적 측면에서의 정보 공개 문제가 나란히 대치될 수 있는 상황이다. 즉 공공의 장에서 어디까지를 공개하고 어디서부터 비공개로 할지에 대해 고민하는 외교상의 기밀 문제를 취급하는 방식과 불확실성을 띠는 과학 기술에 대한 정보 공개 문제가 동일한 형태를 띠고 있다는 말이다. 예를 들어 과학사학자 포터는 마틴 러드윅의 『데본기 대논쟁』을 소개하면서 "논쟁이 한창일 때, 비공식적 논의가 이루어지는 가운데 공적으로 간행된 논문이 하는 역할은 밀실에서 매우 고된 외교 교섭이 한창일 때 때때로 열리는 기자회견이 하는 역할과 유사하다"고 지적했다.[13] 밀실 안에서 학자 집단의 의견이 다를지라도 그것이 외부로 나갈 때에는 '공식적 견해'가 아니면 안 된다는 것이다. 공식적 견해에서는 밀실 안에서 이루어진 격론의 내용을 전부 공개해선 안 된다는 것, 즉 학자의 의견이 분분하다는 사실을 완전히 밝혀서는 안 된다는 사고방식이다.[14] 기밀 정보 중에는 이렇듯 내부에서도 의견이 갈리는 경우가 있다.

네 번째로 공개/비공개를 묻는 문제가 군민 양용의 과학 기술에 있어서도 빈번하게 논의 대상이 된다는 사실이다. '논의의 기록'에서도 언급했듯이 예를 들어, 일본학술회의의 '과학·기술의 군민 양용 문제에 관한 검토위원회'[15]에서는 다음과 같은 내용으로 논의를 전개했다. 2012년 1월 돌연변이에 의한 조류인플루엔자 바이러스 H5N1이 포유류에게도 공기 감염이 될 가능성이 있다는 사실을 네덜란드의 론 파우히르와 당시 미국에 있던 가와오카 요시히로가 밝혀냈다. 그들이 이 사실을 『네이처』와 『사이언스』에서 발표하려고 했으나 바이오 테러에 악용될 가능성을 우려하여 미국의 바이오시큐리티 위원회가 게재를 앞두고 일부 내용을 삭제하도록 요구했다. 이 조류인플루엔자를 감시하고 대책을 세우려면 일단 연구 내용을 공개하고 그다음 연구가 이루어져야 하는데 테러에 악용되는 상황을 방지하려면 공개를 제한해야 했다. 그 당시 논의를 보면 정보를 공개해야 한다는 입장은 성선설에 입각하여 판단은 연구자 공동체의 외부에 맡기자고 했으며 전문가로서의 책임 범위를 한정적인 것으로 간주했다. 반면에 공개를 제한해야 한다는 입장은 성악설에 기반하여 판단을 연구자 공동체 내부에 맡기고 전문가의 책임 범위를 확대함으로써 정보 통제에 대한 책임까지 져야 한다고 주장했다. 이 밖에도 대체 누가 이 둘 중 한쪽을 선택할 것인가, 전문가에게 맡겨도 괜찮은가, 미국이 정해도 괜찮은가 혹은 비공개로 하는 경우 시민의 알 권리가 침해당하는 게 아닌가 등의 내용으로 논의가 전개되었다.

이처럼 과학·기술의 군민 양용을 둘러싼 기밀 정보(이 경우 공기 감염되는 조류인플루엔자의 유전자 정보)의 공개 여부를 둘러싼 문제는 분명 기밀 정보와 국민의 알 권리 사이의 경계선을 둘러싼 문제로 이어진다. 수업 마지막에 '생명의 위협을 받는 경우'에는 국민이 알 권리가 있다는 의견이 있었는데, 이상에서 살펴봤듯이 과학 기술과 연관된 문제는 방사선 영향의 정보나 공기 감염하는 조류인플루엔자의 유전자 정보처럼 전부 생명에 위협이 될 가능성은 충분히 있다.

마지막으로 이시이가 지적했듯이 '지식인이라면 특정비밀보호법에 반대'와 같은 분위기에 휩쓸려 모두가 깊이 생각하지 않고 단순히 말도 안 되는 악법이라고 한목소리를 내는 상황이 확대되어 전체주의적 경향이 나타날 위험성에 관해 생각해보자.

한 학생(A학생)은 기말 보고서에서 "인간은 본능적으로 다수 측에 속하여 안심하고 싶어하는 생명체"(마지막 강의에서 차이·다양성을 둘러싼 논의 중에 나온 말)라는 사실을 전제로 한다면, 정치적인 판단을 할 때 지식인에게서 '정답'을 받는 편이 심리적으로 더 안정적이라서 그 결과 '지식인이라면 특정비밀보호법에 반대'라고 주장하는 분위기가 형성됐다고 언급했다. 이렇게 절대선·절대악이 창출되면 절대선 자체도 타자와의 차이를 인식하고 상호 변용하여 합의에 이르는 프로세스(종강 참조)를 게을리하기 때문에 이건 이거대로 문제라는 것이다. 또한 절대악을 향한 공격이 끝없이 확대되는 상황에 대한 위험성을 지적하면서 "제아무리 지식이 많더라도 차이에 대해 신중한 태도를 보이지 않는 자는 결국 자신의 입장을 절대선으로 간주할 위험성을 내포하고 있다"고 했다. 상대방 입장이 되어보는 상상력을 발휘하여 차이를 뛰어넘으려는 시도가 이번 수업에서 지향한 교양이라면 그러한 전체주의적 절대선에 대해 의구심을 품어야 한다는 주장이었다. 이상의 내용은 지식인이라 불리는 사람들이 절대선에 구속될 위험성을 지적한 내용으로서 꼭 명심해야 할 것이다.

국가나 조직 내에서 의사 결정을 할 때 한 가지 의견에만 초점을 맞추고 다른 의견을 수용하지 않는 경우도 문제다. 권력이라는 것은 그 지위에 있는 사람의 판단력을 흐리기 때문에 권력을 갖게 된다면 가능한 한 자신의 목소리와 그 주변의 목소리에 귀를 기울이고 수용할 줄 알아야 한다. 그리고 적당한 거리를 유지하면서 냉정하게 분석을 거듭하여 이 선택지가 올바른 것인지 수차례에 걸쳐 자문하지 않으면 안된다. 지식을 갖춘다는 것은 그것만으로 권력을 지닌다는 의미이기 때문에[16] 지식인이라는 권력의 자리에 앉는 경우에도 같은 맥락에서 말할 수 있다. 이와 더불어 다른 의견을 허용하지 않는 행위는 다양한

'다중'[17]을 억압하는 셈이다. 한때의 권력에 대항하기 위해 동원된 또 다른 '절대선'이 다양성을 띠는 다중을 억압하기 시작한다면 그것이야 말로 지식을 가진 자, 학문을 하는 자로서의 자격을 의심받을 일이다. [후지가키]

〈 제9강 〉

학문은 사회에 책임을 져야 하는가?

문제 제기

—

이번 수업 주제와 더불어 '학문은 도움이 되어야 하는가?'라는 질문에 대해서도 생각해볼 필요가 있다. 애초에 도움이 된다는 것은 무엇을 의미하는가? 지식을 이용하거나 인공물을 제조하는 것이 도움이 될 수도 있고, 조금 떨어져서 현실을 비판적으로 보는 시점을 제공함으로써 도움이 될 수도 있다. 직접 도움을 주고 실용화되는 경우와 간접적으로 존재 의의를 인정받는 일 사이에는 차이가 있다. 이처럼 학문의 사회적 책임은 그 형태도 다양하다.

구체적으로 살펴보기 위해 일단 과학자의 사회적 책임에 대해 생각해보자. 과학자의 사회적 책임은 세 가지로 구분할 수 있다.[1] 첫 번째는 연구자 공동체 내부의 규제에 대한 책임으로 책임감 있는 연구를 실시하는 것이다. 데이터 날조를 하지 않기, 고쳐 쓰지 않기 등 연구의 질을 보장하는 일이다. 두 번째는 과학자의 활동에 의한 성과물, 그 제조물에 대한 책임을 지는 것이다. 예를 들어 원자핵 물리학이 원자폭탄이라는 생산물을 만들었다는 제조물에 대한 책임 여부의 문제는 퍼그워시 회의2에서 논의되었고, 유전자 조작 기술에 의한 생산물이라는 제조물에 대한 책임 여부는 아실로마 회의3에서 논의되었다. 제조물에 대한 책임 여부를 가릴 때에는 애초에 학자가 그런 결과를 의도한 경우에만 책임이 있는지 혹은 의도하지 않았어도 책임의 소지가 있는지를 두고 의견이 갈린다.4

세 번째 책임은 공공의 질문에 대답할 응답 책임이다. '책임'은 영어로 responsibility인데, 이는 response(응답)가 가능한 ability(능력)를 의미한다. 예를 들어 다음과 같은 시민의 질문에 답할 수 있어야 한다. '이 연구는 사회로 나왔을 때 어떤 형태로 적용될까요?'라는 질문에 응답할 책임(사회적 리터러시), '이 연구는 어디에 도움이 되나요?'라는 질문에 응답할 책임(설명 책임), '그것은 무슨 의미입니까?'에 응답할 책임(이해하기 쉽게 전달할 책임), '미국 소고기 수입 재개에 있어서 BSE(광우병)의 위험을 억제할 수 있는 적절한 판단 기준은 무엇인가요?'라는 질문에 응답할 책임(의사 결정에 이용되는 과학적 책임), '어떤 보도에 이용된 과학적 근거는 적절한가요?'라는 질문에 응답할 책임(보도에 이용되는 과학적 책임) 등이 있다.

오늘날의 응답할 책임은 불확실성을 띠는 의사 결정을 내포하기 때문에 매우 어려운 문제가 아닐 수 없다. 불확실한 정보를 공개한 탓에 체포되어 재판을 받은 이탈리아 지진학자의 사례를 살펴보자. 라퀼라 지역은 본래 지진이 많은 지역인데 2009년 3월 들어 군발지진 횟수가 증가하면서 규모가 큰 지진도 발생했다. 3월 29일 어떤 민간 측정자가 라돈 방출에 대한 간접측정을 하고 나서 6시간에서 24시간 이내에 대지진이 일어난다는 예측을 하고 다음 날 규모 4.0의 지진이 발생했다. 시민보호국은 31일에 라퀼라 시내에서 '대(大)리스크위원회'를 소집했다. 시민보호국 장관의 전화 기록에 따르면(검찰에 제출한 증거) 민간이 예지 정보를 흘려서 초래한 패닉 상태를 진정시킬 목적으로 이 소집이 이루어졌다고 한다.[5] 대리스크위원회의 발표는 마치 '안전 선언'처럼 보도되었고 그 결과 대지진 발생을 염려하여 옥외에서 숙박하던 많은 주민이 집으로 돌아갔다. 하지만 4월 6일에 규모 6.3의 라퀼라 지진이 발생했고 309명의 사망자와 다수의 부상자가 나왔다. 유족들은 이번 라퀼라 지진으로 희생자가 생긴 것은 지진 예지의 가능 여부를 떠나 대리스크위원회에서 지진에 관한 잘못된 정보를 발표했기 때문이라고 하면서 3월 31일 대리스크위원회에 출석했던 7명에 대해 2010년에 형사및 민사 소송을 냈다. 2012년 10월 판결에서는 금고 6년에 처해졌으나 2014년 11월에 판결이 역전되어 과학자 6명은 무죄를 받았다.

이 위원회에서 전문가들은 "절대 지진이 일어나지 않을 것이라고 장담할 수 없지만 많은 군발지진이 대지진으로 이어지지 않고 끝났다"고 언급했다. 하지만 미디어는 "많은 군발지진은 대지진으로 이어지지 않는다"라고 전했다. 전자와 후자를 보면 분명히 후자 쪽이 정보에 대한 해석을 하고 있다. 그러나 정보 해석을 한 미디어에 대한 죄는 묻지 않았다. 이런 경우 대지진 안전 선언으로 해석한 미디어에게 책임이 있는가, 아니면 오해를 살 만한 표현 방식으로 정보 전달 장치로서의 역할을 다하지 못한 과학자 측에 죄가 있는가? 유족들의 경우 정보 해석 장치로서의 전문가를 추궁하기보다는 확실하게 위험을 전달해야 할 정보 전달 장치로서 철저하지 못했던 전문가를 탓하고 있었다. 과학자는 그 책임을 다하기 위해 정보 전달 장치로서의 역할에 집중해야 할까 아니면 오로지 정보 해석 장치로서의 역할에 집중해야 할까? 동일본 대지진 당시 저선량 방사선이 건강에 미치는 영향을 둘러싼 논쟁에서 현지 주민들은 정보 해석 장치로서의 전문가를 기대했으며 이는 정보 전달 장치로서의 책임만 생각하던 과학자와의 사이에 괴리감을 만들었다. 이처럼 불확실성을 내포한 상황에서 과학자의 책임을 둘러싼 논의에는 해결해야 할 부분이 많다.

이상으로 살펴본 자연과학의 세 가지 책임을 인문사회과학에 적용해보자. 첫 번째, 연구자 공동체 내부를 규제할 책임은 인문사회과학도 동일하다. 제1강에서 언급했던 인용, 전거 등을 확실히 표시하는 등의 일이 여기에 해당한다.

두 번째로 제조물에 대한 책임은 어떨까? 인문사회과학 연구에서 제조물에 대한 책임은 무엇으로 간주해야 할까? 예를 들어 어떤 소설을 읽고 나서 인생이 망가지고 자살하는 사람이 증가한다면 이는 책임을 져야 할 일인가? 일본학술회의는 2015년 7월의 성명에서 학술적 측면에서 인문사회과학의 설명해야 할 책임에 대해 언급했다. 여기서 말하는 설명할 책임은 인문사회과학의 개념을 배워놓고 그 어휘 안에 갇혀 있지만 말고 이를 다른 사람과의 대화에 활용해야 의의가 있다는 사고방식도 내포하고 있을 것이다.**6** 이러한 사고방식에 관한 문학 연구의 예로는 이시이의 저서 『독서안내毒書案内』**7**를 들 수 있다. 이 책에서는 다자이 오사무, 괴테 등 저명인의 책을 소개하고 해석하는 과정을 통해 이들 작가가 애초에 지녔어야 할 제조물에 대한 책임을 대신 수행하고, 문학 작품의 영향력에 대해 분석함으로써 문학 그 자체가 낳은 제조물의 책임에 대한 분석까지 이루어졌다고 볼 수 있다. 이 밖에 다른 인문사회과학 분야에서는 어떨까?

세 번째로 응답에 대한 책임은 인문사회과학 학문에도 충분히 적용이 된다. 예를 들어 '이 연구는 사회로 나왔을 때 어떤 형태로 적용될까요?'라는 질문에 응답할 책임(사회적 리터러시), '이 연구는 어디에 도움이 되나요?'라는 질문에 응답할 책임(설명 책임), '그것은 무슨 의미입니까?'에 응답할 책임(이해하기 쉽게 전달할 책임)은 여타 학문 분야에서도 적용이 가능할 것이다. 게다가 사회과학의 경우 의사 결정에 이용되는 과학적 책임 혹은 보도에 이용되는 과학적 책임을 피해갈 수 없다. 유럽 과학기술사회론회의가 주최한 워크숍에 참가했을 때 일본의 사회과학자보다 정책 형성에 깊이 있게 관여하면서 유럽연합의 행정관과 치열하게 갑론을박을 하는 다른 사회과학자를 보고 경탄했던 기억이 있다. 그들에게 있어 학자로서의 책임은 유럽연합의 정책에 관여하면서 이를 비판하고 보다 좋은 방향으로 이끌기 위해 논의하는 일이었다.

그런데 자연과학과 사회과학을 통틀어서 의사 결정에 따르는 과학적 책임이나 보도에 따르는 과학적 책임은 보통 전문적인 견해를 가지고 '조언'하는 장면에서 발생한다. 조언을 할 때 '도움이 될' 만한 학문이 되기 위해서는 나름대로 상대에게 맞출 수 있는 표현 방식이 필요하다. 이러한 방식을 습득하는 과정에서 항상 상대와 자신과의 거리를 인식하고 있어야 하며 이 둘의 상호작용은 필연적이다. 방식을 적용하는 대상에 무한대로 휘둘리는 일(대상=자신)과 아무런 영향을 받지 않고 조용히 바라보는 일(대상과 자신은 무관계) 사이에 다양한 거리감을 설정할 수 있는데, 이러한 거리감을 유지하려면 즉 '결코 동화되지 않기' 위해서는 부단한 노력이 필요하다. 학문적 책임을 다하기 위해서는 이렇듯 상대에 맞춰가면서도 결코 동화되지 않는 비판 정신이 필요한 것이다.

각종 과학에서는 주객의 분리를 강조한다. 어떤 상황에 '객관적으로' 거리를 두며 비판적으로 보려면 주객의 분리가 필수적이다. 이런 주객의 분리는, 앞서 언급했듯, 조언을 하면서 상대방에 맞춘 표현을 할 때 대상과 거리를 두면서 평소의 긴장을 해소시켜준다는 측면에서 효율을 추구한다. 하지만 만약 학문이 대상을 향한 관여나 거리 두기를 위한 긴장감을 상실한 채 어디까지나 '객'의 자리에 머무르려고 한다면 도대체 무엇을 위해 학문을 하느냐고 물을 수도 있을 것이다. 아니, 이러한 태도가 과연 책임을 다하고 있다고 말할 수 있는 걸까?

'학문은 도움이 되는가? 학문은 사회에 책임을 지는가?'라는 질문은 학문에 부과된 두 가지 모순된 모습, 즉 '주객의 분리와 대상에 대한 비관여'와 '대상에 대한 적극적인 관여'라는 두 가지 태도 사이의 왕복을 지향하고 있는 듯 보인다. 현실적으로 학문이 책임을 져야 하는 대상과 맞춰가는 과정에서 이러한 거리 두기 및 균형의 문제는 피해갈 수 없는 과제다. [후지가키]

1. '학문은 도움이 된다'란 무슨 의미라고 생각하는가? 자신의 전공에 빗대어 구체적으로 생각해보자.

2. 과학자는 정보 전달 장치로서 완벽을 기함으로써 책임을 다할 수 있는가, 아니면 정보 해석 장치가 되어야 할까? 라퀼라 지진 사례와 그 이외의 사례도 포함해서 구체적으로 고찰해보자.

3. 인문사회과학자의 책임이란 무엇일까? 자신의 전공 분야에 입각하여 대답해보자.

4. 학문이 '대상과의 거리감'을 지키기 위해, 즉 '결코 동화되지 않기'를 실천하기 위해 필요한 꾸준한 노력에 관해 이야기해보자.

논의의 기록

—

이날의 논의는 이하 네 가지 논점을 기반으로 이루어졌다. 조는 1그룹(C학생, E학생, G학생)과 2그룹(A학생, B학생, H학생)으로 나누었다.

논점1

'학문은 도움이 된다'란 무슨 의미라고 생각하는가? 자신의 전공에 빗대어 구체적으로 생각해보자.

1그룹에서는 인문사회과학이 직접적으로 도움이 되지는 않으며 '도움이 되는' 것에도 레벨이 있다고 주장했다. 레벨은 적어도 둘로 나뉘는

데 눈에 보이면서 도움이 되는 경우와 눈에 보이지 않으면서 도움이 되는 경우다. 전자의 예로는 법학, 후자의 예로는 사상 연구를 들 수 있으며 각각 '작물'(눈에 보이는 성과)과 '토양'(그 자체는 눈에 보이지 않으나 작물의 육성에 필요한 것)에 비유할 수 있다.

> 토양과 작물로 비유한다면 오늘날 사회에서는 작물처럼 눈에 보이는 성과나 즉각 도움이 되는 것을 지향하는 경향이 있어요. 하지만 좋은 작물을 만들려면 계속 땅을 경작해야 해요. 좋은 땅으로 일구어놓지 않으면 예를 들어 오이를 재배할 때 첫 번째와는 다르게 두 번째 심을 때는 병이 들 수 있듯이, 항상 토양이라는 것은 정비되어 있지 않으면 안 돼요. 마찬가지로 인문계열 학문의 역할도 눈에 보이지는 않지만 이런 식으로 도움이 될 거라고 생각해요. [G학생]

이 논의는 2015년 6월 8일에 문부과학성이 국립대학법인에 대해 인문사회과학 및 교원 양성 학부·대학원의 축소 및 통폐합을 요구하며, '사회적인 요청이 높은 분야'로의 전환을 촉구하도록 통지했던 일8과 연관이 있다. '지속적 경쟁력을 가지고 높은 부가 가치를 창출하는 국립대학'을 지향하는 과정에서 인문사회과학은 정말 쓸모가 없다고 말할 수 있을까? 예를 들어 과학기술·학술심의회 학술분과회가 발표한 「학술 연구의 종합적 추진 방책에 관하여(최종 보고)」에 따르면, "(인문학·사회과학) 분야의 연구는 국가 지적 자산의 중요한 한 축을 담당할 뿐만 아니라 다양한 영역에서 정신 활동의 기반을 이루는 교양 및 문화라는 토양을 일구는 기능도 가지고 있다. 이는 국가 전체의 지적·문화적 성숙도를 측정하는 중요한 척도가 될 수 있다"(보고서 25쪽)라고 한다. 여기서도 '토양'이라는 용어가 쓰이고 있다는 점에 주목해야 한다. 그리고 "국가 지적 자산의 중요한 한 축을 담당하는" 것은 때때로 "사회적 품격의 기초"9가 될 수 있다.

다음으로 2그룹에서는 '학문으로서 바로 도움이 되는 것'과 '그 학문이 멀리 볼 때 도움이 되는 것' 두 가지가 있으며, 전자로는 사람들의 생활을 편하게 만들어주는 학문, 후자로는 천문학 같은 이론 계열의 이과 계통 학문이 있다고 했다.

1그룹에서 토양과 작물에 비유한 것에 대해 이시이는, 일군다cultivate라는 개념은 문화culture로 연결되며10 토양을 일구는 일이 문화의 본질인 것 같다고 말했다. 그리고 대략적으로 봤을 때 이 세상에는, '이미 자연 속에 있는 것을 대상으로 하는 학문'과 '인간이 창출한 것을 대상으로 하는 학문'이 있으며 후자 중에서도 사상 및 예술을 다루는 인문과학들은 이차적인 학문으로서의 성격이 강하기 때문에 전자와 비교해서 필요성에 대한 회로가 우회적일 수밖에 없다고 주장했다. 그리고 문부과학성이 발표한 내용 중 '사회적인 요청이 높은 분야'라는 표현에 대해 언급하면서, 문학 연구나 예술 연구는 '인간이 창출한 존재에 대한 이차적인 연구'로서 사회적 요청의 정도가 낮다고 간주되기 쉽지만 그 전에 먼저 '사회적 요청'의 의미에 대한 정확한 검증이 필요하다는 입장을 보였다.

이 의견에 대해 후지가키는, '인간이 창출한 존재에 대한 이차적인 연구'에는 '인간이 창출한 존재인 자연과학'을 대상으로 삼은 학문인 과학사, 과학철학, 과학사회학 그리고 과학기술사회론이 포함된다고 말했다. 또한 과학기술사회론은 이차적인 연구지만 이와 동시에 사회적 요청이 따른다는 의견도 있었다. '이미 존재하고 있는 것에 대한 학문(일차적)'과 '인간이 창출한 존재에 대한 학문(이차적)'을 구분하는 축과 사회적 요청이 있고 없고를 구분하는 축은 별개로 생각해야 한다는 내용이었다. 이시이는 "물론 이차적이라고 해서 사회적 요청의 수준이 낮은건 아니"라고 덧붙였다.

논점2
과학자는 정보 전달 장치로서 완벽을 기함으로써 책임을 다할 수 있는가, 아니면 정보 해석 장치가 되어야 할까? 라퀼라 지진 사례와 그 이외의 사례도 포함해서 구체적으로 고찰해보자.

2그룹에서는 '애당초 전달이란 무엇인가?' '누군가로부터 누군가에게로 정보를 100퍼센트 그대로 전달하는 건 애초에 불가능하고 어떤 식으로든 해석이 개입될 것'이라는 의견을 냈다. 그리고 지진 발생 확률이나 원자력 발전소 입지 지역에 활단층이 있는지 여부를 둘러싼 논의에서처럼 불확실성을 내포한 정보를 전달할 때에는 (1) 한 명 한 명이 정보 해석을 할 수 있도록 생각하는 방식과 (2) 무언가 시스템을 만들고 흑백논리로 판단하여 공표하는 방식이 있다고 주장했다. 후자를 선택할 경우, 만에 하나 예측이 어긋나더라도 기본적으로 민의를 기반으로 규정에서 일탈하지 않는 범위 내의 예측 결과에 대해서는 책임을 묻지 않는다는 조건이 없다면 불확실한 것에 대해 예측할 수 없을 것이라는 의견도 있었다.

1그룹에서는 과학자와 미디어의 책임에 대해 언급했다. '과학자는 전달 장치로서의 역할을 제대로 해야 한다' '미디어가 발신한 정보에 의견을 제시하고 불확실성을 내포한 정보는 공적인 기관에서 책임을 지는 시스템의 역할이 중요할 것 같다'는 의견이었다. 그리고 이 세상에 공개되어 있는 정보를 방치하지 말고 수정해나가는 시스템이 필요하다는 의견도 나왔다.

이에 대해 이시이는 과학자도 일종의 '미디어'(매개자)라는 관점을 제시했으며, 사실과 시민 사이를 매개하는 매개자로서 과학자의 역할에 대해 이야기했다. 과학자들 사이에서 어떤 사실에 대한 해석이 나뉠 경우 그러한 해석을 하나unique로 만드는 일 자체가 '통제'라고 했다. 예를 들어 신문 기사에서 하나의 사실에 대해 한 가지 해석만 취하려고 하면서 이를 통일 견해라고 한다면 이것은 언론 통제에 해당한다. 이에 대해 과학 연구를 하면서 과학자 커뮤니티 안에서 통일 견해를 추려내는 일은 언론 통제가 아니냐는 의문이 제기되었다.

어떤 fact가 있는 경우, 그것을 일단 과학자가 전달하죠. 그러면 과학자도 다시 미디어가 돼요. 미디어라고 하면 우리는 곧장 매스미디어를 떠올리는데요, 개재자介在者·매개자라는 의미에서는 과학자도 어떤 사실과 그것을 통보받는 시민 사이에 서 있는 미디어인 거예요. 즉 과학자와 매스미디어라는 이중의 매개를 거쳐 사실이 전달되어 오는 거죠. 따라서 매스미디어가 항상 정보를 해석하는 게 아니라 일차적 매개자인 과학자 레벨에서 이미 해석은 여러 갈래로 나뉘어 있던 거예요. 일단 과학자들이 이런 부분을 통일시킨 후에 전달해야 한다는 것이 요시카와 히로유키 선생님의 입장[11]인데요, 이 발상의 연장선에서 보면, 쓸데없이 시민을 혼란에 빠뜨리지 않도록 매스미디어도 똑같은 방식으로 보도해야 한다는 결론에 이르게 됩니다. 하지만 대부분 이런 경우 모두가 언론 통제라면서 반대를 하죠. 즉 과학자들 세계에서도 상당히 다양한 해석이 있을 텐데 그 모든 사항을 전달하지 않는 것 역시 일종의 통제가 아니냐는 질문이 나와도 이상할 게 없어요. [이시이]

이 의견에 대해 후지가키는 실제로 학술회의에서도 다양한 의견이 존재한다고 말했다. 예를 들어 제8강 14번 주에서도 언급했듯이, 일본 학술회의 제17-18기 회장이었던 요시카와 히로유키는 '후쿠시마 원자력 발전소 사고 이후 과학과 사회를 생각하는 분과회'(2012년 5월 3일)에서 "학회 내에서는 의견 대립이 있어도 괜찮다. 하지만 과학자 집단이 사회로 발신하는 내용은 합의된 대답, 통일된 것이어야 한다"고 주장했다. 이에 대해 제21기 회장이었던 히로와타리 세이고는 '많은 의견을 내는 경우'는 학술회의밖에 없다고 말했다. 예를 들어 '다수의 선택지 제시'를 학술회의의 역할과 연관 지어서 제대로 의의를 부여해야 하며, "윤리적인 문제의 논의에는 꼭 선택지가 존재해야 한다. '이것밖에 없다'

는 논의는 의회제 민주주의의 신뢰를 잃게 만들고 사회에서 수용되지 않는다"[12]는 의견을 보였다. 제8강의 '논의를 돌아보며'에서도 언급했지만, 불확실성을 내포하고 학자 사이에서도 의견이 분분한 문제를 공표하는 일에 있어서는 학자 사이에서도 의견이 갈린다고 볼 수 있다.

논점3
인문사회과학자의 책임이란 무엇일까? 자신의 전공 분야에 입각하여 대답해보자.

1그룹은 법률·경제·정치 등 도움이 되는 학문과 비교해서 사상적 기반이 되는 토양으로서의 인문사회과학이 져야 할 책임에 대해 언급했다. 그리고 모든 학문은 각자의 영역에서 깊이 파고들수록 주변이 보이지 않게 되는 경향이 있기 때문에, 이때 메타적 시점에서 내려다보는 시각을 제공하는 것이 인문사회과학의 역할이라고 했다. 그리고 '도움이 된다'는 생각으로 인문과학을 할 필요는 없지만 인문사회과학은 자신의 학문이 메타적 시점에서 내려다볼 수 있는 시각을 제공한다는 사실에 대해 좀더 주변에 호소할 필요가 있다는 의견도 나왔다.

문학·사상적 영역에서 눈앞의 현실을 제대로 파악하고 있는지 생각하다 보니, 최근 기업에서도 자신들이 사회에 어떠한 책임을 지고 있는가(CSR[13])에 대해 홍보를 하고 있다는 사실이 떠올랐습니다. 이 경우 인문과학자는 그 사상 기반을 자신들이 제공한다는 사실을 알고 있어요. 그런데 이런 부분을 공식적으로 알리지 않는 거죠. 스스로 책임지고 있는 일들에 대해서 현실적인 시점에서 파악하고 이를 홍보하려 하지 않는 점이, 이들이 그냥 놀고먹고 있다는 이미지를 만들었을 수 있다는 말이 있어요.14

하지만 토양을 경작하는 건 맛있는 작물을 만들고 싶어서가 아니에요. 토양을 만들고 있으니 결과적으로 맛있는 작물이 생겼을 뿐이지 도움이 될 생각으로 인문과학을 한다면 거꾸로 인문과학의 핵심을 상실하게 될지도 몰라요. 여가 활동에 빗대어 이야기하면 여가 활동을 함으로써 현실적으로 도움이 되는 부분도 있는가 하면, 반대로 필요로 인해 시도하면 오히려 잘 안 되는 경우도 있는 거죠. 이렇게 보면 인문과학이라는 것도 굉장히 심술쟁이 같은 학문처럼 보여서 역시나 공식적으로 발표하기엔 어려울 것 같다는 생각도 드네요. [C 학생]

그리고 '현실이라는 세계 위에 사회과학(현실을 법률·정치·경제적 시점에서 보는 일차적인 시점)이 있다면 그 위에는 인문과학이 있고 이는 일차적 시점에 비해 한 단계 더 메타적 차원에서 이차적인 시점을 제공하는 것 같다' '이에 해당하는 '사상'은 현실과 접촉하는 방법 중 하나로 기능할 수 있지 않을까'라는 의견이 나왔다.

2그룹에서는 인문사회과학의 역할로서 새로운 기술을 사회에 어떻게 적용할지 검토하는 일에 대해 언급했다.

공학을 공부하는 제 입장에서 인문계에 바라는 책임이 있습니다. 기술자는 개인적인 욕구에 따라 움직인다고 생각하는데요. 만들고 싶은 걸 만들고, 가능한 것을 만든 결과 완성된 것들을 어떤 식으로 사회에 활용할지 검토하는 과정에서 인문과학이 역할을 담당해주었으면 합니다. [B학생]

게다가 인문과학은 '이 세상에 생겨나는 비틀린 것들을 반영'하는 기능을 가지고 있다는 의견도 있었다.

요컨대 작품을 개인적인 생각에 따라 만들어진 것으로 간주하여 이를 모두에게 전달하는 역할을 인문과학의 책임으로 볼 것인지, 아니면 작품을 세태적 측면을 반영하는 거울로 간주하여 이를 해석함으로써 이 세상에 잠재적으로 생겨나는 비틀린 현상에 접근하는 것을 책임으로 볼 것인지의 문제예요. 양면적인 것 같아요. [A학생]

이시이는 이러한 의견을 듣고 나서, 이과와 문과를 구분할 때 인문과학과 사회과학은 '문과 계통'이라는 동일한 카테고리로 구분되는데 애초에 인문과학humanities과 사회과학social science은 science라는 단어를 사용하느냐 여부에 따라 개념적 차원이 약간 다른 것 같다는 의견을 냈다.15 그리고 책임responsibility을 응답 능력(response하는 ability)으로 본다면 인문과학에서 책임이란 다른 사람에게 감동을 줌으로써 '자신이 이 세상에 태어난 이유에 대한 답을 구하는 것' '자신이 지금 여기에 존재하는 의미를 묻는 질문에 response하는' 일에 있는 것 같다고 했다.

우리는 연구 대상 그 자체에 일종의 감동을 느끼기 때문에 연구를 하지만, 자신의 연구 성과를 문장으로 옮겨놓은 것들 역시 이를 읽은 사람들에게 감동을 주기를 바라요. 이것이 나름대로 책임을 다하려는 행위라고밖에 달리 표현할 여지가 없어요. '책임'이라는 일본어는 '책망하다'와 '맡기다'라는 단어로 이루어져서 딱딱한 느낌이 들지만, 이걸 영어로 하면 responsibility, 즉 '응답하는 능력'이 돼요. 무엇에 대한 응답인가 하면, 이게 좀 추상적인 표현이긴 합니다만, 요컨대 자신이 이 세상에 태어나 존재하는 의미를 찾는다는 식의 밑도 끝도 없이 광대한 질문에 대답하는 거겠죠. 뭔가 엉뚱한 이야기를 하는 것처럼 들릴 수 있지만 사실은 정말 별거 아닌 일이에요. 지금 자신이 이 세상에 존재하는 의미에 대한 질문을 받았을 때 이에 response하는 일, 응답하는 일이 인문과학자로서의 책임을 다하는 방식이 될 수 있다고, 개인적으로 저는 그렇게 생각합니다. [이시이]

논점4
학문이 '대상과의 거리감'을 지키기 위해, 즉 '결코 동화되지 않기'를 실천하기 위해 필요한 꾸준한 노력에 관해 이야기해보자.

2그룹에서는 연구실에서 연구를 하는 사람과 미디어로 발신하는 사람의 차이를 언급했으며, 이는 자신의 연구 성과를 이용하여 사회에 조언을 할 때 '조언 대상'과 거리를 두는 방식에 대한 이야기로 이어졌다. 예를 들어 법학부의 A학생은 대상에 너무 가까이 다가가면 중립성을 잃게 된다고 했다. 특히 변호사가 하는 일에서 중립을 유지하기 위해서라도 상대방과 너무 가까워져서는 안 된다는 의미였다. 한편 1그룹은 대상과 동화되지 않으면 알 수 없는 부분이 있다면서 '연구 대상'에 대한 동화를 언급했다. 윤리학과 더불어 종교학도 공부 중인 C학생은 체험적 영역을 다루는 학문으로서의 종교학에서는 대상과 적당한 거리를 두는 일이 어렵다고 했다. 이시이는 연구 대상으로의 동화에 대해 다음과 같이 말했다.

> 인문과학은 일종의 동화를 추구해요. 공감이랄까요. 그런 것 없이는 연구가 불가능하죠. 그렇다고 완전히 동화되어버리면 연구가 진행이 안 돼요. 인문계 학문에서는 일정한 거리감을 유지하는 한편으로 동화·공감도 하는 식으로 적당한 간격 유지를 추구하고 있는 게 아닐까 생각해요. [이시이]

이때 대상과 거리를 두는 방식에는 '조언 대상자와의 거리'와 '연구 대상과의 거리' 두 종류가 있으며 2그룹은 전자를, 1그룹은 후자를 논의했다는 점에 주목할 만하다. 그리고 논점1에서 등장했던 '이미 자연에 존재하는 것을 대상으로 하는 일차적 학문'과 '인간이 창출한 것을 대상으로 하는 이차적 학문'은 각각 거리를 두는 방식이 다르다는 사실도 중요하다. 일차적 학문에서는 항상 대상과의 거리에 '중립'이 요청되며 동화나 공감을 요구받지 않는다. 반면 이차적 학문에서는 인간이 창출한 작품(문학이든 음악이든)이라는 대상에 대한 동화나 공감이 연구를 수행할 때 필요하다. 그리고 일차적 학문에서는 조언 대상과 거리를 두는 방식이 다양하다.[16]

한편 대상과의 거리 두기에 대해 조르주 바타유[17]가 언급한 내용을 보면, '가능한 한 개인의 체험에 입각한 영역으로 발전하지 않도록 하는 연구(체험을 근거로 삼는 행위를 금지함으로써 성립하는 연구)'와 '체험을 향해 결연하게 나아가려는 연구'로 구분된다. 데이터를 근거로 한 연구는 '학자의 체험이 반영되지 않을수록(그들의 체험이 부각되지 않을수록) 그 일에 있어서 진정성이 증가한다'는 것이다.[18] 이와 같은 맥락에서 포터는 "몰개인화가 진행될수록 기계적 객관성은 증가한다"고 했다.[19] 위에서 논의된 연구 대상과의 동화·공감은 학자의 '체험' 없이는 성립할 수 없으며 몰개인화가 아닌 '개인의 체험'을 기반으로 해야 한다. 따라서 연구를 수행할 때 인간이 창출한 작품(문학이든 음악이든)이라는 대상에 대한 동화 및 공감을 꼭 필요로 하는 이차적 연구의 경우 일차적 연구와는 본질적으로 연구 대상과 거리를 두는 방식 자체가 달라지는 것이다. 이처럼 대상과 거리를 두는 방식은 앞서 수차례 논의 대상에 올랐던 주관/객관(개별/보편)이라는 축과 오버랩되는 걸 알 수 있다.

이상의 논의를 바탕으로 '책임'론과 연관 지어 살펴보도록 하자. '이미 자연 속에 존재하는 것을 대상으로 하고 있는 일차적 학문'(자연과학에 속하는 많은 분야)에서는 아마 중립적으로 대상과 거리를 취하는 것이 그 책임을 다하는 일이다. 즉 개인의 자의성을 배제하고 보편이라는 이름으로 책임을 완수할 수 있다는 말이다. 그리고 '인간이 창출한 것을 대상으로 하는 이차적 학문'인 사회과학은 조언에 의거하여 책임을 지는 회로를 지니고 있다. 한편 '인간이 창출한 것을 대상으로 하는 이차적 학문'인 인문과학은 대상과의 동화 및 공감을 통해, 이시이가 논점3에서 언급했듯, '자신이 이 세상에 태어나 존재하는 이유를 묻는 질문에 답해야' 하는 것이다. 이렇듯 철저하게 '개별'적 움직임을 추구함으로써 이것이 보편으로 이어지고 그 안에서 책임을 다하고 있다고도 볼 수 있겠다. 연구 대상(및 조언 대상)과 거리를 두는 방식은 주관과 객관(혹은 개별과 보편)의 논의뿐만 아니라 각 학문에서 책임을 다하는 방식에 대한 회로의 차이로도 이어진다고 생각한다. 이 점은 학생들의 다음과 같은 의견에서도 엿볼 수 있었다.

저는 이 네 번째 논점의 질문 의도가 잘 이해가 되지 않았습니다. 이제껏 논의해온 질문들, 전달 장치여야 하는가 혹은 해석 장치여야 하는가, 학문의 사회적 책임은 무엇인가에 대한 내용과 어떻게 연관시킬 수 있을지 살짝 혼란스러웠습니다. 그런데 논의를 하다 보니, 자신의 분야를 객관적으로 보기도 하고 대상과 미묘한 거리를 유지해보기도 하면서, 자신의 학문이 어떤 식으로 도움이 될 수 있는지에 대해 이야기할 수 있게 되었…… 되겠죠? [E학생]

결국 일시적인 동화와 동화하지 않을 때가 대비됨으로써 자신이 객관적으로 대상을 보고 있다는 사실이 담보되는 거죠. 즉 이로써 학

문은 충분히 책임을 질 수 있게 되는 게 아닐까요? [G학생]

이상으로, 학문이 '도움이 될' 필요성의 회로와 학문이 책임을 질 때의 회로가 학문의 성향에 따라 다르다는 사실을 끄집어냈다는 점이 이번 수업의 수확이었다.

논의를 돌아보며
—

이 수업은 2015년 7월 1일에 열렸는데 그로부터 약 3주 전인 6월 8일에 '논의의 기록'에서도 언급했던, 문부과학성 장관이 「국립대학법인 등의 조직 및 업무 전반의 재고에 대하여」를 통지했다. 그 내용의 기본 방침 제1항에는 "특히 교원 양성계 학부 및 대학원, 인문사회과학계 학부 및 대학원에 대해, 18세 인구의 감소 및 인재 수요, 교육 연구 수준의 확보, 국립대학으로서의 역할 등에 입각한 조직 재고 계획을 책정하여, 조직의 폐지 및 사회적 요청이 높은 분야로 전환하기 위해 적극적으로 노력하도록 한다"라는 문구가 적혀 있었는데 이로 인해 대학 및 매스컴에서는 '인문사회과학 경시'라 하여 일제히 반발하는 목소리가 나왔다.[20]

학생들이 이러한 상황을 하나하나 자세히 주시했다고는 생각하지 않지만 한때 모든 신문에 관련 기사가 잇따라 게재되었던 탓인지 아무래도 어느 정도 관심은 있었던 모양이다. '학문은 사회에 책임을 져야 하는가?'라는 중심 주제는 이러한 통지가 공표되기 전부터 예고된 것이었는데, 예기치 못하게 이번 수업에서는 이러한 사회 현상을 실시간으로 다루게 되었다.

논점1의 "'학문은 도움이 된다'란 무슨 의미라고 생각하는가? 자신의 전공에 빗대어 구체적으로 생각해보자"라는 질문에 대해 학생들은 다양한 대답을 들려줬다. 그 내용에 살짝 의견을 추가하여 정리해보면, 학문이 '도움이 되는 방식'에도 종류 및 단계가 있으며 공학 및 의학처럼 사람들의 생활에 직접 공헌하는 경우, 수학 및 물리학처럼 그 성과가 간접적으로 도움이 되는 경우, 법학이나 경제학처럼 사회의 원활한 유지 관리에 현재적으로 기여하는 경우, 문학 및 철학처럼 인간의 정신 활동을 잠재적으로 지탱하는 경우 등으로 분류할 수 있다.

대략 전자의 두 학과는 이과이고 후자의 두 학과는 문과로 볼 수 있는데 G학생이 인문사회과학 분야를 언급할 때 '토양과 작물'로 비유한 것을 이과 계통 모든 분야에도 적용이 가능할 것 같다. 비옥한 토양이 없으면 작물은 자라지 않지만 작물을 심지 않고 토양만 있어도 별 쓸모가 없다. 즉 이 둘의 관계는 상호 보완적이며 어느 한쪽이 더 중요한지를 가리려는 논의는 의미가 없다는 말이다. 각각의 학문 분야는 각자 적합한 역할을 하고 각자 부합하는 책임을 지면 된다.[21]

물론 각각의 학문 분야는 어떤 '도움이 되는 방식'을 취하고 있는지 혹은 취해야 할지에 대해 자기반성을 꼭 해야 한다. 문부과학성 장관이 발표한 통지에서 언급된 '사회적 요청'이라는 단어는 오로지 단기적·실리적인 효용만 지향하는 뉘앙스여서, 이 단어를 너무 잡다하고 안일한 의미로 사용했다는 강한 반발도 일었다. 하지만 그렇다고 해서 인문사회과학 분야가 그 어떤 설명 책임도 지지 않고 뒷짐만 지고 있다고 될 일이 아니다. 직접적·즉시적 유용성을 지니지 않는 분야일지라도 혹은 그렇다면 더욱더 그것이 인간의 사고 및 감성에 필수불가결한 작용을 한다는 사실을 끊임없이 발신해나갈 책임은 피해갈 수 없는 것이다.

논점2의 "과학자는 정보 전달 장치로서 완벽을 기함으로써 책임을 다할 수 있는가, 아니면 정보 해석 장치가 되어야 할까? 라퀼라 지진 사례와 그 이외 사례도 포함해서 구체적으로 고찰해보자"에서는 구체적인 문제로 논점이 전환되었다. 문제 제기에서 언급한 이탈리아의 사례에 입각하여 일본이 비교적 최근 경험한 대지진과 잇따라 발생한 원자력 발전소 사고를 염두에 두었을 것이다. 불확실하고 잡다한 정보가 범람하는 상황에서 과학자는 정보 전달 장치로서의 역할에 충실하면서 단순히 데이터만 공개할 것인지, 아니면 정보 해석 장치가 되어 데이터의 의미를 해석하고 공개할 것인지의 문제였다. 후지가키가 학자의 세계 역시 이러한 두 가지 사고방식으로 구분된다는 점을 언급했듯이 분명히 이는 손쉽게 결론을 낼 수 없는 문제다.

과학자의 책무가 사실 검증을 통해 보다 정확하게 현상 분석을 하고 장래를 예측하는 일로 국한된다고 한다면 이 단계에서 견해가 여러 갈래로 나뉜 경우, 어떤 선택지를 취할지에 대한 판단은 이미 고유의 역할을 뛰어넘은 차원의 것이기 때문에 그 뒷일은 정치에 맡기는 수밖에 없을 것이다. 반면 과학자가 그러한 지식을 가지고 사회에 적극적으로 참여해야 한다는 입장이라면 견해를 통일시키거나 정부에 조언을 하고 시민에게 경고를 하는 일까지 전부 과학자의 책임 범위에 속한다는 말이다. 다만 이 경우 과학자 자신은 한발 더 나아가서 선택지의 일원화라는 정치적인 프로세스에 관여하게 되므로 자칫하면 보다 적절한 선택지가 배제될 위험이 따를 수밖에 없다.

논점2가 주로 이과 계통 학문을 염두에 두었던 반면 논점3 "인문사회과학자의 책임이란 무엇일까? 자신의 전공 분야에 입각하여 대답해보자"의 내용은 문과 계통 학문을 겨냥한 것이었다. '도움이 된다는 생각으로 인문과학을 할 필요는 없지만 인문사회과학은 자신의 학문이 메타적 시점에서 내려다볼 수 있는 시각을 제공한다는 사실을 좀더 호소할 필요가 있다'는 한 학생의 의견은 인문과학자의 일원으로서 충분히 납득할 만한 것이었다. 이는 일본학술회의 간사회 성명에 지금까지 인문·사회과학자들이 그간 자신의 역할에 대해 충분히 설명해오지 않았던 점을 반성해야 한다는 취지의 내용이 있었던 것과도 상통하는 부분이다.[22]

논점4의 "학문이 '대상과의 거리감'을 지키기 위해, 즉 '결코 동화되지 않기'를 실천하기 위해 필요한 꾸준한 노력에 관해 이야기해보자"라는 질문은 '논의의 기록'에도 명쾌하게 정리되어 있듯이 '조언 대상과의 거리'와 '연구 대상과의 거리'라는 두 가지 유형을 내포한다. 이번 주제는 '학문의 사회적 책임'이므로 출제자의 의도는 주로 전자였을 것 같은데, 의외로 학생들은 후자에 대한 해석을 중심으로 논의를 전개했기 때문에 이는 이대로 흥미로웠다.

'조언 대상과의 거리'가 문제시되는 건 주로 자연과학과 사회과학이며 정부 및 기업이 '도움이 되지 않는' 인문과학자에게 조언을 구하는 일은 거의 없다.(그래서 인문과학 불필요론이 등장한 게 아닐까?) 한편 '연구 대상과의 거리'는 모든 분야에서 문제시될 수 있는데 원칙적으로 자연과학에서는 대상에 주관을 개입시키지 않는 것을 전제로 하는 반면 사회과학 및 인문과학에서는 오히려 주관의 개입이 전제가 된다. 단 사회과학에서는 자의성을 배제하는 절차가 방법론으로서 요구되는 반면 인문과학에서는 일부러 자의성을 배제하지 않고 이것을 설득적 공감 및 동화의 프로세스로 승화시켜야 한다. 물론 하나하나의 학문 분야를 들여다보면 좀더 엄밀한 분석이 필요하겠지만 구체적인 부분은 차치하고 본다면, 학문과 '거리'의 관계에 대해서는 이상의 내용으로 대략적인 구도를 그릴 수 있다.

어찌됐건 '학문의 사회적 책임'이란 '연구의 자주성'과 '사회적 적용'(문제 제기 마지막에서 '주객의 분리와 대상에 대한 비관여'와 '대상에 대한 적극적인 관여'로 정의된 것) 사이의 균형 문제이며 이 부분에 관해서는 분야마다 다른 배경에 입각하여 끊임없이 검토를 거듭할 수밖에 없다고 생각한다. [이시이]

<^>

〈제10강〉

<\/>

절대 사람을 죽여서는 안 되는가?

문제 제기

—

진심이었는지 여부는 차치하고 아주 찰나의 순간이었을지라도 누군가를 죽이고 싶다는 생각을 해본 사람은 꽤 있을 것이다. 하지만 아무리 죽이고 싶을 정도로 미운 상대라도 실제로 죽이는 사람은 거의 없다. 대부분의 경우 행동으로 옮기기 전에 생각을 한다. 왜 그럴까?

그런 짓을 하면 경찰에 잡혀가서 자신의 인생을 망치게 되기 때문일까? 혹은 자신은 괜찮지만 가족이 힘들어지는 걸 원치 않아서일까? 아니, 애초에 양심의 가책을 감당할 수 없을 것이라 생각하기 때문일까? 이유가 무엇이든지 간에 사람을 죽이는 일은 윤리적으로 용서받을 수 없기 때문일까? ……이것저것 생각하다 보니 점점 확신이 없어진다. 예를 들어 혈육이 잔혹하게 살해를 당했다면 범인을 죽이고 싶다는 생각은 인간으로서 당연히 드는 감정일 것이다. 그럼에도 불구하고 사람을 죽이는 일은 절대 용서받지 못하는 걸까?

물론 법률상 대부분 국가에서 살인은 범죄이고[1] 일본에서도 형법 제 199조에 "사람을 살해한 자는 사형, 무기 또는 5년 이상의 징역에 처한 다"라고 명시되어 있다. 따라서 보복 살인은 정상참작이 될 수 있지만 벌을 면치 못한다. 한편 형법 제36조 1항에는 "급박하고 부당한 침해에 대해 본인 혹은 타인의 권리를 방위하기 위해 어쩔 수 없이 한 행위는 벌하지 아니한다"고 되어 있어서, 자기(또는 타인)의 몸을 지키지 않으면 생명의 위협을 받는 상황이라면 상대를 죽여도 범죄로 간주하지 않는 다(소위 '정당방위'). 이런 측면에서 보면 법률이라는 테두리에 속할지라 도 '절대로 사람을 죽여서는 안 된다'는 건 아니라는 점을 알 수 있다.[2]

여기서는 기술적인 법률 논의는 제쳐두고 조금 더 일반적인 관점에 입각하여 이번 주제에서 파생되는 의문점들을 살펴보자. 이야말로 법 학, 철학, 윤리학, 의학 등 다양한 분야를 망라하는 문자 그대로 '학제 적'인 사항들이기 때문이다.

첫 번째는 앞서 형법 제199조에서 가장 무거운 형벌로 언급된 '사형' 문제다. 이야말로 국가에 의한 살인 행위를 정당화하는 규정에 다름 아 니며 국가가 해당 범죄자에게 '급박하고 부당한 침해'를 받은 게 아니 기 때문에 앞서 언급한 '정당방위' 개념으로도 설명할 수 없다. 그렇다 면 '사람을 죽인 자를 처벌하기 위해 죽이는' 일을 허용하는 이런 조항 자체가 본질적인 모순을 내포하고 있는 건 아닐까?

여기서부터 사형 제도의 용인 여부를 둘러싼 질문이 부상한다. 20세 기 말까지 유럽 대부분의 국가에서 사형이 폐지되었다(포르투갈은 예외적으로 이른 시기인 1867년, 이탈리아 1948년,[3] 독일 1949년, 프랑스 1981년,[4] 스페인 1995년, 영국 1998년). 한편 일본 및 중국에는 사형이 여전히 존재하며 한국은 1997년 이후 집행이 동결되었으나 제도 자체는 존속한다. 미국은 19개 주에서 사형을 폐지(2015년 시점)했으며 남은 31개 주에서는 형의 집행 횟수가 감소 경향에 있으나 제도는 유지되고 있다.

이러한 상황을 통해서도 알 수 있듯이, 각 국가 및 지역은 사형 제도를 둘러싼 다양한 역사적 경위 및 정치적 배경을 지니고 있다. 더욱이 찬반양론 모두 그럴듯한 근거가 있기 때문에 좀처럼 보편적인 해답을 도출하기가 어렵다. 하지만 어쨌건 간에 이 경우 '죽이다'라는 행위의 주체가 개개인의 인간이 아닌 '국가'라는 점에 주목해야 한다. 즉 사형 제도를 둘러싼 문제는 '절대로 사람을 죽여서는 안 되는가?'라는 형태가 아니라, '사회의 질서를 유지하기 위해 국가의 이름으로 사람을 죽이는 일은 허용되는가?'라는 형태로 제기되어야 한다.

국가에 관한 이야기가 나온 김에 두 번째로 '전쟁' 문제를 살펴보자. 평상시라면 한 명의 인간을 죽여도 죄를 묻게 되는데 전시에는 100명을 죽여도 죄를 묻지 않는 (혹은 오히려 무훈을 세웠다고 하는) 것은 왜일까? 이처럼 특수한 상황에서 저지른 살인은 과연 정당화될 수 있는 걸까?

물론 적을 공격하지 않으면 자신의 목숨이 위험해지는 상황이라면 정당방위가 성립되지만, 이 경우 단순하게 법적 논의를 적용할 문제가 아니다. 전장에서는 모든 법질서가 무효화되기 때문에 살인 행위가 면죄되려면 다른 논리가 필요하다. 자신이 미워하는 대상도 아닌, 심지어 어쩌면 자신의 친구가 될 수도 있는 상대를 적군의 병사라는 이유로 죽이는 행위는 어떻게 허용될 수 있는 걸까?

분명 전장이라는 극한 상황에서는 이런 의문이 들 여지도 없겠으나, 여기서도 중요한 점은 실제로 '죽이다'라는 행위의 주체는 개개인의 인간이 아니라 그 인간이 소속된 공동체(대부분의 경우에는 국가)라는 사실이다. 적을 향해 총을 쏘는 병사는 공동체라는 이름하에 살인을 행하고 있는 것에 불과하다. 사형 집행인이 국가라는 이름으로 단두대의 칼날을 내리치고 교수대의 발판을 열고 전기의자의 스위치를 누르듯이 말이다.

사형 집행인에게 살인죄를 묻지 않듯이 적군을 살해한 병사에게 죄를 묻는 경우도 없다. 그럼에도 불구하고 여기에 조금이라도 윤리적 문제가 있다면 이는 병사들이 개인으로서 행동했다는 의식을 지니고 있는 경우다. 하지만 전쟁이라는 집단적 광기 속에서는 '자신의 의사'조차 스스로 통제할 수 없기 때문에 살인 책임을 개인에게 묻는 건 너무 가혹한 처사라고 보는 게 적합할 것이다.

이어서 세 번째는 사형 및 전쟁과 다르게 조금 더 우리의 일상생활과 밀착한 문제 그리고 언제 자신에게 들이닥칠지 모를 문제, 즉 '안락사'다. 환자가 육체적·정신적 고통에 허우적대며 회복될 기미가 보이지 않는 상태인 경우 그리고 본인이 한시라도 빨리 고통에서 벗어나길 바라는 경우, 의사는 의도적으로 환자를 죽음에 이르게 할 수 있는가?[5]

스위스에서는 발 빠르게 1942년에 안락사를 인정했으며 베네룩스 3국에서도 21세기로 접어들면서 잇따라 '안락사법'이 가결되었다. 미국에서도 주에 따라 법적으로 안락사를 용인하고 있다. 이와 같은 국가 및 지역에서는 의사가 환자에게(물론 적정 조건하에서) 안락사를 실시하더라도 살인죄를 묻지 않는 반면 일본을 포함한 다른 국가 및 지역에서는 여러 가지 엄격한 요건을 충족시키지 않는 한 현행법에서 형법상 형벌에 처해질 수 있다.

1995년 도카이東海대학 안락사 사건6의 판례에 따르면 위법이 아닐 수 있는 요건으로 다음의 네 가지 항목을 제시했다. '환자가 참을 수 없을 정도의 격렬한 육체적 고통에 힘들어하는 경우' '환자가 죽음을 피할 수 없고 그 시기가 임박한 경우' '환자의 육체적 고통을 제거 및 완화하기 위해 모든 방법을 동원하고 더 이상 다른 대체 방안이 없는 경우' '생명의 단축을 승인하는 환자의 명확한 의사 표현이 있는 경우' 가 그것이다.7 이 중 가장 판단하기 어려운 부분은 네 번째 항목일 것이다. 고통에서 벗어나고 싶은 마음에 환자 입에서 '빨리 죽게 해줘'라는 말이 튀어나왔을지라도 냉정하게 다시 생각했을 때 이 말을 취소할 가능성도 있기 때문에 어느 시점을 본인의 명확한 의사 표시로 간주할지는 결정하기가 어렵다. 그리고 환자가 혼수상태이거나 착란 상태인 경우처럼 의사 표시 자체가 불가능한 상황에서도 동일한 문제가 생긴다.

이렇게 보면 '절대로 사람을 죽여서는 안 된다'는 문제에 대해 주저 없이 그렇다고 대답하기란 거의 불가능에 가깝다는 생각이 든다. 어쩌면 우리는 대체 어떤 경우에 '사람을 죽여도 좋다'는 건지 혹은 적어도 '사람을 죽여도 어쩔 수 없다'라고 할 수 있는지를 질문해야 할지도 모르겠다.

마지막으로 비평가 고하마 이쓰오가 『어째서 인간을 죽여서는 안 될까?』라는 제목의 책에서 언급한 내용 일부를 인용하면 다음과 같다.

'사람을 죽여서는 안 된다'는 윤리는, 그 자체로서 절대적인 가치가 있는 것이 아니고 개인 내부에 그렇게 하도록 하는 절대적인 근거가 있는 것도 아니며, 단순히 공동사회의 성원이 상호 공존을 도모하고자 필요로 한 것이었다는 평범한 결론에 이르게 된다. 나는 그걸로 충분하다고 생각한다.[8]

이렇듯 이 저자는 얼핏 철학적으로 보이는 문제에 대해, 공동체 성원 간의 공통 이해라는 또 다른 시점에 입각하여 명쾌한 대답을 제시했다. 당신이라면 어떤 대답을 할 것인가? [이시이]

논점

1. 당신은 사형 제도에 찬성인가, 반대인가? 그 이유는?
2. 전쟁 상태에서 사람을 죽이는 일은 정당화된다고 생각하는가? 그 이유는?
3. 당신은 안락사에 찬성인가, 반대인가? 그 이유는?
4. '사람을 죽여서는 안 된다'라는 윤리의 근거는 공동사회의 성원이 상호 공존을 도모하기 위해 필요로 하는 것에 불과하다는 입장에 당신은 찬성인가, 반대인가? 그 이유는?

논의의 기록

—

'절대로 사람을 죽여서는 안 되는가'라는 무거운 주제를 중심으로 사람을 죽이는 일이 정당화될 수 있는 사형, 전쟁, 안락사라는 세 가지 논점을 제시했다. 이번 수업에서는 이에 관해 각각 논의를 전개한 후 인간으로서의 윤리와 공동체 유지의 논리라는 네 번째 논점을 다뤄보고자 한다. 수업 방식은 그룹 토론에 이은 전체 토론의 형식을 취했다.

1그룹은 A학생, D학생, G학생, 2그룹은 C학생, E학생, H학생으로 구성했다.

논점1
당신은 사형 제도에 찬성인가, 반대인가? 그 이유는?

1그룹은 최종적으로 3명 다 찬성하는 입장이었다.

이 중 한 명은 사형을 가장 무거운 형벌이라고 할 수 있을지 모르겠다고 말하면서도 유효한 선택지로서 있을 수 있다는 입장이었다. 또 다른 한 명은 유족의 감정을 중시하는 관점에서 그 사람들이 가해자의 사형을 바란다면 가능하다고 보았다. 마지막으로 A학생은 전문적인 관점에 서서 응보로서의 형벌과 갱생을 위한 형벌이라는 두 종류의 사고방식에 대해 설명했다. 이때 사형은 그 성질상 후자가 될 수 없기 때문에 교육형刑이라는 관점에서는 부정되지만 교육만으로 갱생시킬 수 없는 인간도 분명 존재하기 때문에 아무래도 사형 제도는 남겨둬야 한다는 의견이었다. 하지만 사형 판결을 요청하거나 사형 판결을 내리는 인간(검찰 및 재판관)의 정신적 부담이나 범인이 누명을 썼을 가능성 등을 언급하면서 관점에 따라서는 사형 제도를 반대할 수도 있다고 했다. 그리고 사형의 억지력 측면에서는 사형의 유효성이 분명하지 않다는 지적도 있었다.

얼추 다양한 의견이 나왔을 즈음, 애초에 본인들이 사형 제도가 있는 국가에서 태어났기 때문에 사형을 야만적인 형벌로 느끼는 감정이나 이에 대한 저항감이 적을 수 있다는 의견이 나왔다. 이에 관해서는 이후 전체 토론에서 할복자살이나 앙갚음 등에서 엿보이는 일본의 특수한 사생관 때문에 사형에 대한 위화감이 적은 것 같다는 흐름으로 이야기가 전개됐다. 하지만 이에 대해 이시이는 현재 사형이 존재하지 않는 국가들도 옛날에는 다 존재했고 여러 국가에서 사형이 폐지된 것은 20세기 이후의 일[9]이기 때문에 사형 제도를 폐지하게 된 이유나 경위를 살펴볼 필요가 있다고 말했다.

또한 평생 사회로 복귀할 수 없는 종신형이 본인에게는 더 괴로울 수 있으므로 재발을 방지한다는 의미에서 꼭 사형을 시킬 필요는 없지 않느냐는 질문에 대해 범인 수감에 따른 관리 비용의 증대를 지적하는 답변이 돌아왔다. 유족의 감정적 측면에서는 '눈에는 눈'이라는 보복 논리를 둘러싸고 논의가 전개됐는데 이때 '인권' 문제에 관해 다음과 같은 의견이 있었다.

죽여서는 안 되는 이유는 모두가 인권을 가지고 있기 때문입니다. 그렇다면 사람을 죽이는 일은 인권을 유린하는 것이므로 여기서 인권을 사람의 존엄이라고 본다면 (…) 살인자는 국가의 보호를 받을 자격을 상실하게 되는 게 아닐까요? 그렇다면 응보라는 차원에서 어떤 나쁜 짓도 하지 않은 인간의 존엄을 유린한 놈의 생명을 뺏어달라는 유족의 말을 차단할 필요는 없다고 생각합니다. 그게 결과적으로 응보로 이어진다면 괜찮지 않을까요? [A학생]

다만 이 의견은 '인간의 존엄이란 무엇인가?'라는 어려운 문제로 이어지기 때문에 그룹 토론에서는 이 이상 깊이 파고들지 못했다.

2그룹은 결론적으로 3명 전부 반대하는 입장으로 1그룹과 대조적인 결과를 보였다. 한 학생이 말하기를 살인을 저지른 자를 사형에 처하면 살인이라는 행위에 대한 모든 책임을 그 인물 하나에 집약시킨 후 그 존재를 없애서 보상하게 만드는 셈인데, 그 과정에 논리의 비약을 느낀다고 했다. 또 다른 한 명은 중학교 시절의 선배가 음주 운전 사고로 목숨을 잃었던 경험담을 언급하면서 일단 가해자로 하여금 그 존재를 걸고 보상하게 만들겠다는 기분은 이해할 수 있다고 했다. 하지만 사형 제도의 사회적 이익이라는 측면에서 보면 결국 피해자의 기분을 다소나마 구제한다는 정도로밖에 환원할 수 없기 때문에 이것만으로는 근거가 너무 약하다는 입장이었다. 그리고 마지막 세 번째 학생은 자신이라면 사형을 내리기보다 종신형으로 괴로워했으면 좋겠다는 마음이 크기 때문에 사형은 크게 효과가 없을 것 같다고 말했다.

여기서, 사형을 폐지한다면 본래 이 세상에서 없어졌어야 할 범죄자가 우리와 같은 사회에 공존한다는 말인데 과연 이런 상황을 감정적으로 수용할 수 있느냐는 시점이 제기되었다. 범죄자와의 공존이 초래할 혐오감을 해소하려면 범죄자라는 존재 그 자체를 제거하는 수밖에 없고 이것이 충분히 사형 제도의 사회적 이익으로 이어질 수 있으므로 이런 상황에 대해 대답할 수 없다면 사형 반대론은 성립할 수 없다는 의견이다.

사형이 폐지되면 지금이라면 사형을 당했을 사람들과 계속 같이 살아간다는 말이잖아요. 그러면 이런 상황에 혐오감이 생기는데, 이 부분이 사형 제도에 찬성하는 가장 큰 이유 중 하나라고 생각해요. 반대파는 이런 의견에 반박이 가능해야 할 거예요. [C학생]

그리고 2그룹에서도 사형의 억지력에 대한 이야기가 나왔는데 일부러 사형을 당하고 싶어서 범죄를 저지르는 경우가 있기 때문에 이런 사고방식에 대한 근거를 찾기가 쉽지 않았다. 이어서 가장 큰 억지력은 사형이 아니라 고문이라는 지적이 있었는데 이것이 실행되지 않은 것 역시 여기에 인도적인 감정이 개입되었기 때문이라고 보았다.

논점2
전쟁 상태에서 사람을 죽이는 일은 정당화된다고 생각하는가? 그 이유는 무엇인가?

제10강

2그룹에서는 일단 이 질문이 내포한 의미를 묻는, 질문 자체에 대한 논의가 다음과 같이 이루어졌다. 전쟁 상태에서는 사람을 죽이는 일을 전제로 삼기 때문에 살인이 정당화되는 것도 당연하다. 이 경우 국가 (혹은 이에 준하는 공동체)가 인정하는 살인을 개인 차원의 윤리 혹은 감정적 측면에서 용인할 수 있는가의 여부가 문제시될 것이다. 이런 경우 전선에 있는 각각의 개인은 국가 및 공동체라는 이름으로 살인을 저지른다는 측면에서 사형 집행인과 동일한 입장에 있는 셈이다. 하지만 전쟁에는 자신 역시 공동체의 일원으로서 의사 형성에 가담하고 있기 때문에 모든 책임을 공동체에 전가하고 자기 정당화하는 일은 불가능할 것 같다. 단 의사 형성에 가담하는 일 자체를 거부할 권리는 당연히 유보되어야 하고, 만에 하나 자신이 소속된 국가 및 공동체가 전쟁에 참여하기로 결정했다면 자신은 단호하게 전쟁에 참가하지 않을 자유가 보장되어야 한다. 이런 경우 그 개인은 공동체에서 배제되는 걸까? 이상의 내용으로 논의가 이루어졌다.

E학생_ 결국 스스로 사람을 죽이고 싶지 않다고 결론 내린 사람이라면 공동체에서 전쟁을 하더라도 다른 선택을 하겠죠.

C학생_ 그럼 그 사람은 공동체에서 제외될까요?

E학생_ 그건 자유를 어떻게 정의 내리느냐에 따라 달라질 것 같아요.

I학생_ 그 순간에만 빠지거나 혹은 배제되는 결과를 초래하겠죠. '너는 전쟁에 참여할 명예를 선택하지 않고 자신의 목숨을 선택한 겁쟁이다'라는 명목으로 배제된다면 이건 국민 한 명 한 명이 자신의 선

택으로 전쟁에 참여하기보다는 동조 압력에 의해 전쟁에 참가할 수밖에 없는 방향으로 흘러간 셈이네요.

E학생_ 가장 있을 법한 경우를 예로 들자면 민주주의 사회에서는 다수결로 자유롭게 선택을 하는데 만약 전쟁을 용인하는 입장이 다수라면 그렇지 않은 의견을 제시한 사람일지라도 다수의 입장에 따르고 공동체의 결정에 맞춰갈 수밖에 없어요. 하지만 마음속으로는 다른 생각을 가지고 있겠죠.

요컨대 소속된 공동체가 전쟁에 우호적인 경우에는 자신의 의견과 다르더라도 이에 따라야 하는데 이때 개인은 공동체의 일원으로서 살인 행위가 정당화된다는 생각으로 행동할 수 있는지 여부가 문제시된다는 것이 거듭된 논의 결과 형성된 공통적 인식이었다.

또한 나치의 유대인 대량 학살(홀로코스트)을 예로 들면서 상부의 명령에 따랐을 뿐이라며 자신의 행위에 대한 정당화가 만연했던 상황에 관한 이야기로 이어졌는데, 조교 I학생은 이런 현상을 해나 아렌트가 언급한 '악의 평범성'이란 개념으로 설명했다.10

말단의 인간은 어딘가에 누군가가 책임져야 할 나쁜 사람이 있고 그 사람이 전쟁 책임을 져야 한다고 생각했던 건데요. 높은 자리에 있던 아이히만11 같은 사람도 자신은 위에서 시킨 일을 했을 뿐이라고 주장하죠. 결국 어디에도 악은 없고 자연스레 관료 기구를 침범해가는 악이 존재했을 뿐이라는 거죠. 이런 경우 자신은 전쟁에 동의하지 않는다고 하면서 전쟁에 참여하는 사람이든, 적극적으로 전쟁을 원하던 사람이든, 전부 누군가가 책임을 져줄 것이고 국가가 자신을 정당화시켜주리라 믿었기 때문에 사람을 죽일 수 있었습니다. 이와 같은 상황이 전쟁 상태에서 형성되어가는 것인데, 이런 구조 자체를 용인하고 수긍할 수 있는지 여부가 중요하다고 생각합니다. [I학생]

분명 살인은 해서는 안 될 일이기 때문에 이를 정당화하기 위해 '자신이 아닌 누군가'가 책임을 질 것이라는 명분을 찾는다. 전쟁 재판도 이러한 부분에 대해 사후적으로 판단을 내리는 일종의 장치가 된다.

이렇듯 '자신에게는 책임이 없는' 상황에서 살인을 정당화시키는 제도의 성립은 끔찍한 일이지만 막상 전쟁 상태에서 살인은 안 된다고 주장하는 일은 거의 불가능에 가깝기 때문에 매우 선택하기 어려운 상황이라는 의견도 나왔다. 그리고 앞서 예로 들었던 홀로코스트의 경우 유대인이라는 희생자를 허구로 만들어냈다는 사실에 대해 엄청난 비난이 쏟아졌는데, 이처럼 날조한 사실로 픽션을 만들어내지 않으면 대량학살을 정당화시킬 수 없는 메커니즘에 관한 언급도 있었다.

결국 "전쟁이란 사람을 죽이는 일을 정당화시키는 과정 그 자체"(I학생)라는 말로 정리될 수도 있다. 하지만 개인 차원에서 보면 전장에서 귀환한 병사들이 PTSD¹²를 겪거나 자살을 시도하는 상황이 벌어지기 때문에 결코 내면적인 정당화가 이루어졌다고도 할 수 없고 이들 역시 인도에 반하는 상황에 있었다는 점은 부정할 수 없다는 이야기로 이어졌다.

1그룹에서는 기본적으로 정당방위에 가깝다고 간주했으며 자기 보존이라는 관점에 입각해 법질서가 존재하지 않는 상황이라면 자신을 지키기 위해 살인을 할 수도 있다는 의견을 냈다. 그리고 사형의 경우 개인의 개입을 가능한 한 줄여주려고[13] 하는 반면 전쟁의 경우는 그러한 질서도 제도도 없기 때문에 아무래도 개인이 개입될 수밖에 없다는 지적이 나왔다. "사형 제도가 사람이 사람을 죽이도록 하는 반면 전쟁은 죽일 수 있는 상황에 처하게 만든다"(G학생)는 것처럼, 말하자면 어느 정도 개인의 의사에 따라 살인을 저지르도록 만들기 때문에 이런 측면에서 능동적인 관여의 정도에 차이가 있다는 말이다.

그리고 상대방을 죽이지 않으면 본인이 죽임을 당할 수 있는 상황에서 먼저 상대를 공격하면 '정당방위'에 해당하는지 여부에 대한 질문이 있었는데, 이 경우 급박하고 부당한 침해라는 경우에 한해 인정받는 것이 정당방위이기 때문에 실제로 자신에게 총이 겨누어진 경우에는 성립하지만 단순히 전쟁이라는 이유 하나로는 급박함의 정도가 약하기 때문에 자신의 의사에 따라 예비적·예방적으로 상대를 공격하는 일은 정당방위라고 할 수 없다는 대답이 돌아왔다. 그리고 애초에 정당방위라는 것은 어디까지나 법이 상정하고 있는 평상시 상태에서의 개념이기 때문에 이미 전쟁은 그런 전제에서 벗어나 있다는 지적도 있었다.

제 생각으로는 정당방위라고 보기도 어려울 것 같아요. 왜냐하면 전쟁은 요컨대 서로 치고받고 싸우면서 결판을 내려는 거 아닙니까? 법이 상정하는 건 치고받고 싸우지 말고 어떻게든 해결하자는 건데 이미 전쟁은 이런 전제에서 벗어나 있어요. 이렇게 생각하면 처벌하고 말고의 문제가 아니라고 생각합니다. 그런 전쟁에서의 싸움에 한해서는요. 전쟁에서 나쁜 짓을 했다고 처벌받는다면 그럼 어째서 전쟁을 하는가의 이야기로 다시 돌아오게 될 테니까요. [A학생]

이때 1그룹에서는 사람을 죽여서는 안 되는 이유로 두 가지 입장을 이야기했다. 첫째는 사회적 합의로써 사람을 죽여서는 안 된다고 정했기 때문에 죽이지 않는다는 입장, 둘째는 애초에 태어날 때부터 사람을 죽여선 안 되는 게 당연하다는 입장이다. 후자의 관점에서 보면 설령 전쟁 중일지라도 살인은 정당화되지 않는다. 하지만 이런 경우 살인의 시비를 판단하는 주체는 어디에 있는 걸까? 신이라는 초월적인 근거를 제시하지 않는 한 규칙 자체가 존재하지 않기 때문에 '정당'인가 '부당'인가를 정하기란 불가능하다.

A학생_ 전쟁을 멈추는 건 사회의 규칙이죠. 사회 이외의 규칙을 추구한다면 전쟁에서 죽이는 일은 정당화될 수 없겠죠. 아마도.

G학생_ 법질서란 테두리 내에서 모든 사람이 사람을 죽여서는 안 된다는 보편적 법칙을 원하는 상태에 놓여 있었더라도, 전쟁이 나서 이런 상태가 반전되면 그러한 논리는 더 이상 통용되지 않는 거죠.

A학생_ D학생의 의견도 그쪽이라고 생각했는데요.

D학생_ 그렇죠. 저는 완전히 사회 규칙이라는 측면에서 정당화의 의미를 생각했어요.

전쟁 상태에서는 법질서가 무의미해지기 때문에 '정당방위'라는 사회의 논리로 살인을 정당화하는 논리 자체도 힘을 잃게 된다는 말인데, 이에 대해 정당방위를 단순한 사회의 규칙으로 간주하기보다는 오히려 보편적인 원칙으로 간주해도 될 것 같다는 의견이 나왔다. 즉 사회가 정해놓았든 어쨌든 간에 인간에게는 자신을 지킬 권리가 있고 이런 의미에서 살인을 정당화할 수 있다는 입장이다.

양쪽 그룹의 의견을 정리하여 소개한 후 이시이는 바로 지금 이 시기에 문제시되고 있는 안전보장 관련 법안의 문제를 언급했다. 개인 차원에서의 정당방위와 국가 차원에서의 자위의 문제를 평행선에 놓고 생각했을 때, '개별적 자위권'은 설명이 가능하지만 이와 같은 논리로 '집단적 자위권'을 설명하기는 어려울 것이라고 했다. 하지만 이 문제는 본래의 주제에서 벗어나기 때문에 그 이상은 논하지 않았다.

논점3
당신은 안락사에 찬성인가, 반대인가? 그 이유는?

1그룹에서는 소극적인 찬성론 중 하나로 환자 본인의 의사가 존중되어야 하기 때문에 원칙적으로 안락사라는 선택지는 인정하지만, 이 경우 자살과의 경계선을 어디에 두느냐가 문제라고 했다. 한편 치료를 계속하지 않는다는 선택지는 인정될 수 있지만 의사가 적극적으로 환자의 죽음을 유도하는 건 애초에 병의 치료를 사명으로 삼는 인간이 이에 반하는 행위를 하는 셈이기 때문에 안락사를 인정할 수 없다는 반대론도 있었다. 그러자 '안락사 업자' 같은 이들에게 의뢰하면 괜찮겠냐는 이야기가 나왔으며 이어서 애초에 안락사는 정말 의사의 이념에 반하는 게 맞느냐는 의문도 제기되었다.

> 환자를 치료하는 목적에는 건강한 것, 즉 좋은 것을 지향하는 부분이 있죠. 건강하다는 게 뭔지 끝까지 파고들다 보면 마지막에는 '행복해지는 것'에 도달해요. 곰곰히 생각해보면 고통을 제거하는 일 자체가 목적이라는 생각도 드는데요. 이렇게 생각해보면 정말로 안락사가 의사의 이념에 반하는 게 맞는지 헷갈리네요. [G학생]

그리고 국가는 국민을 지킬 의무가 있기 때문에 자살은 예외로 두고 그 이외의 방법으로 죽을 자유에 대해 긍정적으로 바라볼 수 없다는 의견이 제기되었다. 그러자 국민이 스스로를 지키고자 국가를 만들었다고 한다면 자신의 의사에 따라 그로부터 일탈하고 싶어하는 자유도 인정해야 한다는 반론이 나왔다.

이후의 논의는 안락사와 자살의 경계선에 대한 내용에 초점이 맞춰졌다. '동의 살인 및 자살 방조는 범죄로 간주되는데 그렇다면 안락사는 이런 경우에 해당하는 걸까?' 이 경우, 앞서 문제 제기에서 언급한 도카이대학 안락사 사건의 판결문에 나오는 네 가지 조항 중 두 번째인 '환자가 죽음을 피할 수 없고 그 시기가 임박한 경우'가 의외로 중요한 조건이 되지 않을까' "의학적으로 곧 죽을 것 같은 상황'이 자살과의 경계선일 수 있다' 등의 의견이 나왔다. 이에 대해 1주일 후와 50년 후면 상황이 달라지는 것이냐는 반론이 있었는데, 요컨대 의학적 판단의 확실성이 문제라는 것으로 논의는 일단락되었다.

2그룹에서는 일단 환자의 선택할 자유 및 권리라는 측면에서 찬성한다는 의견이 있었다. 그리고 안락사를 용인하는 국가가 있다는 사실은 어느 정도 합리성이 인정된다는 것이기 때문에 요건은 까다롭지만 제도적 이익이 있을 것이라는 의견도 나왔다.

다음으로 역시나 자살과의 경계선을 언급했는데 기본적으로 삶은 좋은 것이고 선이라고 간주하는 경우, 괴로운 것은 기본적으로 좋지 않은 것이자 악이 되기 때문에 안락사와 자살 역시 이 둘의 부등식 문제로 볼 수 있을 것 같다고 이야기했다.

> 고통을 수반하는 상태로 존재할지 그 존재 자체를 죽여서 고통을 없앨지의 선택을 둘러싼 문제네요. (…) 얼핏 존재와 고통의 부등식 문제가 아닐까 하는 생각이 들었는데요. 그렇다면 신체적 고통을 견디지 못하고 죽겠다고 하면 안락사인 거잖아요. 정신적 고통을 견디지 못해 죽는다면 자살이고요. 이 둘이 논리적으로 매우 비슷하다는 생각이 들었어요. 차이점이라 하면 신체의 경우 의학적으로 회복이 불가능하다고 판단하는 경우가 있죠. 더 이상 회복이 불가능하다, 불가역한 상태다, 죽는다, 이런 경우 안락사인 거죠. 그렇지만 정신적 측면은 회복이 가능하다고 간주가 돼요. 그래서 자살을 용인하지 않아요. 하지만 신체적 고통은 회복될 수 없으니 이 이상 괴로워하기보다는 존재를 포기하는 게 낫다고 판단하면서 부등식으로서의 '고통>존재'

가 되는 거죠. 이런 경우 거스를 수도 없고 인격의 손상까지 초래하는 고통이 닥친다면 적극적인 죽음을 택하는 행위도 괜찮다고 생각했습니다. [C학생]

이렇듯 기본적으로 2그룹에서는 찬성으로 의견 일치를 보였다. 이에 조교가 반대 의견은 없느냐 질문하자 일단 자살은 법적으로 문제가 되지 않지만 안락사는 다른 사람의 손을 거치기 때문에 문제가 된다는 대답이 돌아왔다. 의사가 환자의 죽음을 앞당기는 행위가 '살인'으로 간주되지 않는 기준을 정하는 일이 어렵다는 건 분명하다.

그리고 안락사는 '인간의 존엄'에 반하기 때문에 인정할 수 없다는 입장도 있었다. 그렇다면 일부러 연명 치료를 하지 않는 '존엄사'와 투약 등의 방법으로 적극적으로 죽음에 이르게 만드는 안락사의 차이에 대해서도 생각해볼 필요가 있을 것이다.

여기서부터 이야기는 애초에 죽는다는 것은 정말로 나쁜 일인지, 사는 것이 곧 선이라고 할 수 있는지에 대한 본질론으로 이어졌는데 결국 이를 결정할 자유도 개인에게 있다는 것으로 그룹 토론은 마무리되었다.

전체 토론에서는 위의 논의 내용을 소개한 후 이시이가 안락사의 위법성을 해소할 수 있는 네 가지 요인을 언급했다. 그중에서 네 번째 요인인 '환자가 명시한 의사 표시'에 대해, 의사가 혼수상태에 빠진 환자에게 적극적으로 염화칼륨을 투여하여 죽음에 이르게 했다는 구체적 사례를 인용하면서 가족은 이 조치에 동의했을지라도 본인의 명확한 의사는 확인되지 않았기 때문에 결과적으로 담당 의사는 유죄 판결을 받았다[14]고 했다. 그리고 '의지도 없이 계속 고통스러워하면서 존재하는 것'과 '사는 것'은 다르다고 생각하므로 개인적으로 안락사에 찬성한다는 생각을 밝혔다.

논점4

'사람을 죽여서는 안 된다'라는 윤리의 근거는 공동사회의 성원이 상호 공존을 도모하기 위해 필요로 하는 것에 불과하다는 입장에 당신은 찬성인가, 반대인가? 그 이유는?

2그룹은 이러한 사고방식이 논리적으로 훌륭하고 납득할 만하다고 생각하지만 수사학적으로 명제의 가치를 낮추는 측면이 있고 비관적인 느낌을 받는다고 했다. 이치에 맞는 이야기지만 이런 대답은 피하고 싶다는 느낌이었다.

그리고 여기서 말하는 '공동사회'의 정의에도 의구심이 일었다. 본래 공동체는 자의적인 것이라는 대전제를 가지고 있으며 여기 속하는 존재에게는 상호 공존이라는 말이 긍정적으로 다가올 수 있으나, 여기서 배제된 존재는 오히려 공동체의 동일성을 지키기 위해 없애버려도 괜찮은 대상이 될 수 있다. 예를 들어 어떤 공동체가 다른 공동체 소속의 인간을 죽이거나 공동체의 질서를 지키기 위해 내부의 인간을 사형시키면서 다른 한편으로는 '사람을 죽여서는 안 된다'는 윤리를 구성원과 공유하는 일이 가능할까?[15] 도대체 아이들에게 이런 모순을 어떻게 설명해야 할까?

조교 I학생은 사카키바라 세이토(소년A)의 자서전을 언급하면서, 어째서 사람을 죽여서는 안 되느냐는 질문에 대해, "어째서 안 되는지는 모릅니다. 하지만 절대로 절대로 하지 말아주세요. 만약 한다면 당신이 상상하는 것보다 훨씬 더 **당신 자신**이 괴로워질 테니까요"**16**라고 적힌 내용을 소개했다. 이는 공동체와는 다른 차원의 대답이지만 이 역시 근본적으로 이기적인 사고방식이고 일반적으로 보편화할 만한 이유가 될 수 없다. 그렇다면 어디에서 대답을 찾을 수 있을까?

'애초에 살인 자체는 절대적으로 해서는 안 될 행위다'라는 이유로 설명할 수 있지 않느냐는 의견도 나왔는데 이런 경우 사형도 안락사도 전부 부정하는 셈이다. 이렇게 그룹 내 토론은 일단락되었다.

1그룹에서도 이번 논점의 표현 방식에 위화감을 보였다. 공동사회 내 성원의 공존이라는 논리는 이해할 수 있지만 그럼에도 역시나 사람을 죽여서는 안 된다는 생각이 들기 때문에 모순을 느꼈다는 것이다. 그런데 이 의견을 말한 학생에 의하면 이 논점에 대해 깊이 있게 생각하면 할수록 공동사회 내 성원의 공존이라는 이유가 먼저 존재했고, 이것이 역사적으로 습관화·신체화되는 과정을 거치면서 사람을 죽여서는 안 된다는 윤리적 근거가 늘어났을 것이라는 의견을 제시했다.

상호 생존을 도모하기 위해서라는 이유를 시작으로 그것이 습관화되고 내면화된 결과 개인 내부에서 절대적인 근거가 되기도 하고, 윤리 그 자체로 절대적인 근거를 갖는다고 생각하는 사람들이 나오게 된 거죠. 이런 식으로 그 요소들이 늘어갔고 지금의 상황에 이르게 된 게 아닐까 하는 생각이 들었습니다. 애초에 사회적인 요인이 있었지만 그것이 내면에서 윤리로 자리를 잡으면서 마치 이러한 윤리가 처음부터 존재했던 것처럼 생각하게 된 거죠. [G학생]

이에 대해 좀더 생물학적인 어떤 요인으로 인해 '사람을 죽여서는 안 된다' 혹은 '사람은 죽일 수 없다'는 망설임이 생겨나는 게 아닐까라는 의견도 있었다. 살인은 금지되었기 때문에 무서운 게 아니라 좀더 근원적인 공포가 밑바탕에 있을 수 있으며 그 감정이 나중에 규칙으로서 제도화되고 윤리로서도 내면화되었다고 볼 수 있다는 의견이었다. 동물 사회에서는 서로 죽고 죽이는 상황이 그대로 방치되지만 인간 사회이기 때문에 이를 규칙으로 규제하게 되었고 따라서 이러한 윤리는 인간 특유의 것이 되는 것이다.

이상의 두 가지 의견은 얼핏 대치하는 듯 보이지만 사회적인 것이든 생물적인 것이든 그 원점에 '사람을 죽여서는 안 된다'는 감각이 먼저 존재하고 이것이 나중에 윤리로서 신체화되어갔다는 점에 있어서는 동일한 방향성을 가졌다고 할 수 있겠다.

한편 A학생이 말하기를 사회과학적인 관점에서는 '왠지 모르게'라는 막연한 표현을 할 수 없기 때문에 나중에 이렇듯 국가 및 사회를 정당화시킨다는 설명을 덧붙였을 수도 있고, 그런 의미에서는 하나의 의제擬制적인 것일 수도 있다고 했다. 이는 오늘날의 공동체에서 시간을 거꾸로 거슬러 올라가서 '사람을 죽여서는 안 된다'는 윤리의 근거를 찾는다는 측면에서 앞의 두 의견과는 시간적으로 역방향을 띤다고 말할 수 있겠다.

이상의 그룹 토론 내용을 바탕으로 이시이는 일단 이번 문제의 저변에 흐르는 고하마 이쓰오의 주장에는 "사람을 죽여서는 안 된다'는 윤리는 그 자체로서 절대적인 가치가 있는 게 아니고 개인 내적으로 그렇게 하도록 하는 절대적인 근거가 있는 것도 아니다'라는 전제가 깔려 있다는 점에 다시 한 번 주의를 환기시켰다. 즉 저자도 무언가 절대적인 근거가 있다는 전제하에 이런저런 고찰을 해나가지만 결국 절대주의에서 상대주의로 이행하는 편이 훨씬 명쾌한 설명이 가능하다는 점에서 이러한 명제를 제기한 것이다.

> 인간은 법률이 있기 전부터 존재했고 인간은 인간을 죽여왔어요. 하지만 어느 순간 이건 아니라고 생각했기 때문에 사람을 죽여서는 안 된다는 내용을 제도로 만들고 윤리로 만들어왔다고 생각해요. 그래서 법은 선험적으로 존재한 것이 아니라 어디까지나 인간이 존속하기 위해 만들어낸 일종의 픽션이라고 생각하는 편이 좋을지도 모르겠습니다. 이런 의미에서 저는 상당 부분 납득이 가요, 이런 발상이요. 법이 있어서 사람을 죽이지 않는 걸까, 아니면 사람을 죽여서는 안 되기 때문에 법이 있는 걸까를 묻는 일은 어렵지만 이와 같은 논의를 계기로 상대주의가 등장했다고 생각해요. [이시이]

이에 대해 후지카키는 다음과 같은 코멘트를 남겼다.

고하마 씨는 공동체를 유지하기 위해 죽여서는 안 된다고 말하는데요, 공동체가 애초에 폭력을 내포하고 있다는 주장도 있습니다. 아인슈타인이 프로이트에게 사람은 어째서 전쟁을 하냐고 묻자 프로이트가 한 대답에 나오는 내용이에요. 공동체의 성립은 애초에 폭력적이었다고요. (…) 그래서 공동체는 원래 폭력을 내포하고 있고 폭력과 권리는 대립하는 개념이 아니라 양립하는 개념이라는 관점도 있습니다. 결국 프로이트는 아인슈타인에게 인간의 공격적 성향을 완전히 소멸시키려고 해서는 안 된다는 식으로 대답한 셈입니다. 이런 사고방식과 고하마 씨의 대답을 대치시켜보니 어떻게 이렇게 비슷하면서도 대답 방식이 다를 수 있는지 의문이 생겼습니다. 공동체 유지를 위해 죽여서는 안 된다는 주장은 상대적인 입장을 취하면서 동시에 지금의 일정한 현실을 유지하기 위한 기구의 '기술적 설명'이 되는 거죠. (…) 한편 전쟁을 왜 하는가라는 질문은 근원적 근거를 묻는 질문에 해당해요. 지금까지 우리는 10회에 걸쳐 모든 질문에 그렇다/아니다로 대답해왔는데요, 이 중에 '기술적 설명'과 '근원적 근거를 묻는 질문'이 얼마나 있었는지 혹은 현상기술론과 규범론은 있었는지에 대해서도 생각해보게 되었습니다. [후지가키]

이어서 조교 두 명에게도 코멘트를 요청하자 I학생은 "죽여서는 안 되는 이유에 대한 근거는 찾기 힘들고, 죽여도 되는 이유만 계속 늘어나는 현상이 참으로 불가사의하게 느껴졌다"는 감상을 말했다. 그리고 공동체 유지를 위해 죽여서는 안 된다는 입장은 이른바 근거가 없는 상황에 근거를 제시하려는 시도인데 오히려 근거가 없는 존재에 근거가 없는 존재로서 맞부딪혀보는 것도 필요하다는 의견을 말했다. 그리고 J 학생은 사회성 및 집단행동이라는 관점에서 봤을 때 동종 간에 죽고 죽인다는 측면에서 인간과 동물 사이의 경계를 어디에 두어야 하는지에 대해 문제를 제기했다. 알고 보니 동물은 자살을 하지 않고 인간만 자살을 한다는 이야기가 나오면서 이번 강의도 마무리되었다.

논의를 돌아보며
—

이번 강의에서는 '절대 사람을 죽여서는 안 되는가?'라는 무거운 주제를 가지고 사형·전쟁·안락사 등 세 가지 구체적인 상황을 설정하여 그 근거를 찾는 형식으로 논의가 이루어졌다. 10회째에 이르자 참가자들은 각자의 위치에서 막힘없이 자신의 이론을 전개해나갔다. 여기서 꼭 강조할 부분은 '사람을 죽여서는 안 된다'는 절대적인 근거를 둘러싼 철학적 논의와 '공동체 내 성원의 공통적인 이해'라는 사회학적 논의가 형성한 상극 관계다.

문제 제기에도 나오듯이 얼핏 철학적으로 보이는 질문 '절대로 사람을 죽여서는 안 되는가?'에 대해 고하마 이쓰오는 '사람을 죽여서는 안 된다'라는 것은 절대적 가치로서의 윤리가 아니고 개인의 내부에 잠재된 절대적 근거도 아니며 "공동사회의 성원이 상호 공존을 도모하고자 필요로 한 것"이라고 말한다.[17] 이처럼 철학적인 질문에서 시작하여 사회학적인 해설로 끝나는 논의 구성은 사실 과학기술사회론에서 종종 찾아볼 수 있다. 예를 들어 기술철학의 기반 중 하나인 기술본질주의(기술은 사회와 독립적으로 발전한다)에 대해서 기술의 사회구성주의 입장은 기술이 사회 구성원이 매일같이 해온 선택의 결과로 지금의 형태를 갖추게 되었으며 기술은 사회로부터 독립적이지 않고 기술과 사회는 상호작용한다고 주장한다.[18]

그런데 '사람을 죽여서는 안 된다는 윤리는 공동사회 내 성원의 상호 공존을 도모하는 데 필요하다'라는 사고방식은 공동체가 서로 다른 공통 이해를 갖게 되면 파국을 맞는다. 예를 들어 제2강에서 언급했던 민족 분쟁 역시 공동체마다 공통 이해가 다를 때 발생한다. 그리고 이번 논의에도 등장했던 '어떤 공동체가 다른 공동체 소속의 인간을 죽이거나 공동체의 질서를 지키기 위해 내부의 인간을 사형시키면서 다른 한편으로는 '사람을 죽여서는 안 된다'는 윤리를 구성원과 공유하는 일이 가능할까'라는 질문도 되짚어보게 된다. '사람을 죽여서는 안 된다는 윤리의 근거가 거꾸로 사람을 죽여도 괜찮다는 윤리의 근거가 되어버린다'는 것이 고하마가 주장하는 공동체주의의 문제점이다.

여기서 공동체주의를 비판하는 논의 과정에서 '공동체마다 공존의 근거가 다르다' '근거가 상호 모순한다'는 내용이 등장한 부분에 주목해보자. 고하마의 경우 근거를 추구해도 절대적인 것이 나오지 않으니 공동체 유지라는 관점에서 설명해보자는 사고방식의 프로세스를 취했던 반면 이를 비판하는 입장에서는 공동체를 유지하는 기구의 '근거'를 찾는다. 공동체주의에 대한 가장 근원적인 반론은 '공동체는 애초에 폭력을 내포하고 있다'는 주장이다. 아인슈타인이 '사람은 왜 전쟁을 하는가?'라고 프로이트에게 물었을 때 프로이트가 한 대답이 있다.[19] 이 주장의 요지는 다음과 같다.

인간들 사이에 이해가 대립했을 경우 원칙적으로는 폭력에 의해 결판이 난다. 인간들이 소규모 군집 단위로 생활하던 원시시대에는 모든 문제를 완력으로 해결했다. 이어 무기가 등장하면서 노골적인 완력보다 기지를 중시하게 된다. 이윽고 인간은 적을 죽이기보다 공포에 떨게 한 후 목숨을 살려주는 대신 이용해야겠다는 생각을 하게 된다. 폭력을 행사하는 목적이 상대를 죽이는 게 아닌 복종시키는 것이 된다. 이처럼 원시적 상태에서는 힘이 강한 존재가 노골적으로 완력을 사용하거나 기지를 발휘한 폭력을 씀으로써 다른 존재를 지배한다. 이러한 원시 상태는 점차 변화하여 폭력으로부터 권리를 향해 나아간다. 다수의 인간이 단결함으로써 이들의 힘이 한 사람의 폭력에 저항하여 권리를 확립해가는 것이다. 권리는 공동체의 권력으로 생겨난다. 하지만 이 권력 역시 폭력이다. 공동체의 권리에 거스르려는 사람에게는 폭력을 행사한다. 노골적인 폭력과의 차이라면, 이 경우 단순히 한 사람이 자신의 목적을 위해 폭력을 행사하는 게 아니라 공동체 전체가 행사하는 폭력이라는 점이다. 공동체는 영속적인 형태로 유지되어야 한다. 공동체로서 조직되고 규칙을 정하고 염려되는 반란을 미연에 방지하면서 규칙이 지켜질 수 있도록 감시하는 기구를 설립한다. 기구는 공동체의 폭력이 법에 의해 행사되도록 배려한다.

이처럼 공동체의 성립은 애초에 폭력적이라는 내용이다. 프로이트의 해설에서 엿볼 수 있는 것은 공동체를 유지하는 기구에 대한 설명이 아니라 '공동체의 성립'이라는 원초적이며 근원적인 의문이며 이것이 처음부터 폭력적이었다는 지적이다.

이상으로 근원적인 근거를 둘러싼 질문은 지금, 이러이러한 현실을 유지하기 위한 '기술적 설명'을 하는 기구에 의해 일시적으로 명쾌하게 설명될 수 있지만, 이와 동시에 그러한 기술적 설명으로는 해설할 수 없는 모순이 생겨서 다시 근원적인 근거를 묻는 질문으로 돌아가는 일도 적지 않다. 그것은 근원적인 근거를 추구하는 사고와 기술적 설명을 추구하는 사고의 상극 혹은 공동 작업이라 말할 수 있다. 제2강에서 '문화의 삼각측량'에 관해 살펴봤는데 여기서 일어나는 일은 '분야(혹은 사고)의 삼각측량'이라 할 수 있겠다. '절대 사람을 죽여서는 안 되는가?'라는 일상 용어를 사용한 질문(즉 모국어로 질문하는 것)에 대해서는 근원적인 근거를 추구하는 어휘나 사고(즉 모국어와 대치되는 외국어)에 입각한 대답과 현상 기술을 중심으로 한 어휘나 사고(또 다른 외국어)에 입각한 대답이 나왔다. 이처럼 두 가지가 아닌 세 가지 정점을 지니기 때문에 이들의 상호작용을 통해 더욱 이해도가 높아지는 사고방식인 것이다.

수업 중 논의에서도 '공동사회 내 성원의 공존이라는 이유가 먼저 존재했고, 이것이 역사적으로 습관화·신체화되는 과정을 거치면서 사람을 죽여서는 안 된다는 윤리의 근거가 증가한 것'이라든가 '좀더 생물학적인 어떤 요인으로 인해 '사람을 죽여서는 안 된다' 혹은 '사람은 죽일 수 없다'는 망설임'이 생겼다든가 '근원적 공포가 밑바탕에 있을 수 있으며, 그 감정이 나중에 규칙으로서 제도화되고 윤리로서도 내면화되었다고 볼 수 있다' 등 현상 설명과 근거 설명을 결합한 듯한 다양한 의견이 오갔다. 이렇듯 학생들은 '분야의 삼각측량'적 사고를 자유자재로 조절하는 수준에 이른 듯 보였다.

이제 근원적인 근거를 추구하는 사고를 규범적normative, 기술적 설명을 추구하는 사고를 현상기술적descriptive이라고 바꿔 말해보자. 고하마의 설명은 규범적인 질문을 현상기술적으로 설명한다고 볼 수 있으며 동시에 프로이트의 해설은 사람이 전쟁을 한다는 현상기술적인 상황에 대해 자신의 공동체론에 의거해 규범적으로 대답했다고 볼 수 있다.20 그럼 이제 지금까지 이 책에서 다룬 열 가지 질문에 대해서도 이처럼 치환하여 적용시켜보자.

제1강(표절은 부정인가?), 제2강(글로벌 인재는 정말 필요한가?), 제4강(예술 작품에 객관적인 가치가 존재하는가?), 제5강(대리모 출산은 허용되는가?), 제6강(굶주린 아이 앞에서 문학이 유용한가?), 제8강(국민은 모든 것을 알 권리가 있는가?), 제9강(학문은 사회에 대해 책임을 져야 하는가?) 그리고 이번 제10강까지 포함해서 8회에 달하는 주제가 규범적인 질문이었음을 알 수 있다. 제3강(후쿠시마 원자력 발전소 사고는 일본 고유의 문제인가?)은 현상기술적이라고 볼 수 있고, 제7강(진리는 하나인가?)은 규범적이라고도 현상기술적이라고도 볼 수 있을 것 같다.21 [후지가키]

〈번외편〉

논의를 통해 합의에 도달할 수 있는가?

논의의 기록

—

학생들 스스로 주제에 대해 생각해 오도록 한 후 이에 대해 다 같이 논의했는데 그 과정을 정리한 것이 이번 '번외편'이다. 따라서 이번에는 문제 제기가 없다. 그리고 수업의 진행도 지금까지와 다르게 주장, 질문, 반론, 양보, 제안, 합의 등 집단적 의사 결정을 내릴 때 필요한 다양한 절차를 거쳤다.

마지막 수업에서 논의할 주제를 정하기 위한 과제 제출 안내(번외편 맨 뒤 '참고자료' 참조)를 제3강에서 때 배포한 후 제6강에서 회수했다. 복수의 대답을 허용하면서 '그렇다 혹은 아니다로 답할 수 있는 질문'을 요구한 결과 총 11개의 제안이 나왔다. 일단 순서 상관없이 열거하면 다음과 같다.

1. 민주주의에서 세대 간 불평등은 시정되어야 할까?

2. 학문의 전문화·세분화는 지금 상태 그대로 전개되어야 할까?

3. 약을 통한 인격 교정은 올바른 것인가?(살인자에게 약을 써서 선한 사람으로 만든다거나 그러한 일을 자발적으로 하는 일은 허용될 수 있는가?)

4. 문화 및 예술 활동은 인간의 생명 활동에 필요한가?

5. 타인의 마음을 이해하는 일은 가능한가?

6. 문과와 이과의 구별은 필요한가?

7. 과학은 신을 죽였는가?

8. 인간은 따돌림을 없앨 수 있는가?

9. 도덕은 교과목으로서 성립할 수 있는가?

10. 모든 과학은 도움이 되는가, 그리고 과학은 도움이 되려고 노력하지 않으면 안 되는가?

11. 일본에서 이노베이션은 일어날 수 있는가?

이처럼 추상적인 것에서부터 개별적인 것에 이르기까지, 그리고 문화에서 과학까지 아우르는 상당히 다양한 질문이 모였다.

제1회 투표 및 논의

일단 논의를 시작하기에 앞서 이들 주제를 대상으로 한 명당 3표(다만 자신이 제출한 안에 대해서는 1표까지)로 제한하여 제1차 투표를 시행했다. 투표 총수는 3표×7명=21표가 된다. 그 결과는 다음과 같다.

주제 번호	표수
9	5
10	4
7	3
2, 3, 6	2
4, 5, 8	1
1, 11	0

이 분포에 입각하여 득표가 많았던 것부터 순서대로 논의를 전개했다(이 단계에서는 아직 출제자를 밝히지 않음).

5표로 가장 많은 표를 얻은 9번에 대해서는 교직 과목을 이수한 경험이 있는 E학생이 말하기를, 도덕 수업은 일반 교과와 다르게 달성도를 평가하지 않고 대화 및 의견 교환을 목표로 삼고 있으며 이런 질문을 다루려면 이러한 일본 도덕 교육의 현실을 알고 있어야 하기 때문에 예비 지식이 없으면 논의가 어려울 수 있다고 했다. 이어서 각 학생들은 자신들이 경험했던 도덕 교육에 대한 이야기를 주고받았는데, 초중학교에서 사용했던 『마음의 노트』[1]라든가 NHK 교육방송에서 도덕 교육 방송으로 방영되었던 「간코 짱」[2], 「사와야카 3반」[3] 등이 이들이 유소년기에 공통적으로 체험한 것들이었음을 알 수 있었다.

그리고 같은 도덕 교육 시간일지라도 오사카 지역에서는 지진 문제를 많이 다루고 피폭 지역인 히로시마에서는 평화 교육이 왕성하게 이루어지는 등 지역 차가 있다는 사실을 지적하면서 이런 측면에서 봐도 이 문제는 다룰 만한 의미가 있다는 의견도 있었다.

다음으로 많은 지지를 받은 것은 10번(4표)이다. 이에 대해 일단 '과학'이라는 단어를 자연과학에 국한한다면 질문으로 성립 가능하다는 의견이 있었던 반면, 내용상 제9강의 '학문은 사회에 책임을 져야 하는 가?'라는 질문과 중복될 수 있다는 지적도 있었다.

세 번째로 표가 많았던 7번(3표) 주제는 상당히 추상적인 질문인데 이것을 단순히 과학과 종교의 대립으로 보지 말고, 사상적으로 접근함으로써 인간이 하는 사고방식의 근원에 신이 있다고 상정한다면 꽤 포괄적으로 살펴볼 수 있을 것이라는 의견이 나왔다.

2표를 얻은 주제는 세 가지였다.

학문의 전문화·세분화를 다룬 두 번째 주제에 관해서는, 이미 학제적인 연구에 개방적인 오늘날의 환경에서는 그 자체가 일종의 해결책으로 제시되었다는 인상을 받기 때문에 이 질문에 대한 정답은 이미 나와 있는 것 같다고 E학생이 지적했다.

3번 주제는 다른 주제와 비교했을 때 상당히 이색적이었다. 우선 약을 통한 인격 개선을 어디까지 허용하느냐에 대한 문제를 바라보는 문과·이과의 관점이 다를 것이기 때문에 흥미로울 것 같다는 반응이 있었다. 반면에 이 주제는 너무 구체적이므로 좀더 일반화시켜서 인간 정신에 대한 인공적 개량을 어디까지 허용할 것이냐로 질문을 바꾸고, 약의 사용에 대해서는 하나의 사례로 다루는 게 좋을 것 같다는 제안도 있었다. 이와 관련해서 수술을 통해 범죄자의 흉악성을 없애는 전두엽 절제술 이야기도 등장했다.

6번 주제의 경우 2번 주제와 연관시켜보자는 의견이 있었다. '문과와 이과의 구별은 필요한가?'라는 질문은 학문의 세분화 과정에서 그 출발점에 위치하기 때문에 이 둘은 동일한 방향성을 지니고 있다. 그리고 문과와 이과의 경계 영역에 있는 학문을 전공하는 D학생은 제도적으로 이과에 소속된다는 이유로 인해 계속 이 수업에서도 자신에게 '이공계의 의견'을 요구하여 위화감을 느꼈다는 점을 솔직하게 표명했다.

> 저는 스스로가 이과인지 문과인지 잘 모르겠는데, 일단 주변에서 이과라고 간주하면서 저에게서 이과 입장의 의견을 기대한 것 같아요. 전 애초에 '이과의 의견'이란 게 뭘까라는 생각이 들었습니다. 이 수업을 통해 처음으로 문과와 이과의 구별로 인해 '문과는 이래야 함' '이과는 저래야 함'이라는 인식이 생긴 것 같다는 생각이 들었고요. 따라서 이런 주제를 마지막 강의에서 다루면 수업 전반에 대한 내용으로 의견을 나눌 수 있다는 점에서 의의가 있을 것 같습니다. [D학생]

분명 '타 분야 교류' '다분야 협력'이라는 표현에는 이미 '분야'를 구분해서 선험적으로 설정하는 사고법이 내재해 있다. 이런 인식 자체를 대상화해보고 싶다는 생각은 충분히 납득할 만하다.

1표를 얻은 주제는 세 가지였는데 문화 및 예술 활동의 필요성에 대해 묻는 4번 주제는 제4강 '예술 작품에 객관적인 가치가 있는가?' 혹은 제6강 '굶주린 아이 앞에서 문학이 유용한가?' 등과 중복되는 느낌이 있었다. 5번에 관한 의견은 없었다.

'따돌림' 문제를 다룬 8번의 경우 주제가 주제이니만큼 자신의 경험에 빗대어 생각하게 될 가능성이 높고 다소 너무 무거운 주제일 수 있다는 의견이 나왔다. 또한 이 주제는 도덕 교육 문제와도 이어지기 때문에 9번과 같이 다룰 수 있다는 의견도 있었다.

마지막으로 한 표도 받지 못한 1번과 11번에 관한 의견도 들어보았다. 1번의 경우 모두가 같은 세대라서 반대 입장을 상정하기 힘들다는 의견이 있었는데, 교사 측에서는 선거권 연령을 18세로 낮추는 일이나 미래 세대에 대한 책임의 수행 방식 등에 대한 관점도 다룰 수 있음을 지적했다. 그리고 11번의 경우 이노베이션은 이과뿐만 아니라 문과에서도 있을 수 있기 때문에 애초에 이노베이션이 무엇인가에 대해 논의하는 것도 흥미로울 것 같다는 이야기도 나왔다.

제2회 투표 및 논의

여기까지의 논의를 정리하여 주제를 정리해보았다.

일단 2번과 6번을 합쳐서 '학문에 문과와 이과의 구별은 필요한가?'로 수정하여 이를 새로운 2번으로 정했다(6번은 삭제). 다음으로 8번과 9번을 합쳐서 '도덕 교육은 도움이 되는가?'로 수정하여 이를 새로운 9번으로 정했다(8번은 삭제). 4번과 10번의 경우 이전 강의 주제와 부분적으로 중복된다는 지적이 있었는데 이런 점을 고려해 다시 투표를 하도록 하고 이 단계에서는 삭제하지 않았다.

이렇게 11개의 주제를 9개로 추린 후에 이번에도 1명당 3표씩, 다만 자신이 제출한 주제에 대한 투표 제한 없이 두 번째 투표를 시행했다. 그 결과는 다음과 같다.

주제 번호	표수
9	6
2	5
3	4
7	3
5, 11	1
1, 4, 10	0

 총합 20표가 나와야 하는데 1표가 부족한 건 9번에 두 표를 넣은 사람이 한 명 있었는데 의장의 판단하에 이를 1표로 계산했기 때문이다.

 일단 1표도 받지 못한 1번, 4번, 10번의 주제는 제외하기로 결정했다. 그리고 이번에는 질문의 제안자를 밝히면서 각각 자신이 주제를 제안한 이유에 대해 들어보기로 했다.

 2번을 6번과 합쳤는데, 2번의 제안자였던 C학생은 이 수업에서 다룬 내용을 재확인한다는 의미에서 이 주제를 제안했다고 말했다. 6번을 제안했던 D학생은 자신이 문과와 이과의 틈새에 위치하면서 실제로 고민했던 부분이었기 때문에 이러한 구분 틀 자체에 대한 정당성에 대해 이야기해보고 싶었다고 했다. 모두가 이 수업을 메타 레벨에서 대상화하려는 시점에서 접근하고 있었다.

 2번과 3번을 제안했던 C학생은 인간의 내적인 부분을 인위적으로 바꾸는 것이 허용되는지 여부에 관심이 생겨 이 주제를 제안했다고 한다. 이는 9번의 도덕 교육과도 일부 연관이 되는데, 이시이는 교육을 통해 인격을 교정하는 건 가능할지라도 여기에 인공적·과학적인 수단의 동원이 허용될 수 있는지 여부가 문제라고 지적했다.

6번과 5번을 제안한 D학생은 사람의 심리를 알고 싶다는 생각에서 비롯된 질문이었다고 하면서 아무리 과학이 발달해도 마음의 문제만큼은 오직 인간만 이해할 수 있다고 생각해서 이러한 주제를 제시했다고 했다.

7번 제출자인 G학생은 한때 세계의 설명 원리로 여겨졌던 신이 근대 이후 과학으로 대체되어버린 것 같다는 문제의식을 공유했다.

9번은 8번을 흡수한 질문이었는데 둘 다 A학생이 제안한 것이었다. 따돌림이나 차별 문제를 다룸으로써 경제적, 신체적 이익도 아닌 인격적인 이익을 지킬 수 있는 방법에 대해 살펴보거나 혹은 애초에 이는 지킬 수 없는 것이라고 간주해야 하는지에 대해 다 같이 생각해보고 싶었다고 했다.

11번은 B학생이 제안한 주제로 앞서 언급했듯이, 문과 소속인 사람도 이노베이션에 대해 실천적인 입장에서 고민해보길 바라는 의도가 있었다고 했다.

이렇듯 한차례 제안자들의 의도를 공유한 후 자유롭게 상대 학생에게 질문을 하는 자유토론 시간을 가졌다. 그러자 질문이라기보다는 제안으로서, 8번과 9번을 합친 내용에 5번(타인의 마음을 이해하는 일은 가능한가?)의 주제도 연관시킬 수 있을 것 같다는 아이디어가 나왔다.

도덕이 교과목으로 도움이 되는가 하는 질문과 타인의 마음을 이해할 수 있는지를 묻는 질문을 좀더 깊이 있는 차원에서 연관시킬 수 있을 것 같아요. 타인의 마음을 근본적으로 이해하는 일은 도덕과 연관된다고 생각하거든요. 5번은 학문적인 느낌이 들기는 하는데 이 것까지 포함해서 한데 어우러질 수 있다면 논의가 더 풍성해질 것 같습니다. [G학생]

이어서 11번(일본에서 이노베이션은 일어날 수 있는가?)에 대해서는 '현재 일본에서는 이노베이션이 일어나고 있지 않은가?' '이 문제는 이노베이션을 어렵게 만드는 사회적 풍토 및 창조적 발상을 억압하는 교육 방식에 대한 문제를 내포하고 있는 것인가?' 등의 질문이 나왔다. 이 문제의 제안자는 무엇보다 이 단어에 대한 정의를 다 같이 생각해보고 싶었기 때문에 이걸로 만족한다고 대답했다.

7번(과학은 신을 죽였는가?)의 경우 이야기의 실마리를 어디서부터 풀어나가야 할지 모르겠다는 질문에 대해 사상적인 부분부터 시작할 수밖에 없다는 대답이 나왔는데, 이런 경우 질문 자체는 흥미롭지만 그 전제가 되는 지식의 정도에 차이가 너무 커서 논의가 어려울 것 같다는 의견도 있었다.

이어서 학생들의 논의를 통해 일단 주제가 정해지고 나면 문제 제기의 글은 누가 쓸 것이냐는 질문에 대해 교사가(둘 중 누가 됐건) 작성하겠다고 대답했다. 후지가키는 2번과 6번을 합친 질문(학문에 문과와 이과의 구분은 필요한가?)은 이 수업 자체를 돌아본다는 면에서 의미가 있어 보인다는 의견을 냈으며 이어서 3번째 투표를 했다.

제3회 투표 및 논의

투표 전에 다시 한 번 질문을 정리했다. 일단 2번과 6번을 합친 질문은 그대로 2번으로 남긴다. 3번은 '약을 사용한다'는 내용을 빼고 '과학적인 조작에 의한 인격 교정은 허용되는가?'라고 수정했다.

여기까지는 별문제 없이 합의가 되었으나 5번 주제에 대해서는 다소 논의가 있었다. 앞서 5번과 9번을 합칠 수 있겠다는 의견이 있었는데, '이해'라는 단어에 대해 깊이 있게 생각해본다면 이를 도덕 교육이라는 영역에 포섭하기에 무리가 있을 것 같다는 입장도 보였다. 그리고 제안자 역시 이를 교육적 문맥에서 다루면 본래의 출제 의도에서 벗어난다고 했기 때문에 무리해서 질문을 합치지 않고 그대로 두기로 결정했다.

나머지 질문의 내용도 모두 독립적임을 확인 후 최종적으로 아래 6가지 질문이 투표 대상으로 남았다.

2. 학문에 문과와 이과의 구별은 필요한가?

3. 과학적인 조작에 의한 인격 교정은 허용되는가?

5. 타인의 마음을 이해하는 일은 가능한가?

7. 과학은 신을 죽였는가?

9. 도덕 교육은 도움이 되는가?

11. 일본에서 이노베이션은 일어날 수 있는가?

최종 투표에 앞서 제안자들의 생각뿐만 아니라 이에 투표한 사람의 의견도 듣고 싶다는 요청이 있었기 때문에 잠시 자유롭게 의견을 나누도록 했다.

9번에 투표한 E학생은 선천적으로 인간에게 타인을 배제하려는 마음이 있는지 여부를 묻는 집단적인 행동심리 문제로 간주하여 이 주제를 지지했다고 설명했다. 그러자 제안자였던 A학생은 조금 더 교육적인 측면에서 논의해보고 싶다는 의도를 드러냈다. 9번에 2표를 주면서 강하게 지지했던 H학생 역시 동일하게 교육적 측면에서 도덕이라는 교과목이 '도움이 되는지 여부'를 살펴보고 싶다고 했다.

똑같이 9번에 투표한 G학생은 윤리의 두 종류로서 행위자의 선악을 묻는 경우와 행위 그 자체의 시비를 묻는 경우가 있는데, 이때 교과로서의 도덕은 후자여야 한다는 관점에서 본다면 이는 인문학적 문제로도 이어질 것 같다고 말했다. 그리고 D학생은 9번에도 투표를 했지만 아무래도 이 주제는 교육 쪽으로 논의가 치중될 가능성이 있기 때문에 좀더 많은 분야를 망라하는 문제인 2번을 다루는 편이 마지막 강의 내용으로 적합할 것 같다는 생각을 밝혔다.

이어서 투표를 시작했는데 이번에는 한 명당 한 표씩, 단 다수결로 결정하지 않겠다고 약속한 후 시행했다. 결과는 다음과 같다.

주제 번호	표수
2, 9	2
5, 7, 11	1
3	0

이렇듯 다시 표가 갈렸는데 여전히 한 가지 주제로는 수렴될 기미가

보이지 않았기 때문에 이야기를 더 이어가기로 했다.

일단 11번의 제안자 B학생은 자신 이외에 지지자가 없으므로 제외시켜도 좋다고 했다. 이어서 2번에 관해 E학생은 사회적으로 문부과학성에서 문과에 대한 재고 요청이 나오고 있는 상황에서, 이 수업의 경우 오히려 문과 학생이 많은데 과연 단 한 번의 수업으로 상호 이해에 도달할 수 있을지 의문이라며 염려하는 입장을 취했다. 이에 대해 이시이는 '문과' '이과'라 할지라도 각각 분야가 세분되어 있어서 문과 동지·이과 동지끼리도 서로 전부 이해할 수 있는 게 아니기 때문에 '문과와 이과'라는 카테고리에 구애되지 않고 논의하는 건 가능할 것 같다고 제안했다.

다음으로 5번을 지지한 학생은 그 이유를 다음과 같이 설명했다.

앞서 D학생의 이야기를 듣고 보니, 물론 타인의 마음을 다루는 측면도 있습니다만, 이를 교육적 영역으로 포섭하는 게 아니라 타인에 대한 이해로 해석할 가능성이 남아 있으리라는 생각으로 저는 투표를 했습니다. 결국 문과·이과 및 전문화·세분화의 문제가 '다른 존재'와 어떻게 관계를 이어나갈지에 관한 문제와 근본적으로는 통하는 게 아닐까 싶습니다. 자칫 너무 방대한 주제가 될 수도 있습니다만 저는 이런 이유로 투표했습니다. [E학생]

물론 애초에 5번 주제를 제출한 의도에서는 다소 벗어날 수 있겠지만 '타인에 대한 이해'라는 키워드를 놓고 보면 2번 주제와도 연관 지을 수 있을 것 같다. 이렇듯 논의에서 어느 정도 방향성이 잡히기 시작할 무렵 C학생은 2번을 지지했다고 밝히면서 '구별이 필요한가, 아닌가'보다는 '구별을 고정화하는 것을 어떻게 생각하는가?'라는 문제로 생각하고 논의하면 좋을 것 같다고 말했다.

다음으로 자신이 제안했던 7번에 투표한 G학생은 자신의 주제를 포기하는 대신 5번에 투표하겠다는 의사를 보였다. 그 이유는 '차이에 대한 상상력'이라는 관점에서 문과적인 이야기도 이과적인 이야기도 가능할 것 같기 때문이라고 했다.

여기까지의 논의에서 1표도 받지 못한 3번을 삭제하는 것으로 합의를 본 후 남은 세 가지(2, 5, 9)가 각각 두 표씩이었는데 11번을 취소한 B학생이 다시 9번으로 투표했기 때문에 9번만 3표를 얻게 되었다.

여기서 2번과 5번을 합치면 '타 분야를 이해하는 일은 가능한가?'라는 질문이 가능할 것이며 여기에 몇 가지 논점을 추가한다면 지금까지 나온 주제(예를 들어 '문과·이과의 구별은 필요한가?' 등)도 하위 분류에 넣을 수 있을 것 같다고 후지가키가 말했다. 최종적으로 '타 분야를 이해하는 일은 가능한가?'와 '도덕교육은 도움이 되는가?'라는 두 가지 주제로 추려졌는데, 후자의 구체적 논점을 물으며 다음과 같이 이야기를 주고받았다.

가장 먼저 소개했던 8번의 '집단 괴롭힘' 문제는 당연히 이에 포섭되었고 이 외에도 '인간은 타인을 배제하지 않을 수 없는가?'라는 논점도 하위 분류의 후보로 거론되었다. 또한 기존 3번과 연관시킨다면 '교육을 통한 인격 교정이 가능한가?'라는 논점도 가능하다. 이렇게 보면 지금까지 논의에 입각하여 다양한 질문을 하위 분류에 끼워 넣을 수 있을 법하다. 하지만 여기서부터 논의가 교착 상태에 이르면서 그야말로 '논의에 의해 합의에 도달하는 일이 가능한가?'라는 질문을 몸소 체험할 수 있었다.

여기서 G학생은 두 가지 질문에서 공통된 것은 결국 '차이'의 문제인데, 이때 학문적인 관점에서의 차이 극복이 타 분야에 대한 이해이고 사회적 차원에서의 차이 극복이 도덕 교육이라고 간주함으로써 '차이를 뛰어넘는 일은 가능한가?'라는 질문이 성립할 수 있을 것 같다고 말했다. 분명 '차이'라는 상위 개념을 설정함으로써 두 가지 질문을 변증법적으로 통합시킨 탁월한 아이디어였다. 이렇게 하면 타 분야 이해와 도덕적 문제를 개별적인 논점으로 다룰 수 있으며 '다른 사람의 마음을 이해할 수 있는가?'라는 질문까지도 논의의 대상으로 삼을 수 있는 것이다.

결국 최종적으로 이 제안을 채용하는 방향으로 전원이 의견 일치를 보임으로써 합의를 이루었다. '차이'라는 키워드를 통해 학생들의 '차이'가 해소되었다는 사실이 마치 거짓말처럼 느껴진다. 처음에 제출된 11가지 질문이 논의 과정을 통해 걸러지고 합체되고 변형된 결과 어느 누구도 예상하지 못했던 새로운 질문이 태어나는 과정은 상당히 흥미진진했다. 이는 교사로서도 귀중한 체험이었다는 점을 적어두고 싶다. 여하튼 논의를 통해 '차이를 넘어섰다'고 볼 수 있으므로 이번 강의를 통해 이미 이 문제의 답을 실천한 셈이다.

마지막으로 문제 제기의 글은 두 명의 교사가 분담하여 작성하기로 했으며 무사히 주제 결정이 마무리되었다.

논의를 돌아보며
—

번외편에서는 수업에서 회수한 과제 결과를 기반으로 마지막 강의에서 논의할 주제를 하나로 정하기 위한 논의를 했다.

첫 번째 투표 후 각각의 질문에 대해 자유롭게 논의하면서 그 내용을 깊이 파고들어 '질문을 분석하는' 작업을 했다. 질문 내용에 대한 분석은 지금까지 모든 강의에서 해온 일이다. 예를 들어 정의를 살펴보고 단어 하나하나를 음미하는 식이다. 이번 수업에서는 이러한 경험을 기반으로 해서 특정 질문을 논의 주제로 골랐다는 가정하에 무리 없이 논의가 가능한지라든가 심층적 논의가 가능한지를 살펴보는 식으로 분석을 시도했다. 구체적으로는 '(이 질문은 ……를 할 필요가 있으므로)예비 지식이 없으면 논의가 어려울 수 있다' '(이 질문은 ……를 유의하면)포괄적으로 살펴볼 수 있을 것이다' '(이 질문은 ……이기 때문에)이에 대한 대답이 벌써 나와 있는 듯하다' '(이 질문은 ……이기 때문에)너무 무거운 주제일 수 있다' 등의 의견이 나왔다.

두 번째 투표를 실시하기 전에 주제를 정리했는데 이는 '질문을 분류하는' 작업에 해당한다. 그리고 두 번째 투표 후 제안한 사람을 공개하면서 각 질문을 제안한 이유를 물었다. 이는 '입장을 지탱하는 근거를 밝히는' 작업이다. 여기서 입장은 주제를 제안하는 사람의 입장을 말한다. 예를 들어 '수업에서 다룬 내용을 재확인한다는 의미에서 이 주제를 제안했다' '실제로 고민했던 부분이었기 때문에 ……정당성에 대해 이야기해보고 싶었다' '……여부에 관심이 생겨 이 주제를 제안했다' '……를 알고 싶다는 생각에서 비롯된 질문이었다' 등의 내용이었다. 이와 더불어 제안자와 질의응답 시간을 가졌다. 이 역시 '입장을 지탱하는 근거를 밝히는' 측면에서 도움이 되었다.

세 번째 투표를 실시하기 전에 다시금 '질문을 분류하는' 작업을 한 후 주제를 6개로 추렸다. 또한 제안자의 의도뿐 아니라 그 질문에 투표한 사람의 의견도 알고 싶다는 요청에 따라 이와 관련하여 자유롭게 의견을 나누는 시간을 가졌는데 이로써 '입장을 바꿔보는' 작업이 이루어졌다. 제안자와 투표자가 서로 입장을 바꾸게 되는 셈인데 제안자와는 다른 시점에서 질문을 음미해볼 수 있다. 구체적으로는 '(이 질문을 선택함으로써)……에 도움이 되는지를 살펴보고 싶다' '(이 질문은)……인 문제로 간주하여 이 주제를 지지했다' '……를 다루는 편이 마지막 강의 내용으로 적합할 것 같다' 등의 의견이 나왔다.

그리고 세 번째 투표 후에 이루어진 논의에서는 여러 주제를 연결시켜 생각했으며 '질문을 상위 개념으로 정리하는' 작업을 했다. 예를 들어 2번 질문인 '학문에 문과와 이과의 구별은 필요한가?'와 5번 질문인 '타인의 마음을 이해하는 일은 가능한가?' 사이의 공통항을 찾아내서 '타 분야를 이해하는 일은 가능한가?'라는 질문을 생각해내는 식이다. 또한 '타 분야를 이해하는 일은 가능한가?'와 '도덕 교육은 도움이 되는가?' 사이의 공통항을 찾아내서 '차이를 뛰어넘는 일은 가능한가?'라는 질문을 도출해냈다.

번외편

논의를 통해 합의에 도달하는 일은 매우 어려우며 이는 교사 입장에서도 일상적으로 학교의 내외부에서 위원회 및 교사회 운영 등을 하면서도 실감하는 부분이다. 총 11가지 질문이 학생들의 논의를 거친 결과 그 누구도 예상하지 못한 새로운 질문으로 다시 태어나는 과정은, 옆에서 지켜보던 교사들에게도 매우 드라마틱한 전개였다. 또한 앞서 언급한 '질문을 분석하는' '질문을 분류하는' '입장을 지탱하는 근거를 밝히는' '입장을 바꿔보는' 단계에 관해서는 이 책의 '나가며'에서 재차 언급하겠다.

이번 번외편처럼 과제의 주제를 선정할 때 적용한 방식 역시 액티브 러닝 방식 중 하나인데 이 밖에도 투표 방식 자체에 대한 논의를 전개하는 경우도 있다. 예를 들어 이 수업에서는 첫 번째와 두 번째 투표는 한 명당 3표로 한정했는데 이런 경우 한 명당 몇 표로 할지 혹은 최종 투표를 어떤 식으로 정의할지에 대해 다 같이 논의하는 식이다. 현재 후지가키는 일본학술진흥회의 첨단과학심포지엄 사업위원회 위원인데 사업위원회 위원이 되기 전에는 일본·프랑스 첨단과학심포지엄의 PGM(플래닝 그룹 멤버) 및 일본·프랑스전문위원을 담당했었다. 그 당시 합의 도출을 위한 논의가 이루어졌는데 투표 방식 선정부터 시작한 논의 과정 전반에 우연히 동참하게 되었던 경험을 말하자면 다음과 같다. 그다음 해 심포지엄의 주제(생명과학·의학, 화학, 물리학, 지구과학, 수학, 재료과학, 인문사회과학 각 분야에서 모두 최첨단에 위치하고 다른 심포지엄에서 아직 주제로 선정된 적 없는 것)를 선정하는 과정에서 일본·프랑스의 PGM은 수많은 후보를 대상으로 한 명당 몇 표까지 행사하도록 할 것인지(한 명이 지닌 표수), 최종적 합의는 무엇으로 판단할 것인지에 대해 꼼꼼하게 논의하고 이를 정한 후 투표를 실시했다(2009년 3월 파리, 제4회 일본·프랑스첨단과학심포지엄 동료회합). 그리고 주제를 고를 때에도 '질문을 분석하는' '질문을 분류하는' '입장을 지탱하는 근거를 밝히는' '입장을 바꿔보는' '입장을 상위 개념으로 정리하는'[4] 등의 작업이 이루어졌다는 사실을 강조해두고 싶다.[5]

참고 자료[6]
—

제3강 당시 과제로 배포한 자료는 다음과 같다.

과제: 쉽게 답할 수 없는 질문에 대해 생각해보시오.

제출 마감: 제6강 수업 시

'번외편' 수업에서 각자가 가져온 '논의해야 할 주제'에 대해 열거한 후 그중에서 마지막 수업에서 다룰 주제 한 가지를 고르도록 한다.

한 가지 예로써 이하 바칼로레아[7]에 나오는 문제 다섯 가지를 열거한다.

1. 주체에 관한 질문

  '자신이 어떤 존재인지에 대해 알 수 있는가?'

2. 진보에 관한 질문

'기술의 발전은 인류를 바꾸는가?'

3. 과학에 관한 질문

'어떤 과학으로도 대답할 수 없는 질문은 존재하는가?'

4. 정치에 관한 질문

'분쟁이 없는 사회를 구상하는 일은 가능한가?'

5. 도덕에 관한 질문

'자유로운 것과 법을 따르는 일 사이에 모순은 존재하는가?'

〈 종강 〉

차이를 뛰어넘는 일은 가능한가?

문제 제기: 학문편

—

학문에 있어서 '차이'는 바로 분야 간의 차이를 의미할 것이다. 애초에 전공 분야란 무엇인가? 그리고 전문화는 언제부터 진행되었을까? 앞으로는 어떻게 될 것인가?

학문의 전문화specialization는 19세기에 시작되었다고 하며 이후 잇따라 학회가 설립되었다. 예를 들어 런던화학회는 1841년, 파리화학회는 1857년, 독일화학회는 1867년에 설립되었다. 이어서 러시아화학회, 이탈리아화학회, 미국화학회, 동경화학회는 각각 1868년, 1871년, 1876년, 1878년에 설립되었다.[1] 학문의 전문화와 과학자의 직업 전문화professionalization가 동시에 전개되면서 학문의 제도화가 진행된 것이다.[2]

그렇다면 애초에 전공 분야란 무엇일까? 전공 분야를 표현하는 단어는 'discipline'인데, 이것은 "교육 훈련상, 방법론상, 내용상, 사고할 수 있는 지식의 집합체"라고 한다.[3] 즉 discipline이 의미하는 것은 인간 집단이 아니라 지식이다. 그리고 과학인류학적 조사에 의하면 예를 들어, '○○라는 discipline에 소속된 연구자는 누구입니까?'라는 인터뷰 조사를 했을 때 어떤 사람을 어떤 분야에 넣을지에 대한 의견은 연구자에 따라 달랐고 과학자들 사이에도 합의점을 찾지 못했다.[4]

전공 분야 간의 차이는 어떻게 나타나는가? 분야가 다르면 지식의 타당성 여부를 판단하는 기준이 다르다.[5] 그렇기 때문에 분야의 차이는 '타 분야와의 마찰'을 불러일으킨다. 분야에 따라 지식의 타당성을 판단하는 기준이 다르기 때문에 자신이 속한 집단 이외의 타당성에 대한 기준을 평가할 수 없는 것이다. 평소에 같은 전공 분야 테두리 내에서 대화할 때에는 타당성 경계(지식이 타당한지 여부를 판단하는 기준)를 의식하지 못하다가 다른 분야의 사람과 만났을 때 비로소 의식하게 된다.[6]

한편 과도하게 학문 분야를 세분화한 결과 발생한 폐해를 지적하는 목소리는 이미 오래전부터 있었다. 세분화의 이점은 문제를 잘게 분절하고 해결하기 쉽게 만들어 지식의 축적을 가능하게 한다는 것이다. 반면 세분화의 단점으로는 전체를 보기가 어렵고 연구를 현장에 적용할 때 그 맥락의 이해라거나 같은 대상을 다른 방식으로 연구하는 타 분야와의 협력이 어려워진다는 점을 들 수 있다. 세분화를 초월하기 위한 방책은 학제적 연구multi-/inter-/trans-disciplinary에 대한 고찰,[7] 지의 통합에 대한 연구[8] 등 다양하다. 타 분야 교류라는 것도 학문 분야 간의 차이를 넘어서기 위한 수단 중 하나인데, 이에 의해 무엇을 얻을 수 있을지(얻었는지)에 대한 고찰은 이 수업(이 책)을 메타적 차원에서 재고하는 것에 상응할 것이다.

또한 문과·이과 구별에 대해 생각해보자. 일본에서는 '이과' '문과'라는 이분법을 주로 사용하는데 해외에서는 보통 자연과학, 사회과학, 인문과학natural science, social science, humanities이라는 삼분법을 사용한다. 일본에서 말하는 '문과'는 사회과학과 인문과학을 합친 영역이다. 하지만 인지과학이나 과학기술사회론처럼 이과와 문과에 전부 걸쳐 있는 영역도 늘고 있기 때문에 이런 구별이 적용되지 않는 영역도 있다.

따라서 문과·이과의 구별을 언급할 때에는 본질적으로 경계가 존재한다고 보는 '경계 획정 문제demarcation-problem'가 아니라 '경계 획정 작업boundary-work'으로 간주하는 것이 효과적일 것이다. 이러한 개념은 과학론에서 이용되는 것들이다. 경계 획정 문제에서는 과학과 비과학을 구분하는 '본질'을 추구하는 한편 경계 획정 작업에서는 경계를 '처음부터 거기 있던' 것이 아닌 '사람들이 만들고자 하는 것'으로 본다.[9] 이처럼 문과와 이과를 경계 획정 작업으로 간주한다는 말은 '사람들이 문과와 이과의 경계를 만들고자 하는' 작업을 관찰한다는 의미다.

일반적으로 사람들은 어떤 상황에서 이과와 문과를 구별할까? 종종 수험생이거나 취업을 할 때 구분을 위해 사용하는 경우를 볼 수 있다. 그리고 대부분의 경우 '저 사람은 문과니까' '이과니까'라는 식으로 범주화하여 라벨을 붙이고 그 이후의 행동을 유형화하는 데 이용한다. 즉 사고를 단축하기 위한 수단이기도 하다. 사실은 이과 (혹은 문과) 중에도 다양한 분야가 있고 그 안에도 엄청난 차이가 존재하는데도 불구하고 이를 전부 무시하고 범주화함으로써 일종의 '사고 단축'을 시행하는 것이다.

차이를 초월한다는 말은 차이가 없어야 좋다는 의미가 아니다. 오히려 이과 (혹은 문과) 내부의 분야 간 차이를 강조하기보다 문과와 이과의 차이를 강조함으로써 주장하려는 게 무엇인지, 그러한 경계 짓기 과정에 숨어 있는 정치성을 파악하는 일이 더 중요하다.

문제 제기: 사회편

—

당연한 말이지만 나는 네가 아니고, 너도 내가 아니다. 인간은 하나같이 전부 다르다. 성별, 연령, 국적, 민족, 출신, 직업, 지위, 수입, 지능, 체력, 학력, 용모, 성격 등 자연적인 차이와 제도화된 차이도 있다. 우리는 눈에 보이는 것부터 눈에 보이지 않는 것까지 포함하여 다양한 요소에 의해 구별되고 자신의 아이덴티티도 규정된다. 요컨대 사회란 '타인과의 차이'의 집적체인 것이다.

하지만 같은 공동체를 구성하는 이상 인간은 이런 다양한 차이를 극복하지 못하면 살아갈 수 없다. 공동체의 규모 및 형태는 가정, 학교, 직장에 따라 다양하다. 우리는 매일 타인과의 대립 및 갈등, 마찰 및 알력에 노출되어 있으면서 의식적이든 무의식적이든 그러한 차이를 극복하기 위한 행위를 반복하고 있다.

말할 필요도 없이 '차이를 뛰어넘는' 일은 '차이를 소멸시키는' 일과 동일한 것이 아니다. 오히려 정반대다. 차이가 있음을 확인하고 이를 전제로 자신과 상대가 다른 존재임을 인정하는 일, 그것이 공동체 유지를 위한 기본 조건이다. 타인을 이해한다는 것은 타인과 손쉽게 타협하거나 동일시하는 게 아니라 다양한 차이를 인식하는 과정에서 생겨나는 위화감이나 반발심, 질투심, 열등감 등 모든 감정을 포용하면서 동시에 타인과 공존해나갈 수 있는 요령을 터득하는 일이다.

그런데 어떤 (대부분의 경우 근거 없는 선입견을 기반으로 하는) 잘못된 가치관이 개입되면 단순한 구별에 불과한 차이는 종종 '차별'로 엇나간다. 남성은 여성보다 능력이 있다는 가치관에서 여성 차별이 생겨났고, 백인은 흑인보다 아름답다는 가치관에서 흑인 차별이 생겨났다. 유대 민족을 열등 인종으로 간주하는 가치관이 극단적인 형태로 첨예화된 결과 인류의 역사에 오점을 남긴 대학살이 행해진 것은 말할 것도 없다. 일본 사회 특유의 피차별부락 문제 및 오늘날 종종 화제에 오르는 혐오발언 문제도 결국 같은 종류의 메커니즘에 의해 불거진 현상들이다.

그리고 이 정도로 두드러진 사회 현상이 아니더라도 우리 주변 일상에서도 구별에서 시작하여 차별로 이어지는 현상을 쉽게 찾아볼 수 있다. 전형적인 예로 '따돌림' 문제를 들 수 있겠다. 어떤 학급 내에서 어떤 계기로 인해 그룹에서 배제된 학생이 불합리하게 물리적·심리적 폭력의 표적이 된다. 하지만 이런 경우 배제의 근거가 된 '차이'를 언제나 확실하게 특정 지을 수 있는 건 아니다. 문부과학성의 '국립교육정책연구소가 2009년 4월에 발표한 '따돌림 추적조사 2004~2006'에 의하면 따돌림 문제를 다룰 때에는 '무언가 특별한 문제나 배경이 있어서 괴롭힘이 있었다'는 식의 사고방식이 아니라 그러한 '문제의 유무와는 크게 상관없이 따돌림을 받는다' '사소한 계기로 인해 따돌림이 발생하며 그것이 확산된다'는 시각에서 접근해야 한다고 한다.[10]

즉 따돌림 문제에서는 '차이가 있으니까 차별이 생기는' 것이 아니라 '차별을 위해 차이를 만들어내는' 도착된 상황을 엿볼 수 있는 것이다. 따라서 차이가 잘 보이지 않고 얼핏 동질성이 높은 듯이 보이는 집단에서도 차별은 반드시 발생한다. 아니 오히려 그러한 집단일수록 차이를 억지로 날조하여 특정 대상을 배제하려는 기제가 더욱 작동하기 쉬워진다고 할 수 있는지도 모르겠다.

두드러진 차이가 있으면 이를 근거로 타인을 차별한다. 명시적인 차별이 없으면 이를 만들어내서라도 타인을 차별한다. 이처럼 조금이라도 타인보다 우위에 있고 싶고 약자의 입장에서 만족하기보다 강자의 입장에 서고 싶으며 집단에서 배제되기보다는 배제시키는 측에 있고 싶어하는 마음이 인간의 본능이라고 한다면, 전 세계적으로 차별을 없애는 일은 영원히 불가능한 게 아니냐는 비관론의 입장에 서고 싶어진다. "모든 국민은 법 아래 평등하며 인종, 신조, 성별, 사회적 신분 또는 가문에 의해, 정치적, 경제적 또는 사회적 관계에 있어 차별받지 않는다"[11]라는 일본 헌법이 실질적으로 효력을 지니기 위해서는 도대체 무엇이 필요할까?

교육도 하나의 대답이 될 수 있다. 본능적으로 인간은 방치해두면 자연스럽게 차별을 지향한다는 사실을 인정한 후에 이것이 도덕적으로 허용되지 않는다는 점을 어릴 적부터 이해시키는 것이다. 즉 인간은 태어나면서부터 평등하므로 타인의 행복 및 권리는 자신의 그것과 똑같이 존중해야 하고 누군가를 집단에서 배제하거나 차별해서는 안 된다는 사고방식을 반복해서 주입한다. 이것이 소위 말하는 '도덕 교육'의 역할이라고 보는 입장이다.

물론 이로써 간단히 차별이 없어질 정도로 이 세상은 단순하지 않다. 자신은 안전한 영역에 속해 있으면서 다른 희생자를 표적으로 삼고 상대를 경시하거나 배제하는 데서 오는 쾌감을 추구하려는 욕구는, 교육만으로 길들이기에 쉽지 않은 보편적인 충동에 해당하며 대부분이 본능 영역에 속하기 때문이다. 이처럼 차별을 향한 욕망은 인간의 본성 깊숙한 곳에서부터 뿌리내리고 있는 것이다.

따라서 만약 도덕 교육이 진정 완수해야 할 기능이 있다고 한다면, 그것은 그럴싸한 이념을 획일적으로 주입하는 일이 아니라 오히려 학생들에게 세계적으로 편재하는 수많은 차이에 대해 알려주는 일이 아닐까 생각한다. 이 세상에는 자신이 상상하는 것 이상으로 각양각색의 다양성이 존재한다는 사실을 알게 된다면 그제야 인간은 '차이'를 '차별'로 만드는 일이 매우 어리석은 짓임을 깨닫게 될 것이며 겸허한 자세로 타인을 대하는 일이 얼마나 중요한지 실감할 것이다. 또한 이질적인 존재와의 차이를 동력 삼아 사회를 활성화시키거나 창조적인 협동 관계로 발전시킬 수도 있다. 이것이야말로 말 그대로 '차이를 뛰어넘는' 일에 다름 아니다. [이시이]

1. 타 분야의 벽을 뛰어넘는 일은 가능하다고 생각하는가?

2. 학문에 문과·이과의 구별은 필요하다고 생각하는가?

3. 교육에 의해 차이를 뛰어넘는 일은 가능하다고 생각하는가?

4. 타인을 이해하는 일은 가능하다고 생각하는가?

논의의 기록

—

이날의 논의는 '번외편' 수업에서 학생들이 논의를 통해 도출한 '차이를 뛰어넘는 일은 가능한가?'라는 주제와 관련하여 학생들이 많은 관심을 보였던 논점 네 가지를 바탕으로 진행되었다. 학문편, 사회편으로 나눠 작성한 '문제 제기'는 번외편 수업 이후 교사 2명이 학생의 논점 네 가지를 기반으로 쓴 내용이다.

논점1
타 분야의 벽을 뛰어넘는 일은 가능하다고 생각하는가?

이 논점은 '번외편'에서 마지막까지 남았던 '타 분야를 이해하는 일은 가능한가?'와 '도덕 교육은 도움이 되는가?' 중 전자의 내용을 '차이를 뛰어넘는 일은 가능한가?'라는 주제에 맞춰 수정한 것이다. 이 질문을 통해 학생들은 수업을 메타 차원에서 돌이켜봄으로써 각자 타 학부 및 타 분야 학생과 어느 정도로 '타 분야 교류'를 할 수 있었는가에 대해 생각해볼 수 있다. 일단 A학생은 타 분야의 벽을 뛰어넘기 위한 여러 단계를 구체적으로 말하면서 (1) 타 분야의 언어를 이해하는 수준 (2) 분야에 따라 중요하게 여기는 가치가 다름을 이해하는 수준 (3) 이해한 후 합의에 도달하는 수준 등 적어도 3단계가 있음을 주장했다. 이때 두 번째 수준의 경우를 예로 들자면 법학에서는 질서를 중시하는 한편 문학에서는 체험을 중시하는 식으로 가치의 차이가 존재한다. 한편 인문학적 가치와 사회·정치학적 가치의 차이라면 이 수업을 통해 상당 부분 이해하게 되었으나, 교실 밖의 영역에서는 힘들 것 같다는 의견도 있었다. 그리고 세 번째 수준인 '이해를 한 후의 합의'는 상당히 어려운 단계인데 이 수업에서 의견 조정이 원만하게 이루어진 주제도 있었다는 의견이 나왔다. 특히 제5강(대리모 출산은 허용되는가?)에서 역할 연기를 함으로써 '자신의 변용'을 강요받는 상황을 겪다 보니 조정이 원활하게 이루어지는 느낌을 받았다고 했다.

다음으로 D학생은 '타 분야와의 차이를 느끼지 않았다'면서 오히려 '이과와 문과는 구별된다'는 사실을 강요받는 느낌이 들었다고 했다. 이와 관련해서는 논점2에서 재차 다루도록 하겠다. 이뿐 아니라 자신의 전공 분야에 있어서 아이덴티티에 대해 생각해볼 기회가 되었으며 자신의 전공 분야를 타인에게 설명하기 수월해졌다고 했다.

> **D학생**_ 제 분야에 대해 깊이 있게 생각해볼 시간을 제대로 만끽할 수 있었습니다.
> **후지가키**_ 그 말인즉, 다른 분야와의 교류를 통해 자신의 분야에 대

해 생각하지 않을 수 없었다는 거죠?

D학생_ 다른 분야 사람들과 얘기하면서 제가 속한 분야의 아이덴티티가 무엇인지 생각해볼 계기가 되었어요.

후지가키_ 설명하기 쉬워진 건가요?

D학생_ 제가 하고 있는 일에 대해서 사실 뜬구름 잡는 느낌이 있었거든요, 이 수업을 듣기 전까지는요. 그런데 이 수업에서는 자신의 분야에 대해서 어떻게든 설명을 해야 했어요. 그래서 제 분야에 관해 찾아보는 계기가 되었습니다.

후지가키_ 외국인이 무라사키 시키부에 대해 물어보니까 열심히 『겐지모노가타리』를 읽는 일본인이랑 좀 닮은 것 같기도 하네요.

D학생_ 그런 것 같습니다.

문학부 소속의 C학생은 이 수업을 통해 '분야 간의 차이에 대해 생각하게 되었다'고 말했다. 그리고 '법학부 사람 관점에서는 이 질문이 이런 식으로 보이겠구나'라는 식으로 다른 분야 사람의 사고를 예측할 수 있게 되었고 그 결과 오히려 자신의 분야에 갇혀 있는 '고착화된 사고 패턴'을 이해하게 되었다고 했다. 이후 논의는 차이를 뛰어넘는 일과 차이를 인지하는 일의 차이에 대한 이야기와 도대체 '뛰어넘는다는 것은 어떤 것인가?'라는 내용으로 이어졌다. 학문 분야 간의 차이를 '뛰어넘는 것'이란 '다른 분야와의 차이에 자극을 받아서 자신의 고착화된 사고가 변용하는 것' 그리고 '이러한 변용이 상대에게도 일어난다면 이것이 학문 분야 사이를 뛰어넘는 일'이라는 것이 학생들이 내린 결론이었다.

후지가키_ 뛰어넘는다는 것은 합의를 형성한다는 말인가요?

C학생_ 조금 다른데, 뛰어넘는다는 건 앞에 있는 벽을 뛰어넘어서 다시 같은 곳에 착륙하는 느낌이 있는데요, 이거랑도 또 조금 다를 것 같아요. 이시이 선생님이 정리해주신 사회편에서, "'차이를 뛰어넘는' 일은 '차이를 소멸시키는' 일과 동일한 것이 아니다"라고 하신 내용이 여기 해당하는데요. 아무래도 다른 분야와의 차이에 자극을 받아서 스스로 조금씩 바뀌어가는 느낌이라고 생각해요.

후지가키_ 차이에 자극을 받아서요?

C학생_ 그런 자극으로 인해서 기존의 고착화된 사고방식으로는 도달할 수 없었던 영역에 도달할 수 있게끔 변용이 일어난다고 생각해요.

후지가키_ 그게 학생이 생각하는 '뛰어넘는다'의 정의인거죠?

C학생_ 네 맞습니다. 지금 말한 건 제 경우를 말한 건데요. 이러한 일이 상대에게도 일어날 수 있을 것 같았어요. 학문과 학문 사이에서 뛰어넘는다는 건 이런 경우가 아닐까 합니다.

또한 G학생은 이 수업을 통해 인문과학에 고착화된 자신의 사고가 사회과학 이외의 영역으로 확장되었다는 점을 언급하면서 벽을 뛰어넘기 위한 세 가지 조건을 제시했다. ⑴ 복합적인 질문을 제대로 세우는 것(타 분야 사람이 협력할 수 있는 질문) ⑵ 모두가 이해할 수 있는 표현을 써서 이야기하는 것 ⑶ 그 문제에 대해 자신의 분야에 입각하여 해석하는 것이 그것이다. 이로써 '본인의 사고 회로'를 깨닫게 되면서 지금껏 한정된 사고 회로에 의지하여 앞만 보고 달리던 상황에 브레이크가 걸린다고 주장했다. 한편으로 교실 밖에서는 이런 일을 실천하기가 매우 어려우며 그나마 이번 학기 수업은 인원수가 적었기 때문에 벽을 뛰어넘는 일도 가능했던 것 같다는 의견도 있었다.

E학생은 다른 분야 사람들이 무엇을 목적으로, 무엇을 정의로 삼으며 중요하게 생각하는 것이 무엇인지에 대해, 즉 자신과 다른 그런 것들에 대해 '파악하게 되었다'고 말했다. 파악은 했으나 사고방식을 여기에 맞추기는 어렵다. 또한 차이에 의한 변용으로 인해 다른 분야에 '접근하는' 것 이외에도 차이라는 것에 대해 자각적인 태도를 가짐으로써 자신과의 경계가 뚜렷해진다는 측면에서 '이별하는' 일이 동시에 일어날 수 있다는 의견을 냈다.

자신이 차이에 자극을 받아 변용한다는 말은 상대를 향한 접근을 의미한다고 생각합니다. 하지만 차이에 대한 자각으로 인해 자신의 사고방식을 자각하게 되면 이로 인해 그 경계가 더욱 분명해진다는 측면에서는 오히려 이별하는 쪽에 가깝다는 생각이 들어요. 다소 개념적인 이야기가 되어버려 좀 그렇지만, 변용과 자각은 접근과 이별이라는 두 가지 상반된 방향성을 내포하고 있다는 생각이 들었습니다. 아무래도 이러한 사고방식은 꽤 복잡한 구조를 지니고 있는 것 같습니다. [E학생]

종강

그리고 이 수업에 대해 '역시나 말하기라는 매체를 통해 진행되는 수업'이었음을 지적하면서, 이처럼 '언어'를 매체로 하는 학문이 있는 반면 수식을 매체로 하는 분야도 있기 때문에 어떤 매체를 통해 이들을 통합할지도 고민해봐야 한다고 주장했다.

마지막으로 이시이는 지금까지 수십 년이나 '일방적으로 전달하는' 수업을 했는데 이번 수업에서는 교실에서 매번 학생의 논의를 들으면서 많은 것을 깨달았고 자신의 사고에도 자극이 되었다고 했다. 그리고 "역시나 이야기를 하는 것, 대화를 통해 생각이 깊어지는 것을 분명히 느꼈다"고 하면서 대화를 통해 사고력을 향상시키는 다음의 네 가지 과정을 제시했다. (1) 차이의 인식 (2) 상호 승인 (3) 자기의 변용 (4) 합의가 그것이다. (2)는 상대에게도 본인이 중요시하는 것과 동일한 정도의 또 다른 중요한 가치가 있다는 사실을 서로 깨닫는 것을 말한다. (3)은 자신의 생각을 수정하는 편이 낫다는 것을 깨닫고 실제로 수정하는 과정을 말한다. (4)는 어떤 문제를 앞두고 무언가 결론을 내야 하는 시점이다. 자신이 믿고 있는 가치관 그 자체를 상대화함으로써 결론을 내리는 것이다. 이 발언을 듣고 후지카키는 학교 내외에 다양한 위원회가 있는데 그 안에서 서로 다른 전공 분야 및 소속을 가진 위원들이 납득할 만한 합의에 도달하게 되는 경우 꼭 이와 같은 네 가지 과정이 존재했다는 점을 자신의 경험에 비추어 이야기했다.

이상으로 논점1에 대한 논의가 마무리되었다. 타 분야 교류, 분야의 차이를 뛰어넘는 일에 관해서 매우 다양한 형태로 언어화되었음을 알 수 있다.

논점2
학문에 문과·이과의 구별은 필요하다고 생각하는가?

A학생은 '차이는 완전히 없어져선 안 되며 남아 있을 필요가 있다. 하지만 그것이 문과·이과라는 형태를 갖출 필요는 없으며 자연과학, 사회과학, 인문과학의 3가지 분류도 괜찮을 것 같다'는 의견을 냈다. C학생은 '구분하는 일'은 자신의 입지를 확인할 때 필요하지만 이를 고정화할 필요는 없다고 했다. 또한 '이과 및 문과 자체에 다양성을 부여함으로써 이런 구분을 고착시키려는 움직임을 피할 수 있지 않을까'라는 의견도 나왔다. E학생은 '그 사이에 있는 존재를 인정할 필요는 있으나 포섭될 필요는 없다'고 주장했다.

이에 대해 D학생은 애초에 문과·이과를 구별할 필요가 없을 것 같다는 입장을 보였다. C학생이 말했듯 '이과 및 문과 자체에 다양성을 부여함으로써 이런 구분을 고착시키려는 움직임을 피할 수 있지 않을까'라고 한다면 애초에 문과·이과를 구분할 필요가 없을 것 같다는 것이다. 문과·이과의 구분은 사무적인 작업을 효율적으로 할 수 있다는 것 외에 이점이 없고 이런 구분 때문에 생존에 어려움을 느끼는 분야(문이과 융합 분야)도 있다. '라벨을 붙이는' 행위에는 단점이 있으며 문제 제기에서 언급한 것 같은 문과·이과 구분에 의해 '사고의 축소가 발생하는 것도 문제다. 따라서 경계 짓기의 장단점을 깨달았다면 전공 분야만 있어도 충분하기 때문에 문과·이과의 구분은 필요하지 않을 것이라는 의견이었다. A학생은 이에 반론하면서 아무래도 '구분하는 일',

경계는 필요하며 구분을 통해 (혹은 대치시킴으로써) 가치가 생기는 경우도 있다고 했다. 다양한 분류 방식 가운데 선택을 하여 각 분야가 더욱 발전할 수 있는 배분 비율을 찾아내면 된다는 입장이었다.

G학생은 자신의 전문성에 대한 관점을 습득함으로써 스스로의 시점을 확립할 수 있기 때문에 학문 분야의 구별은 있는 편이 낫지만 문과·이과라는 방식이 적절한가의 문제는 별개라는 의견이었다. 그리고 각 학문의 폐쇄성을 조장한다는 점에서 문과·이과의 구분은 폐해가 있다고 말했다.

> 이 수업을 들으면서 제대로 체현하고 있는 것 같아요. 자신의 전문성에 관한 관점을 어느 정도 습득하고 나서 문제에 접근함으로써 자신만의 시각을 갖게 되는 부분도 있다고 생각합니다. 그래서 이 수업 자체도 이에 대한 대답이 된다고 생각하는데요, 학문에는 구분이 있는 편이 낫지만 문과·이과라는 구분 방식이 타당한지에 대해서는 재고해볼 필요가 있다고 생각합니다. 문과·이과에 대해 좋고 나쁨을 따지게 된 배경에는 이렇듯 오랜 시간에 걸쳐 이루어진 구분 방식이, 앞서 고정적인 본질에 대한 언급도 있었습니다만, 각 학문의 폐쇄성을 조장하고 교류를 차단시키면서 유동성의 손실로 이어졌고 결국 이런 문제가 생겨난 게 아닐까 싶었습니다. [G학생]

이 의견에서는, 이 수업을 통해 '자신의 전문성에 관한 관점을 습득한 이후에 특정 질문에 대한 자신의 시점을 정하는' 일을 실천할 수 있었다는 점, '학문에는 구분이 있어야 그러한 시점을 정할 때 좋다'는 사실을 인식하게 되었다는 점을 언급하고 있다. 수업을 메타적 차원에서 평가하는 사고방식을 엿볼 수 있다.

또한 G학생은 문과·이과의 구분을 '교양'이라고 부를 수 있는지에 대해 질문했다. 이에 대해 이시이는 '제도의 문제'와 '사고의 문제'를 구분해야 하며 제도의 문제로 파악하는 이상 학문 분야의 구별을 없앨 수는 없으며 경계를 정하는 일 자체는 나쁜 게 아니라 사고하는 차원에서 이러한 제도상의 경계를 본질화·고정화하는 과정이 문제라고 했다. 왜냐하면 허구에 불과한 경계가 본질적인 것이 되면 그것이 자유로운 사고를 옭아매기 때문이다. 그리고 대학 입시가 학생들의 마인드를 문과·이과로 구별 짓는 폐해를 지적하면서 이렇듯 '허구의 경계가 본질적인 것으로 바뀌면서 사고를 옭아매는 일'로부터 인간을 해방하는 것이야말로 교양이라고 이야기했다.

이시이_ 자숙하는 마음으로 말하건대, 입시야말로 학생들의 마인드를 이과·문과로 구분 짓는 데 큰 영향을 미쳐요. 이건 사실이라고 봐요. (…) 모든 학문이 이런 구분 방식으로 포섭되지 않기 때문에 이건 허구죠. 픽션이에요. 그런데 픽션을 본질적인 것으로 간주하면서 이것이 사고를 속박하게 돼요. 마치 그것이 인간의 본질인 것처럼 생각하게 되는 거예요. 자신은 문과적 인간이다, 이과적 인간이다, 이런 식으로요. 이런 사실을 인지하고 이런 테두리로부터 해방시키는 것이 교양의 역할이라는 게 예전부터 제가 주장해온 겁니다. 교양학부는 바로 여기에 존재 의의가 있는 거죠. 같은 학부에 문과·이과가 공존한다는 것은 이러한 의미를 내포하기 때문에 사실은 교양학부뿐만 아니라 도쿄대학 전체가 그래야 한다고 생각해요. 일단 문과·이과라는 테두리 안에서 제대로 전공 공부를 하되, 더 나아가서 다시금 이를 다른 분야에 비추어가며 변용시켜나가는 거죠. 개인적인 차원에서도 그렇지만 조직적 차원에서도 그래야 한다고 생각해요. 그런데 이건 말하기는 쉬워도 실천이 어려운 문제네요.

후지가키_ 훌륭한 말씀입니다. 허구가 본질화되어 사고를 속박하고 있는 상황에서 해방시키는 것이 교양, 혹은 교양학부의 역할이라는 거죠.

논점3
교육에 의해 차이를 뛰어넘는 일은 가능하다고 생각하는가?

이 논점은 '번외편'에서 마지막까지 언급된 '타 분야를 이해하는 일은 가능한가?'와 '도덕 교육은 도움이 되는가?' 중에서 후자의 내용을 '차이를 뛰어넘는 일은 가능한가?'라는 주제에 맞춰 수정한 것이다. 먼저 E학생은 도덕 수업은 '다양한 차이를 인지하게 만드는' 것에 의의가 있다고 말했다. 그런데 도덕 수업에서는 교실 밖에 자신과 다른 집단이 있다고 간주함으로써 교실 내 학생들은 단일한 집단에 속한다고 보는 경향이 있는데, 교실 내에도 보이지 않는 차이가 있다는 사실을 다룰 필요가 있다는 의견도 나왔다. 이는 글로벌 인재에 관해 논의했던 제2강에서 '일본 사회 내의 균일성을 유지하기 위해 이질적인 존재를 배제하려고 하는' 경향과 표리일체 관계에 있다. G학생은 교육을 통해 '차이를 뛰어넘기 위한 준비를 시키고' '차이를 뛰어넘을 수 있는 방향을 알려줄' 필요가 있으며, 교육 자체가 내포하고 있는 '차이를 고착시키려는' 성향을 재고할 필요가 있다는 의견을 냈다. C학생은 교실 내의 차이를 언어로 표현해보는 일, 언어로 인지시키는 일의 중요성을 주장했다. 자신이 무의식적으로 차이를 두고 있는 것에 대해 인지하지 못하면 '차별'로 이어질 수 있으므로 차이를 언어로 표현하는 과정이 필요하다는 의견이었다.

> 저도 교실 내의 차이를 인지하는 일이 중요하다고 생각하고, 교실 내의 차이든 다른 세계와의 차이든 여하튼 차이 자체에 대해 인식하게 만드는 과정이 가장 중요하다고 생각해요. 차이라는 것을 실제 말로 표현하여 인지시키지 않으면 (…) 사회 구조 속에서 자신의 무의식에 있던 차이가 차별로 이어질 수 있어요. 사회 구조 속에서 무의식적으로 양성되어가는 것이 차이가 아닌 차별을 만들어내는 것 같아서요. 그 전에 미리 수업을 통해 교실 안의 사람이든 밖에 있는 사람이든 간에 그런 사람들 간에 차이가 존재한다는 사실을 말로써 표현하여 깨닫게 해주는 일이 매우 중요하다는 생각이 들었습니다. [C학생]

그러자 A학생은 도덕 교육을 통해 사회에 존재하는 차이를 인지시키는 것에 반대하는 입장을 밝혔다. 이러한 교육으로 인해 자신이 다

수 측에 속한다는 안도감을 느끼게 되면서 오히려 차별 의식을 증폭시키는 결과를 초래할 위험이 있다는 것이다. 이에 대해 C학생은 '차이를 언어로 표현함으로써 깨닫게 하는' 것과 '차이를 보여주지 않는 편이 이를 증폭시키지 않는다'는 것은 완전히 정반대를 지향하는 사고방식이라고 지적했다. A학생의 생각은 '알고 나서 차별할 바에는 모르는 편이 낫다'였다.

A학생_ 도덕 교육 시간에 다양한 차이에 대해 알려주는 일에는 상당히 큰 위험이 따른다고 생각합니다. 따돌림 등의 경우도 그런데요, 약한 존재가 있다는 사실을 알리는 것도 꽤 위험한 일이라고 생각해요. 백지 상태에서 차이가 있다는 사실을 알려주는 건 가능하죠. 차이가 존재한다는 사실을 이해할 수는 있겠지만 여기서부터 합의에 이르기까지의 과정을 전부 교육에서 감당할 수 있을지는 의문입니다. 강자의 입장에 섰을 때의 기분 좋은 느낌에 대해서는 앞서 문제 제기에서도 언급했습니다만, 매우 강력한 본능입니다. 일종의 안도감 같은 느낌이랄까요. 그래서 교육이 이렇게 본인이 다수에 속한다는 안도감을 생산하는 장치가 될 수 있다면 너무 위험하다는 생각이 들었습니다. 도덕 교육 과정에서 예를 들어, 이러이러한 사람도 있으니 상냥하게 대해주자는 주제를 다룬다면 구체적인 이야기보다 추상적으로 알려주는 편이 나을 것 같다는 생각입니다.

C학생_ 자, 그러면 완전히 저와 반대로 언어를 통해 차이의 존재를 알려주기보다 그대로 방치한달까, 일단 뚜껑을 덮어놓자는 말이네요.

A학생_ 학교에서 그런 내용을 다룰 필요가 없을 것 같아요.

C학생_ 하지만 본능적 성향이라는 관점에서 봤을 때 아무것도 하지 않으면 사람은 다수에 속하며 느끼는 감정을 지향하게 될 가능성이 높지 않을까요? 아무런 교육도 받지 않는다면 자연스럽게 따돌림 문제로 이어질 것 같은데요, 교실 내에서요. 무의식중에 양성되는 차별 문제에 대처하기가 오히려 어려워지는 게 아닐까 싶어요.

A학생_ 교실 내의 따돌림 문제는 아마 교육을 하건 안 하건 생길 거라고 생각해요. 교실에서 따돌림 어쩌고 이야기를 언급하니까 또 새로운 따돌림이 시작되는 거죠. 이렇게 보면 새로운 싹을 다시 키우는 셈이 아닐까 싶어요. 감소시킬 수도 있겠지만 그걸 모델로 삼아서 새로운 따돌림이 시작될 수 있다고 생각해요.

C학생_ 알고 차별하느니 모른 채 차별하는 게 낫다는 의견인가요.

이처럼 차이와 차별의 문제를 교실에서 가르쳐야 할 것인지, 어느 정도 연령이 된 후에 상대적인 사고가 가능해졌을 때 가르쳐야 할 것인지를 놓고 활발한 논의가 전개되었다.

G학생은 애초에 그 사람 안에 있는 차이에 대한 감각(차별)을 흔들어 깨우는 일은 교육으로서 유효하지만 문제의 해결 혹은 예방으로 이어질지는 별개의 이야기라고 하면서 어린 나이에 그런 의식을 흔들어 깨우는 일의 의의에 대해 문제 제기를 했다.

D학생은 교육 이외의 수단으로 어떻게 차이를 뛰어넘을 수 있는지 물으면서 교육에는 차이를 극복하도록 도울 의무가 있다는 의견을 냈

다. 이에 대해 A학생은 애초에 '경험'하지 않으면 알 수 없는 일도 있으며 교육으로 인해 그러한 경험을 알려주는 것은 불가능하므로 교육에 의해 차이를 극복하는 건 어려울 것 같다고 말했다.

> A학생_ 자신이 똑같은 차별이나 구별을 경험하지 않는 한 자각 없이 차별을 시작할 뿐이라고 생각해요.
>
> C학생_ 인간에 대해 기대치가 상당히 낮은 것 같네요(웃음).

이상으로 언급한 논의는 교육의 의의를 둘러싸고 '교육을 통해 차이에 대해 인식시킴으로써 차별을 없애는 것'에 대해 긍정적인 입장과 '교육은 다수에 속한다는 안도감을 생산하는 장치에 불과하다'는 입장으로 크게 둘로 나뉘었다. 이와 관련해서 경험이 없는 사람에 대해 '타인에 대한 상상력'을 교육하는 수단 중 하나로 제5강에서 실행했던 '역할 연기'를 언급했다. 역할 연기가 타인에 대한 상상력을 배양하는 수단 중 하나가 될 수 있다는 것이었다.

여기서 이시이는 "여러분은 언제 무엇을 계기로 차별해서는 안 된다는 사실을 배웠습니까?"라는 질문을 하면서 각자의 경험을 이야기해주기를 요청했다. 학생들은 옛 기억을 떠올리며 아무래도 부모님의 가르침이 컸다고 대답했다.

또한 E학생은 부모든 교사든 '전달 방식'이 중요하다고 말했다. 예를 들어 초등학교 6학년 때 1학년을 돌본 적이 있는데, 교사가 장애아에 대해 "저 애는 장애가 있어"라고 말하지 않고 "○○는 말이야, △△라는 잘 이해하지 못하는 병이 있어"라는 매우 중립적 표현을 사용했으며 이후로 6학년 아이는 '그 아이가 이해할 수 있는 표현'을 하려고 노력하게 되었다고 한다. 이 경험은 '자신의 표현'에 대해 되돌아보게 만드는 계기가 되었다고 한다.

이에 대해 '뭔가 이상한데'가 차이의 발견이고 그것이 어떤 차이인지를 찾게 만들어서 언어로 표현하는 것이 교육인데, 발견이나 언어를 통해 표현이 불가능한 경우 이것이 불안감으로 이어지면서 차별이 되는 것 같다는 내용의 논의가 이어졌다.

논점4
타인을 이해하는 일은 가능하다고 생각하는가?

먼저 E학생은 '이해하다'와 '파악하다'의 차이를 언급했다. 이해하다 understand는 객관적 이해를 포함하지만, 파악하다grasp는 '이 사람은 이런 사람이다'라는 자신의 해석이 들어간다고 했다. 그러자 C학생은 이해하려는 시도는 타인의 기분을 언어로 나타내는 것이며 이러한 행위가 중요하다고 말했다. 윤리라는 단어에서 '윤'은 '인간관계'를 가리키고 '리'는 '도리'를 가리킨다. C학생은 종교학에도 조예가 깊은데 이번에는 윤리학적 측면에서 해석을 했다. A학생은 인간을 방치해두면 유사한 유형끼리 한데 뭉치기 때문에 '이 사람은 다르네'라고 생각하는 것이야말로 이해라고 했다. 그러자 수업에 늦게 들어온 공학부 B학생은 세대 간의 이해에 대해 언급했다. 우치다 다쓰루[12]의 말을 빌려서 선생님은 곧 앞서 살고 있는 사람이며 아이는 곧 늦게 온 사람으로, '앞서 살고 있는 사람'은 '늦게 온 사람'에게 옆에서 조언을 해줄 필요가 있다고 했다. 본인이 수업에 '늦게 온' 것과 후세대가 '늦게 온 존재'라는 부분에 라임을 맞춘 표현이었다.

여기서 이시이는 국적의 차이, 세대의 차이, 남녀의 차이 등 보다 구체적인 이야기를 해야 할 필요성과 더불어 차별이란 차별받는 쪽의 차이에 대한 인식이자 차별하는 측의 동질성에 대한 인식이라는 시점을 제시했다.

> 차이가 어떻게 차별로 이어지는가 하면, (…) 차별이란 동질성에 대한 인식이에요. 두 명밖에 없으면 차별은 생기지 않아요. 그런데 세 명이 됐을 때 둘이서 동질성을 확인하게 되면 나머지 한 사람을 차별하는 구조가 생겨요. 이게 집단이 되면 더 현저해지죠. 그래서 차별에는 차별받는 인간과의 차이에 대한 확인과 동시에 차별하는 쪽의 동질성에 대한 확인이 매우 큰 의미를 가지고 있어요. 이로 인해 일종의 환상을 만드는 셈인데요, 동질성은 환상인 거예요. 모두가 동일할 리가 없는데 자신들은 똑같고 저놈만 다르다는 허구를 만들어냄으로써 차별이 성립합니다. (…) 차이와 차별의 구조는 이런 게 아닐까 생각합니다. [이시이]

또한 집단 차원에서 차별하는 측과 차별받는 측을 살펴볼 때 이는 개인과 개인의 차별로 이어진다. 하지만 사실 여기에는 개인 내부에서의 차이, 즉 내적인 차이가 존재할 수 있다는 견해도 제시되었다.

'자신'을 균질적인 개체로 인식하는 건 잘못되었다고 생각해요. 자신이라는 존재 안에도 다양한 차이가 있거든요. 자신 안에도 타인이 있어요, 분명히. 그래서 차이를 뛰어넘는다는 것은 자신 안의 타인과의 차이를 뛰어넘는 일이기도 하다고 생각했어요. 이런 의미에서 프랑스문학 연구자 랭보의 "나는 타인이다"라는 말을 인용하고 싶네요.[13] (…) 데카르트가 말했듯이 다양한 명제를 계속 의심하다 보면 최종적으로 이렇게 의심하는 자신이란 존재에 대해서는 의심할 수가 없어요. 따라서 "나는 생각한다. 고로 나는 존재한다"라는 인식에 도달하면서 사람들은 이것을 궁극적인 자아, 서양적인 자아로 보고 믿어온 거죠. 개인의 자아라는 건 이런 식으로 이제 더 이상 의심할 여지가 없이 분할할 수 없는 존재인 거예요. 그런데 19세기에서 20세기에 걸쳐서 (…) 사람들은 자신의 내부에 또 다른 무언가가 있다는 사실을 깨닫기 시작했어요. '나'라는 것은 꼭 하나의 균질적인 개체가 아니라는 거죠. 이런 인식도 중요한 것 같아요. [이시이]

'자신이라는 개인'은 균질적인 존재라는 가정에 대해, 개인 내적인 차이를 생각해볼 필요가 있다는 것이다. 데카르트가 "나는 생각한다. 고로 나는 존재한다"라고 말했던 반면 랭보는 "나는 타인이다"라고 했듯이 자신의 내부에 있는 타인을 인지할 필요가 있다는 주장이었다. 이와 관련해 후지가키는 히라노 게이치로 작가의 '분인론分人論'을 소개했다.[14] 개인을 '이 이상 나눌 수 없는individual'이라고 하는데 사실은 한 명의 개인 안에도 '나눌 수 있는dividual' 것이 존재한다는 주장이다. 이를 분인分人이라고 하면서, 한 사람 안에도 상대하는 인물에 따라 A학생을 담당하는 분인, B학생을 담당하는 분인 등이 존재한다는 사고방식이다. 이를 따돌림 문제에 적용해보면 일단 개인은 '학교에서의 분인' '가정에서의 분인' '방과후의 분인' '그룹A에서의 분인' '그룹B에서의 분인' 등 다수의 분인으로 생활해야 비로소 정신적인 균형을 유지할 수 있는데, 이러한 '분인' 간의 이동이 원활하지 못해서 '학교용 분인'만 상실하게 된 결과 따돌림을 당하는 것이다. 이런 생각은 소아과 의사인 구마가야 신이치로의 "자립이란 의존처의 분산이다"[15]라는 말에 상응한다고 생각한다.

여기서 분인론과 차별의 관계에 대해 조금 더 살펴보자. "자신의 내적인 다원성을 억압하면 이질적인 존재를 인정할 수 있는 공공성이 성장하지 못한다"[16]라는 말은 자신의 내적인 다양성(바꿔 말하자면 분인의 존재)을 인정하지 않는다면 사회적으로도 균질성만 지향하고 이질적인 것을 배제하려는 경향을 보일 것이라는 의미다. 일본인은 한 가지 '진정한 자신'의 모습에 집착한 나머지 이질적인 존재를 배제하는 경향이 있는지도 모른다. 이러한 측면은 일본인에 관한 논의뿐 아니라 타 분야 교류에서도 응용이 가능하다. 즉 '학자가 자신의 내적인 다원성을 억압하고 주어진 직무에 충실하려고 본인의 전공 분야라는 제한적인 테두리 내에서 최선을 다한다면 이질적인 분야의 주장을 인정할 수 있는 공공성이 성장하지 못한다'라는 주장으로도 치환이 가능할 것이다. 이

점에 관해서는 이 책의 '나가며'에서 다시 이야기하도록 하자.

마지막으로 B학생은 오늘 과제에 대한 '합의 형성'으로 '따돌림을 없애려면 어떻게 해야 할까?'에 대해 생각해보면 어떻겠냐는 의견을 제시했다. 이에 대해 A학생은 동질성을 확인하여 불안을 떨쳐내는 과정에서 차별에 의한 따돌림이 생긴다고 한다면, '동질성을 확인하지 않아도 불안하지 않은 사람'을 만드는 것이 따돌림을 없애는 길이라고 말했다. 그리고 C학생은 동질성은 차이를 통해 확인할 수 있다고 했다. 따라서 모든 사람이 다른 사람과 다른 자신을 만드는 일을 목표로 삼는다면 동질성을 확인할 필요가 없어질 것이고 차이를 강조할 일도 줄어들 것이라고 했다. 예를 들어 프랑스에서 '당신은 다른 누구와도 다르다'라고 하면 칭찬으로 받아들이는 반면 일본에서는 이와 같은 말이 칭찬이 아니라는(오히려 비난이 되는) 사실만 봐도 우리는 자성해볼 필요를 느껴야 한다.

E학생_ 문득 든 생각인데요, 아이덴티티를 확립하기 위해 무엇을 가르치면 될지 생각해보니 애초에 아이덴티티라는 게 어렵게 느껴지기도 해요. 대체 뭘 가지고 동질성을 확인하면 될까요? 예를 들어 일본인이라는 아이덴티티라면 외국인과의 차이에 있죠. 어떤 것을 통해 아이덴티티를 확보하느냐의 문제인 것 같아요.

C학생_ 일본인이라는 아이덴티티를 확보하려는 건 동질성을 확인하려는 거겠죠? 다른 모든 사람과의 동질성이요. 다른 누구도 아닌 자신을 1억 명의 일본인이 모두 지니고 있다면 따돌림은 생길 수 없을

거예요.

뜻밖에도 차이와 동질성과 따돌림에 관한 논의는 제2강의 글로벌 인재와 관련된 논의에 등장했던 일본인들의 동질성에 대한 희구, 이질적인 것의 배제, 아이덴티티에 관한 이야기로 연결되었다. [후지가키]

논의를 돌아보며
—

학생들이 자유롭게 서로 아이디어를 공유하고 논의하면서 질문을 하나로 추렸고 그 주제에 관해 논의를 전개했다. 이렇게 액티브 러닝의 전형이라 할 수 있는 마지막 강의 주제는 '차이를 뛰어넘는 일은 가능한가?'였다. '차이'라는 단어 하나도 다양한 차원에서 상정이 가능한데, '번외편'의 내용을 보면 알 수 있듯이, 이 주제로 수렴되기까지 여러 과정을 거쳤다. 따라서 이러한 경위에 입각하여 전반에서는 주로 학문 분야 간의 차이를 다루었고 후반에서는 사회적 의미에서의 차이에 대한 이야기가 주를 이루었다.

논점1 "타 분야의 벽을 뛰어넘는 일은 가능하다고 생각하는가?"에서는 각자가 수업에서의 경험을 돌이켜보며 다양한 의견을 냈는데 최종적으로 '타 분야와의 차이에 자극받아서 자신의 고착된 사고가 변용되는 것' '그러한 변용이 상대에게도 생기는 것'이 학문 분야의 차이를 뛰어넘는 일이라는 결론에 도달했다. 이런 과정을 보고 있자니 사실 교사로서도 기분이 좋았다. 하지만 여기서 '축하드립니다'로 끝날 일은 아니었고, 이 교실에서 한 발짝 나가는 순간 생각대로 되지 않을 것 같다는 솔직한 의견도 있었다는 사실에도 주의할 필요가 있다.

기본적으로 '다른 분야 간에 벽을 뛰어넘는' 일은 가능하겠지만 이를 위해서는 그 나름의 장소나 상황 그리고 무엇보다 이것을 가능하게 만들 '인간'이 필요하다. 이번 수업에서처럼 처음부터 '타 분야 교류'를 상정해놓은 교실이란 공간은 특수한 영역일뿐더러 교사와 조교가 이러한 논의에 활기를 불어넣어주는 것도 특수한 상황이기 때문에 이와 다른 환경에서도 이러한 논의가 활발하게 전개되리란 보장은 전혀 할 수 없다. 하지만 후지가키가 대학의 '후기 교양 교육 WG'('나가며' 참조)에서 경험했듯이, 때때로 격렬한 논의도 하면서 끈기 있게 대화를 이어감으로써 각자 깊이 있는 사고를 하게 되면서 결국 일정한 합의에 도달하는 경우도 분명 있을 수 있다. 여기서 중요한 것은 그 장소에 모여 있는 인간의 의욕과 자세일 것이다. 이번 수업에서 일정한 성과를 올릴 수 있었다고 한다면 이 역시 참가해준 학생들(조교도 포함하여)의 적극적인 의욕과 진지한 자세 덕분에 가능했다고 생각한다.

논점2 "학문에 문과·이과의 구별은 필요하다고 생각하는가?"에서는 일단 현행 일본의 교육제도에 이러한 구별을 조장하는 측면이 있음을 인지할 필요가 있었다. 중학교까지는 문과·이과의 차이를 의식할 일이 거의 없는데 고등학교에 입학하면서 대학 입학 시험으로 인해 '문과'와 '이과'가 표면으로 드러난다. 물론 대학에서 어떤 공부를 할 수 있는지에 대해 제대로 조사한 후 자신의 적성을 판단한 거라면 상관없지만 실상을 보면 수학을 잘하면 이과, 잘 못하면 문과라는 식으로 간단히 결정해버리는 경우가 적지 않다고 생각한다.

따라서 이런 이분법은 일종의 허구에 불과하며 이렇다 할 근거도 없는 셈인데 현실에서는 이것이 실체화되어 학생들의 마인드를 구속하기 시작한다. 학생들의 머릿속에는 무의식중에 '나는 문과' '쟤는 이과'라는 식으로 각인될 것이고 이것이 고정화되면서 나중으로까지 이어지게 되는 것이다. 이번 수업에서 D학생의 경우에도 자신은 문과·이과 구별에 구애받지 않고 양쪽 분야에 걸친 영역에 관심이 있는데도 불구하고 소속 학과의 성격으로 인해 계속 '이과'라는 입장에서 이야기하기를 강요받게 되어서 마지막까지 위화감을 떨칠 수 없었다고 했다. 이 역시 중요한 지적이 아닐 수 없다.

나의 입장은 '논의의 기록'에서 언급했던 '허구의 경계가 본질적인 것으로 바뀌면서 사고를 옭아매는 일로부터 인간을 해방시키는 것이야말로 교양이다'라는 한 문장에 집약되어 있다. 굳이 이 내용에 부연하자면, 대학에서는 제도로서의 '문과' '이과'가 편의를 위한 제도라는 점을 명확히 규정해둬야 하며 학생들에게는 이것이 결코 인간의 본질을 나타내는 실체적인 표시가 아니라는 점을 인지시켜야 한다. 그리고 기존의 분류법에 좌우되는 이들의 사고방식과 감성을 다른 분야와의 소통을 통해 타협이 가능하도록 만듦으로써 다양한 가능성을 열어주고 이들을 해방할 필요가 있다. 이야말로 언어 본래 의미대로의 '리버럴아츠'(인간을 자유롭게 하는 학문)라고 할 수 있겠다.

또한 요즘 다양한 상황에서 '문과·이과 횡단'이라든가 '문과·이과 융합' 등의 캐치프레이즈가 난무하고 있는데 나 역시 대학 행정 문서에서 종종 이런 표현을 자각 없이 사용하곤 했다. 자성의 의미에서 말하자면, 내가 느낀 바로는 문과·이과를 횡단하거나 융합하는 일은 그리 쉽지 않다. 말하자면, 문과와 이과는 애초에 대상으로 삼는 존재의 차원이 다르며 방법론도 다를 수밖에 없다. 따라서 이 둘 사이를 간단히 '횡단'할 수도 없을뿐더러 더욱이 '융합'하는 일은 불가능에 가깝다. 이보다 현실적이고 중요한 것은 이들을 상호 보완적인 존재로 간주하고 메타 레벨 시점에서 '통합'시키는 일이라고 생각하는데, 이는 앞으로의 과제로 남겨두도록 하겠다.

논점3 "교육에 의해 차이를 뛰어넘는 일은 가능하다고 생각하는가?"는 원래 도덕 교육이라는 주제에서 파생된 것이어서 그런지 학생들이 학교에서의 체험을 중심으로 의견을 제시해서 흥미로웠다. 아무래도 교사는 '교육하는' 입장에서 이 질문을 파악하기 마련인데, 학생들은 당연히도 '교육받는(교육받아온)' 입장에서 자신의 경험을 돌이켜봤기 때문에 이런 측면에서도 시점의 차이를 엿볼 수 있었다.

그중에서도 흥미로웠던 것은 '교실 내의 차이'라는 시점에 대한 논의였다. 사회에는 자신들과 다른 환경에 놓인 사람들이 있으므로 그러한 사람들을 차별하면 안 된다는 교육은, 거꾸로 말하자면 교실이라는 공간의 동질성을 전제로 하고 있기 때문에 그 내부에 존재할지도 모르는 (명백히 존재할) 차이를 간과하게 된다는 것이다. 따라서 교실 내부의 차이를 언어로 표현, 언어로 인지시켜야 한다는 의견이 있었던 반면, 언어를 통해 차이를 노출하는 것이 오히려 쓸데없는 차별 의식을 부추기게될 위험이 있다는 의견도 있었다. 두 의견 모두 일리가 있었으며 어느 한 쪽이 타당하다고 결정하기 어려웠는데 교실이든 가정이든 간에 중요한 건 '전달 방식'이라는 점에 대해서는 양쪽 모두 공통된 생각을 가졌던 것으로 보인다.

논점4 "타인을 이해하는 일은 가능하다고 생각하는가?"에서는 '이해하려는 시도는 타인의 기분을 언어로 나타내는 것'이라는 학생의 대답이 인상적이었다. 이는 제5강에서 역할 연기를 했던 경험에서 우러난 발언인지도 모르겠다.

그 이후로 내가 너무 많이 떠들었다는 느낌도 살짝 들었는데, 결국 말하고자 했던 내용은 요컨대 '아이덴티티'의 문제였다. 우리는 어디서 태어나서 어떤 가정에서 자라고 어떤 학교에 다니며 어느 대학에 입학하여 어떤 학과에 소속되어 어떤 회사에 취직하는지 등 다양한 경력에 따라 사회적인 위치가 결정된다.[17] 이것은 소위 타인과의 차이를 구분 짓는 선 긋기를 반복하는 일과 같으며 이렇듯 수차례에 걸친 경계 만들기 과정을 통해 아이덴티티가 형성되어간다. 하지만 인간은 이렇게 형성된 자신의 현재 모습에 모두 만족하지는 않으며 종종 지금의 자신과는 다른 사람이 되고 싶다거나, 지금 있는 장소와는 다른 곳으로 이동하고 싶다는 욕망을 느낀다. 경계선이 너무나 명확해서 타인과의 차이가 고정적인 상태에서는 변용을 향한 욕망이나 이동에 대한 욕구까지 억압을 받게 되어 마치 주위가 벽으로 둘러싸여 있는 것같이 숨이 막히는 느낌을 받기 때문이다.

이렇듯 폐쇄된 상황에 놓이지 않으려면 항상 경계를 뛰어넘어서 스스로를 재구성할 가능성이 보증되어야만 한다. 즉 지금 보이는 자신의 모습에 고착되지 않고 자유자재로 '타인'이 될 수 있는 유연함을 터득해야 하는 것이다. 여기서 말하는 '타인'이란 '나'의 외부에 있는 무수히 많은 타인(만)을 가리키는 게 아니라 '나'의 내부에 숨어 있는 '내적인 타인'을 의미하기도 한다. 우리는 자신의 아이덴티티를 마치 균질적이고 분할이 불가능한 고체처럼 생각하기 쉬운데 실제로는 '나'의 내부에도 다양한 이질성, 많은 '타인'이 존재하고 있으며 우리는 이들 사이를 자유롭게 왕래함으로써 언제나 '변용'과 '이동'을 반복할 수 있다는 말이다. 당시 교실에서 나는 인용을 위해 랭보의 이름을 언급했는데 그 이유에 대해 부언한다면 대략 이상의 내용에 해당한다. 후지가키가 소개한 히라노 게이이치로의 '분인론'과 구마가야 신이치로의 '자립' 개념 역시 이러한 문맥에서 이해할 수 있을 것이다.

여기서 다시 "타인을 이해하는 일은 가능하다고 생각하는가?"라는 논점으로 돌아오면, 분명히 가능한 일이다. 다만 이를 위해서는 '자신의 내적인 다원성'을 억압하지 않고 언제나 지금 자신의 외부로 나와서 '또 다른 자신'을 발견할 자유가 필요하다는 점을 이야기하지 않을 수 없다. '나'란 존재는 단일하고 흔들림 없는 주체이며 그래야만 한다는 확신(혹은 착각)에서 해방되어, 사실 '나'는 여러 개의 '나'의 집합체이며 항상 변용을 반복하는 운동체라는 점을 실감하게 되는 순간 사람은 말 그대로 '타인을 이해하는 일'이 가능해진다. 그리고 '어른이 되는 것'이란 그야말로 이와 같은 '부드러운 아이덴티티'를 획득하는 일에 다름 아니다. [이시이]

종강

수업을 돌아보며

학생 리포트 편

기말 리포트 제출일은 마지막 수업에서 약 3주 후였다. 이 수업의 목적은 각 주제에 대한 해결책을 도출하는 것이 아니었기 때문에 과제의 내용은 다음과 같았다. 과제 내용을 고지한 시기는 5월 하순으로, 수업이 중반 이후에 접어들 무렵이었다.

타 분야 교류·다분야 협력론 최종 리포트

—

1. 이 수업에서 가장 인상 깊었던 논의 내용과 그 이유를 1000자 이내로 논하시오. 홀수 회차 수업(후지가키 담당)과 짝수 회차 수업(이시이 담당)에서 각각 하나씩 고를 것.
2. 이 수업을 듣기 전과 후로 내적인 측면에서 가장 많이 변한 부분은 무엇이었는지 1000자 이내로 논하시오.
3. 타 분야(다른 학부) 학생과 논의하는 과정을 통해 어떤 점을 발견

했는지에 대해 1000자 이내로 논하시오.

4. 이 수업에서의 경험이 향후 생활의 어떤 부분에 영향을 미칠 것이라고 생각하는지 1000자 이내로 논하시오.

5. 위의 내용 이외에도, 이번 수업에 관하여 언급하고 싶은 내용이 있다면 '독자적인 항목(질문)'을 넣어서 자유롭게 논하시오.

타 분야 교류로 얻은 것 1: 자기 상대화

—

많은 학생이 리포트를 통해 이 수업에서 이루어진 타 분야 교류로 인해 자기 상대화를 할 수 있었다는 점을 수차례 언급했다. 자기 상대화로는 (1) 자신의 전공 분야의 의의를 재확인하는 것 (2) 자신의 사고 습관에 대한 확인이 있다. 예를 들어 본인의 전공 분야의 의의를 확인하는 것에 대해 다음과 같은 의견이 있었다.

매 수업 때마다 내 나름대로 준비해 가고 다른 학생들과 의견도 주고받으면서 중요한 사실 하나를 깨달았다. 바로 법학 관련 주제가 아니더라도 '법학'에서 사용하는 논의 구상이나 개념 정리를 적용할 수 있다는 것 그리고 다른 분야에서는 이러한 사고방식이 당연한 것이 아니기 때문에 이런 부분이 법학을 전공한 사람들에게 강점이 될 수 있다는 점이다. (…) 법률 전문가가 된다는 것은 동시에 타 분야 협력을 하는 장에서 만능 선수가 된다는 의미이고 이로 인해 기존에 해결하지 못했던 문제를 해결하면서 풍요로움의 총량을 변화시키는 일로

이어질 것이다. [A학생]

[후쿠시마 원전 사고가 일본 고유의 문제인가를 물었던 수업에서] 다른 학생들은 (…) 자신의 전공 혹은 자신 있는 관점에 입각하여 원자력 발전소 사고 문제에 어떻게 대처할지에 대해 구체적으로 의견을 냈다. 그런 가운데 나는 우리가 선하게 살기 위해 어떻게 해야 할지를 탐구하는 윤리학을 전공하는 사람으로서, 현실 사회에서 어떤 행동을 해야 할지, 모두가 가장 골치 아프게 생각했던 문제 중 하나를 앞에 두고서 내 생각을 명확히 말로 정리하여 표현하지 못했다. 이렇듯 부끄러운 경험을 하고 나서 나는 윤리학을 전공하려는 이유에 대해 다시 한 번 생각해보지 않을 수 없었다. (…) 그래서 나는 이 의제를 통해 윤리학은 현실 사회가 직면하고 있는 특수한 문제에 대해 무언가 목소리를 내야만 하는 학문이라는 점을 통감할 수 있었다. [C학생]

[첫 번째 수업에서] '자신이 전공하는 분야에 대해 소개해달라'라는 말에 제대로 대답하지 못하는 자신을 보게 되었다. 그 이후로도 여러 차례 '자신의 전공 분야에 입각하여 생각해주세요'와 같은 질문이 나왔고, 나는 '사회에서 이 학문은 어떤 역할을 할 수 있을까?' '나는 이 학문을 왜 배우는 걸까?' 등 많은 생각을 하게 되었다. (…) 이상하게 들릴 수 있지만, 타 분야의 사람과 교류하는 수업이었기 때문에 오히려 타 분야보다 자신의 분야에 대해 보다 제대로 알고 싶다는 의욕이 높아졌다. (…) 나는 이 강의가 자신이 공부하는 학문에 있어 일종

의 아이덴티티에 대해 고민해볼 수 있는 계기를 제공해주었다고 생각한다. 타 분야를 공부하는 사람의 생각을 알고 싶어서 이 수업을 수강했는데, 이렇게 내 분야에 대해 더 깊이 있게 고민하게 된 것은 전혀 생각지도 못한 결과였다. 흥미로운 오산이었다. [D학생]

스스로의 '습관적' 사고방식을 자기 상대화하는 것과 관련된 내용은 다음과 같다.

이제껏 나는 근거 없는 신념이나 신앙의 가치를 우러러보고 이를 당연하게 여겨왔는데 제10강 수업을 통해 사실 이런 것들은 많은 현대인의 사고와 동떨어진 것이고 이런 점에 충분히 주의를 기울이며 사색할 필요가 있다는 사실을 깨닫게 되었다. 상대방에게 주장을 표현하고 이에 대한 피드백을 받으면서 나의 습관적인 사고방식을 발견하게 된 것이다.

(…) 수차례 논의를 반복하면서 각 전공 특유의 사고방식에 대해 알게 되었고 이들과의 차이를 통해 자신의 사고방식이 상대적으로 어떤 위치에 있는지 파악할 수 있게 된 결과, 지금껏 몰랐던 나의 고착된 사고 패턴이 드러났다. 그리고 이것의 장단점을 알게 되면서 지금까지는 제대로 논의될 수 없다고 생각했던 사람의 마음속에 있는, 윤리학을 공부하는 데 있어서도 중요한 요소에 대해 깨닫게 되었다.

(…) 자신의 주변 커뮤니티 속에 갇혀 있어서는 절대 생각해내지 못할 새로운 식견을 습득했다. [C학생]

수업에서 이루어진 토론을 통해, 자신과 다른 지식 및 개념적 틀을 지니고 있는 타 분야 사람에게 합리적으로 의견을 제시하는 일이 얼마나 어려운지 실감할 수 있었다. 그리고 스스로는 절대 생각해내지 못할 사고방식을 다른 사람이 설득력 있게 제시하는 것을 보고 내 논리가 얼마나 서툴고 얕은 것인지 알게 되었다. 이후로는 다른 의견까지 예측해서 나의 의견을 제시하기 위해 한층 더 노력하게 되었다. [E학생]

타인과의 교류를 통해 스스로의 '습관적' 사고방식을 자각할 수 있었다. 예를 들어 내 경우에는 메타적인 시점과 변증법적 사고가 지배적이라는 점이 분명해졌다. 습관을 자각하고 나니 이것을 논의 과정에 어떻게 활용할지도 알게 되었고 수업이 거듭될수록 나의 관점이나 전체적인 논의에도 깊이가 더해졌다. 이와 동시에 내가 치우치기 쉬운 관점이나 도식을 파악해서 이것을 해체하거나 변형시킴으로써 새로운 논점이나 문제를 발견하기도 했다. [G학생]

타 분야 교류에서 배운 것 2: 사고의 변화
—

수업이 거듭될수록 자신의 사고에 변화가 있었다는 내용은 다음과 같다.

수업 초창기에는 나의 막연한 생각을 전문어를 사용하지 않고 이해하기 쉽게 표현하는 일에 상당히 서툴렀다. 이 수업을 통해 타 분야 학생의 이야기를 들으면서 자신의 주장을 상대화하고 이런 부분을 적당히 자신에게 적용도 하면서 스스로의 생각에도 변화를 주고 싶었으나 좀처럼 생각대로 되지 않아서 초조함을 느끼기도 했다. 하지만 토론을 거듭하면서 하고 싶은 이야기를 막힘없이 표현하는 횟수가 늘었고 나와 타인의 주장을 교섭하는 일도 가능해졌다. (…) 지금껏 토론이라고는 같은 학급에서 유사한 성향을 지닌 동료 및 윤리학 세미나 사람들하고만 해왔던 나로서는 다른 분야를 전공하는 상대방에게 생각을 표현한 경험이 처음이었고, 이런 일의 중요성과 즐거움을 깨닫게 된 건 스스로에게 커다란 변화였다.

(…) 이 수업에서의 경험은 앞으로 살아가는 데 분명 도움이 될 것이며 비로소 이 수업을 통해 '어른이 될 수' 있었던 게 아닐까 싶다. 무엇보다 나는 이 수업에서 스스로를 적극적으로 타지에 던져놓는 일의 중요성을 깨달았고 이것을 행동으로 옮길 수 있는 용기도 얻게 되었다. [C학생]

이 수업은 나에게 논의의 중요성을 일깨워주었다. 지금까지 논의에 대해 어떤 한 가지 잠정적인 해답을 도출해내는 작업이라고만 생각했는데, 이 수업에서는 최종적으로 정리된 해답을 도출한 경우가 거의 없었다. 문제에 대해 유효하고 실천적인 대책을 강구하려면 일단 해답이 필요하리라 생각했었는데 이 수업에서는 실제적인 액션에 대한 언급이 없었다. 처음에는 이런 식으로 105분을 보내는 게 어떤 의미

가 있을까 의문이 들었는데 수업을 거듭할수록 '의미가 없다는 의미'
에 충족감을 느끼게 되었다. 또한 정답을 추구하는 데 주력하지 않는
논의 방식은 시간이 흐를수록 발언자의 입장에 균형감을 부여했다.
'듣는' 입장도 고려하지 않을 수 없는 상황이었기 때문에 이는 논쟁
을 하는 방식이라기보다는 끈기 있게 의견을 주고받는 대화형 접근
방식에 가깝다고 생각한다. 이러한 변화는 나에게 있어서 진보주의적
인 가치관 자체를 뒤흔들 정도로 큰 경험이었다. [B학생]

이 밖에 수업을 통해 변화한 점에 대한 의견은 다음과 같다.

정치적·사회적인 것을 바라보는 의식이 바뀌었다고 생각한다. 대부분
의 문제와 마주할 때 '찬성/반대/둘 다 아님'이라는 세 종류의 입장이
등장하곤 하는데 이러한 구분 방식에 대해서도 신중해지게 되었다.
여기에는 문제에 대한 입장보다도 훨씬 더 근원적인 개인성(자율성)의
문제가 있다. 수업에서 논의를 통해 알게 된 점은 가령 같은 학문이
나 전문성에 입각하여 같은 입장에 있다고 할지라도 개개인에 따라
세세한 차이(얕은 차이)가 존재한다는 사실이다. 종종 여론이라는 형
태로 제시되는 세 종류의 입장에는 개개인의 차이를 한 가지 입장으
로 환원시킴으로써 논의의 핵심이 될 만한 미묘한 차이를 없애버릴
위험이 있다. [G학생]

가장 큰 발견은 학문마다 추구하는 가치가 다르다는 점이다. 원래 나

는 '학문이 달라서 생기는 차이는 전공 분야 지식의 차이에 불과하므로 논의에서 전제가 되는 지식을 공유한다면 의미를 알 수 없는 결론이 나올 리가 없다' '의미를 알 수 없는 결론이 나왔다면 그건 어느 한쪽의 생각이 짧았기 때문'이라고 생각했었다. (…) 하지만 생각이 짧았던 건 나였던 듯하다. 모든 주장에 있어서, 발언하는 측 입장에서는, 각자 전문적인 표현을 통해 논리적으로 적절한 논의라고 생각하고 스스로 설득력 있고 타당하다고 생각할지라도, 상대방 입장에서는 변변찮은 이유로 보일 수도 있기 때문이다. 잠시 나의 전공 분야에서 한 발짝 거리를 두고 생각해본다면 인권이나 헌법을 절대적인 가치로 간주한 논의에서는 정당성을 찾을 수 없다는 생각이 들 수도 있다. 객관적인 가치라는 건 존재하지 않기 때문이다. 비록 자신의 가치관은 변용시키기 어렵다 할지라도 최소한 상대방의 논의를 가볍게 여기며 배척하는 태도만큼은 반성할 필요가 있다. [A학생]

다분야 협력: 합의 형성에 관하여
—

이 수업에서는 '간단히 대답할 수 없는 질문'에 대해 논의하면서 타 분야 교류 차원에서 '자신의 전문 지식을 타인이 이해할 수 있게끔 설명'할 필요가 있었다. 그래서 최종적 합의에 도달하지 않은 경우도 많았는데 이러한 합의 형성과 관련된 내용은 다음과 같다.

아마 마지막 수업이었던 것 같다. 수업 중에 한 학생이 '이 수업은 논의를 하기는 하지만 최종적인 결론에 도달한 적이 없다, 합의에 이른 적이 없다'는 취지의 발언을 했다. 그러자 또 다른 누군가가 '그렇지만 마지막 수업에서 다룰 주제를 정할 때에는 합의라는 형태를 갖췄다고 생각한다'고 말했다. [D학생]

합의와 타협은 변용의 유무로 구분되는데 이는 개인성(개인의 자율성)의 유무에 달려 있다고 볼 수 있다. 즉 일반적으로 차이라는 프로세스의 경우, 논의 자체가 특정한 입장에 치우치지 않으면서 개인 간의 차이를 확실히 표출함으로써 자신과 타자가 그러한 차이를 감지하고 변용하면서 합의에 이른다. 반대로 이와 같은 개인 간의 차이가 배제된다면 당연히 그러한 차이는 느끼지 못할 것이고 변용이나 합의도 어렵기 때문에 타협이라는 특정 입장의 부분적인 승리로 마무리된다. 이런 경우야말로, 앞서 언급했던, 찬성·반대처럼 거대한 입장으로 구분되거나 정답이 없는 거대한 질문에 매몰되어버리는 경우에 다름 아니다. 예를 들어 '국익'이라는 단어가 내포한 전체성이 지배적인 어떤 논의에서 다수결의 논리만 적용했다고 간주해보자. 이런 경우에는 자율성에 의한 변용이 초래한 창조성의 결정체로서의 합의가 아니라 거대한 입장에 따라 승패를 가르는 타협이 이루어졌다고 해야 할 것이다. 차이에 대한 인식에서 변용으로 이어질지, 아니면 타협으로 이어질지가 정해지는 차이라는 프로세스의 분기는 논의의 생산성이라는 관점에서도 중요하다. [G학생]

즉 차이를 인식하고 변용을 해야 합의에 도달하는 것이며 이러한 프로세스가 없으면 단순한 '타협'이라는 의견이다. 이들이 '번외편'에서 타협이 아닌 합의에 도달했으며 그 과정에서 차이의 인식과 자기변용이 이루어졌다는 사실은 '번외편'을 읽은 독자에게는 일목요연할 것이다.

또한 이들의 고찰은 교양에 대한 정의, 수업 구조의 분석, 그리고 향후 수업에 대한 제안으로까지 이어졌다. 그 내용을 정리하면 다음과 같다.

교양에 대한 정의

—

내가 생각하는 교양이란 내적으로 다양한 관점을 지니고 있는 것이다. 한 명의 인간 안에 동서고금의 무수한 사고가 쌓여 있어서 어떤 문제와 마주했을 때 다양한 방식으로 접근할 수 있는 것이 교양의 강점이라고 생각한다. 이는 종강에서 잠시 언급했던 '분인分人'과도 통하는 사고방식이다. 즉 내 안에 무수한 분인을 지니고 있는 것이 교양이 되는 것이다. 그리고 이 수업을 통해 타 분야 사람들과 논의를 하면서 자신의 내부에 다양한 분인을 생성할 수 있었던 것 같다. 예를 들어 내 경우에는 공학 및 법학적인 관점에 입각한 문제 인식의 방법을 일부 습득할 수 있었다. 하지만 무수히 많은 분인이 같은 수준으로 내재되어버린다면 자기 동일성을 상실해서 사고방식의 지향점을 찾지 못하는 수가 있다. 여기서 전문성의 의미를 엿볼 수 있다. 교양 있는 전문가라면, 평소에는 전문적인 관점에서 상황을 파악하거나 사업을 진행할 것이며 큰 장애에 부딪히게 될 때면 무의식 저 밑바닥에 있던 분인이 솟아오르면서 '이런 접근 방식도 있어'라고 스스로에게 일러주는 내부적 구조를 지니고 있을 것이라고 생각한다. [C학생]

수업의 구조

이 수업은 각각의 주제에 대해 105분 동안 개별적 논의에서 보편적 논의까지 이루어지는 상당히 훌륭한 구성을 갖추었다. 이 과정은 보편적인 문제에 대해 실증적인 검토를 행한다는 학문적 의미가 있으면서 동시에 학생을 논의에 참여할 수 있게 만드는 유효한 장치가 되어주었다. 사람들은 갑작스럽게 보편적인 문제에 접근해야 한다는 사실에 어려움을 느끼지만 한편으로 사람들이 논의에서 흥미를 느끼는 상황 역시 어느 정도 보편성을 지닌 결론에 다다랐을 때다. 그렇기 때문에 다양한 입구를 제공하고 그것을 보편화시킬 수 있도록 논의를 구성하는 것 역시 많은 사람과 논의를 즐길 수 있게 만드는 테크닉이다. 이는 눈앞에 해결할 일이 많은 데다가 이미 각자 다른 전공을 공부하고 있는 학부 4학년생과 대화를 하면서 강하게 느꼈던 부분이다. 아마도 이러한 경향은 나와 동료들이 앞으로 사회로 진출하게 되면 더욱 가속화되리라 생각한다. 이런 측면에서 봤을 때, 이 수업을 통해 습득할 수 있었던, 서로 다른 분야 및 관심을 가진 사람들과 논의를 즐기는 기술은 '어른이 되려면 필요한 교양'이었던 것 같다. [A학생]

나는 이 수업이 교수·조교·학생으로 이루어진 구조였기에 성립할
수 있었다고 생각한다. 학생 단체처럼 학생이 주체적으로 문제 해결
에 나서거나 행동으로 보여주는 집단에서는 성공적인 경우도 꽤 있
겠지만 인간관계가 완전히 수평적이라서 실패하는 경우도 있다. 예
를 들어 내 경우에는, 유학을 앞둔 학생들이 모여서 주체적으로 일본
의 정치·경제·문화를 배우는 학생 단체에 반년 동안 소속된 적이 있
다. 하지만 학생들이 주최한 공부 모임은 매우 유치한 수준에 머물렀
다. (…) 이 역시 실패 요인은 구성원의 완전히 수평적인 관계성과 전
무했던 긴장감, 즉 보이고 평가받는 것에 대한 압박이 없었고 스스로
질문을 만들어나가는 데 있어서 학생들의 사회문제에 대한 지식의
양이 압도적으로 부족했던 데 있었다. 이로 인해 질문 자체의 수준
이 매우 떨어졌던 것이다. 그렇지만 이번 수업의 경우 제3자 및 윗사
람의 평가를 적당히 의식해야 하는 상황이었고 문제의 핵심을 찌르
는 질문이 제시되었다.(마지막 강의의 주제는 학생이 주제를 내고 추려나
갔는데, 그 과정에 교수의 지도가 있었다. 이런 적절한 질서가 없으면 제대로
논의가 이루어질 수 없었을 것이다.) 게다가 교수와 조교가 각각 두 명씩
있어서 그 둘 사이의 수평성을 담보로 했다는 점도 좋았던 것 같다.
(…) 이처럼 구성원들 관계에 있어서 수직성과 수평성 양쪽을 담보로
함으로써 활발한 논의의 장이 보장되었다고 생각한다. [E학생]

제안

―

우선 참가자들의 분야가 좀더 다양하면 재미있을 것 같다. (…) 다음
으로 다른 학부나 학과가 다루는 내용을 정리해놓은 교재가 있으면
좋을 것 같다. 논의를 시작하기 전에 다른 학부나 학과에서 어떤 것
을 공부하는지에 대한 정보를 글을 통해 알아놓는다면 좀더 논의가
순조롭게 진행될 것 같다고 느꼈다. 도쿄대에서 출판하는 학부 소개
서의 경우 너무 개괄적이어서 세부적으로 각각 어떤 공부를 하는지
알 수 없기 때문에 타 분야 협력에 있어서 자료가 될 만한 것이 필요
하다고 느꼈다. 예를 들어 ① 무엇을 지향하는 학문인가? ② 어떤 과
목을 공부하는가? ③ 어떤 일을 하는 사람이 많은가? ④ 타 분야 협
력에 있어서 어떻게 공헌할 수 있는가? ⑤ 관련성이 있는 학문은 무
엇인가? 등의 내용을 각 학년 참가자를 중심으로 정리하여 도감 같
은 형태로 만들면 재미있을 것 같다. 그리고 다른 분야의 전문가가
되어보는 경험을 해보는 시간을 마련해도 흥미로울 것 같다. 마지막
수업에서 '다른 분야에서 어떤 식으로 사고하는지 알게 되었다'는 의
견이 있었는데, 실제로 '이런 문제라면 이 사람은 이렇게 말하겠구나'
라는 식으로 조금씩 예측할 수 있게 되었다. 그리고 다 함께 한 번 정
도 자신의 전공 분야를 일단 봉인해놓고 다른 전공 분야에 속한다는
생각으로 역할 연기를 하는 것도 흥미로울 것 같다. 그래서 역할을
준비하는 과정에서 혹시라도 도서관에 가서 입문서를 읽는다면 이것
또한 좋은 경험이 될 것이며, 서로 다른 입장을 오가는 경험이 주는

발견이 클 것이다. 구체적으로는 인문계 폐지 논쟁이나 공개예산심의 같은 학부 간 분쟁의 장에 있는 각 전문 분야의 대표자를 수업 전반부에 초청하여 당일 토론을 해보는 것도 재미있을 것 같다. [A학생]

마지막 의견의 경우 앞으로 이 강의를 진행하며 교사 입장에서도 참고할 만한 내용이었다. 향후 수강생의 자주적인 활동도 기대된다.

나가며

후기 교양 교육의 배경

 교양에 대한 정의는 다양하지만 이 책에서는 '언제 어떤 상황에서도 자신의 지식을 총동원하여 타인에게 간결하게 설명할 수 있으며, 자신의 고착된 사고방식에서 탈피하여 명확한 판단을 내리는 것'이라고 정의 내리고 있다. 교양의 정의를 보유하고 있는 지식의 양이라고 해버린다면 무언가를 알고 있느냐 아니냐에 따라 교양의 유무를 측정하게 될 것이다.[1] 하지만 교양이란 항상 지식을 검증하고 현실 상황에서 활용해야 하며 전공 분야가 다른 사람과 일상적인 대화를 할 때에도 동원될 수 있는 것이어야 한다.[2] 쉽게 말해 "교양이란 것은 널리 많은 지식을 얻는 게 아니에요. 사회에서 스스로 살아가는 일, 타인이나 단체에 자신을 내맡기는 게 아니라 스스로 생각하고 스스로 행동하여 자신의 사회를 만들기 위해 스스로 참여하는 일, 바로 이를 위해 필요한 힘의 원천에 있는 것이 교양이에요"[3]라는 말로 정리할 수 있겠다.

 이와 같이 정의 내린 교양을 습득하려면 다음과 같은 구체적인 방식

을 고려할 필요가 있다.**4**

(1) 자신이 하고 있는 일(혹은 학문)이나 자신이 지닌 지식이 사회에서 어떤 의미를 지니는가?

(2) 전혀 다른 전공 분야에 있는 사람에게 자신이 하고 있는 일(혹은 학문)에 대해 어떻게 전달할 것인가?

(3) 구체적인 문제에 대처할 때 다른 분야의 사람과 어떤 식으로 협력할 수 있는가?

이 내용은 도쿄대학 종합 교육 개혁 과정의 일환으로 후기 교양 교육 WG**5**에서 '후기 교양 교육'으로서 논의된 것이다. 지금까지 도쿄대학에서는 전공 과정이 시작되는 진로 선택 이전에 이루어지는 학부 1, 2학년의 교육을 교양 교육이라 불러왔다. 하지만 교양 교육은 2년으로 끝날 게 아니라 전공 과정에 들어간 후에도 이어져야 한다고 생각한다. 오히려 어느 정도 전공 공부를 하고 난 뒤에 시행되어야 빛을 발하는 교양 교육도 있다.**6** 이것이 바로 우리가 후기 교양 교육이라 부르는 것이다(말미의 '후기 교양 교육 개설 취지서' 참조). 다음으로 순서에 따라 좀 더 상세하게 살펴보자.

1. 대화를 통해 깊어지는 사고
—

앞서 언급한 세 가지 능력을 익히려면, 종강에서 언급했듯이, 자신과 다른 분야를 전공하고 다른 가치관을 지닌 타인과 만나서 차이를 인식하고 서로 인정하며 자신의 변용7을 경험함으로써 합의할 수 있는 것이 무엇인지에 대해 생각하는 일이 중요하다. 그런 의미에서 이 책은 '독서 안내'와 다르며 수업 중의 대화를 통해 학생들의 사고가 깊어지는 과정을 기록하는 것에 의미가 있다. 수업에서 듣고 읽는 것뿐만 아니라 스스로 생각하고 사고하는 것을 말로 표현하고 다른 분야 사람과 충돌하면서 이러한 상황을 통해 그다음 사고를 성장시키는 과정을 말이다. 모든 수업에서 질문을 '그렇다/아니다'의 대답이 나오게끔 구성한 이유는 바로 이런 과정을 고려했기 때문이다. '그렇다/아니다'로 답해야 하는 질문에는 어느 한쪽 입장을 취해야 하기 때문에 논의를 전개하기에 용이하다. 하지만 지금까지 논의에서 봐왔듯이 입장을 묻는 질문 뒤에는 꼭 정의에 대한 질문이 숨어 있었다. 예를 들어 제2강에서 다룬 '글로벌 인재는 정말 필요한가?'라는 질문에 답하려면 '글로벌'과 '인재'에 대한 정의를 고민해야 하며, 제7강 '진리는 하나인가?'라는 질문에 답하려면 우선 '진리란 무엇인가?'에 대해 생각하지 않을 수 없듯이 말이다. 그리고 제4강의 '논의를 돌아보며'에서 언급했듯이 하나의 문제는 그다음 문제를 만들어낸다.

따라서 각 질문을 '그렇다/아니다'로 대답할 수 있는 형태로 만들어 놓기는 했지만 실제로는 다음과 같음을 알 수 있다.

① 단어 하나하나를 음미하지 않으면 간단히 '그렇다/아니다'로 대답할 수 없는 내용

② 엄밀하게 생각했을 때 대부분 어느 한쪽이라고 대답하기 곤란하고 제3의 입장을 취해야 하는 내용

여기서 ①과 ②는 사실 프랑스에서 시행되는 바칼로레아 시험[8]의 '철학' 분야에서도 요구되는 사항이다. 바칼로레아 철학 문제집이나 참고서를 보면 '질문 분석하기' '단어 하나하나 음미하기' '질문 분류하기' '논리 세우기' 등의 사고방식이 나온다.[9] 이들은 우선적으로 필요한 기초 작업에 해당한다고 볼 수 있다. 그리고 바칼로레아 철학 영역에서 쓰는 논문에서는 ②의 '어느 한쪽이라고 대답하기 곤란한 제3의 입장(메타적 입장)'에 서서 분석하기를 목표로 삼는다. 하지만 이 책에서 다루는 '타 분야 교류·다분야 협력론'에서는 그다음 단계를 요구하고 있다.

③ 현실에는 아무래도 '그렇다/아니다'의 양자택일에 내몰리는 경우가 많다는 것
④ 그러한 상황에서도 다른 분야의 사람과 협력하여 어떤 형태로든 집단으로서(조직으로서, 국가로서, 혹은 국제기관으로서) 결론을 내야 한다는 것

이를 위해서는 ①, ②에서 했던 '질문 분석하기' '단어 하나하나 음미하기' '질문 분류하기' '논리 세우기'라는 기초 작업을 한 후에 ③, ④의 단계에서 '입장을 지탱하는 근거 밝히기' '전제 묻기'[10] '입장 바꾸어보기' '복수의 입장 왕복하기' 등의 작업을 해야 한다. 예를 들어 제2강에

서는 글로벌 인재에 관해서 '전제 묻기' 작업을 했고 제5강에서는 역할 연기 형식으로 '입장 바꿔보기' '복수의 입장 왕복하기' 작업을 했다. 그리고 제7, 8강에서는 네 가지 논점을 통해 '입장 바꿔보기' '복수의 입장 왕복하기'를 했다. 바로 여기에 바칼로레아 철학과 후기 교양 교육의 차이점이 있는 것이다. 그리고 학생은 (또한 사회인은) 장차 ④와 같은 상황에 처하게 될 것이기 때문에 더더욱 후기 교양 교육을 필요로 한다. 언제 어떤 경우에도 명확한 판단을 내릴 수 있도록 지성을 연마하는 일, 이것이 전공 교육을 받은 이후로 필요한 교양 교육이며 이를 위해서는 ①에서 ④에 이르는 과정이 필요하다.

2. 액티브 러닝과 후기 교양 교육
—

이 책은, 수업에서 강의를 듣고 읽는 것뿐만 아니라 스스로 생각하고 사고한 것을 언어로 표현하고 다른 분야 사람과 의견을 주고받음으로써 이 과정을 통해 사고의 성장이 이루어지길 지향하고 있다. 결국 자연스럽게 액티브 러닝이 될 수밖에 없다. 그렇다면 액티브 러닝이라 불리는 것들 가운데 이 책은 어디쯤 위치하는 걸까?

액티브 러닝에도 다양한 정의가 있다. "단순히 강의를 앉아서 듣기만 하는 100퍼센트 수동적인 학습 이외에는 넓은 의미에서 액티브 러닝이다"[11] "교원에 의한 일방적인 강의 형식 교육과 달리 학습자의 능동적인 학습 참가를 도입한 교수·학습법의 총칭"[12] 등 넓은 의미의 해석부터 "학생이 분석 및 통합, 평가처럼 고차원적 사고를 동반하는 과제에 참여하는 것"13 "능동적인 학습에서는 학생이 학습에 활동적으로 참여하고 과정 및 학습 결과를 돌아보며 모니터링하는 것이다. 그리고 스스로 정보 및 개념을 만드는데, 이때 본인의 지식 및 경험을 연결시키는 작업이 이루어진다"14라는 구체적인 내용까지 있다. 또한 액티브 러닝을 유형화하면 두 가지 PBL(problem-based learning과 project-based learning)로 구분할 수 있는데, 전자의 PBL은 해결해야 할 '과제'를 기반으로 한 그룹 학습, 후자의 PBL은 어떤 목표를 지향하는 프로젝트를 완성시키기 위한 그룹 학습이다. 예를 들어 교양학부에서 시행하고 있는 일본 광고 대행사와의 공동 첫 연차프로그램15은 프로젝트 학습으로 후자의 PBL에 속한다.

여기서 전자의 PBL은 다시 두 가지로 구분할 수 있다. 특정 과제를 두고 하나의 결과물(논문이나 결론이 있는 리포트)을 위해 그룹 구성원이 적극 참여하는 경우와 꼭 한 가지 결과물이나 결론을 내지 않아도 되는 경우가 그것이다. 예를 들어 기말 논문을 영어로 쓰게 하는 도쿄대 교양학부의 ALESS, ALESA16는 전자에 해당한다. 반면 이 책에서 소개한 수업은 후자에 해당하기 때문에 결과물이나 결론이 꼭 필요하지 않았다. 학생들이 제출한 리포트에서도 언급했듯이 '이 수업에서는 최종적으로 정리된 해답을 도출한 경우가 거의 없었고' '논쟁을 하는 방식이라기보다는 끈기 있게 의견을 주고받는 대화형 접근 방식'이었다. 각기 다른 전공에 입각한 분석 틀을 사용하면서 동일한 주제 및 논점을 두고 논의를 해야 하므로, 일단 각자의 전문 용어를 모두가 이해할 수 있는 표현으로 바꿔야 하고 상대방의 이야기를 이해하려는 노력이 필요했다. 이렇게 하나의 주제에 대해 의견을 주고받으며 대화를 전개시켜나가는 과정에서 그 의의를 찾아볼 수 있다.

3. 다른 커뮤니티 사이를 왕복하는 일

—

이 책이 추구하는 지성이란, 자신과 다른 전공 분야나 가치관을 지닌 타인과의 차이를 깨닫고 서로 인정하며 스스로 변용을 꾀하면서 상호 협력이 가능한 것을 의미한다. 단 많은 지식을 지닌다는 정적인 것이 아니라 여러 영역을 넘나들며 '왕복'할 수 있는 다이내믹한 지성이 필요하다. 이때 뛰어넘어야 할 첫 번째 영역은 전공 분야다. 전공을 이수하고 전문가가 된다는 것은 동시에 '각 분야의 방법론 안에 자신의 흥미를 가둬두는' 측면도 지니게 된다. 전문성을 높이기 위해 연마를 거듭하는 일도 중요하지만 이로 인해 특정 분야의 좁은 문제 설정 안에 스스로를 가두는 경우도 있다.[17] 그리고 전문가로서 자신의 직무에 완벽을 기하려는 태도가 자신이 속한 분야의 폐쇄적 상황에 충성을 다하려는 태도와 동일시될 수도 있다.[18] 즉 전문가가 되는 일은 자유를 잃는 일이기도 한 것이다. 전문성이 높아질수록 부자유스러움이 늘어난다는 점이 아이러니하지만 이로부터 스스로를 해방시키고 자유로워질 수 있는 곳이 바로 후기 교양 교육이 이루어지는 장소라 할 수 있다. 자유로워지려면 타 분야 사람의 이야기를 듣고 그들(그리고 자신)의 입장을 뒷받침하는 근거를 찾아내어 그 전제를 파악할 수 있어야 한다. 자신의 전공 분야(혹은 자신이 속한 커뮤니티)가 부과한 무의식적 제한 혹은 자신의 분야에서는 '당연하고' 타 분야 사람에게는 당연하지 않은 것들을 인지하고 이를 언어로 표현할 수 있어야 한다. 이런 경우 타 분야에 속한 사람의 이야기를 듣고 두 눈이 번쩍 뜨이는 경험을 할 수도 있다. 또한 예상치 못하게 다른 분야의 연구와 본인의 연구의 유사성을 발견함으로써 연구 발전에 필요한 단서를 발견하게 되는 경우도 있을 것이다.[19]

일본은 각 분야의 연구 수준은 일류급인 반면 '분야'와 '분야' 간의 커뮤니케이션은 약해서 다양한 지식의 결집이 어렵다는 점을 지적받아 왔다.[20] 그리고 학술 연구에 있어서도 일본의 연구팀은 다른 국가에 비해 전공 분야의 다양성이 떨어지는 (즉 다른 분야와 공동으로 하는 경우가 적은) 측면이 있음을 데이터를 통해 알 수 있다.[21] 일본은 기술과 기술의 인터페이스나 기술과 사람 사이의 인터페이스라는 측면에서는 뛰어난 산물을 창출해왔지만, 커뮤니티와 커뮤니티 간의 인터페이스 교류에 있어서는 훌륭한 국가라고 할 수 없을 것 같다. 이로써 학술 분야 간에도 벽을 만드는 경향이 있음을 알 수 있다. 이러한 경향을 극복하기 위해서라도 서로 다른 커뮤니티를 왕복하는 연습이 매우 중요하다.

여기서 왕복해야 하는 대상은 전공 분야뿐만이 아니다. 우리는 종종 어학 교육이나 역사 교육을 교양이라 부르곤 한다. 하지만 단순히 외국어나 역사를 배워서 지식을 축적한다고 이것이 그대로 교양이 되는 건 아니다. 어학 교육의 경우 '일본어로 이해하고 설명할 때 일본어로 상황을 파악하는 관점'과 '외국어로 이해하고 설명할 때 외국어로 상황을 파악하는 관점' 사이를 왕복해야 한다.[22] 또한 역사 교육은 '현대적 시점으로만 이해하고 설명할 때의 관점'과 '역사적인 배경을 포함한 맥락에서 이해하고 설명할 때 상황을 보는 관점' 사이를 왕복해야 한다. 이뿐 아니라 오늘날 발생하는 뉴스를 접하고 이해하는 데 있어서 필요한 근현대사 교육 역시 '현대적 시점으로만 이해하고 설명할 때의 관점'과 '역사적인 배경을 포함한 맥락에서 이해하고 설명할 때 상황을 보는 관점' 사이를 왕복해야 한다. 이상으로 살펴본 바에 따르면 후기 교양 교육은 다양한 세계를 대상으로 다양한 커뮤니티를 왕복할 수 있는 힘을 기르는 일이라고 볼 수 있다. 다양한 커뮤니티를 왕복하는 데 있어서 넘어야 할 '테두리'의 구성은 다양하다. 언어라는 테두리, 영역(전공 분야)이라는 테두리, 국적이라는 테두리, 소속이라는 테두리 등이 그것이다. 헨리 뉴먼에 따르면 교양liberal arts이란 마음을 여는 일open the mind 이라고 한다.23 제도적 제약, 구속되어 있는 사고, 상식으로부터 해방되는 일이다. 자신이 사용하는 언어나 전공 분야, 조직과 같은 익숙한 영역으로부터 거리를 두면서 사고하고 다양한 지知를 집결시킬 수 있는 능력인 것이다.

그런데 '후기 교양 교육 개설 취지서'(책 말미에 수록)를 보면 전공 교육 이수 이후에 필요한 교양 교육에 대한 언급에 "자신과 다른 분야를 전공하고 다른 가치관을 지닌 타인과 만남으로써 스스로를 상대화하는 능력을 키운다. 이를 위해 고전을 읽고 다른 분야의 최첨단 연구를 접하며 시를 읽고 비교를 해보는 등 다양한 형태의 방식이 있을 수 있다"는 내용이 나온다. 여기서 말하는 고전을 읽는 일이 앞서 언급했던 커뮤니티 간의 왕복과 어떤 연관이 있을까? 이 문제에 대해서는 제6강에서 언급했던, 기업의 간부급 분들과 고전 텍스트를 읽는 세미나('과학기술과 인간')에 참가했던 경험에 입각하여 살펴보도록 하자. 이 세미나에서는 고전 텍스트를 미리 읽어 와야 한다. 여기서는 '올바른 독서 방법이란 무엇인가'에 대한 해설을 듣는 것이 아니라 텍스트와 마주함으로써 무엇을 느꼈고 무엇이 자신의 심금을 울렸는지, 어떤 영감을 받았는지에 대한 이야기를 공유하는 것이다.24 서로의 생각을 공유함으로써 사고에 깊이를 더하게 된다. 즉 텍스트와의 대화, 타인과의 대화, 자신과의 대화를 통해 일상 속에서 현실적인 '해법'만 추구해오던 사고방식에서 '해방'되는 것이다. 이런 측면에서 보면, 앞서 언급한 헨리 뉴먼이 교양에 대해 정의했던 '마음을 여는 일'을 세미나에서 실천한 셈이다. 고전을 읽음으로써 '텍스트가 쓰인 시대'와 '현대' 사이를 왕복하고, '텍스트가 쓰인 국가'와 '일본' 사이를 왕복하게 되는 것이다. 이처럼 고전을 읽으면서 어떤 부분이 가슴에 와닿았는지 분석하고 이를 타인과 공유하며 더 깊이 고찰해나가는 과정을 통해 서로 다른 커뮤니티 사이를 왕복하는 연습이 이루어진 셈이다.

4. 자기 내부에 있는 다원성을 깨닫는 일

—

서로 다른 커뮤니티 사이를 왕복하는 일은, 사실 개인의 내적인 다원성을 형성하는 일이자 일차원적 인간에서 '탈출하는' 능력을 향상시키는 일이기도 하다. 허버트 마르쿠제는 저서 『일차원적 인간』25에서 사회적 지위 및 역할이 행동의 범위를 하나의 코드로 규정해버리는 위험성에 대해 이야기했다. '이 정도 위치니까 당신이 할 수 있는 건 여기까지다'라고 규정해버리면 사람의 내적인 다원성이 억압을 받게 되고 커뮤니티 사이를 왕복하는 일도 불가능해진다. 하지만 실제로 한 사람만 봐도 직장 내 직위, 아이의 부모, 지역의 주민처럼 여러 가지 차원에서 동시에 살아가고 있고 이들 사이를 왕복할 필요가 있으며, 이런 왕복을 통해 커뮤니티의 결함도 눈에 들어오게 된다. 제5강의 역할 연기나 제7강 및 제8강의 논점을 통해 서로 다른 입장을 왕복했던 경험은 자신의 내적인 다원성을 일깨워주는 연습이 되었을 것이다.

여러 차원을 왕복할 때 가장 중요한 것 중 하나가 학문의 세계와 현실적 과제 사이의 왕복이다. 혹은 전문적 지성과 시민적 지성[26] 사이의 왕복이라 해도 좋다. 제1강에서 다룬 표절 시비는 학자 커뮤니티만의 문제가 아니라 현실 사회와의 접점에서도 다양한 문제를 불러일으킨다. 연구 윤리 문제를 학자 커뮤니티에서만 다룬다면 그 중요성을 제대로 이해할 수 없다. 그리고 남의 일처럼 여겨서는 진정한 의미에서의 윤리 교육이 이루어질 수 없다. '입장 바꿔보기' '복수의 입장 왕복하기' 과정을 통해 전문 영역의 외부에 있는 사람 눈에 어떻게 보일지 상상할 수 있어야만 비로소 그 중요성을 이해할 수 있는 것이다. 이것은 문과·이과 구분 없이 학문에 종사하는 사람의 사회적 리터러시[27]로 연결된다. 사회적 리터러시란 자신의 연구 성과가 사회적으로 어떻게 적용되고 전개될 것인지 상상할 수 있는 능력을 말한다.

그리고 전문적 지성과 시민적 지성 사이의 왕복은 전문가의 입장에서 시민에게 조언을 하는 경우에 필요하다. 전문적 지성은 현 시점에서 확실히 말할 수 있는 부분과 그렇지 않은 부분에 대해 확실하게 전달할 수 있어야 한다. 이와 더불어 현장에 있는 사람들이 느끼는 불안감에 주목하여 재차 문제를 살펴보고 또 다른 전문가와 협력할 필요가 있다. 이런 경우 공감대를 가지고 시민적 지성과 어울리는 일(겨냥한 대상에 접근하는 일)과 일정 거리를 두고 관찰하는 일(대상과의 사이에 거리를 두는 일) 사이의 거리감은 자유롭게 설정이 가능하다. 제9강에서 학문의 책임에 관해 다루었을 때 대상과의 거리감을 유지하기 위해 '결코 동화되지 않으려' 끊임없이 노력을 해야 한다는 내용이 나왔는데, 이런 부단한 긴장감은 아마 '전문적 지성과 시민적 지성'을 왕복함으로써 유지될 수 있다고 생각한다. 어느 한쪽 입장에 서서 조용히 바라보고만 있는다면 그리고 앞서 언급했던 ①, ②의 프로세스에 머문다면 아마 이와 같은 긴장감은 느끼지 못할 것이다.

다양한 입장에 입각한 사고를 할 때에는 서로 다른 커뮤니티 간을 왕복하는 수평적 사고뿐 아니라 하나의 커뮤니티 내의 사고방식을 메타적 차원에서 고찰하는 수직적 사고도 필요로 한다. 현실에서의 문제를 남의 일처럼 여기지 않고 자신의 일처럼 생각하기 위해서는 일단 높은 공감대를 가지고 타인과 어울려야 한다. 하지만 이와 더불어 그것으로부터 거리를 두면서 메타적 차원에서 살펴볼 수 있어야 한다. 제5강의 역할 연기에서는 바로 이러한 왕복이 실현되었던 것이다. 한 가지 역할을 수행함으로써 '자신의 일처럼 여기는 일'이 가능해지고 감정이입을 할 수 있게 된다. 하지만 여기서 머물지 않고 다른 역할을 하는 사람들에게 반론과 비판을 하고 반대로 자신과 다른 역할을 하는 입장에 서서 자신의 역할도 비판해봄으로써 특정 커뮤니티 고유의 사고방식과 메타적 차원에서의 고찰을 반복하는 일이 가능해지는 것이다. 이런 반복을 통해 자신을 일원적인 역할에 가두려는 힘으로부터 해방될 수 있다.

개인이 자신의 내적인 다원성을 억압한다면 그것이 집단이 되었을 때 이질적인 존재를 허용할 수 있는 공공성이 형성되지 않는다. 또한 커뮤니티 간의 이동이 어려운 사회가 된다. 따라서 앞서 언급한 왕복 연습은 일본 내의 경직된 조직 및 서로 벽을 세우기 십상인 커뮤니티의 환경을 바꿀 수 있는 가능성을 내포하고 있다. '갈라파고스 휴대 전화'라는 말이 나타내듯이 일본의 기술은 그리고 일본 내의 커뮤니티는 어느 정도 독자적인 진화를 이루고 난 후에는 두꺼운 벽을 세우기 시작하면서 외부로부터의 정보나 다른 종류의 것들을 받아들이지 않으려는 경향이 있다.**28** 즉 이질적인 존재를 배제함으로써 그 안의 균일성을 유지하려 하는 것이다. 이런 점은 제2강에서 언급했던 일본인 공동체 내부에 숨어 있는 '균질성의 변화에 대한 위협'과도 연관된다. 반면 자신의 내부에 존재하는 수많은 벽을 뛰어넘는 연습을 반복하다 보면 자신 안의 다양한 의견과 의견 사이를 왕복할 수 있게 된다. 이뿐 아니라 조직 운영을 하는 경우에는 서로 다른 의견을 가진 커뮤니티와 커뮤니티 사이를 왕복하면서 이질적인 의견을 배제하지 않기 위한 연습이 될 것이다.

5. 학자와 시민의 사회적 책임과 리버럴아츠

—

마지막으로 내 전공 분야인 과학기술사회론에서 '과학자의 사회적 책임론'과 리버럴아츠의 관계에 대해 이야기해보겠다. 제9강에서도 언급했듯이, 과학자의 사회적 책임은 (1) 품질 관리 (2) 제조물 책임 (3) 응답 책임으로 나누어 생각할 수 있을 것이다.[29] 이는 자연과학, 인문사회과학에 전부 해당되는 사항이라고 생각한다. 이러한 책임 사항은 학자에게 요구되는 것이면서 동시에 시민[30]에게도 요구되는 부분이다. 특히 응답 책임의 경우, 의문을 품은 시민과 이에 응답해줄 학자가 있어야 비로소 성립된다. 즉 이 책에서 다루었던 정답 없는 문제에 있어서도 "조금이라도 불만이나 비판이 일었을 때 자신의 주변 일에 목소리를 내고 물러서지 않는 공공의 논의 방식과 이를 지탱하는 시민의 사고방식"[31]이 학자의 사회적 책임과 시민의 사회적 책임의 기반이 되는 것이다. '그 누구라도 어떤 장소에서건 자신이 하고 싶은 말을 하고' 언동에 책임을 지는 일, '사회적 지위를 막론하고 같은 시선에서 논의하고 서로 계발'해나가는 일, '미디어나 일부 지식인의 업계 쪽 담론에 전부 맡기'지 말고 스스로 생각하는 등의 공공논의를 지탱하는 일이 학자와 시민의 책임이다. 그리고 이러한 책임을 수행할 힘의 원천이 바로 이 책에서 말하는 리버럴아츠에 있다.

이를테면 공공의 논의에서는 피해자 입장으로의 '시점 전환'이란 것(입장 바꿔보기)도 필요하다. 앞서 언급한 것과 같은 여러 '테두리'를 넘나들면서 전문 지성과 시민 지성 사이를 왕복하고 커뮤니티 간의 이동을 가능하게 해줄 능력을 기를 필요가 있다. 이러한 능력을 향상시키고 난 이후에 '1. 대화로 인해 깊어지는 사고'에서 언급한 ③, ④ 프로세스와 직면하는 경우와 이러한 능력이 없는 상태에서 직면하는 경우는 상황이 완전히 달라진다. 일차원적 인간에서 탈피하고 사회적 결함을 깨닫고 나서 시도하는 타 분야 협력과 판단은, 그 이전의 것과는 달라질 수밖에 없다. 종강에서의 논의와 학생들이 제출한 리포트 내용에서도 알 수 있듯이 서로 다른 가치관을 지닌 타인과의 차이를 인식하고 서로 인정하며 자신의 변용을 겪고 나서 이루어진 합의는 단순한 타협이 아니다.

공공적 논의는 사람들의 일상적이며 구체적인 판단들로 구성된다. 일상적인 판단이란 상대적인 가치들 중에서 최선의 것을 선택하는 일32이며 가능한 선택지 중에서 가장 적절한 것을 선택하는 행위의 축적이다. 이때 리버럴아츠는 사고의 유연성을 향상시켜주는 역할을 하므로 '상대적인 가치'와 '가능한 선택지'의 폭을 넓히는 데 공헌한다.

이상으로 개인이 사고의 유연성을 향상시키는 일(이시이 선생님이 종강 수업에서 언급한 표현을 사용하자면, "부드러운 아이덴티티를 획득하는 일")과 서로 다른 그룹 간에 합의를 도출하는 방식(차이의 인식, 상호 승인, 자기 변용을 거쳐 합의에 도달하는 일)과 공공의 영역에서의 논의 방식은 서로 연동되어 있다. 리버럴아츠는 이러한 과정의 어느 단계에서건 고착화되는 상황에서 자유로워지기 위해 필요한 힘이 있다면 그것을 얻는 과정에 꼭 도움이 될 것이다. 이처럼 후기 교양 교육은 대학생뿐만이 아니라 저 멀리 사회인에게 필요한 능력을 키울 수 있는 길을 개

척해주리라 생각한다. [후지가키]

후기 교양 교육 개설 취지서

- 2014년 3월 28일 도쿄대학 학부교육개혁 임시위원회 커리큘럼 개혁부회
  후기 교양 WG
- 2016년 2월 15일 도쿄대학 교육운영위원회 학부·대학원교육부회 후기
  교양과목 운영위원회 합의 사항

종합적 교육 개혁에서는 후기 교양 교육이 학사과정으로서 일체성 강화에 일조한다고 간주하여, 1, 2학년에 국한하지 않고 학부 4년간에 걸친 교양 교육의 실시를 구상한다. 리버럴아츠란 인간이 독립된 자유로운 인격이기 때문에 익혀야 할 학예를 가리킨다. 오늘날의 인간은 자유롭다고 생각하겠지만 실은 다양한 제약을 받고 있다. 일본어만 하는 사람은 다른 언어를 쓰는 사람의 사고방식이 일본어를 쓰는 사람의 경우와 어떻게 다른지 알 수 없다. 한 분야의 전문가가 되어도 다른 분야의 일을 전혀 모르면 눈앞에 중대한 과제가 놓였을 때 다른 분야의 사람과 효과적으로 협력할 수 없다. 인식하지 못하는 사이에 다양한 제약에 갇혀버린 사고방식과 판단을 해방시키는 것, 인간을 여러 구속과 제약으로부터 벗어나게 하여 자유롭게 만들기 위한 지식과 기예가 리버럴아츠인 것이다.

지금까지 도쿄대학에서는 저학년 2년 과정에서 교양 교육을 시행해

왔는데 이러한 교양 교육은 2년으로 끝낼 것이 아니라 전공 과정에 들어간 이후로도 지속되어야 한다고 생각한다. 오히려 어느 정도 전문 교육을 받은 이후에 비로소 빛을 발하는 교양 교육도 있다. 자신의 전공 분야가 현재 사회적으로 어떤 위치에 있고 어떤 의미가 있으며 다른 분야와 어떻게 연계될 수 있는지에 대해 생각해볼 수 있다. 자신과 다른 분야를 전공하고 다른 가치관을 지닌 타인과 만나면서 스스로를 상대화하는 능력을 키운다. 이를 위해서는 고전을 읽고 다른 분야의 최첨단 연구를 접하고, 시를 읽고 비교를 해보는 등 다양한 방식이 있을 수 있다. 일본의 연구팀은 다른 국가에 비해 전공 분야의 다양성이 떨어지는 (즉 다른 분야와 공동으로 하는 경우가 적은) 측면이 있음을 데이터를 통해 알 수 있는데, 이처럼 지금까지의 전공 교육의 결함을 보완하기 위해서 상대화 능력이 필요한 것이다.

물론 리버럴아츠는 단순히 많은 지식을 소유하는 정적인 것이 아니다. 각 전공 분야의 울타리를 뛰어넘을 뿐만 아니라 그러한 경계 사이를 '왕복'해야 한다. 다양한 경계(전공 분야의 경계, 언어의 경계, 국적의 경계, 소속의 경계)를 횡단하여 복수의 영역과 문화를 오갈 수 있는 보다 다이내믹한 사고가 필요하다. 여기서 왕복에는 두 가지 의미가 있다. 첫 번째는 서로 다른 커뮤니티를 왕복한다는 의미다. 예를 들어 타 학부 청강을 할 경우 해당 학부의 배경지식을 지닌 학생들 사이에 다른 학부의 배경지식을 지닌 소수의 학생, 즉 타지 학생이 들어간 셈이다. 타지 학생 입장에서는 본인의 전공학부와 타지의 학부를 왕복하면서 자신의 전문성을 상대화해볼 기회를 갖게 된다. 두 번째는 학문적 세계와 현실적 과제 사이의 왕복 혹은 전문적 지성과 시민적 지성 사이의 왕복을 의미한다. 후자는 문과·이과 불문하고 학문에 종사하는 사람의 사회적 리터러시, 즉 자신의 연구 성과가 사회에 어떻게 적용되고 전개되어갈지를 상상할 수 있는 능력에 해당한다. 이는 연구 윤리를 지탱하는 기반이기도 하다.

자신과 다른 전공이나 가치관을 지닌 사람과 대화하면서 다른 분야나 타 문화에 관심을 갖거나 다른 사람에게 관심을 기울이면서 자신의 내적 다원성을 인식하고 스스로의 가치관을 유연하게 재구성해나가는 것. 이렇듯 열린 인격의 배양을 도모하는 리버럴아츠 교육을 고학년 과정에 도입하고자 한다.

후기

이 원고를 쓴 것은 2015년 9월 23일이다. 바로 며칠 전인 9월 19일 미명에는 안전보장관련법안[1](반대파에 의하면 '전쟁법안')이 참의원 본회의에서 가결되었다. 이때 나는 심야 TV 중계로 최종 토론을 보고 있었는데 입장의 차이는 차치하더라도 찬성파·반대파 모두 각각 열의를 다해 연설을 했다고 생각한다. 하지만 등단한 의원들[2]이 열변을 토하면 토할수록 형용할 수 없는 허무함이 느껴졌음은 부정할 수 없다. 아무튼 결과는 처음부터 예상하고 있었으니 말이다.

예상했던 대로 투표수는 자민당·공명당에 차세대의 당 등이 가세한 찬성파가 148표(약 62퍼센트), 민주당·유신의당·공산당 등의 반대파가 90표(약 38퍼센트)로 여론 조사와는 완전히 다른 결과가 나왔다.[3] 기명 투표이기 때문에 소속된 정당의 결정에 따르지 않는 의원은 없다. 반대파의 연설 중에도 '곧 법안은 가결되겠죠'라는 포기에 가까운 말이 나왔으며, 제한 시간 초과로 여당 측으로부터 야유를 받은 후쿠야마 의원은 "무사로서의 인정은 없는 건가"라는 예스러운 말까지 내뱉었다.

이 법안을 둘러싸고 중의원에서 116시간 이상, 참의원에서도 100시간이 넘는 논의를 했다고 한다. 숫자만 보면 상당히 많은 시간을 들인 게 분명하고 "심의는 최선을 다했다"라는 여당 측의 주장도 수긍하지 않을 수 없다. 하지만 과연 '심의'란 무엇일까? 아직 확정적이지 않은 결론을 향해 다양한 입장에 있는 인간이 찬반을 다투며 자신과 다른 주장에 귀를 기울이고 서로 의문점을 주고받으며 상대를 설득하려는 시도, 그 과정에서 때로는 자신의 생각을 수정하기도 하고 필요에 따라 일정한 타협을 하기도 하면서, 처음에는 다른 생각을 가졌던 사람들이 최종적으로 어떻게든 합의를 도출하는 것. 바로 이런 과정을 논의라고 하고 또한 '심의'라는 것이 갖춰야 할 모습이라고 생각한다.

법안 자체에 대한 찬반은 둘째 치고, 국회에서 이러한 논의가 이루어 졌는가 하면 안타깝게도 아니라고 답할 수밖에 없다. 적어도 안전보장 관련 법안에 관해 위와 같은 의미에서의 '심의'는 거의 이루어지지 않았을 것이다. 결론이 이미 정해져 있었기 때문에 모든 절차는 그저 '심의는 최선을 다했다'라는 알리바이를 만들기 위한 의식에 불과했다. 원래대로라면 반대파의 주장에 설득을 당해서 찬성파였던 의원이 의견을 바꾸거나 반대로 찬성파의 주장에 설득을 당해서 반대파 의원이 입장을 바꾸는 상황이 있을 법도 한데 애초에 이런 일이 생길 가능성은 제로에 가까웠다. 이미 쌍방은 그러한 상황을 충분히 알고서 의견을 내고 있었다.

들을 생각이 없는, 따라서 전혀 자신의 입장을 바꿀 생각이 없는 사람들끼리 몇백 시간 동안 이야기를 한들 애초에 평행선이기 때문에 어우러질 수가 없는 것이다. 요컨대 현재 일본 국회는 타인과의 대화에 열려 있지 않고 본질적으로 공공성이 결여된 폐쇄 공간에 가깝다. 이 공간에서는 의원이 유연한 아이덴티티를 갖춘 '부드러운 개인'이 아닌 당의 입장에 구속되어 움직일 수 없는 '응고된 집단'으로밖에 기능할 수 없다.

참가 학생이 다 함께 주제를 결정했던 이 책의 '번외편'을 다시 한 번 읽어주길 바란다. 안전보장 관련 법안에 비한다면 논의했던 주제는 사소한 문제일 수도 있겠지만 적어도 그 자리에는 진정한 '논의'가 존재했다. 규모는 작았지만 누구나가 '열려 있는 귀'를 가지고 타인과 마주하며 사고를 열어놓고 스스로를 바꾸어나가고자 하는 자유로운 공간이었다. 처음부터 예정된 결론을 단순히 다수결을 통해 정당화하지 않고 수차례에 걸친 논의와 투표를 통해 그 누구도 예상하지 못했던 결론을 다 함께 도출하고자 하는 건전한 '공공권'이 있었다.

미온적인 이상론이라는 점을 충분히 숙지하고 이야기하자면, 아무쪼록 일본 국회도 그러한 공간이 되었으면 좋겠다고 생각한다. 어려운 일이 아닐 것이다. 아전인수를 허락해주신다면 모든 의원이 초심으로 돌아가서 '어른을 위한 리버럴아츠'를 갖추기만 하면 되는 일이기 때문이다.

마지막으로 이 수업에 참가해준 모든 학생과 다양한 형태로 도움을 준 조교 학생들에게 진심으로 감사의 인사를 전하고 싶다. 교실에서 이루어진 활발한 토론을 통해 솔직히 기대 이상으로 상당히 많은 자극을 받았다. 젊고 구김살 없는 감성이 창출해내는 신선한 발상을 접하면서 나 자신도 이 나이에 다시, 조금은 '어른이 되었다'라는 느낌을 받았다.

후지가키 선생님과의 컬래버레이션은 지금껏 '문과' 세계에서만 일해온 나에게 보다 넓은 지평으로 나아갈 수 있는 계기가 되었다. '어떻게 표현하면 선생님을 설득할 수 있을까' '어떻게 설명하면 선생님이 이해해주실까' 등을 고민하면서 매번 수업에 임했던 덕분에 그야말로 '타분야 교류'의 묘미를 맛볼 수 있었다.

도쿄대학 출판회의 단나이 리카 씨는 다망한 가운데에도 매회 수업을 방청하고 현장의 분위기를 몸소 체험하면서 수고스러운 편집 작업을 맡아주셨다. 이런 노력이 이 책의 곳곳에 반영되어 있다는 점에 의심의 여지는 없다. 새삼스럽지만 마음 깊은 곳으로부터 감사의 말씀을 드리고 싶다.

이시이 요지로

* * *

이 책의 구상은 2013년 가을 전 학년 커리큘럼 개혁부회·후기 교양 WG 개설 당시로 거슬러 올라간다. '후기 교양 WG'의 의장으로서 논의에서 사회를 맡았던 나는 교양학부의 장려 과목으로서 어떻게든 한 가지 핵심적인 과목을 설립해야겠다는 생각에서 당시 교양학부장·종합문화연구과장이었던 이시이 선생님과 함께 이 수업을 기획하게 되었다.

이 수업의 교과서를 책으로 출판하자는 제안이 나온 것은 2014년 1월이었던 걸로 기억한다. 구상에서 출판까지 2년가량 걸린 셈이다.

이 책을 출판하는 데 있어서 일단 시행 수업에 적극적으로 참가하여 진정한 의미의 타 분야 교류·다분야 협력을 해준 학생 여러분 그리고 사전 자료 수집·수업 참가·수업 녹취를 담당해준 3명의 조교께 감사 인사를 전하고 싶다. 여러분의 논의는 때때로 '문제 제기'를 작성한 교사의 예상을 훨씬 뛰어넘은 수준을 보였고 교사들의 다양한 사고를 자극했다.

그리고 전 학년 커리큘럼 개혁부회·후기 교양 WG의 멤버들, 특히 법학부의 니시카와 요이치, 문학부의 구마노 스미히코, 공학부의 세키무라 나오토, 사쿠마 이치로 네 분 선생님께서 열정적이고 활발한 논의를 전개해주신 덕분에 대단히 도움을 많이 받았다. 그 결과 WG는 2013년도 3월 말에 보고서(취지서를 포함)를 완성할 수 있었다. 또한 쉽지 않았던 WG의 의장 임무를 수행하지 않았더라면 이 책도 나오지 못했으리라 생각된다.

2015년 11월 미국 덴버에서 개최된 제40회 국제과학기술사회론회의의 회장 기획 섹션에서, 후기 교양 교육에 관한 이야기를 하자 600명 가까운 청중이 상당히 호의적인 반응을 보였다. 후기 교양이란 개념이 세계적으로 공유가 가능하다는 사실을 확인할 수 있던 자리였다. 또한 미국의 경우 전미대학협회에서 'liberal arts'가 아닌 'liberal education'이라는 표현을 쓰도록 장려하고 있는데[4] 현장에서는 liberal arts도 사용한다는 의견도 있었다.[5]

공동 저자인 이시이 선생님과의 릴레이 작업은, 교양학부 부학부장·종합문화연구과 부연구과장으로서의 업무와 병행한 것이었기 때문에 아무래도 꽤 버거운 일이었다. 특히 초교 단계에서는 문장의 세부적인 부분에 있어서 익숙한 표현의 차이로 인해 긴 시간에 걸친 논의가 이루어졌다. 또 독자로 상정하고 있는 층이 서로 다르다는 점도 알게 되었다. 그야말로 이과와 문과의 공동 작업이 주는 어려움을 실감했고 흡사 종강에서 다룬 '차이를 뛰어넘는 일은 가능한가?'의 교사 버전과 같은 경험을 했다는 점을 명기해두고 싶다. 하지만 이와 동시에 함께 수업을 하고 교과서를 만들어가는 과정을 통해 얼핏 완전히 다른 분야처럼 보일 수도 있는 각각의 전공 분야인 프랑스문학 연구와 과학기술사 회론이 사실은 유사한 문제의식을 지니고 있다는 사실을 알게 되었다. 예를 들어 이 두 분야는 모두 해석의 다양성을 중요시하고 단어에 의한 세계의 분절화에 관심이 있으며 당연하다고 생각되는 사항들을 의심하고 텍스트에 의한 퍼포먼스에 가치를 두는 측면에서 공통점이 있었다.

마지막으로 도쿄대학 출판회의 단나이 씨에게는 2014년도에 '문제 제기' 내용을 제안해주시고 2015년도부터 시행 수업에도 참여해주시는 등 이 책의 기획에서 실현까지 적잖은 신세를 졌다. 함께 책을 만든 건 이걸로 3권째인데 이번이 가장 즐거운 시간이었다. 진심으로 감사의 말씀을 드리고 싶다.

후지가키 유코

참고 자료

아래 게재된 것은 각 강의의 논의에서 참고가 되리라 생각하는 문헌을 간략히 정리한 목록이다. 주제를 완전히 망라하지는 않으므로 어디까지나 이 책을 읽는 분들을 위한, 또는 이 책을 이용해 액티브 러닝을 실천하는 분들을 위한 참고 자료로 보아주길 바란다. 또한 이 책의 주에 실린 URL은 별도 표기가 없는 경우 전부 2015년 11월 30일을 기준으로 작성된 것임을 밝혀둔다.

제1강

東京大學大學院総合文化研究科, 『不正のない學術論文を書くために―研究の場における倫理』, 2015.

直江清隆, 盛永審一郎 엮음, 『理系のための科学技術者倫理』, 丸善出版, 2015.

日本學術振興會 엮음, 『科學の健全な發展のために―誠實な科學者の心得』, 丸善出版, 2015.

嵐俊造, 奧田太郎, 河野哲也 엮음, 『人文·社會科學のための研究倫理ガイドブック』, 慶應義塾大學出版會, 2015.

제2강

渥美育子, 『「世界で戰える」人材の条件』, PHP ビジネス新書, 2013.

OECD 教育研究革新センター, 「グローバル化と言語能力―自己と他者, そして世界をどうみるか」, 本名信行 감수, 德永優子 외 옮김, 明石書店, 2015.

Emmanuel Todd, 『グローバリズムが世界を滅ぼす』, 文春新書, 2014.

西山教行, 平畑奈美, 『「グローバル人材」再考』, くろしお出版, 2014.

Ignacio Ramonet 외, 『グローバリゼーション·新自由主義批判事典』, 杉村昌昭, 村澤眞保呂, 信友建志 옮김, 作品社, 2006.

제3강

開沼博, 『「フクシマ」論―原子力ムラはなぜ生まれたのか』, 青土社, 2011.

Helen Mary Caldicott 감수, 『終わりなき危機』, 河村めぐみ 옮김, ブックマン社, 2015.

Edward Said, 『オリエンタリズム』, 今沢紀子 옮김, 板垣雄三, 杉田英明監修, 平凡社ライブラリー 上下卷, 1993.

城山英明, 『福島原發事故と複合リスク·ガバナンス』, 東洋経済新報社, 2015.

Y. Fujigaki (ed.), Lessons from Fukushima: Japanese Case Studies on Science, Technology and Society, Springer, 2015.

제4강

瀬木愼一, 『名畫の値段―もう一つの日本美術史』, 新潮選書, 1998.

Pierre Bourdieu, 『藝術の規則I·II』, 石井洋二郎 옮김, 藤原書店, 1995~96.

Theodore M. Porter, 『數値と客觀性―科學と社會における信頼の獲得』, 藤垣裕子 옮김, みすず書房, 2013.

제5강

香川知晶·小松美彦 엮음, 『生命倫理の源流―戰後日本社會とバイオエシックス』, 巖波書店, 2014.

柘植あづみ, 『生殖技術―不妊治療と再生醫療は社會に何をもたらすか』, みすず書房, 2012.

辻村みよ子, 『代理母問題を考える』, 巖波ジュニア新書, 2012.

제6강

大江健三郎, 『嚴肅な綱渡り』, 文藝春秋, 1965年: 講談社文藝文庫, 1991.

Jean Paul Sartre, 『文學とは何か』, 加藤周一, 白井健三郎, 海老坂武 옮김, 人文書院, 1998.

_____, 『嘔吐』, 鈴木道彦 옮김, 人文書院, 2010.

제7강

金森修, 中島秀人 엮음, 『科學論の現在』, 勁草書房, 2002.

_____, 『現代哲學の名著―20世紀の 20冊』, 中公新書, 2009.

熊野純彦 엮음, 『近代哲學の名著―デカルトからマルクスまでの 24冊』, 中公新書, 2011.

藤垣裕子 엮음, 『科學技術社會論の技法』, 東京大學出版會, 2005.

村上陽一郎, 『新しい科學論―「事實」は理論をたおせるか』, 講談社ブルーバックス, 1979.

제8강

久保亨, 瀬畑源, 『國家と秘密―隱される公文書』, 集英社新書, 2014.

澤地久枝, 『密約―外務省機密漏洩事件』, 巖波現代文庫, 2006.

西山太吉, 『沖繩密約―「情報犯罪」と日米同盟』, 巖波新書, 2007.

제9강

朝永振一郎, 『科學と人間』, 朝永振一郎著作集 4, みすず書房, 1982.

廣渡清吾, 『學者にできることは何か――日本學術會議のとりくみを通して』, 巖波書店, 2012.

Hans Jonas, 『責任という原理――科學技術文明のための倫理學の試み』, 加藤尙武 監 옮김, 東信堂, 2000.

John Forge, 『科學者の責任――哲學的探求』, 佐藤透, 渡邉嘉男 옮김, 産業圖書, 2013.

제10강

小浜逸郎, 『なぜ人を殺してはいけないのか――新しい倫理學のために』, 新書y, 洋泉社, 2000年; PHP文庫, 2014.

団藤重光, 『死刑廢止論 第六版』, 有斐閣, 2000.

永井均, 小泉義之, 『なぜ人を殺してはいけないのか?』, 河出文庫, 2010.

美達大和, 『死刑絶對肯定論――無期懲役囚の主張』, 新潮新書, 2010.

번외편

坂井豊貴, 『多數決を疑う――社會的選擇理論とは何か』, 巖波新書, 2015.

福澤一吉, 『議論のレッスン』, 生活人新書, 日本放送出版協會, 2002.

David Bohm, 『ダイアローグ――對立から共生へ, 議論から對話へ』, 金井眞弓 옮김, 英治出版, 2007.

Timothy W. Crusius, Carolyn E. Channell, 『大學で學ぶ議論の技法』, 杉野俊子, 中西千春, 河野哲也 옮김, 慶應義塾大學出版會, 2004.

종강

石井洋二郎, 『差異と欲望――ブルデュ―「ディスタンクシオン」を讀む』, 藤原書店, 1993.

_____, 『フランス的思考――野生の思考者たちの系譜』, 中公新書, 2010.

志村史夫, 『文系?理系?――人生を豊かにするヒント』ちくまプリマ―新書, 2009.

藤垣裕子, 『専門知と公共性――科學技術社會論の構築へ向けて』, 東京大學出版會, 2003.

森田洋司, 『いじめとは何か――教室の問題, 社會の問題』, 中公新書, 2010年, 山岸俊男 『信賴の構造――こころと社會の進化ゲーム』, 東京大學出版會, 1998.

養老孟司, 『文系の壁――理系の對話で社會をとらえ直す』, PHP 新書, 2015.

鷲田清一, 『パラレルな知性』, 晶文社, 2013.

들어가며

1 몽테뉴, 『수상록』, 宮下志朗 옮김, 白水社, 2005, 16쪽.

2 Trans-Pacific Partnership(정확히는 Trans-Pacific Strategic Economic Partnership Agreement), 환태평양경제동반자협정.

3 요즘 이 단어가 너무 가볍게 취급되는 경향이 있어서 함부로 언급하기에 조심스러운 부분도 있으나, '지식'과 대치하는 개념으로서는 이것 외에 적당한 용어를 찾을 수 없었다.

4 물론 아무런 계획 없이 수집된 지식의 무질서한 확장에도 큰 의의가 있음을 강조하지 않을 수 없다. 손에 잡히는 대로 읽은 책과 잡학을 통해 얻은 지식이 그 당시에는 완전 무의미한 파편처럼 정체되어 있을지라도, 어느 날 갑자기 자신이 차곡차곡 구축해온 '지'의 체계와 호응하여 적재적소의 장소에 마치 퍼즐 조각처럼 딱 맞아떨어지는 경우도 종종 있기 때문이다. 그런 의미에서 '만물박사'인 것 자체는 절대 나쁘지 않을뿐더러 오히려 '교양인'이 되려면 꼭 필요한 전제라고도 할 수 있다.

5 물론 '교양인(전문가)이면서 동시에 전문가(교양인)여야 한다'라는 말이 보다 정확한 표현이지만, 이 책에서는 굳이 살짝 역설적인 표현을 사용하고 있다.

6 교양 교육 고도화기구 홈페이지 참조(http://www.komex.c.u-tokyo.ac.jp/interpreter/).

제1강

1 표절(plagiarism)은 날조(fabrication), 위조(falsification)와 더불어 연구 부정의 3대 카테고리 중 하나로 언급되곤 한다.

2 브뤼노 라투르, 『젊은 과학의 전선Science in Action』, 황희숙 옮김, 아카넷, 2016.

3 Y. Fujigaki, "The Citation System: Citation Networks as Repeatedly Focusing on

Difference, Continuous Re-evaluation, and as Persistent Knowledge Accumulation,"
Scientometrics, Vol. 43, No. 1, 1998, pp.77-85.

4 이시이 요지로, 『고백적 독서론告白的讀書論』, 中央文庫, 2013, 140쪽.

5 이는 1번 주에서 언급한 날조와 위조에 해당한다. 예를 들어 천문학 분야 관측에서 잘못된 수치가 나왔을 때 어떤 명백한 이유도 없이 그 관측치를 버린다면 이는 온당한 윤리성에 반하는 행위다. 실험에서 얻은 수치에 대해서도 동일하다. 오차 이론은 그러한 잘못된 수치를 파기할 근거가 되었다. 상세한 내용은 포터Theodore M. Porter의 『수치와 객관성數値と客観性—科學と社會における信頼の獲得』, 후지가키 유코藤垣裕子 옮김, みすず書房, 2013, 262-263쪽 참조. 포터는 1953년 출생, 캘리포니아 대학교수다. 전공은 과학사·과학론. 연구 대상은 통계학과 사회 인식의 관계 및 사회에서 이루어진 정량화의 역사.

6 예를 들어 영국의 『GCSE Science Higher: Twenty-First Century Science』라는 교과서에는 "어떤 설명이 옳은 설명인가에 대해서 과학자들 사이에 합의를 도출하지 못하는 경우가 있다"는 점이 명시되어 있다(91쪽, 203쪽).

7 과학자는 실증적 증거를 축적함으로써 자신의 이론이 타당하다는 사실을 정당화한다. 빈 출생의 영국 과학철학자인 Karl Raimund Popper 경(1902~1994)은 이러한 증거로 이론의 우열을 판단할 수 있는 '반증 가능성'이 과학과 비과학을 구분 짓는 경계 획정 작업에 도움이 된다고 보았다. 단 이러한 의견에도 다양한 반론이 존재한다. T. Gieryn, "Boundary of Science", S. Jasanoff et al, (eds.), *Handbook of Science and Technology Studies*, Sage, 1995, pp.393-443.

8 예를 들어 다음의 예를 살펴보자. 뇌과학이 진보하는 가운데, 유소년기의 생육 환경에 의해 뇌 기능의 정도가 결정된다는 사실은 유전자 발현 제어 기구의 해석과 더불어 조금씩 해명되는 중이다. 2004년 캐나다의 연구 그룹에서는 생후 일정 기간 '핥아주기, 털 고르기, 등에 업기' 등 제대로 보살핌을 받은 쥐와 그렇지 않은 쥐를 비교함으로써, 유전자 발현의 수식에는 임계 시기가 있는(출생 직후의 보살핌의 축적이 유전자 발현을 보다 용이하게 함) 유전자가 있다는 점, 유소년기의 유전자 발현 패턴이 평생 지속되는 경우가 있다는 점, 감각 입력이 행동 결정 유전자 발현에 작용한다는 점 등을 밝혀냈다(I. C. Weaver et al., *Nat Neuroscience*, Vol. 7, No. 8, 2004, pp.847-854). 문제는 그 논문의 제목이 「Epigenetic Programming by Maternal Behavior(엄마의 보살핌이 아이의 스트레스 내성 유전자 발현을 결정한다)」였다는 사실이다. 이 제목은 부정확하다. "조기에 이루어지는 제대로 된 보살핌이 아이의 스트레스 내성 유전자 발현을 결정한다"라고 적어야 하지 않았을까? 이를 "엄마의 보살핌"이라고 적은 것 자체가 사회에서의 역할 의식을 기반으로 한 '정보 해석'일 수 있다는 문제가 제기되었다(桃井眞理子, 「男女共同参畫は醫學を變えるか」『學術の動向』, Vol. 19, No. 12, 2014, 62-65쪽).

9 토마스 아퀴나스(1225경~1274)는 중세 유럽의 신학자다. 『신학대전』의 저자로 유명하다. 『신학대전』은 성서 및 신학자들의 말을 발췌하거나 해석한 내용을 체계적으로 정리한 것이다.

10 신슈대학 학장인 야마사와 기요히토山澤清人는 2015년 4월 4일 입학식에서 신입생을 향해 "스마트폰을 그만하겠습니까? 아니면 신슈대학생을 그만하겠습니까?"라고 말하여 화제가 되었다 (도쿄신문 http://www.tokyo-np.co.jp/article/national/news/CK2015041102000260.html).

제2강

1 이 회의는 2010년 12월 8일, 2011년 1월 20일, 2월 24일, 3월 10일에 총 4회 개최되었으며 같은 해 4월 28일에 해당 보고서를 공표했다. 참여 위원은 市村泰男·伊藤元重·河田悌一·岸元治·白石隆·土居丈朗·新浪剛史·谷内正太郎·涌井洋治 등 9명이다.

2 http://www.kantei.go.jp/jp/singi/global/1206011matome.pdf. 이는 정부 수준의 회의로 구성원은 내각관방장관(의장), 외무장관, 문부과학장관, 후생노동장관, 경제산업장관, 국가전략 담당 장관으로 이루어졌다.

3 참고로 나카무라 슈지는 도쿠시마대학 공학부 시절에 전공 공부를 빨리 시작하고 싶었는데 일반교양 수업을 들어야 해서 정말 괴로웠다고 했다. 이는 '들어가며'에서 언급한 early specialization을 지향하던 학생의 일례가 될 수 있을 것이다.

4 일본어 교육과 외국어 교육의 전문가들이 '일본어로' 일본을 발신할 수 있는 인재를 양성하는 일의 필요성에 대해 언급한 문헌은 西山教行·平畑奈美 편저, 『『グローバル人材』再考』, くろしお出版, 2014 참조.

5 이에 대해 이시이는, 모든 정의는 경계를 정해서 가둬두는 행위이며 '글로벌'이라는 단어는 그 의미만으로 닫혀 있는데 이 경계를 중심으로 어떤 형태로든 '외부'를 상정해야 한다면 그것은 도대체 무엇일까를 질문했으나 그 이상의 논의는 없었다.

6 『롱맨현대영영사전(신판)』, 桐原書店, 1987.

7 정확히는 "국제화란 문자 그대로 국제관계 즉 국가 간에 관계가 긴밀해지는 것"인 반면 "글로벌화(Globalization)라는 현상은 세계의 일체화로 인해 하나의 사회가 생겨나는 일"이라는 내용이었다.

8 이시이는 고바야시 야스오가 2015년 3월 23일에 열린 퇴임 전 마지막 강의에서 '나는 '도쿄대학 교양학부 초역 문화과학과 표상문화론 과정' 운운하는 식으로 특정한 소속으로 구속되는 걸 좋아하지 않는다. 나는 어디에 소속되지 않고 모든 것에 관심이 있으며 전부 알고 싶다'라는 취지의 말을 했으며, 이런 점에서 그야말로 '글로벌 인재'(그는 이렇게 불리기를 결단코 거부하겠지만)에 적합한 인물이라고 언급했다. 예전 동료의 이름이 나와서 허를 찔린 듯했으나 곰곰이 생각해보니 대학에도 이러한 교사들이 꽤 있다는 생각이 든다.

9 글로벌 캐릭터라 하면 한때 오로지 디즈니 관련의 것들이 주를 이루었으나, 요즘에는 도라에몽이나 키티 등 일본산 캐릭터들이 잇따라 세계로 진출하고 있다. 글로벌화는 가장 먼저 캐릭터 세계에서 진행 중이었는지도 모른다.

10 이런 의미에서 '지구 규모로 사고하고 지역에서 활동한다'는 의미로 사용되는 '글로컬리제이

션'이라는 단어는 학생들의 문제의식에 걸맞은 것이라고 말할 수 있겠다.

11 참고로, 도쿄대학은 일본어·영어와 더불어 제3의 언어를 자유롭게 구사할 수 있는 인간을 육성하려는 취지에서 '트라이앵글 프로그램(TLP)'이라는 교육 프로그램을 시작했다. 2015년 도까지는 아직 제3언어가 중국어에 국한되어 있었지만 2016년도부터는 다른 언어들도 포함되었다.

12 논의의 기록에도 언급했듯이 이 수업에 앞서 조교인 K학생과 I학생이 북미, 프랑스, 중국, 한국, 싱가포르, 인도, 브라질에 있어서 '글로벌 인재'라는 용어의 쓰임에 대해 조사를 한 결과, 이 용어가 널리 사용된 곳은 일본과 한국뿐이었다. 특히 프랑스에서는 '글로벌리제이션'이라는 용어를 비판하는 움직임이 전개되고 있었다. "현재의 글로벌리제이션은 미국을 우위에 두는 현상과 동일시되었다. 1980년대 미국에서 사용되기 시작한 globalization이라는 단어를 전 세계적으로 사용하게 된 것이다(프랑스에서는 mondialisation이라는 용어를 사용하고 있다)"(Ignacio Ramonet, Ramón Chao, Jacek Woźniak, 『グローバリゼーション・新自由主義批判事典』, 杉村昌昭·村澤眞保呂·信友建志 옮김, 作品社, 2006, 115쪽).

13 S. Sabnovic, "Inventing Japan's 'Robotics Culture': The Repeated Assembly of Science, Technology, and Culture in Social Robotics," *Social Studies of Science*, Vol.44, No.3, 2014, pp.342-367.

14 참고로, 게임보이(일본의 휴대용 게임기―옮긴이)에서 '포켓몬스터 레드·그린'이라는 게임 소프트가 발매된 것은 1996년 2월이며, 같은 이름의 게임 소프트는 2억 개를 넘었고 게임을 비롯한 관련 시장의 누적 총매출은 국내에서 약 1.8조 엔, 해외에서 약 2.2조 엔이라는 보고 내용이 있다.

15 유리 겔러 재판이란, 2000년 12월에 유리 겔러가 윤겔라라는 캐릭터에 자신의 이미지를 도용했다는 이유로 닌텐도에 배상을 요구한 재판을 말한다. 유리 겔러(1946~)는 이스라엘 텔아비브 태생의 초능력자를 자칭하는 인물이다. 1970년대 수차례 일본을 찾아왔으며 당시 텔레비전 방송에 등장하여 숟가락을 구부리는 퍼포먼스를 보여줌으로써 일본에 초능력 붐을 일으켰다.

16 이시이 요지로石井洋二郎, 「『星の王子さま』と外國語の世界-文化の三角測量」, 도쿄대학교양학부 엮음, 『高校生のための東大授業ライブ:純情編』, 東京大學出版會, 2010, 32-48쪽.

17 이과 학생에게 있어서 문화의 삼각측량에 관한 것은 다음을 참조. 佐藤直樹, 「理系學生にもっと第2外國語を―豊かな國際化のために」, 『教養學部報』, 539호, 2011.6.8.

제3강

1 후쿠시마 원자력 발전소 사고 독립검증위원회, 『후쿠시마 원자력 발전소 사고 독립검증위원회 조사·검증보고서』, 円水社, 2012.

2 熊谷徹, 『なぜメルケルは「転向」したのか』, 日経BP社, 2012, 165쪽.

3 후쿠시마 원자력 발전소 사고 독립검증위원회, 앞의 책, 7쪽.

4 The National Diet of Japan, *The Official Report of The Fukushima Nuclear Accident Independent Investigation Commission*, Executive Summary, p9.

5 에드워드 사이드(1935~2003)는 예루살렘에서 태어난 팔레스타인인, 미국 시민이다. 1970년 이후 콜롬비아 대학 영문학·비교문학 교수를 역임. 주요 저서는 『오리엔탈리즘』(박홍규 옮김, 교보문고, 2000).

6 사이드, 같은 책.

7 스스로 일본을 경멸하고 일본에 대한 편향된 관점을 보인 것을 가리킴.

8 한 전문 잡지에 게재된 논문이 다른 논문에서 인용된 횟수를 지표로 나타낸 것. 보통 과거 X 년 동안 해당 잡지에 게재된 논문이 인용된 횟수를 그 잡지의 전체 논문 숫자로 나누어 산출한다. X=2로 계산하는 경우가 많다. X를 '인용의 창문(citation-window)'이라고 한다. 인용의 창문이 클수록 오랫동안 영향력이 있는 논문을 수집하게 된다.

9 보편성이냐 차이냐에 관한 내용은 다음의 책을 참고했다. 三浦信孝 엮음, 『普遍性か差異か―共和主義の臨界, フランス』, 藤原書店, 2001. 또한 이시이에 의하면, 프랑스에는 자국의 문화를 일반화하고 보편화하는 경향(보편의 쇼비니즘)이 있다고 한다(이시이 요지로 『フランス的思考―野生の思考者たちの系譜』, 中公新書, 2010). 이 강의에서 사고 분석을 할 때 일본 문화를 '개별'로 간주하고 있는 반면 프랑스에서는 이러한 입장에서 자국 문화를 '보편'이라는 범주로 간주하고 있는 것이다. 이러한 의미에서 보편과 개별의 축이 반전되기 때문에 주의할 필요가 있다.

10 W. E. Bijker, "American and Dutch Coastal Engineering: Differences in Risk Conception and Differences in Technological Culture," *Social Studies of Science*, Vol.37, No.1, 2007, pp.143-151.

11 후쿠시마 현립 의과대학의 하세가와 의사가 한 말이다. 원어로는 'logically stable, but emotionally unstable'이다. 이는 다음의 발표 내용에도 등장한다. A. Hasegawa, "Engaging Medical Students in Radiation Emergency Medicines," *FMU-IAEA International Academic Conference: Radiation, Health, and society: Post-Fukushima Implications for Health Professional Education*, Nov.21-24, 2013.

12 제언: 『과학과 사회의 더 발전적인 관계를 위해―후쿠시마 원자력 발전소 재해 이후 신뢰 상실에 입각하여』, 일본학술회의 제1부 후쿠시마 원자력 발전소 재해 이후 과학과 사회가 나아가야 할 방향을 고민하는 분과회, 2014.9.11.

13 후지가키 유코, 「과학자·기술자의 사회적 책임」, 島薗進 외 엮음, 『科學不信の時代を問う―福島原發災害後の科學と社會』, 合同出版, 2016.

14 관련된 내용의 한 예로, M. Tanaka, "Agenda Building Intervention of Socio-Scientific Issues: A Science Media Centre of Japan Perspective," Y. Fujigaki (ed.), *Lessons from Fukushima: Japanese Case Studies on Science, Technology and Society*, Springer,

2015, pp.27-55.

15 Y. Fujigaki, "The Process Through Which Nuclear Power Plants are Embedded in Political, Economic, and Social Contexts in Japan," Y. Fujigaki(ed.), *Lessons from Fukushima*, 앞의 책, pp.7-25. 이 책에서는 '상정 외'라는 언어의 정치성에 관해서도 분석하고 있다.

16 이 사고방식은 '기술과 결과를 보편성에 가까운 체계'에 포함시킨다는 의미에서 기술본질주의 입장에 있으며 지리적 조건 및 역사적 문맥을 고려한다는 측면에서 '기술의 사회구성주의'(SCOT: Social Construction of Technology)적 시점을 내포하고 있다. 여기서 기술본질주의란 기술이 사회의 형태 및 요구와 관계없이 독립적으로 발전한다고 생각하는 입장이며, 기술의 사회구성주의란 현재 존재하는 기술은 많은 가능성 중에서 사회 구성원에 의해 순간순간 선택된 결과라고 생각하는 입장이다.

17 이 시점은 이번 사고를 외국인의 관점에서 '원자력 기술이라는 것이 일본의 정치적·경제적·문화적 상황 속에 어떤 모습으로 놓여 있었을까?'라는 질문이 나오게 만드는 근거가 되기도 한다. Y. Fujigaki (ed.), *Lessons from Fukushima*, 앞의 책, p. xi.

18 또한 E학생은 재해를 archive하는 것, '잊지 않는 것' '기록으로 남겨두는 것'이라는 측면에서는 일본뿐만 아니라 다른 나라에서도 같은 경향일 것이라는 의견이었다.

19 P. Slovic, "Perception of Risk," *Science*, New Series, Vol.236, No. 4799, 1987, pp.280-285.

20 2015년 1월 7일, 이슬람교를 야유하는 캐리커처(풍자화)를 종종 게재했던 프랑스의 풍자신문 『샤를리에브도』의 본사가 무장한 2인조에게 습격을 당해 12명이 총기에 살해된 사건. 이후 파리뿐만 아니라 프랑스 전역에서 표현의 자유를 옹호하는 데모가 확산되었고 "내가 샤를리다"라는 말이 일치단결을 위한 슬로건으로 전 세계로 퍼졌으나, 그중에는 그러한 동조압력에 대항하여 "나는 샤를리가 아니다"라고 외치는 사람들도 등장했다.

21 『日本經濟新聞』, 2011.8.5. 조간.

22 『週刊新潮』, 2012.1.5·12 합병호.

23 井崎正敏, 『〈戦争〉と〈国家〉の語りかた』, 言視舎, 2013, 15쪽.

제4강

1 「해바라기」라는 이름의 고흐 작품은 여럿 있는데 1987년에 야스다화재해상보험이 그중 한 장을 이 가격으로 구입했다.

2 판매된 그림은 만년에 그린 「붉은 포도밭」, 구매자는 고흐의 친구였던 벨기에 시인 외젠 보흐의 누나이자 화가인 안나 보흐였다.

3 피에르 부르디외(1930~2002)는 프랑스 사회학자다. 대표 저서로 『구별짓기-상·하』(1979년, 최종철 옮김, 새물결, 2005년) 등이 있다.

4 피에르 부르디외,『예술의 규칙II』, 이시이 요지로 옮김, 藤原書店, 1996, 85쪽.

5 포터,『수치와 객관성』, 앞의 책, 19쪽. 포터에 관한 내용은 제1강 주 5번 참조.

6 위의 책 마지막 부분의 302쪽 옮긴이 해제 참조.

7 가와나베 교사이河鍋曉齋(1831~1889)는 왕성한 반골 정신으로 유명한 우키요에 화가이자 일본화 화가다. 바쿠후 말에서 메이지 시대에 걸쳐 활약했으며 익살스러운 그림과 풍자화를 많이 남겼다.

8 잔 로렌초 베르니니Gian Lorenzo Bernini(1598~1680)는 이탈리아의 조각가다. 바로크를 대표하는 예술가로 화가 및 건축가로서도 활약했다.

9 도쿄대학『學内廣報』, No.1445, 2013.10.25, 25쪽.

10 아르튀르 랭보Arthur Rimbaud(1854~1891)는 프랑스의 시인이다. 10대 시절 천재적인 작품을 썼으며 그 이후 중동, 아프리카에서 문학과 동떨어진 생활을 한다. 이 시인에 관해서는 마지막 수업에서도 언급한다.

11 오딜롱 르동Odilon Redon(1840~1916)은 환상적인 화풍으로 유명한 프랑스의 화가다.

12 이시이 요지로,『고백적 독서론』, 앞의 책.

13 로알드 달Roald Dahl(1916~1990)은 영국 작가다. 풍자적인 단편소설 및 아동 문학으로 알려져 있다.

14 이는 사실(fact)을 객관적 영역, 가치(value)를 주관적 영역으로 구분하여 논하는 방식에 따른다(S. Jasanoff et al. (eds.), *Handbook of Science, Technology and Society*, 앞의 책, p.17). Fact에 대해서는 제7강에서 재차 언급하겠다.

15 『學内廣報』의 글 "인간을 이 세상에 내보내는 일(ひとを世に送り出すということ)"(2014.10.25)에서 인용한 사례를 참고하여 문학에 있어서 '생산의 장'과 과학에 있어서 '생산의 장'을 대비해보자. 1954년 시인 나카조 후미코를 세상에 선보인 나카이 히데오와 2014년 STAP 세포를 생성했다는 어떤 여성 연구자를 세상에 선보인 과학자의 대비. 이 내용을 부르디외의 개념 장치를 사용하여 표현하면 다음과 같다.

문학에 있어 '생산의 장'을 구성하는 것은 작가, 출판사, 편집자, 비평가, 저널리즘, 독자 등등 이다. 이에 따라 나카조의 시집『유방 상실』이 이 세상에 공개되어 신앙의 영역을 형성하면서 이 시집은 절대적 숭배 대상으로서 가치를 부여받았다. 그러한 신앙 영역의 생성과 가치 부여가 이루어질 수 있었던 데에는 나카이에 의한 시집 명명이 효과적이었다는 사실은 명백하다. 한편 어떤 과학자가 이끌어낸 '이공계 여자'는 2014년 1월에 일시적으로 신앙의 영역을 형성했으나, STAP가 절대적 숭배 대상이 되고 난 직후 이와 관련하여 과학적 프로세스에 의심의 목소리가 일어났다.

이처럼 과학이 '생산의 장'을 형성하는 방식과 문학 및 예술의 '생산의 장'에는 유사성이 있지만, 일시적으로 절대적 숭배 대상이 된 것이 항상 '재현성'이라는 과학적 음미에 노출되어 있다는 점에서 다른 양상을 보인다.

16 주관성이 근원적으로는 에고 코기토(나는 생각한다, 고로 존재한다)로서 단독으로 기능하는

게 아니라 서로 기능을 교차시키면서 공동으로 기능하는 것이며, 이러한 주관성의 간주관적인 공동성이 대상에 투영되었을 때에 객관적 세계라는 표상이 생겨난다고 간주한다. 후설의 현상학과 함께 나왔다는 설 이외에도 칸트의 『판단력 비판』에 나오는 보편적 전달 가능성의 개념에서 그 원형을 찾아볼 수 있다는 해석도 있다(鷲田淸一, 「間主觀性」『哲學・思想事典』, 岩波書店, 1998, 282-283쪽).

제5강

1 일본학술회의 대외 보고 『대리모 출산을 중심으로 한 생식보조의학의 과제—사회적 합의를 위해』, 2008.4, 生殖補助醫療の在り方檢討委員會, 3쪽.

2 辻村みよ子, 『代理母問題を考える』, 巖波ジュニア新書, 2012, 7쪽.

3 辻村みよ子, 같은 책, 105쪽, 靑柳幸一, 『憲法における人間の尊嚴』, 向學社, 2009년, 174쪽.

4 사실 '정치학'이라는 학문 자체가 제1세대의 인권을 불문율에 붙이고 이를 기반으로 하고 있다는 지적이 있다(岡野八代, 일본학술회의 심포지엄, 2014). 예를 들어 '재생산(아이를 잉태하고 낳는 것)과 상관없고 필요나 의존 관계로부터 해방되어 있는 '자유로운' 남성이 시민사회를 만든다. 임금노동과 상관없이 해방되어 있는 '자유로운' 남성이 국가를 생각한다'고 한다. 여기서 '자유'라는 말의 정치성에 주의하길 바란다. 재생산과 연관이 없으면 정말 자유로울까? 재생산에 관여하지 않음으로써 어떤 영역에 대한 상상력이 어렵다는 건 부자연스럽지 않을까? 등 다양한 의문이 생길 수 있다.

5 웰컴 트러스트(Wellcome Trust)는 영국에 본거지를 둔 민간재단이다. 제약회사(The Wellcome Foundation Ltd.)의 회장이었던 헨리 웰컴 경이 죽은 후 그의 유언에 따라 의학연구와 의학의 역사 연구를 조성하려는 목적으로 1936년에 설립되었다.

6 예를 들어, 2003년부터 2006년에 예술(art)이 생명과학과 관여하는 자금 제공 프로젝트로서 'Pulse'라는 것이 있는데, 생명 윤리가 얽힌 과제에 연극 등을 이용하고 있다(http://www.wellcome.ac.uk/Founding/Public-engagement/Funded-projects/Awards-made/WTDV030227.htm). 참가에 의한 학습의 모델이란 표현이 나오는데 이는 일본에서 말하는 액티브 러닝이 '참가'(engagement)라는 단어로 표현되었고 그런 참가 중에 예술 활동에 의한 참가(연극 등)가 있음을 엿볼 수 있다. 평가 리포트 링크 http://www.wellcome.ac.uk/stellent/groups/corporatesite/@msh_grants/documents/web_document/wtx030565.pdf 또한 Pulse 프로젝트 이후 'For The Best'라는 프로젝트가 예술 분야의 자금 제공을 받고 있으며 신장병 아이와 가족의 경험을 병원 내 학급의 아이들이 연극으로 표현하는 등의 활동을 하고 있다. 관련 링크(http://wellcome.ac.uk/Funding/Public-engaement/Funding-schemes/Arts-Awards/index.htm, http://annaledgard.com/wpcontent/uploads/forthebest_evaluation.pdf)를 보면 참가형 예술 프로젝트라는 표현을 쓰고 있는데 이는 일본에서 말하는, 교육에 있어서의 '액티브 러닝'과 과학기술사회론에 있어서의 '시민 참가'와

예술가에 의한 '일반시민의 예술에 대한 참가'라는 각각 다른 문맥에서 일컬어지는 것들의 통합체 프로젝트가 이루어지고 있음을 알 수 있다.

7 롤 플레이를 통해 STS(과학기술사회론)의 사고 스타일을 양성할 수 있다는 지적도 있다. K. Fortun, STS+Practitioners, Presentation in 4S Presidental Prenary, 40th Annual Meeting of Society for Social Studies of Science, Denver, No.11-14, 2015. 실러버스는 다음을 참조. http://environmentandpoliticsrpi.wikispaces.com/syllabus.

8 '남편'과 '부인'이란 명칭은 혼인 관계를 전제로 하는데 대리모 출산의 경우 결혼하지 않은 남녀 사이에서도 당연히 이루어질 수 있기 때문에 그런 의미에서는 정확한 표현이 아니다. 하지만 여기서는 편의상 이 표현을 사용하겠다.

9 다만 출산이라는 행위를 동반하는 이상 surrogate mother는 그 인물을 특정 지을 수 있는 한편, 정자 제공자(이른바 surrogate father)는 일반적으로 익명으로 복수의 남성의 정자를 혼합하여 특정이 불가능하도록 조작되기 때문에 이런 점에서는 분명 성격이 다르다. 그 결과 후자에 의해 태어난 아이는 자신의 아버지가 누구인지 알 수 없는 상황이 발생하기 때문에 성장한 후 사정을 알게 되었을 때 정체성 인식의 위기에 빠질 가능성이 있다.

제6강

1 장폴 사르트르Jean-Paul Sartre(1905~1980)는 프랑스 작가·철학자·사상가다. 실존주의의 주도자로서 다양한 분야에서 다수의 저서를 남겼다.

2 「장폴 사르트르 '언어'에 관하여 말하다」 『르몽드』 1964.4.18.(Sartre, *Les Mots et autres ecrits autobiographiques*, Gallimard, Bibliotheque de la Pleiade, 2010, p.1256). 참고로 같은 해 1964년 10월 22일 사르트르는 노벨문학상에 선정되었으나 12월 10일에 이를 거부했다.

3 클로드 시몽Claude Simon(1913~2005)은 마다가스카르 출생의 프랑스 작가다. 대표작은 『플랑드르로 가는 길』(1960. 김남환 옮김, 대학출판사, 1985), 『파르살 전투』(1969. 菅野昭正 옮김, 白水社, 1973) 등. 이후 1985년도 노벨상 수상 작가로 선정.

4 이브 베르제Yves Berger(1931~2004)는 프랑스 작가이자 출판업자다. 오랜 기간 대형 출판사 Grasset에서 일했으며 본인의 소설 및 에세이를 간행했다.

5 L'Express, le 28 mai 1964.

6 오에 겐자부로大江健三郎, 『厳粛な網渡り』, 文藝春愁, 1965, 224쪽.

7 같은 책, 223쪽.

8 테오필 고티에Théophile Gautier(1811~1872)는 프랑스 작가다. 소설, 시 외에도 미술비평 및 여행기로도 유명하다.

9 테오필 고티에, 『모팽 양(상)』, 井野実名子 옮김, 岩波文庫, 2006, 52-54쪽.

10 『구토』는 1938년에 간행된 사르트르의 대표작이다. 명확히 개요라고 할 만한 것은 없고 주인

공인 여행가이자 역사 연구가 앙투앙 로캉탱이 별다를 것 없는 사물에 대해 구토를 느끼는 과정을 묘사함으로써 '실존은 본질에 앞선다'라는 실존주의 명제를 표현한 작품이다.

11 아스펜 연구소는 1949년 미국 콜로라도주 아스펜에서 개최된 괴테 탄생 200주년 기념 자리가 계기가 되어 과도한 전문화에 의해 상실되어가는 인간의 기본적 가치 회복을 지향하며 1950년에 미국에서 설립된 기관이다. 이윽고 이 이념은 전 세계로 확산했고 1998년에는 일본 아스펜 연구소가 설립되었다(초대 회장은 小林陽太郎 전 후지제록스 회장). 이곳에서는 '간부급 세미나'를 비롯한 각종 세미나가 개최되고 있으며, '과학·기술과 휴머니티 세미나'는 2013년부터 개최되고 있다.

12 '휴머니티' 섹션에서는 칸트, 리케르트, 화이트, 샤르가프, '데모크라시' 섹션에서는 플라톤, 토크빌, 오르테가, 후쿠자와 유키치, 베버, '과학 기술과 사회' 섹션에서는 스노우의 『두 문화와 과학혁명』, 슈뢰딩거의 『생명이란 무엇인가』, Vannevar Bush의 『The End of Frontier』, 모노의 『우연과 필연』, 小林傳司의 『트랜스 사이언스의 시대』 등.

13 예를 들어 다음을 참조. S. Jasanoff, "Is Science Socially Constructed: And Can It Still Inform Public Policy?", *Science and Engineering Ethics*, Vol. 2, No. 3, 1996, pp.263-276. 및 K. D. Knorr-Cetina, "Laboratory Studies: The Cultural Approach to the Study of Science," S. Jasanoff, etal. (eds.), *Handbook of Science and Technology Studies*, 앞의 책.

14 텍스트집은 일단 결정되면 당분간 개정되지 않으나 참가자들은 매회 그 성장 환경도 경험도 각각 다르다. 그렇기 때문에 동일한 텍스트를 사용하더라도 여기서 생겨나는 대화의 시공간은 매번 완전히 달라진다고 한다(村上陽一郎, 『엘리트들의 독서회エリートたちの讀書會』, 每日新聞社, 2014, 34-35쪽). 이러한 경우는 동일한 예술 작품에 대해서도 보는 사람에 따라 느끼는 것이 다르다는 것, 그리고 동일한 사람일지라도 시기에 따라 이해하는 방식이나 느낌이 달라진다는 제4강과도 연관된다.

제7강

1 '과학적 대답은 하나로 정해질까?' '과학에서 대답할 수 없는 질문이 있는가?'는 과학론에서 커다란 질문이다. '과학에서 대답할 수 없는 질문이 있는가?'라는 질문은 2009년 바칼로레아 '철학' 문제 중 하나로 출제된 것이다(Série S., France métropolitaine, Juin, 2009). 바칼로레아에 관해서는 번외편 주 7번 참조.

2 1983년 5월에 설치 허가(행정 처분)가 떨어진 원자력 발전소 '몬쥬'를 상대로 근교 주민들이 설치 허가는 무효라며 행정소송을 일으킨 사건. 2000년 3월에 후쿠이 지방법원에서 주민 측 패소, 2003년 1월에 나고야 고등법원 가나자와 지부에서 주민 측 승소, 2005년 5월 고등법원 판결로 주민 측이 패소했다. 상세한 내용은 小林傳司, 「もんじゅ訴訟からみた日本の原子力問題」, 후지가키 유코, 『科學技術社會論の技法』, 東京大學出版社, 2005, 43-74쪽.

3 이때 행정소송의 논리에 따르면, (A) 실체적 판단 대치 방식(법원이 행정청과 동일한 입장에

서 행정 처분에 관한 판단을 행하여 그 결과를 행정부의 처분과 비교하여 처분의 적합성을 판단하는 방법), (B) 판단 과정 통제 방식(행정 관청의 인정 판단 과정에 착안하여 여기에 어떤 잘못이 있으면 곧바로 처분을 위법으로 간주하여 취소하는 사법심사의 방식), (C) 행위규범적통제방식(법률 쪽 전문가의 기술론에 대한 이해는 종종 공학부 학생 이하의 수준이기 때문에 사법은 기술론적인 판단을 내려서는 안 된다)이라는 세 가지 입장을 취할 수 있다. (A)는 사법도 행정청도 동등한 과학적 판단을 내린다는 것이며, (B)는 사법으로는 절차적인 판단만 내린다는 입장, (C)는 사법은 과학적인 판단에 관여할 수 없다는 입장이다(小林, 앞의 책).

4 과학의 계층성이란 수학, 물리학에서 시작하여 생물학에 이르며, 마지막으로 사회과학이 배치된다(포터, 『수치와 객관성』, 앞의 책, 제8장, 261쪽).

5 P. Galison and D. J. Stump (eds.), *The Disunity of Science: Boundaries, Contexts, and Power*, Standford, CA: Standford University Press, 1996.

6 S. Jasanoff, *Fifth Branch: Science Advisors as Policy Makers*, Cambridge, MA: Harvard University Press, 1990; 2nd ed., 1994.

7 K. Knorr-Centina, "The care of the Self and Blind Variation: The Disunity of two Leading Science", P. Galison and D. J. Stump (eds.), *The Disunity of Science*, 앞의 책, pp.287-310.

8 후지가키 유코, 『전문지와 공공성専門知と公共性』, 東京大學出版會, 2003.

9 포터, 『수치와 객관성』, 앞의 책.

10 신앙과 지식의 관계에 대한 사고방식 중 하나. 계시에 의해 얻은 신앙을 통한 세계 파악과 이성의 추론에 의해 얻은 지식을 통한 세계 파악은 각각 다른 것이기 때문에 둘 다 용인되어야 한다고 생각하는 것.

11 1992년에 도쿄대부속병원에서 일어난 사건. 환자의 승인을 얻지 않은 채 담당 의사가 수술을 하면서 수혈을 한 행위에 대해 민사 소송이 이루어져 대법원까지 갔다.

12 「상기, 반복, 철저조작」『프로이트 저작집』제6권, 人文書院, 1970, 49-58쪽 및 「전이의 역동성에 관하여」, 같은 책 제9권, 68-77쪽 참조.

13 한 예로, 丸田俊彦, 『サイコセラピ―練習帳 I, II』巖崎學術出版社, 1986, 1988.

14 참고로 일본 국어사전 『고지엔』을 보면 진실은 ① 거짓말이 아닌 진짜, 참된 것, ② (부사적으로)정말로, ③ (불교)궁극의 것, 절대적 진리라고 나와 있다. 진리는 ① 진정한 것, 참된 도리, ② (철학)에서 문제 제기 서두에서 언급한 내용 그대로다. 전부 '진짜'임을 강조하는데 진리에 대해서만 '도리'라는 단어가 등장한다. 영어로 보면 진실은 real-talk, the true, trueness, 진리는 truth, veritas(라틴어)다. 예문을 보면 '진실에서 틀어지다, 벗어나다'가 stray from fact, '진실을 외면하다'는 ignore the truth로 나오는데, 이는 일본어로 '진실'이라는 단어가 때에 따라 fact를 가리키기도 하고 truth를 가리키기도 하는 애매한 단어라는 사실을 시사한다.

15 칼 포퍼는 과학과 비과학(예: 종교)의 차이는 새로운 관찰에 의해 얻은 지식을 통해 기

존 이론을 반증 가능한가 여부(falsifiability가 있는지 여부)에 있다고 보았다. T. Gieryn. "Boundary of Science," S. Jasanoff et al. (eds.), *Handbook of Science and Technology Studies*, 앞의 책, pp.393-443.

16 이론의 포함성을 두고 경쟁한다는 말은, 새로운 데이터(facts)가 나와서 그것이 종래의 오래된 이론 A로는 설명할 수 없는 경우에 만약 새로운 이론 B가 새로운 데이터까지 설명할 수 있다면, 이론 B는 이론 A보다 포함성이 있음을 말한다. 그러나 이는 데이터(facts)와 이론이 독립적이라고 가정했을 때 성립하는 이야기다. 관측의 이론부하성(즉 facts는 이론과 독립적이지 않고 이론 A를 취했을 때 facts의 모습과 이론 B를 채용했을 때 보이는 facts는 다르다) 및 이론의 공약 불가능성(incommensurability, 애초에 이론 A와 B는 똑같은 토양에서 비교하거나 포함성을 따질 수 없다는 사고방식)을 고려하면 단순하게 이론의 포함성을 두고 겨룬다는 설명은 성립하지 않는다. 상세한 내용은 무라카미 요이치로의『新しい科學論—「事實」は理論をたおせるか』(講談社ブルーバックス, 1979) 참조.

17 롤랑 바르트Roland Barthes(1915~1980)는 프랑스 비평가다. 여기서 언급된 내용은 그가 1968년 3월 기관지『COMMUNICATIONS』에 발표한「현실 효과」라는 짧은 논문으로 번역서는『언어의 웅성거림』(花輪光 옮김, みすず書房, 1987. 개정판 2000) 184-195쪽에 수록되어 있다.

18 일본 학술진흥회가 주최하고 있는 첨단과학심포지엄(일미, 일독, 일프) 중 하나. http://www.jsps.go.jp/j-bilat/fos/ 참조.

19 여러 현장을 보고 여러 입장을 왕복함으로써 사상이 생긴다.『科學技術社會論研究』제10호, 2013, 91쪽.

20 과학과 문예평론 모두 '해석하는 공동체'에 의해 '끝없이 교섭되는' 사고방식은 존재한다(포터,『수치와 객관성』, 앞의 책, 285쪽). 하지만 '과학은 정당성을 두고 경쟁하는 게 아니다'라는 표현은 하지 않는다. 여기서 정당성이란 validity의 의미와 legitimacy의 의미가 있다. Validity는 과학적 지식이 전문지에 게재될 때 항상 문제시된다(후지가키 유코,『전문지와 공공성』, 앞의 책). 반면 legitimacy는 게재되는 순간이라기보다는 후속 논문에 여러 차례 인용되면서 형성되기 때문에 시간 차에 따른 음미가 추가된다는 점이 다르다.

21 '지구가 태양 주변을 돌고 있다'는 가설이 진리라는 사실이 증명되면 '태양이 지구 주변을 돌고 있다'는 가설이 동시에 진리일 수는 없다. STAP세포는 존재하느냐 존재하지 않느냐 둘 중의 하나로, 둘 다일 수는 없다.

22 예를 들어 동일한 형태의 살인을 저지른 경우 일본에서는 사형 판결을 내릴 수 있으나 사형 제도가 없는 나라에서는 무기징역이 최고형일 수 있다.

23 참고로 여기서 '문학적 진리'라 부르는 것은 '문학적 성격을 지닌 진리'라는 의미가 아니라 '문학이라는 분야에서의 진리', 더 구체적으로는 '문학 연구의 대상이 되는 진리'라는 의미다.

24 단 이렇게 정의되는 '진리'는 완전하게 독자의 주관적인 자의에 맡겨지는 건 아니며 당연히 작품에 따라 일정한 제약을 받는다. 텍스트라는 객관적인 대상이 명백하게 존재하고 있는 이

상 여기에 적혀 있는 내용을 무시하고 제멋대로 해석을 한들 이는 '문학적 진리'로 인정받지 못한다. 그런 의미에서 문학 연구에 있어서 진리는 전면적으로 독자 개인 측에 있다기보다는 오히려 독자와 작품의 만남 속에 있다고 말하는 편이 정확할 것이다.

25 니체, 『권력의지』, 김세영·정명진 옮김, 부글북스, 2018.

제8강

1 2010년 민주당 정권의 조사에 의해 이 밀약이 분명히 존재했다는 점을 밝혀냈다. 실제로 지불된 금액은 미국에서 일본으로 시설을 양도하는 비용과 종전 후 대일 경제 원조에 대한 사례금으로 총 3000만 달러(약 90억 엔)였다.

2 위원은 縣公一郎, 櫻井敬子, 長谷部恭男, 藤原静雄, 安冨潔 등 5명으로 전부 대학교수다. 이 보고서는 '우리 나라의 이익을 지키고 국민의 안전을 확보하기 위해서는 정부가 보유하는 중요한 정보의 누설을 방지할 제도를 정비할 필요가 있다'는 결론을 냈다. http://www.kantei. go.jp/jp/singi/jouhouhozen/housei_kaigi/pdf/10110808_houkoku.pdf

3 http://anti-secrecy-law.blogspot.jp/2013/12/blog-post_7.html

4 『朝日新聞』, 2014.1.11 조간.

5 2014년 7월 1일 각의 결정. http://www.cas.go.jp/jp/gaiyou/jimu/pdf/anpohosei.pdf 이후 2015년 9월 19일 새벽에는 안전보장관련법안이 참의원을 통과하여 성립되는 결과에 이르렀다.

6 2015년 1월 20일, 두 명의 일본인 인질이 이슬람 국가에 잡혀 있는 영상이 인터넷에 유출되었고 24일에는 그중 한 명이 살해당하는 영상이, 2월 1일에는 나머지 한 명도 살해된 영상이 유출되었다. 당시 10일간 이슬람 국가와 일본 정부 사이에 인질 해방을 둘러싸고 어떤 과정이 있었는지에 대해서는 전혀 밝혀진 바 없다.

7 예를 들어 제1부 '후쿠시마 원자력 발전소 사고 후의 과학과 사회의 방향을 묻는 분과회'(2012년 3월~2014년 9월) 및 제1부에서 제3부에 걸친 과제별 위원회 '과학자로부터의 자율적인 과학정보의 발신 방향 검토위원회'(2013년 9월~2014년 9월) 등이 있다.

8 System for Prediction of Environmental Emergency Dose Information(긴급 시 신속 방사능 영향 예측 네트워크시스템)의 약자. 일본 원자력 연구소가 기상 연구소 등의 협력을 얻어 개발한 계산 시스템. http://www.nsr.go.jp/activity/monitoring/monitoring6-4.html

9 수업일 직전인 2015년 6월 7일, 독일 남부 엘마우 성에서 개최된 G7(주요국 정상회의)에서 아베 신조 총리가 중국의 암초 매립을 언급하며 "동중국해나 남중국해에서 긴장을 고조시키는 일방적인 현상 변경 시도를 방치해서는 안 된다"고 발언했으며 다른 국가의 정상들도 이에 동의했다.

10 2015년 12월 28일, 한일 양국은 위안부 문제에 대해 '최종적이고 불가역적'인 해결이라 합의했으나 합의 내용을 둘러싸고 양국에서 찬반양론이 소용돌이치고 있다.

11 이 두 가지 태도는 과학자의 사회적 책임에 대한 사고방식에 대응하고 있다. 행동 지침이 될 만한 유니크한 통일 견해를 내는 것이 과학자의 사회적 책임인가 아니면 다양한 조언을 해주고 이후로는 국민으로 하여금 선택하게 하는 것이 책임인가를 묻고 있다.

12 예를 들어 안전성 혹은 위험성 판단에 있어서 전문가들 사이에 의견 차이가 있을 때 '날것의 데이터' '데이터 해석' '데이터를 기초로 한 선택지의 결정' '선택지 제시' '선택지 중의 선택에 대한 전문가의 의견 분포' 중에 어떤 분포를 공개할지에 대해 논의를 했다(일본학술회의 '과학자로부터의 자율적인 과학 정보 발신의 방향 검토위원회', 2013년 9월~2014년 9월).

13 포터, 『수치와 객관성』, 앞의 책, 286쪽.

14 일본학술회의의 전 회장(제17, 18기)인 요시카와 히로유키는 unified의 내용은 indepen-dent, balanced, non-partisan advice를 의미하며 '학자의 의견은 다른 게 당연하다(학회는 합의를 하는 장소가 아니다) 하지만 외부로 나갈 때에는 unified되어야 한다'고 언급했다('후쿠시마 원자력 발전소 사고 이후 과학과 사회의 관계를 생각하다' 분과회, 2012.5.3). 이에 관한 내용은 제9강에서 다시 언급한다.

15 보고서는, 보고 「과학·기술의 군민양용 문제에 관한 검토 보고」, 일본학술회의, 2012년 11월 30일. http://www.scj.go.jp/ja/info/kohyo/pdf/kohyo-22-h166-1.pdf

16 이에 관한 내용은 자클린 뤼스, 『지식과 권력』(황수원 옮김, 예하, 1989) 참조.

17 multitude, 안토니오 네그리의 용어. 권력을 지닌 '제국'적 상황에 대해 자발적으로 행동하지만 꼭 한 가지 뜻에 따라 조직되지 않은 다양한 사람을 가리킨다. 현대 사회는 미합중국 정부, G8, IMF, 세계은행, WTO와 같은 국제금융·무역 기관으로 이루어진 '군주정적 기능', 글로벌한 시장에 네트워크를 펼쳐나가는 다국적 기업군으로 구성되는 '귀족정적 기능', 이러한 것들과 대항하는 다중에 의한 '민주정적 기능' 등 세 가지로 이루어지는 통합적인 세계 시스템이라고 했다(안토니오 네그리, 마이클 하트 『제국』, 윤수종 옮김, 이학사, 2001. 혹은 『現代思想』 Vol.41-9, 2013년 7월호).

제9강

1 후지가키 유코, 「과학자의 사회적 책임에 대한 현대적 과제」 『日本物理學會誌』 Vol.65, No.3, 2010, 172-180쪽.

2 핵무기 근절과 세계평화 및 과학자의 사회적 책임을 언급한 러셀아인슈타인성명(1955)에 이어 1957년에 노벨물리학상 수상자를 중심으로 한 전 세계의 학자들이 캐나다의 어촌 퍼그워시에서 제1회 회의를 개최했다. 제61회 퍼그워시회의는 2015년 11월에 나가사키에서 개최되었다.

3 1973년에 코언과 보이어가 유전자조합 기술을 확립한 이후 이것의 잠재적 위험성을 염려한 연구자들이 미국 캘리포니아주 아실로마에서 1975년 개최한 회의.

4 존 포지, 『과학자의 책임—철학적 탐구』, 佐藤透, 渡邉嘉男 옮김, 産業圖書, 2013.

5 纐纈一起,「ラクィラ地震裁判」『科學技術社會論學會第12回年次研究大會豫稿集』, 2013, 148-150쪽.

6 후지가키 유코,「人文·社會科學インタープリター」,『學內廣報』No.1472, 2015.9.24, 9쪽.

7 이시이 요지로,『독서안내毒書案內—人生を狂わせる讀んではいけない本』, 飛鳥新社, 2005.

8 27文科高 제269호, 2015.6.8.「國立大學法人等の組織及び業務全般の見直しについて(通知)」, "第3: 國立大學法人の組織及び業務全般の見直しの1 (1) 'ミッションの再定義'を踏まえた組織の見直し"를 참조한 것이다.

9 西尾章治郎,「學術の総合的な推進政策—文部科學省での審議をもとに」, 科學技術社會論學會 2015년도 심포지엄, 2015.7.11, 東京工業大學.

10 Culture는 '경작하다'를 의미하는 라틴어(corele)에서 유래한다. 당초에는 토지를 경작한다는 의미에서 이용되었는데 '마음을 경작하다'라는 의미로 사용되기 시작한다. 이로부터 '교양' '문화'를 의미하게 되었다(『어원유래사전』http://gogen-allguide.com).

11 다음 단락 참조.

12 廣渡淸吾,『學者にできることは何か—日本學術會議のとりくみを通して』, 巖波書店, 2012, 73쪽 및 123쪽.

13 CSR이란 corporative social responsibility의 약자로 기업의 사회적 책임을 가리킨다. 기업이 이익을 추구하는 것뿐만 아니라 환경에 대한 배려 등을 포함해서 기업의 활동이 사회에 미치는 영향에 책임을 지는 것.

14 "국민은, 연구자가 자유롭게 연구하여 그 성과를 국민에게 환원해줄 것을 기대하여 부탁하고 있다. 대부분의 경우, 연구비를 세금에서 쓰고 있다(町野朔,「연구 윤리와 법 심포지엄」, 2014.9.28., 東京大學)." 이러한 사고방식에서 보면, 놀고 있는 게 아니라 어떤 책임을 지고 있는지에 대해서 국민에게 설명할 의무는 인문사회과학에도 있다고 생각할 수 있을 것이다.

15 Humanities라는 단어는 본래 그리스·라틴의 고전문학을 가리키며 이후 natural science(자연과학)과 대치하는 소위 '인문과학'을 의미하게 되었다. Human science라는 표현도 존재하지만 이건 오히려 인간의 다양한 경험 및 행동 등을 과학적으로 연구하는 학문을 가리키는 개념으로 심리학이나 인지행동학, 더 나아가 일부의 생물학 등도 포함한 '인간과학'이라는 뉘앙스로 쓰인다.

16 과학기술사회론은 어떤 의미에서 이차적 학문(인간이 창출한 자연과학과 사회와의 관계를 다룸)인데 이 학문에서 자연과학자 및 정책 결정자는 관찰 대상(즉 연구 대상)이면서 동시에 조언 대상이기도 하다. 즉 과학기술사회론에서는 1, 2그룹에서 각각 논의했던 '조언 대상자와의 거리'와 '연구 대상과의 거리'가 동일한 것을 가리키게 될 수 있다는 점에서 다른 분야에 비해 다소 특이한 학문 분야임을 알 수 있다.

17 조르주 바타유Georges Albert Maurice Victor Bataille(1897~1962)는 프랑스의 작가·사상가다. 국립고문서학교 졸업 후 파리국립도서관에서 근무, 다채로운 문필 활동을 전개했다.

18 조르주 바타유,『에로티즘』, 조한경 옮김, 민음사, 2009.

19 포터,『수치와 객관성』, 앞의 책.

20 이 문제에 관해서는, 교토대학 총장인 야마기와 쥬이치와 시가대학 학장인 사가 다카미쓰 등 대학 관계자들이 재빨리 인문사회계 학문의 중요성을 주장했으며, 모든 매스컴에서도 문부과학성을 비판하는 기사를 게재했다. 주요 논점은 일본학술회의가 2015년 7월 23일에 발표한「향후 대학이 나아가야 할 방향—특히 교원양성 및 인문사회과학계의 모습—에 관한 논의에 기대어」(http://www.scj.go.jp/ja/info/kohyo/pdf/kohyo-23-kanji_1.pdf)라는 제목의 간사회 성명에 집약되어 있다. 또한 이러한 움직임에 대해 시모무라 하쿠분 문부과학성 장관(당시)은 같은 해 8월 10일 자『日本經濟新聞』에 게재된 인터뷰 기사에서 "국립대학에 인문사회과학계가 불필요하다고 말하는 게 아니다"라고 했으며 스즈키 간 장관 보좌관은 8월 17일자『DIAMOND ONLINE』에서 같은 취지의 변명과 반론을 했으나, 그 내용이 얼마나 설득력 없는 변명에 불과한지에 대해서는『IDE 현대의 고등교육』, 2015년 11월호(IDE大學協會)에「文部科學大臣の通知と人文社會的教養」이라는 제목의 졸문을 썼으니 관심 있는 분들은 참조하기 바란다.

21 이 관점에서 보면 제6강에서 다룬 '굶주린 아이 앞에서 문학이 유용한가?'라는 사르트르의 질문은 '눈앞에 굶주리는 아이가 있는' 현실에 대응해야 할 직접적인 책임을 지고 있지 않은 '문학'에 책임을 묻는다는 모순을 보이고 있는 셈이다. 이것은 소위 '억울한 죄로 심판을 받게 될 것 같은 인간을 앞에 두고 수학은 도움이 되는가?'라고 묻는 것과 같으므로 애초에 질문 자체가 부적절했다고 말할 수 있다.

22 "한편, 인문·사회과학에 종사하는 대학교원들이 급격하게 변하는 현대사회에서 인문·사회과학계의 학부가 어떠한 인재를 양성하고자 하며, 학술 전체적으로 인문·사회과학 분야의 학문이 어떤 역할을 할 수 있는가에 대해 지금까지 사회를 향해 충분히 설명해오지 못했다는 측면이 있다는 점도 부정할 수 없다. 인문·사회과학에 종사하는 대학교원에게는 사회의 변화와 요청을 인지하면서 자신의 내부적인 대화, 자연과학자와의 대화, 사회 각 방면과의 대화를 통해 이러한 점에 관해 끝까지 파고들어 해석하고 이를 교육과 연구의 질적인 향상에 반영하기 위해 한층 더 많은 노력을 해야 한다(앞의 성명)."

제10강

1 법치국가 중에 살인을 범죄로 규정하지 않은 경우는 없겠지만 무정부 상태에 있는 국가에서는 실질적으로 살인에 대한 죄를 묻지 않고 방치하는 경우가 충분히 있을 수 있다.

2 형법 제39조 1항에 "심신상실자의 행위는 처벌하지 않는다", 제41조에 "14세 미만의 행위는 처벌하지 않는다"고 되어 있으며, 여기 해당하는 자는 살인을 저질러도 제199조를 적용받지 않는다. 다만 이는 그들에게 법적 책임을 질 통상적 능력이 없다고 간주되기 때문이며 살인이라는 행위 그 자체가 정당화되는 것은 아니라는 점에서 정당방위의 경우와는 다르다.

3 이때 군법회의 판결에 따른 최고형은 사형 그대로였으나 2007년에는 헌법 개정에 의해 이를

포함하여 사형 자체가 전부 폐지되었다.

4 대혁명으로 국왕 루이 16세를 단두대 처형시킨 프랑스에서는 1939년까지 이와 같은 공개처형이 거리 광장에서 이루어졌다.

5 정확히 말하면 이것은 '적극적인 안락사'로 치료를 하지 않음(혹은 중지)으로써 환자를 죽음에 이르게 하는 '소극적 안락사'와는 구별되는데, 여기서는 전자를 단순히 '안락사'라 부르도록 한다.

6 혼수상태였던 말기 암 환자에 대해 대학 조수 내과의가 염화칼륨을 투여하여 죽게 만든 사건. 일본에서는 지금까지 의사에게 안락사로 살인죄를 내린 유일한 사례다.

7 요코하마 지방법원 1995년 3월 28일 판결, '판결 이유의 골자'.

8 고하마 이쓰오, 『어째서 인간은 죽여서는 안 될까?―새로운 윤리학을 위하여』, 洋泉社; 2000, 185쪽.

9 문제 제기 내용 참조.

10 해나 아렌트Hannah Arendt(1906~1975)는 독일의 유대인 정치철학자다. 1963년에 『뉴요커』 잡지에 게재한 재판 리포트 「예루살렘의 아이히만-악의 평범성에 관한 보고」에서 피고인 아이히만이 결코 사람들이 상상하는 듯한 극악무도한 인간이 아닌 오히려 관료적인 틀에 박힌 단어를 반복하는 것밖에 하지 못하고 사고 능력이 부족한 인물임을 이야기했는데, 이것이 대량 학살을 평범한 행위로 정당화하는 아이히만 옹호론으로 오해를 받게 되어 유대인 사회에서 엄청난 비난을 받았다.

11 아돌프 아이히만Adolf Eichmann(1906~1962)은 독일의 나치 친위대 대원이다. 유대인 강제수용소 이송에 중심적 역할을 한 죄로 1961년에 사형 판결을 받아 다음 해 처형되었다.

12 Posttraumatic stress disorder(외상 후 스트레스 장애)의 약자.

13 예를 들어 일본 사형 집행의 경우에는 교수형 버튼이 여러 개(보통 5개) 있어서 이걸 여러 명의 형무관이 동시에 누르게 함으로써 누구의 버튼에 의해 바닥이 열렸는지 모르게 한다. 그리고 그들이 실제로 사형수가 떨어지는 순간을 볼 수 없게 해놓았다.

14 징역 2년에 집행유예 2년이었다.

15 이 점에 관해서는 이후 전체 토론을 할 때 이시이가 '사람을 죽여서는 안 된다는 윤리의 근거가, 거꾸로 사람을 죽여도 괜찮다는 윤리의 근거가 되어버린다'고 재확인했다.

16 전 '소년A', 『絶歌』, 太田出版社, 2015, 282쪽.

17 실제로 이 문제는 일종의 '언론 게임 현상' 같은 형태로 나왔으며 절실함과 진지함이 부족한 것이었음을 보여주면서, 다음으로 '얼핏 좋은 대답처럼 보이지만 불충분한 대답'(양심에 따라 설명하려는 것)을 비판하고 여기에 더하여 '사람은 어째서 사람을 죽여서는 안 된다고 결정하게 되었는가?'라는 질문을 던지면서 '애초에 순수 윤리라든가 양심 그 자체가 존재한 게 아니다'라며 공동체로부터 추방된다는 불안감으로부터 양심이 구축되었다는 해석을 이끌어내고 있다.

18 W. E. Bijker 외, *The Social Construction of Technology*, MIT Press, 1987. 일본어로 읽을

수 있는 해설 기사로는 中島秀人의 「テクノロジ―の社會的構成」, 金森修, 『科學論の現在』(勁草書房, 2002, 63-87쪽)가 있다.

19 프로이트, 「왜 전쟁인가?」『문명 속의 불만』, 김석희 옮김, 열린책들, 2003.

20 물론 프로이트의 대답은 스스로 만들어갔던 정신분석 세계에서의 본능 및 동인 개념을 이용한 '규범적' 설명이며, 필자는 그것이 유일한 규범적 설명이라고 주장할 의도는 털끝 만큼도 없다.

21 실제로 일본어 사전을 찾아보면 normative 방식의 대답이 많았다. 반면 문제 제기에서는 의도적으로 descriptive한 사고를 꾀어내기 위한 표현을 썼다.

번외편

1 2002년부터 전국의 초·중학생에게 무상으로 배포된 도덕 수업 부교재. 2013년에 전면 개정되어 현재는 『우리의 도덕私たちの道德』으로 바뀌었다.

2 정식 제목은 『와글와글 숲속의 간코 짱ざわざわ森のがんこちゃん』. 초등학교 1학년을 대상으로 한 방송으로 1996년에 개시되어 2009년 이후에는 초등학교 1, 2학년을 대상으로, 2013년부터는 유치원, 보육원, 초등학교 1학년을 대상으로 방영되고 있다.

3 1987년부터 2009년까지 방영되었던 실사판 초등학교 대상의 도덕 교육 드라마.

4 특히 '질문을 상위 개념으로 정리하는' 작업은 제1회 일본·프랑스 첨단과학 심포지엄 동료회합에서 빈번하게 보였다(2006년 3월 일본·프랑스회관).

5 논의 과정 전부를 적지는 않았으나 첨단과학 심포지엄 PGM으로서 경험의 일부에 대해서는 http://www.jsps.go.jp/j-bilat/fos/messages/02.html(2015년 8월 31일 기준) 참조.

6 단 학생에게 배포한 문서에서, 2번은 문화에 관한 질문, 3번은 이성과 현실에 관한 질문으로 나갔다.

7 바칼로레아(Baccalauréat)는 프랑스 대학 입학 자격시험이다. 보통 문학 계통·경제사회 계통·과학 계통 세 가지 코스로 분류되는데, 전부(즉 인문과학·사회과학·자연과학 구분 없이) 철학 시험은 필수과목이다. 수험생은 세 가지 선택지에서 어느 한 가지를 선택하여 4시간 동안 소논문을 작성한다. 그리고 이를 위해 고등학교(대학 진학 코스) 시기에 마지막 학년 1년 동안 준비를 한다.

종강

1 古川安, 『科學の社會史―ルネサンスから20世紀まで』, 南窓社, 1989.

2 T. Gieryn, "Boundary of Science", S. Jasanoff 외, (eds.), *Handbook of Science and Technology*, 앞의 책.

3 OECD, Interdisciplinarity, 1972.

4 N. Gilbert and M. Mulkey, *Opening Pandra's Box: A Sociological Analysis of Scientific Discourse*, Cambridge University Press, 1984.

5 P. L. Galison and D. J. Stump (eds.), *The Disunity of Science*, op. cit.

6 후지가키 유코, 『專門知と公共性』, 앞의 책.

7 예를 들어 multi-disciplinary는 공통의 관심사에 대한 다른 분야의 방법들을 병렬시켜서 지식과 방법의 폭을 넓히는 일, inter-disciplinary는 제각각의 데이터, 방법, 통로, 개념, 이론, 전망 등을 통합시켜서 하나의 분야에서 다루기에는 너무 광범위하고 복잡한 문제에 대한 답을 구하려는 일, trans-disciplinary는 각각의 좁은 분야의 세계관을 초월하는 포괄적인 통합으로서 정의된다. 과학·기술·윤리백과사전번역편집위원회 엮음, 『科學·技術·倫理百科事典』, 丸善出版, 2012, 364쪽.

8 예를 들어 山脇直司 엮음, 『科學·技術と社會倫理—その統合的思考を探る』, 東京大學出版會, 2015.

9 T. Gieryn, "Boundary of Science", S. Jasanoff 외. (eds.), *Handbook of Science and Technology*, 앞의 책.

10 http://www.nier.go.jp/shido/centerhp/ijime2004_06/ijime2004_06.files/6_tyosa.pdf, p7.

11 일본국 헌법 제3장 「국민의 권리 및 의무」 제14조 제1항.

12 우치다 다쓰루內田樹(1950~)는 일본의 철학 연구자, 무도인이다.

13 랭보는 1871년 5월 중순에 쓴 두 통의 편지(한 통은 교사인 조르주 이점바드에게, 다른 한 통은 이자벨의 친구인 시인 폴 드메니에게 보냄) 내용 중에 "'나'는 타인이다(JE est un autre)"라는 유명한 문구를 남겼다. 이 말이 의미하는 바는 이시이 요지로, 『프랑스적 사고』(앞의 책)의 제3장 참조.

14 平野啓一郎, 『私とは何か—「個人」から「分人」へ』, 講談社現代新書, 2012.

15 熊谷晉一郎, 『ひとりで苦しまないための"痛みの哲學"』, 青土社, 2013.

16 윤리학자 오바 다케시의 발언. 일본학술회의 심포지엄, 「原發災害による苦難と科學·學術の責任」, 2012.12.8.

17 논점2에서 다룬 문과·이과 구별도 수많은 경계 설정 중 하나에 불과하다.

나가며

1 '교양'에 대해, 어떤 지식을 완전한 무에서 충분하게 축적해가는 양의 확대라고 간주하는 한 경쟁과 지배의 사고가 되어버린다(阿部直, 『移りゆく敎養』, NTT出版, 2007, 195쪽). 즉 누가 누구보다 교양이 있다는 식으로 지식 양으로 경쟁을 하게 된다. 이는 과학 리터러시에 대한 정의를 완전한 무에서 충분한 양으로 축적해가는 일 그리고 이를 측정함으로써 리터러시 양의 많고 적음을 음미하는 자세(결여 모델이라고 부른다—후지가키 유코·히로노 요시유키 엮음, 『科學コミュニケーション論』, 東京大學出版會, 2008, 113쪽 참조)로 이어진다.

2 "획득한 각각의 지식 및 정보를 음미하고 검증하여 선별한 후에 남은 지식 및 정보를 유기적으로 결합시켜서 언제나 동원 가능한 장치로 구축해야 한다"(이시이 요지로, 『고백적 독서론』, 앞의 책, 223쪽).

3 村上陽一郎, 『科學·技術と社會—文·理を越える新しい科學·技術論』, ICU選書, 1999, 236쪽.

4 이 세 가지 항목은 2012년 도쿄대학 부학장인 이시이 요지로의 제안서에 따른 내용이다. 오사카 대학의 고바야시 다다시(2015년 8월부터 교육 담당 이사)는 이 3가지 항목을 다음과 같이 표현했다. (1) 자신이 배우고 있는 전공 분야의 내용을 전공 분야 이외의 사람에게 정확하게 전달하는 일이 가능한 것 (2) 자신이 배우고 있는 전공 분야의 사회적·공공적 의의에 대하여 생각하고 이해할 수 있는 것 (3) 자신이 배우고 있는 전공 분야의 특성과 그 한계를 이해하고 다른 전공 분야와의 관계를 이해할 수 있는 것(고바야시 다다시, 「21세기 교양 교육의 행방」 『大學出版』, No.91, 2012).

5 정확히는 도쿄대학 학부 교육 개혁 임시위원회 커리큘럼 개혁부회 후기 교양 WG(2013년도)

6 이시이 요지로, 「東京大學における教養教育の再構築」 『IDE 現代の高等教育』 No.565, pp.20-24, 2014년 11월.

7 '상대방과 서로 지혜를 주고받으며 서로 다른 표현에 놀라면서 각각 자신을 바꿔나가는 과정'은 교양을 지식의 유무 혹은 지식의 확대로 간주하는 경쟁과 지배의 사고와 대치한다(苅部直, 『移りゆく教養』, 앞의 책, 200쪽)이고 생각된다.

8 프랑스의 대학 입시 자격시험. 이와 관련된 내용은 번외편 주 7번 참조. 이 시험은 프랑스의 성숙한 시민 교육의 기초가 되었으며 그중에 자신의 말로 요약하는 훈련이 포함되어 있음을 지적했다(http://www.kokoroforum.jp/report/toyokeizai0911).

9 예를 들어 F. Deviers-Jonlon and S. Matton, *Objectif BAC:Philosophie, Term L, ES, L*, Hachette Education, 2013.

10 '전제를 묻는' 작업을 하는 데 있어서 과학기술사회론에서의 사회구성주의를 기반으로 한 사고방식, 특히 '확립된 지식 및 기술, 현재 당연시되고 있는 일들이 어떻게 하여 그렇게 간주되게 되었는가에 대해 되묻는 태도'는 도움이 된다. 이에 관해서는 후지가키 유코, 「技術知と社會知の統合—專門家のための教養教育としてのSTS」, 山脇直司 엮음, 『科學·技術と社會倫理—その統合的思考を探る』, 앞의 책, 137-153쪽 참조.

11 河合塾, 『「深い學び」につながるアクティブラーニング』, 東信堂, 2013.

12 문부과학성 용어집, 2012, 37쪽. http://www.mext.go.jp/component/b_menu/shingi/toushin/_icsFiles/afieldfile/2012/10/04/1325048_3.pdf

13 C. C. Bonwell and J. A. Eison, "Active Learning: Creating Excitement in the Classroom," ASHEERIC Higher Education Report No1. Washington, DC: The George Washington University, School of Education and Human Development, 1991.

14 E. F. Barkley, *Student Engagement Techniques: A Handbook for College Faculty*, San Francisco, CA: Jossey, 2009.

15 http://www.bdstudio.komex.c.u-tokyo.ac.jp

16 도쿄대학 교양학부에서 1, 2학년 필수과목인 영어로 학술논문을 쓰는 수업. ALESS는 Active Learning for Science Students, ALESA는 Active Learning of English for Students of the Arts를 가리킴.

17 전공 분야를 의미하는 영어 discipline에는 단련 외에도 징계라는 의미가 있으며, 징계위원회는 committee of discipline이라 함.

18 예를 들어 "과학적인 정신적 훈련이란, 평소에 사고를 새롭게 하는 일뿐만 아니라 흥미를 새롭게 하는 일이기도 함". 부르디외 논문에 나오는 바슐라르의 말을 인용. P. Bourdieu, "The Specificity of the Scientific Field and the Social Conditions of the Progress of Reason," *Social Science Information*, Vol.14, No.6, 1975, p.19.

19 물리학을 대상으로 한 조사에서, '창조적이며 생산적인 사람'들은 그렇지 않은 사람들과 비교해서 자신의 전공 분야 이외의 전문가로부터 보다 많은 정보를 얻고 있다는 결과가 나왔다. C. J. Kasperson, "An Analysis of the Relations between Information Sources and Creativity in Scientists and Engineers," *Human Communication Research*, Vol.4, 1978, pp.113-119. 그리고 화학 분야를 대상으로 한 조사에서도 동일한 결과가 나왔다. R. E. Maizell, "Information Gathering Patterns and Creativity." *American Documentation* Ⅱ, Vol.1, 1960, 00.9-17.

20 예를 들어 일본학술회의 심포지엄 '원전화재로 인한 고난과 과학·기술적 책임', 2012년 12월, 일본학술회의 심포지엄 '과학자는 후쿠시마로부터 무엇을 배웠는가?', 2013년 1월 등.

21 科學技術政策研究所報, 제44회 과학 기술·학술심의회 배포 자료 1-1, 2013.

22 제2회 강의에서 언급된 '문화의 삼각측량'에서는 2개 국어를 배워서 3개 국어가 가능해짐으로써 언어가 세계를 분절하고 독자적인 체계를 만들고 있다는 점, 언어가 다르면 동일한 대상이라도 관점 및 파악 방식이 다르다는 점, 우리가 언어를 통해 세계의 질서를 만들고 구조화하고 인식하고 있다는 사실을 안다는 점을 보여주었다. 따라서 '문화의 삼각측량'은 세 가지 관점을 왕복하는 셈이다.

23 (리버럴아츠의 목적은) 마음을 여는 것, 정정하는 것, 재정의하는 것 그리고 지식이 무엇인가를 알고, 알기 쉽게 해체하여 습득하여 자신의 것으로 만들어서 이용할 수 있게 하는 일 그리고 마음 그 자체의 능력, 응용력, 유연성, 질서, 비평의 정밀도, 통찰력, 저력, 타인에 대한 태도 (그리고) 설득력 있는 표현에 힘을 주는 것이다(John Henry Newman, The Idea of a University, 1854).

24 村上陽一郎, 『엘리트들의 독서회』, 앞의 책.

25 허버트 마르쿠제, 『일차원적 인간』, 박병진, 한마음사, 2009. 마르쿠제(1898~1979)는 독일 출생의 미국 철학자로 1960년대 신좌익운동의 정신적 지주가 되었다.

26 전문적 지성과 시민적 지성에 관한 내용은, 鷲田清一, 『평행선상의 지성パラレルな'知性』(晶文社, 2013) 참조.

27 「科學と社會のよりよい關係にむけて」(일본학술회의, 후쿠시마 원자력 발전소 재해 이후 과학과 사회가 나아가야 할 방향을 고민하는 분과회에 의한 제언, 2014.9.11.) 및 건의 「東日本大震災をふまえた今後の科學技術・學術政策の在り方について」, 과학기술・학술심의회, 2013.1.17.

28 일본 사회의 각종 '분단', 예를 들어 원전으로 혜택을 받는 지역과 그렇지 않은 지역 간의 분단, 방사선이 건강에 미치는 영향을 둘러싼 후쿠시마 시민과 대도시 주민과의 분단 및 그 밖의 내용은 다음을 참조. K. Juraku, "Social Structure and Nuclear Power Siting Problems Revealed," R. Hindmarsh(ed.), *Nuclear Disaster at Fukushima Daiichi: Social, Political and Environmental Issues*, Routledge: Yew York, 2013. 및 Y. Fujigaki(ed.), *Lessons from Fukushima*, op. cit.

29 후지가키 유코, 「과학자・기술자의 사회적 책임」, 앞의 책.

30 물론 학자도 자신의 전공 분야 이외의 일에 관해서는 '시민'이다. 이 점은 시민회의 중 하나인 콘센서스회의 운영에 있어서도 자주 언급된다.

31 三島憲一, 「70年後のドイツ─議論による共同學習か, 國家の利害か」『神奈川大學評論』 81호, 2015, 50-60쪽. 이 논고에서는 답이 없는 문제의 일례로서 방위 문제・안보 문제, 연금 문제 및 세금의 이용 방식 등의 논의를 언급했다. 이외에도 과학 기술과 사회의 접점에서는 지구온난화에 어떻게 대처할 것인가, 사회에서는 최첨단 유전자 조작을 어디까지 용인할 것인가, 미래의 에너지를 어떻게 할 것인가 등의 과제가 있다. 이러한 과학 기술과 사회의 접점에 놓인 과제와 관련된 공공공간에서의 논의에 관한 내용은 다음을 참조. 후지가키 유코, 『전문지와 공공성』, 앞의 책.

32 교양에 관한 논객 중 한 명인 사이토 요시후미는, 원자력 발전소, 댐 건설, 안락사 등의 과제를 한 가지씩 세심하게 검토해보면 각각 구체적인 논점을 포함하고 있고 찬반양론 중 어느 한쪽 입장이 절대적인 정의가 아니라는 점을 알 수 있으며, 정의를 제대로 파악하여 다양한 시점을 통해 상황을 분석하여 자신만의 행동 원리를 도출해낼 수 있는 균형 감각(sense of proportion)을 익히는 것이 교양 습득의 지표 중 하나가 된다고 한다(사이토 요시후미, 『教養の力─東大駒場で學ぶこと』, 集英社, 2013).

후기

1 정확히 말하면 '국제평화지원법안'(신법)과 '평화안전법제정비법안'(10의 법률의 개정안을 정리한 것)으로 이루어진 일련의 법안.

2 등단한 것은 민주당의 福山哲郎, 자유민주당의 石井準一, 유신의당의 小野次郎, 공명당의 谷合正明, 일본공산당의 小池晃 등 각의원.

3 법안이 중의원을 통과하기 전인 2015년 6월부터 7월 시점의 경우, 조사 기관에 의해 다소의 격차는 있지만, 대략 찬성이 26~29퍼센트, 반대가 56~59퍼센트였다. 그리고 참의원 통과 후

의 조사에서도 찬성은 30퍼센트 전후였던 반면 반대는 50퍼센트 이상을 차지했다.

4   예를 들어 다음을 참조. http://www.aacu.org/leap//what-is-a-liberal-education

5   미국에서의 artes liberales 이념과 liberal free 이념 사이의 상극에 관한 내용은 大口邦雄,『リ
    ベラル·アーツとは何か―その歷史的系譜』(さんこう社, 2014) 참조. 단 이 두 가지 이념이 그
    가 근거로 삼는 Kimball의 주장(Bruce A. Kimball, Orators and Philosophers: A History of
    the Idea of Liberal Education, College Entrance Examination Board, 1995)처럼 명확히 구
    분이 가능한지에 대해서는 새로운 고찰이 필요할 것이다.

어른의 조건

애매한 감정과 소박한 의문에 분명한 언어로 답하기

초판인쇄	2021년 10월 6일
초판발행	2021년 10월 18일

지은이	이시이 요지로·후지가키 유코
옮긴이	최용우
펴낸이	강성민
편집장	이은혜
책임편집	이두루
마케팅	정민호 김도윤
홍보	김희숙 함유지 김현지 이소정 이미희

펴낸곳	(주)글항아리	출판등록 2009년 1월 19일 제406-2009-000002호

주소	10881 경기도 파주시 회동길 210
전자우편	bookpot@hanmail.net
전화번호	031-955-2696(마케팅) 031-955-2663(편집부)
팩스	031-955-2557

ISBN	978-89-6735-954-6 03040

잘못된 책은 구입하신 서점에서 교환해드립니다.
기타 교환 문의 031-955-2661, 3580

geulhangari.com